W0218424

Le Néerlandais

Collection Sans Peine

par Ineke PAUPERT

Illustrations de J.-L. GOUSSÉ

ASSiMiL®
Le don des langues

B.P. 25
94431 Chennevières-sur-Marne Cedex
FRANCE

© ASSIMIL 2011
ISBN 978-2-7005-0335-7

ASSiMiL
La méthode intuitive

Nos méthodes

sont accompagnées d'enregistrements sur CD audio ou mp3.

Collections Assimil

Sans Peine

L'Allemand - L'Anglais - L'Anglais d'Amérique - L'Arabe - L'Arménien - Le Bulgare - Le Catalan - Le Chinois - L'Écriture chinoise - Le Coréen - Le Danois - L'Égyptien hiéroglyphique - L'Espagnol - L'Espéranto - Le Finnois - Le Nouveau Grec - Le Grec ancien - L'Hébreu - Le Hindi - Le Hongrois - L'Indonésien - L'Italien - Le Japonais (tome 1) - Le Japonais (tome 2) - Le Japonais : l'Écriture kanji - Le Latin - Le Néerlandais - Le Norvégien - Le Persan - Le Polonais - Le Nouveau Portugais - Le Portugais du Brésil - Le Roumain - Le Russe - Le Suédois - Le Swahili - Le Tamoul - Le Tchèque - Introduction au Thaï - Le Turc - Le Vietnamien - Le Yiddish

Perfectionnement

Allemand - Anglais - Espagnol - Italien

Langues régionales

L'Alsacien
Le Basque unifié (initiation)
Le Breton
Le Corse
Le Créole
L'Occitan

Affaires

L'Anglais des Affaires
L'Espagnol des Affaires

Assimil Plus

L'Anglais par l'humour
Plus Anglais que ça...
Plus Espagnol que ça...

Sommaire

Remerciement

À Jacques, pour sa patience !

Introduction

Chère lectrice, cher lecteur,

Vous venez de vous procurer *Le Néerlandais* dans la collection "Sans Peine" d'Assimil et nous vous en remercions. Vous connaissez peut-être déjà les Pays-Bas ou vous avez simplement envie de les découvrir. Et vous avez raison : la meilleure façon de percevoir les mystères d'un pays, c'est d'en apprendre la langue ! Quelles que soient vos motivations, cette méthode vous sera d'une grande utilité ! Les dialogues reproduisent les situations les plus courantes de la vie quotidienne et les explications se veulent claires et précises. En marge des dialogues, vous trouverez des petites notes culturelles portant sur les coutumes et les curiosités du pays. Le style léger adopté tout au long de la méthode vous aidera à concevoir votre apprentissage comme un jeu de piste agréable, dans lequel le plaisir d'apprendre prime.

Mais avant de découvrir la méthode qui guidera vos premiers pas, nous vous proposons de faire plus ample connaissance avec ce plat pays et sa langue.

Le royaume des Pays-Bas est une monarchie constitutionnelle, composée des Pays-Bas, des Antilles néerlandaises et d'Aruba. Les Pays-Bas sont un petit pays (41 526 km^2), où vivent quelque 16 millions de Néerlandais. La taille du pays n'a cependant pas empêché les Néerlandais de voir grand. Ils ont sans cesse, et de façon ingénieuse, cherché à prendre le dessus sur les menaces de l'eau, d'où une prise de conscience rapide de l'intérêt de coopérer dans ce domaine. Ne soyez donc pas étonné que les Néerlandais emploient le dicton : "Dieu créa le monde, mais les Néerlandais ont fait les Pays-Bas !". À l'étranger, le pays est mieux connu sous le nom de Hollande. Ce terme désigne en fait les deux provinces côtières de l'ouest, qui ont joué un rôle majeur dans l'histoire du pays et qui tiennent encore de nos jours une place de premier plan dans l'économie. Si pour la plupart des gens, la Hollande évoque le plat pays des tulipes, des polders, et des moulins à vent, sachez que c'est aussi un pays aux villes riches de monuments historiques et musées, proposant de grandes manifestations culturelles. Au niveau économique, les Pays-Bas sont un partenaire très intéressant, notamment dans les services et l'industrie. Des entreprises de renommée internationale en font partie depuis de longues années et investissent à l'étranger. Dans ce domaine, c'est indéniablement un plus si vous vous êtes donné la peine d'apprendre le néerlandais.

Le néerlandais est une langue appartenant au groupe germanique des langues indo-européennes ; il est parlé par environ 23 millions de locuteurs natifs et 4 millions de locuteurs non natifs. Il est reconnu comme langue nationale aux Pays-Bas et en Belgique. Le néerlandais parlé en Belgique est le même, à quelques différences près, surtout au niveau de la prononciation. Au Suriname, aux Antilles néerlandaises et à Aruba, le néerlandais est resté la langue de l'administration et de l'enseignement. Il est également encore utilisé en Indonésie, ancienne colonie des Pays-Bas, surtout par les historiens.

Sur le plan linguistique, le néerlandais est très proche de l'allemand et a de nombreux traits communs avec l'anglais ; il se situe en fait entre ces deux langues germaniques occidentales de taille. Côté vocabulaire, le néerlandais a laissé au français – et à d'autres langues – un lexique important, notamment maritime. Le néerlandais est également voisin de l'afrikaans et du frison.

En 1980, les Pays-Bas et la Belgique ont créé l'*Union de la langue néerlandaise*, la **Nederlandse Taalunie** (http://taalunieversum.org/). Cette organisation intergouvernementale, qui s'est élargie en 2004 avec le Suriname, s'attache à promouvoir le néerlandais dans le monde, dans les domaines divers de l'enseignement, de la littérature, de la lecture et de la langue elle-même, par exemple à travers les règles d'orthographe.

Dans la partie francophone de la Belgique, dans le nord de la France et en Allemagne, le néerlandais est souvent enseigné à l'école comme seconde langue. De nombreuses universités de par le monde le proposent dans leur cursus.

Inutile donc de vous dire que le néerlandais est une langue très vivante ; langue que vous allez découvrir dans cette méthode !

Comment apprendre avec Assimil ?

La méthode Assimil est fondée sur un apprentissage intuitif en deux phases. Vous commencez avec la phase passive pendant les cinquante premières leçons :

• Écoutez l'enregistrement de la leçon et laissez-vous imprégner par les sonorités de la langue.
• Lisez ensuite le texte et répétez les phrases à haute voix, plusieurs fois de suite. Cet entraînement oral est très important, surtout au début de l'apprentissage. La transcription phonétique simplifiée et les remarques de prononciation sont là pour vous guider.
• Vérifiez votre compréhension du texte en le comparant avec la traduction française. Si la structure du néerlandais est différente de celle du français, une traduction en italique et entre parenthèses vous donne le mot à mot.
• Les notes ont pour objectif d'éclaircir les éléments grammaticaux ou lexicaux difficiles.
• À la fin de chaque leçon, les exercices constituent une application directe de ce que vous venez d'apprendre.
• La leçon de révision revient sur les éléments importants et apporte, si besoin, des compléments d'information. Elle comporte un dialogue de révision, qui reprend des mots et des expressions déjà connus, et un exercice grammatical guidé, qui vous aidera à mémoriser les structures de base.

Ne cherchez pas à apprendre par cœur, mais plutôt à assimiler les phrases par la répétition. Une fois que vous aurez acquis les bases, vous commencerez la phase active, à partir de la 50e leçon. Tout en continuant de progresser dans les nouvelles leçons, vous reprendrez une à une les premières leçons et traduirez les textes français du dialogue et de l'exercice 1 en néerlandais.

Prenez dès aujourd'hui la décision de travailler régulièrement : essayez de consacrer une demi-heure chaque jour à votre leçon ; c'est la clé de la réussite. Si vous manquez de temps, ne sautez pas votre étude quotidienne : prenez quelques minutes pour relire un dialogue ou revoir un exercice. La méthode Assimil est construite autour d'une révision permanente (exercices d'application, leçons de révision, “deuxième vague”, etc.). Si un mot ou un élément grammatical refuse de “rentrer” tout de suite, ne vous inquiétez pas. Continuez à travailler régulièrement, à votre rythme, sans négliger les exercices, et vous verrez que les choses finiront par s’éclaircir. À la fin de l’ouvrage, vous trouverez un appendice grammatical résumant les notions fondamentales de la langue néerlandaise, un index grammatical et lexical, une bibliographie et un double lexique, qui reprend l’intégralité des mots de la méthode.

Curieux et impatient de commencer ? N’hésitez pas à vous lancer, nous vous guiderons au fur et à mesure de votre progression.

L’alphabet néerlandais et la prononciation

La prononciation du néerlandais n’est pas très compliquée, du moment où vous oubliez vos craintes de faire des erreurs. Prenez le temps de bien écouter et de répéter sans gêne toutes les sonorités de cette belle langue. N’ayez pas peur “d’exagérer” votre prononciation.

Dans ce chapitre, nous vous donnons quelques indications pour acquérir rapidement une aisance naturelle en néerlandais. Ne vous inquiétez pas si vous ne retenez pas tout dès maintenant. Nous y reviendrons au fil des leçons, et la prononciation et ses finesses se mettront en place au fur et à mesure.

Attention, notre transcription phonétique n’a rien de scientifique, mais elle vous permettra de vous familiariser d’emblée avec les sonorités du néerlandais. Nous vous conseillons de l’utiliser comme une béquille et de vous fier plutôt aux enregistrements. Réalisés par des locuteurs originaires des Pays-Bas, ils vous garantissent une prononciation 100 % authentique et “standard”.

Ne soyez pourtant pas surpris d’entendre quelques variations, en fonction de l’origine géographique des locuteurs. En règle générale, les Néerlandais du Sud ont un accent plus mélodieux et un **g** plus doux que ceux du Nord, différences que vous entendrez partiellement dans les enregistrements au niveau des voix masculines.

1 L'alphabet

Voici l'alphabet néerlandais (nous indiquons comment épeler chaque lettre) :

a *[a:]*, **b** *[bé:]*, **c** *[ssé:]*, **d** *[dé:]*, **e** *[é:]*, **f** *[èf]*, **g** *[χé:]*, **h** *[Ha:]*, **i** *[i:]*, **j** *[yé:]*, **k** *[ka:]*, **l** *[èL]*, **m** *[èm]*, **n** *[èn]*, **o** *[o:]*, **p** *[pé:]*, **q** *[ku:]*, **r** *[èr]*, **s** *[èss]*, **t** *[té:]*, **u** *[u:]*, **v** *[v'é:]*, **w** *[wé:]*, **x** *[ïkss]*, **y** *[èy]*, **z** *[z'èt]*.

2 Les consonnes

La prononciation des consonnes est pour ainsi dire identique à celle des consonnes françaises, avec toutefois quelques exceptions :

Lettre	Transcription Assimil	Explication et exemple
g et **ch**	*χ*	Se prononcent comme la jota espagnole ou le *ch* allemand dans *Achtung* ; c'est un son guttural qui ressemble à un raclement de gorge : **gaan** *χa:n*, *aller* ; **nacht** *naχt*, *nuit*.
g	*j*	Il se peut que dans des mots d'emprunt français, **g** se prononce comme le j français, par exemple : **garage** *χa:**ra**je*, *garage*.
h	*H*	Toujours prononcé avec une légère expiration (nous vous conseillons de souffler doucement) : **huur** *Hu:r*, *loyer*.
j	*y*	Comme dans *yaourt* : **ja** *ya:*, *oui*.
l	*L*	La position de la langue est plus basse qu'en français, et la pointe de la langue touche les incisives supérieures, ce qui donne un l un peu plus lourd : **laars** *La:rss*, *botte*.
n	*n/-n*	Dans une syllabe accentuée, **n** se prononce comme en français : **naar** *na:r*, *vers*. Il n'est pas nasalisé : vous devez prononcer bien distinctement la voyelle qui le précède : **dans** *da-nss*, *danse*.
	n	Dans une syllabe non accentuée, après un **e** atone, **n** se prononce à peine, voire pas du tout : **lopen** ***Lo:**pe^n*, *marcher*.

r	*r*	Il peut se prononcer comme en français, puisque le néerlandais connaît plusieurs prononciations. Il peut être grasseyé, formé avec la luette (r parisien), ou roulé, formé avec la pointe de la langue (r espagnol). En fin de mot, les Néerlandais ont tendance à le vocaliser de plus en plus (r américain). Quelle que soit sa prononciation, nous le transcrivons *r* : **room** *ro:m*, *crème*. Ne le confondez pas avec le son guttural *χ* (**g**/**ch**).
s	*s/ss*	Toujours sifflant, comme dans *bus* ou *sac*. Nous le doublerons dans les cas où vous risquez de l'oublier ou de mal le prononcer : **les** *Lèss*, *leçon*.
v	*v'*	En début de mot, **v** est plutôt prononcé *f* dans les régions centrales des Pays-Bas. Dans d'autres régions, *v* est privilégié. Pour vous rappeler cette distinction, nous optons pour la transcription *v'* : **goedenavond** *χoude-na:v'o-nt*, *bonsoir*.
w	*w*	En début de mot ou de syllabe, comme dans *kiwi*, mais en plaçant la lèvre inférieure contre les incisives supérieures : **waar** *wa:r*, *où*.
	ou	En fin de mot, comme un *ou* français, mais sans toutefois utiliser les incisives : il suffit d'arrondir les lèvres : **uw** *u:ou*, *votre*, *vos*.
z	*z'*	En début de mot, plutôt prononcé comme un *s* dans les régions centrales des Pays-Bas. Dans d'autres régions, la prononciation *z* est privilégiée. Pour vous rappeler cette distinction, nous optons pour la transcription *z'* : **zijn** *z'èyn*, *être*.

Notez également la prononciation des combinaisons suivantes :

gr	*χr*	Les deux sons sont clairement prononcés : **graag** *χra:χ*, *volontiers*.
-ig, **-lijk**	*-eχ*, *-Lek*	Les suffixes **-ig** et **-lijk** se prononcent toujours avec un e atone : **gelukkig** *χe**Lùk**eχ*, *heureux* ; **vreselijk** ***v'ré:**sseLek*, *terrible*.
ng	*ŋ*	Ne représente qu'un seul son, comme dans *ping-pong*. C'est un son nasal qui se forme en soulevant la partie postérieure de la langue : **lang** *Laŋ*, *long*.
nk	*ŋk*	Le son *ŋ* intervient aussi devant **k** : **bank** *ba-ŋk*, *banque*.
nj	*ñy*	*ñ* représente le son "gn" de *peigne* : **oranje** ***orañ**ye*, *orange*.
-rg, **-rk**	*-reχ*, *-rek*	Les terminaisons **-rg** et **-rk** se prononcent souvent en langage courant avec un petit e atone : **erg** *èr^{e}χ*, *très* ; **sterk**, *stèr^{e}k*, *fort*. Ce phénomène se produit beaucoup moins en langage soigné.
sj	*ch*	Comme dans *cheval* : **mesje** ***mè**che*, *petit couteau*.
-isch	*iss*	**elektrisch** *é:**Lèk**tri:ss*, *électrique*.

3 Les voyelles

Par rapport au français, les voyelles néerlandaises se prononcent plus vers l'arrière de la bouche et avec moins de tension des muscles labiaux.

• Il y a cinq voyelles entravées, c'est-à-dire des voyelles simples qui, dans une même syllabe, sont suivies d'une consonne. Elles sont toujours prononcées brèves. Elles sont parfois appelées "voyelles voilées", car elles sont prononcées de façon relâchée, c.-à-d. avec peu de tension dans les muscles de la bouche et du pharynx, et en tirant la base de la langue en arrière.

Lettre	Transcription Assimil	Explication et exemple
a	*a*	Comme dans *pas* : **man** *ma-n*, *homme*.
e	*è*	Comme dans *merci* ou *lait*, mais plus court : **les** *Lèss*, *leçon*.
i	*ĭ*	Ce son n'a pas d'équivalent exact en français, il se situe entre *i* et *è* : **kip** *kĭp*, *poulet*.
o	*o*	Comme dans *robe*, mais plus court : **ton** *to-n*, *tonneau*.
u	*ù*	Ce son n'a pas d'équivalent exact en français, il se rapproche de *œuf* : **mug** *mùχ*, *moustique*.

• Il existe sept voyelles libres, c.-à-d. des voyelles qui se situent librement, soit en syllabe fermée par une consonne (1er exemple dans le tableau ci-après : **maan**), soit en syllabe ouverte non fermée par une consonne (2nd exemple : **maken**). De façon très simplifiée, on peut dire que les voyelles libres sont prononcées plus longues que les voyelles brèves. Dans la transcription phonétique, nous utilisons les deux points *[:]* pour indiquer cet allongement. Devant un **r**, ces voyelles s'allongent le plus.
Les voyelles longues sont parfois appelées "voyelles claires", car elles sont prononcées avec une tension des muscles de la bouche et du pharynx plus forte que les voyelles brèves, et sans mouvement de la langue vers l'arrière.
Pour conserver une prononciation longue, la voyelle libre est redoublée dans le cas d'une seule syllabe fermée. Lorsqu'il y a plusieurs syllabes, la voyelle se trouve dans une syllabe ouverte et elle ne sera pas redoublée. Nous reviendrons sur cette règle d'orthographe au fil des leçons.

Lettre	Transcription Assimil	Explication et exemple
aa, **a**	*a:*	Comme dans *ami*, un peu plus long : **maan** *ma:-n*, *lune* ; **maken** ***ma:****ke^n*, *faire*.
ee, **e**	*é:*	Comme dans *blé*, un peu plus long : **week** *wé:k*, *semaine* ; **lezen** ***Lé:****z'e^n*, *lire*.

ie, i	*i:*	Comme dans *épi* : **riem** *ri:m*, *ceinture* ; **liter** ***Li:****te-r*, *litre*.
oo, o	*o:*	Comme dans *mot*, un peu plus long : **toon** *to:-n*, *ton* ; **lopen** ***Lo:****pe*^{n}, *marcher*.
uu, u	*u:*	Comme dans *mur* : **muur** *mu:r*, *mur* ; **duren** ***du:****re*^{n}, *durer*.
eu	*eu*	Comme dans *peu*, un peu plus long : **neus** *neuss*, *nez*.
oe	*ou*	Comme dans *mou* : **boek** *bouk*, *livre*.

Il est essentiel de bien distinguer les voyelles entravées, brèves, de leurs consœurs libres, et plus longues, puisque le sens en dépend. Comparez **man**, *homme*, avec **maan**, *lune*, ou **bek**, *bec*, avec **beek**, *ruisseau*, ou encore **ton**, *tonneau*, avec **toon**, *ton*.
Il reste le **e** atone, qui se prononce *[e]* comme dans *retour* (plus ouvert que *[ù]*) : **me** *[me]*, *me*, **terug** *[te****rùχ****]*, *retour*.
Le e atone avec tréma **ë** se prononce *[ye]* : **België** *[****bèL****χi:ye]*, *Belgique*.

4 Les diphtongues

Une diphtongue est formée par la réunion de deux voyelles qui se prononcent d'une seule émission de voix.

Lettre	Transcription Assimil	Explication et exemple
ei, ij	*èy*	Comme dans *abeille* : **reis** *rèyss*, *voyage* ; **tijd** *tèyt*, *temps*.
ui	*œy*	Un peu comme dans *œil* : **muis** *mœyss*, *souris*.
ou, au	*aou*	*a* court suivi d'un *ou* très court : **kou** *kaou*, *froid* ; **blauw** *bLaou*, *bleu*.

Il existe également des semi-diphtongues :

oi	*oy*	Comme dans *cow-boy* : **hoi** *Hoy*, *salut*.
aai	*a:y*	Comme dans *ail*, avec un *a:* long : **saai** *sa:y*, *monotone*.

ooi	*o:y*	Comme dans *cow-boy*, avec un *o:* long : **nooit** *no:yt*, *ne jamais.*
eeuw	*é:ou*	**eeuw** *é:ou*, *siècle.*
ieuw	*i:ou*	**nieuw** *ni:ou*, *nouveau*, *neuf.*
uw	*u:ou*	**uw** *u:ou*, *votre*, *vos.*

5 L'assimilation

Il existe en néerlandais deux cas d'assimilation : l'assimilation progressive et régressive. La première surtout doit attirer votre attention, car en français l'assimilation dans ces cas est régressive.

• L'assimilation progressive consiste en l'assourdissement d'une consonne sonore – **d**, **v**, **z** et **b** – lorsqu'elle suit une consonne sourde – **t**, **k**, **f**, **s**, **ch**, **p**. Par ex. : **je bent verliefd** *[bènt~ferLi:ft]*, *tu es amoureuse.*

• Il s'agit d'assimilation régressive lorsque, sous influence de la consonne sonore **b** ou **d**, la consonne sourde – **t**, **k**, **f**, **s**, **ch**, **p** – qui se trouve juste avant devient sonore – **d**, **g**, **v**, **z**, **b**. Par ex. : **elfde** *[èLv'de]*, *onzième.*

***

6 Les dernières tendances

Ces dernières années, on constate aux Pays-Bas une tendance à diphtonguer légèrement les voyelles longues *[é:]* et *[o:]* en *[é:y]* et *[o:ou]*. Cette diphtongaison, surtout lorsqu'elle est forte, est considérée par beaucoup de Néerlandais comme assez typée, voire vulgaire.
Est étroitement lié à ce phénomène le fait que les diphtongues **ei**, **ij** *[èy]*, **ui** *[œy]* et **au**, **ou** *[aou]* sont parfois prononcées de façon exagérée, en quelque sorte "surdiphtonguée" : **ei**, **ij** deviennent *[a:y]*, **ui** *[aou]*, et **au**, **ou** *[a:ou]*. C'est le cas surtout chez une population jeune et féminine, ayant du succès dans les métiers artistiques, politiques et scientifiques.

Ces tendances sont toutefois considérées par une majorité de Néerlandais comme un "parler régional", et nous avons par conséquent choisi de ne pas en tenir compte dans la méthode.

***

Avant d'entamer votre première leçon, veillez à bien lire les pages qui précèdent. Vous y trouverez toutes les explications préliminaires indispensables à un apprentissage efficace.

1 Eerste les *[é:rste Lèss]*

Alles goed?

1 – Dag ① **Tho**mas.
2 – Hoi ② **Ju**lia.
3 **Al**les goed? ③
4 – Ja **pri**ma.
5 En met jou ook?
6 – Ja hoor ④. □

Prononciation

***a**Less χou-t **1** daχ **to:**mass **2** Hoy **yu:**Li:a: **3 a**Less χou-t **4** ya: **pri:**ma: **5** èn mèt yaou o:k **6** ya: Ho:r*

Remarques de prononciation

Pour que votre démarrage soit encore plus facile, nous vous présentons quelques explications supplémentaires sur la prononciation. N'oubliez pourtant pas de vous reporter à l'introduction en cas de besoin.

Notes

① **dag!**, *bonjour !*, est la forme courte, et beaucoup plus habituelle, de **goedendag**. Elle s'utilise à n'importe quel moment de la journée. Le nom **dag** signifie *jour, journée*.

② **hoi!**, *salut !*, est une salutation très courante, mais assez familière.

③ **Alles goed?**, *Ça va ?*, est la forme raccourcie de la phrase **Gaat alles goed?**, *Tout va bien ?* (littéralement "Va tout bien ?"). ▸

Pour vous aider à mieux comprendre les mots et les structures en néerlandais, nous vous indiquons, entre parenthèses et en caractères italiques, les traductions littérales qui nous semblent utiles.

Ça va ?

1 – Bonjour Thomas.
2 – Salut Julia.
3 Ça va *(Tout bien)* ?
4 – Oui parfaitement.
5 Et toi *(Et avec toi aussi)* ?
6 – Mais bien sûr *(Oui écoute)*.

Rappelez-vous que toutes les voyelles suivies de deux points *[:]* sont prononcées plus longuement.
Titre Le **d** en fin de mot se prononce systématiquement comme un **t**. Prenez dès maintenant cette habitude, si vous ne voulez pas vous faire remarquer tout de suite en tant qu'étranger.
1 Remarquez que le **s** de **Thomas** se prononce en néerlandais.
2 Hoi *[Hoy]* : prononcez **h** avec une légère expiration (soufflez doucement) et *[oy]* comme dans "cow-boy".

▸ ④ **hoor**, littéralement "écoute", est un de ces petits mots néerlandais difficiles à traduire, mais non dépourvus de sens. Il permet d'interpeller son interlocuteur et d'insister sur ce que l'on vient de dire. Comme traductions possibles figurent entre autres *tu sais/mais/hein*.

1 **Oefening 1 – Vertaal**
Exercice 1 – Traduisez

❶ Hoi Ingrid. ❷ Dag. ❸ Alles goed met Luuk? ❹ Alles prima. ❺ Ja Thomas.

Oefening 2 – Vul in
Exercice 2 – Complétez
(Chaque point représente un caractère.)

❶ Salut Tim.
. . . Tim.

❷ Parfaitement.
. . . . . .

❸ Ça va ?
Alles . . . . ?

Corrigé de l'exercice 1
❶ Salut Ingrid. ❷ Bonjour. ❸ Luuk va bien ? ❹ Tout [va] parfaitement [bien]. ❺ Oui Thomas.

❹ Et toi ?
. . . . . jou ook?

❺ Mais bien sûr.
Ja . . . . .

Corrigé de l'exercice 2
❶ Hoi – ❷ Prima ❸ – goed ❹ En met – ❺ – hoor

Si votre interlocuteur se présente par son prénom, c'est une invitation au tutoiement. En règle générale, les Néerlandais se tutoient facilement, même s'ils ne se connaissent pas. Il n'est pas rare qu'au travail un employé tutoie son employeur, ou que la vendeuse d'un magasin tutoie le client. Les Néerlandais vouvoient uniquement lorsqu'ils veulent exprimer avec insistance leur respect, par exemple vis-à-vis d'une personne plus âgée, ou lorsqu'ils veulent créer une certaine distance, par exemple vis-à-vis d'une personne haut placée.

2 Tweede les *[twé:de Lèss]*

In een café

1 – Mag ik ① be**stel**len?
2 – Ja, zegt u het maar ②.
3 – Een **kof**fie ③ met **ap**peltaart, alstu**blieft**.
4 – Met of **zon**der **slag**room ④?
5 – Met graag ⑤.

Prononciation
*ĭ-n e-n ka:**fé:** **1** maχ ĭg~be**stè**Le^n **2** ya: z'èχt u: Hèt ma:r **3** e-n **kof**i: mèt **ape**Lta:r-t aLstu:**bLi:ft** **4** mèt of~**so-n**de-r **sLaχ**ro:m **5** mèt χra:χ*

Notes

① **mag ik**, *puis-je*, vient du verbe irrégulier **mogen**, *pouvoir, avoir la permission*. Ne vous inquiétez pas, très peu de verbes néerlandais sont irréguliers au présent de l'indicatif. Nous y reviendrons dans la 7e leçon.

② **Zegt u het maar**, *Je vous écoute*, est une expression très courante dans les cafés et les commerces. **Zegt u** est la forme formelle de l'impératif du verbe **zeggen**, *dire*.

③ **koffie**, *café*, est le nom pour la boisson. Pour l'endroit, les Néerlandais utilisent le mot français **café** (l'accent aigu est un vestige du français).

④ **slagroom**, *crème chantilly*, est un mot composé de **slag**, du verbe **slaan**, *battre*, et du nom **room**, *crème*. La langue néerlandaise permet de construire très facilement des mots composés : ▸

Les crochets [ ] indiquent les mots nécessaires dans la phrase française mais qui n'apparaissent pas dans la phrase néerlandaise.

Dans un café

1 – Puis-je commander ?
2 – Oui, je vous écoute *(dites vous le donc)*.
3 – Un café avec [une] tartelette aux pommes *(pomme-tarte)*, s'il vous plaît.
4 – Avec ou sans crème chantilly *(battue-crème)* ?
5 – Avec, s'il vous plaît *(volontiers)*.

Remarques de prononciation

La voyelle entravée **i** se prononce *[ĭ]* (son intermédiaire entre i et è).
Titre Pour bien différencier l'article indéfini **een**, *un(e)*, du chiffre **een**, *un*, on prononce l'article **een** *[e-n]* et le chiffre **een** *[é:n]*. Ce dernier peut également s'écrire **één**. Les voyelles qui précèdent le **n** ne sont jamais nasalisées.
1 Sous l'influence du **b** sonore de **bestellen**, la consonne sourde **k** qui se trouve juste avant devient sonore et se prononce *[g]* : **ik bestellen** *[ĭg~be**stèL**e^n]*. Nous transcrivons le **n** final se situant dans une syllabe qui ne porte pas l'accent tonique *[^{n}]*, afin d'éviter une prononciation trop accentuée.
4 Lorsqu'une consonne sonore suit une consonne sourde, la consonne sonore devient également sourde : **of zonder** *[of~**so-n**de-r]*. Il s'agit d'assimilation progressive.

▸ la plupart du temps, il suffit de prendre les mots et de les accoler, comme dans **appeltaart**, *tartelette aux pommes*.

⑤ **graag**, litt. "volontiers", est fréquemment utilisé pour adoucir un ordre ou une commande.

2 **Oefening 1 – Vertaal**
Exercice 1 – Traduisez

❶ Een appeltaart graag. ❷ Een koffie zonder room. ❸ Zegt u het maar. ❹ Gaat alles goed? ❺ Mag ik bestellen?

Oefening 2 – Vul in
Exercice 2 – Complétez

❶ Avec de la crème chantilly.
. . . slagroom.

❷ Je vous écoute.
. . . . u het maar.

❸ Un café, s'il vous plaît.
Een koffie . . . . . .

❹ Dans un café.
. . een café.

❺ Bonjour.
. . . .

Corrigé de l'exercice 1

❶ Une tartelette aux pommes s'il vous plaît. ❷ Un café sans crème. ❸ Je vous écoute. ❹ Tout va bien ? ❺ Puis-je commander ?

Corrigé de l'exercice 2

❶ Met – ❷ Zegt – ❸ – graag ❹ In – ❺ Goedendag

Il est toujours délicat de généraliser, mais on peut dire que dans l'ensemble, les Néerlandais apprécient les moments de détente au café. Ils adorent les sucreries et les pâtisseries, comme les tartes à la crème, les gâteaux aux pommes, au beurre, etc. Un grand panneau à l'entrée du café indique toujours à quel prix on peut déguster son café accompagné de la friandise du jour.

3 Derde les *[dèrde Lèss]*

De ① taxi

1 – Dag me**neer**.
2 – Goeden**a**vond me**vrouw**.
3 Waar moet u ② zijn?
4 – Ik woon ③ in de **Ko**ningstraat, op **num**mer tien.
5 Oh nee, u kunt hier **stop**pen. ④ □

Prononciation
de ***tak****si: **1** dax me**né:r** **2** xoude-na:v'o-nt mev'**raou** **3** wa:r mou-t u: z'èyn **4** ĭk wo:-n ĭ-n de **ko:**-nĭŋstra:-t op **nùm**e-r ti:-n **5** o: né: u: kù-nt Hi:r **stop**e*ⁿ

Notes

① L'article défini **de** est du genre appelé "commun", qui regroupe en fait les noms masculins et féminins. Même si vous trouvez encore dans les dictionnaires les précisions **m.** (**mannelijk**, *masculin*) ou **v.** (**vrouwelijk**, *féminin*), les Néerlandais ne distinguent plus ces deux genres dans le langage courant.

② Le verbe **moeten**, *devoir*, est un verbe régulier dont vous obtenez la forme de politesse au présent en enlevant la terminaison **-en** de l'infinitif : **moet**.

***

Oefening 1 – Vertaal

❶ U kunt stoppen. ❷ Ik woon hier, op nummer tien. ❸ Waar moet u zijn? ❹ Goedenavond meneer. ❺ Zegt u het maar.

Le taxi

1 – Bonjour monsieur.
2 – Bonsoir madame.
3 Où allez-vous *(Où devez vous être)* ?
4 – J'habite dans la rue du Roi *(Roi-rue)*, au numéro dix.
5 Ah non, vous pouvez [vous] arrêter ici *(vous pouvez ici arrêter)*.

Remarques de prononciation

1, 2 L'accent tonique est plutôt placé en début de mot et le **e** atone ne peut jamais être accentué. C'est pour cela que l'accent tonique est décalé sur la deuxième syllabe dans **meneer** *[me**né:r**]* et **mevrouw** *[me**v'raou**]*.
5 stoppen : Souvenez-vous que le **n** final dans une syllabe ne portant pas l'accent tonique est à peine prononcé.

③ Le verbe **wonen**, *habiter*, est un verbe régulier. Vous obtenez la 1re personne du singulier de l'indicatif en enlevant la terminaison **-en** de l'infinitif : **woon**. Remarquez que le **o** redouble. Nous verrons pourquoi très bientôt.

④ Dans la phrase néerlandaise, le verbe conjugué (ici **kunt**, *pouvez*) occupe la deuxième place. Le deuxième verbe (ici **stoppen**, *arrêter*) est placé à la fin de la phrase.

***

Corrigé de l'exercice 1

❶ Vous pouvez vous arrêter. ❷ J'habite ici, au numéro dix. ❸ Où allez-vous ? ❹ Bonsoir monsieur. ❺ Je vous écoute.

3 **Oefening 2 – Vul in**

❶ Bonsoir madame.
Goedenavond . . . .

❷ Où pouvez-vous vous arrêter ?
. . . . kunt . stoppen?

❸ J'habite dans la rue du Roi.
. . woon in de Koningstraat.

❹ Au numéro un.
. . nummer één.

❺ Vous pouvez commander un café avec [une] tartelette aux pommes.
U kunt een koffie met appeltaart . . . .

Le néerlandais connaît une accentuation assez flexible : on peut placer l'accent de phrase sur pratiquement n'importe quel mot pour en souligner l'importance. En règle générale, les mots apportant une nouvelle information à la phrase sont davantage accentués. La prononciation du néerlandais n'est pas difficile, si vous prenez le temps de vous laisser guider et de répéter

Corrigé de l'exercice 2

❶ – mevrouw ❷ Waar – u – ❸ Ik – ❹ Op – ❺ – bestellen

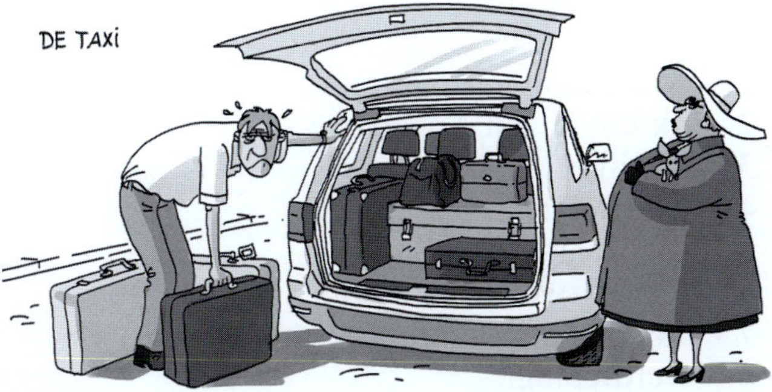

les mots et les phrases à haute voix. Laissez-vous imprégner par les accents de phrase, et avec la pratique, la fluidité s'installera d'elle-même. Notez que, contrairement au français, l'accent tonique se trouve plutôt en début de mot et que les consonnes finales se prononcent. Les phrases interrogatives se terminent la plupart du temps par une mélodie montante.

4 Vierde les *[v'i:rde Lèss]*

In het ① studentenhuis

1 – Waar kom je van**daan**? ②
2 – Ik kom ③ uit Argen**ti**nië.
3 En jij ④?
4 – Uit **Bel**gië.
5 En waar is je ⑤ **ka**mer?
6 – Op de **twee**de ver**die**ping.
7 – Ah, ik heb een **ka**mer op de **vier**de ver**die**ping.

Prononciation

*ĭ-n Hèt stu:**dèn**te*ⁿ*Hœyss **1** wa:r kom ye v'a-n**da:-n** **2** ĭk kom œyt arχèn**ti:**ni:ye **3** èn yèy **4** œyt **bèL**χi:ye **5** èn wa:r ĭss ye **ka:**me-r **6** ob~de **twé:**de v'er**di:**pĭŋ **7** a:H ĭk Hèp e-n **ka:**me-r ob~de **v'i:r**de v'er**di:**pĭŋ*

Remarques de prononciation

2, 4 Retenez que le **ë** se prononce *[ye]*, comme dans **Argentinië** *[arχèn**ti:**ni:ye]* et **België** *[**bèL**χi:ye]*. Le tréma indique que la lettre précédente se prononce séparément.

Notes

① L'article défini **het** est du genre appelé "neutre". Rappelez-vous que l'article défini **de** représente le genre "commun". Rassurez-vous, le néerlandais ne connaît que deux articles définis, dont **het** est le moins fréquent.

② **waar … vandaan**, *d'où*, est composé de deux éléments et fait référence à une provenance, une origine. Le second élément **vandaan**, *de*, se place presque toujours à la fin de la phrase.

③ **ik kom**, *je viens*, est la 1re personne du verbe **komen**, *venir*, au présent.

Au foyer d'étudiants
(Dans la étudiants-maison)

1 – D'où viens-tu *(Où viens tu de)* ?
2 – Je viens d'Argentine.
3 Et toi ?
4 – De Belgique.
5 Et où est ta chambre ?
6 – Au deuxième étage.
7 – Ah, j'ai une chambre au quatrième étage.

6 Le préfixe **ver-** ne porte jamais d'accent tonique, d'où une accentuation de la deuxième syllabe dans **verdieping** *[v'erdi:pĭŋ]*. Sous l'influence de la consonne sonore **d**, la consonne sourde **p** qui se trouve juste avant devient sonore et se prononce alors *[b]* : **op de** *[ob~de]*.
En règle générale, l'accent tonique est plutôt placé en début de mot et le **e** atone ne peut jamais être accentué. N'ayez pas peur de prononcer avec beaucoup d'insistance les syllabes accentuées, en gras dans le texte. Cela vous aidera à vous familiariser au plus vite avec la prononciation du néerlandais.

④ **jij**, *toi (tu)*, est la variante accentuée de **je**, *tu*, le pronom personnel de la 2e personne. Cette variante fait ressortir le pronom personnel et s'emploie surtout dans des phrases elliptiques.

⑤ Ne confondez pas ce **je** avec le pronom personnel de la 2e personne. Ici, nous avons affaire à l'adjectif possessif : **je kamer**, *ta chambre*.

4 **Oefening 1 – Vertaal**

❶ Waar is je kamer? ❷ En jij? Waar kom je vandaan? ❸ Ik kom uit Amsterdam. ❹ Ik heb een appeltaart. ❺ Ik woon op de derde verdieping.

Oefening 2 – Vul in

❶ Salut Karin. Tout va bien ?
. . . Karin. Gaat . . . . . goed?

❷ Où est Thomas ?
Waar . . Thomas?

❸ Madame, vous pouvez commander ici.
Mevrouw, u . . . . hier bestellen.

❹ J'ai [le] numéro dix.
Ik . . . nummer tien.

❺ Ta chambre est ici, tu sais.
Je . . . . . is hier hoor.

Corrigé de l'exercice 1

❶ Où est ta chambre ? ❷ Et toi ? D'où viens-tu ? ❸ Je viens d'Amsterdam. ❹ J'ai une tartelette aux pommes. ❺ J'habite au troisième étage.

Corrigé de l'exercice 2

❶ Hoi – alles – ❷ – is – ❸ – kunt – ❹ – heb – ❺ – kamer –

5 Vijfde les *[v'èyv'de Lèss]*

Naar ① de film

1 – Ik heb zin om ② van**a**vond uit te gaan.
2 – Dat is een **pri**ma ③ **idee**.
3 Waar gaan we naar**toe**? ④
4 – Wil je naar de film?
5 – **Oké**, leuk!
6 Naar **wel**ke **voor**stelling?

Prononciation

na:r de fĭLm ***1*** *ĭk Hèp~sĭ-n om v'a-n**a:**v'o-nt œyt te χa:-n* ***2*** *dat ĭss e-n **pri:**ma: i:**dé:*** ***3*** *wa:r χa:-n we na:r**tou*** ***4*** *wĭL ye na:r de fĭLm* ***5*** *o:**ké:** Leuk* ***6*** *na:r **wèL**ke **v'o:r**stèLĭŋ*

Remarques de prononciation

Le **e** atone *[e]* se prononce de façon relâchée et ouvert, un peu comme lorsqu'on marque une pause ou qu'on cherche un mot. Ne le confondez pas avec *[eu]*, qui se prononce comme dans "peu" : **leuk** *[Leuk]*.

Notes

① La préposition **naar**, *à* (littéralement "vers"), est employée pour exprimer l'endroit vers lequel on se dirige. Elle accompagne généralement le verbe **gaan**, *aller*, qui est ici sous-entendu.

② **zin hebben om**, *avoir envie de*, est toujours suivi de **te**, *à*. Ici, **te** est placé entre la particule **uit** et l'infinitif **gaan**. C'est une structure un peu compliquée, mais ne vous inquiétez pas, nous la reverrons dans les prochaines leçons.

③ **prima**, *très bien, parfait*, est invariable. On peut le rencontrer en tant qu'adverbe (rappelez-vous **ja prima** à la première leçon) ou en tant qu'adjectif : **prima idee**, *très bonne idée*.

Au cinéma *(Vers le film)*

1 – J'ai envie de sortir ce soir *(ce-soir à sortir)*.
2 – C'est une très bonne idée.
3 Où allons-nous *(vers)* ?
4 – Veux-tu [aller] au *(vers le)* cinéma *(film)* ?
5 – D'accord, chouette *(amusant)* !
6 *(Vers)* Quelle séance ?

1 Entraînez-vous à bien prononcer le *[χ]*, même si ça fait un peu mal à la gorge ; respectez le son guttural et évitez de le transformer en *[gue]* ou en *[r]*.
Le **b** en fin de mot se prononçant *[p]*, il est considéré comme une consonne sourde : **heb** *[Hèp]*. Lorsqu'une consonne sonore suit une consonne sourde, elle devient également sourde : **heb zin** *[Hèp~sĭ-n]*.
6 -ng représente un seul son nasal *[ŋ]*, prononcé en soulevant la partie postérieure de la langue.

④ **waar … naartoe**, *où* (littéralement "où … vers"), est tout comme **waar … vandaan**, *d'où*, composé de deux éléments, mais fait référence à un endroit vers lequel on se dirige. Souvenez-vous que **waar**, *où*, se réfère à l'endroit où l'on est.

Oefening 1 – Vertaal

❶ Ik heb zin om uit te gaan. ❷ Dat is een prima film. ❸ Wil je vanavond komen? ❹ Welke voorstelling? ❺ Leuk!

Oefening 2 – Vul in

❶ Je viens de Belgique.
Ik kom . . . België.

❷ Où allons-nous ce soir ?
Waar gaan we vanavond . . . . ?

❸ C'est très bien.
Dat . . . .

❹ À quelle séance veux-tu [aller] ?
Naar . . . . . voorstelling wil je?

---

6 Zesde les *[z'èz'de Lèss]*

Een vrije dag ①

1 – Ik heb ② van**daag** een **vrij**e dag.
2 Wat kan ③ ik gaan doen?
3 Een **stuk**je **fiet**sen?
4 Of naar het strand gaan?
5 Of **bood**schappen doen?

Prononciation
*e-n **v'rèy**e da*χ ***1*** *ïk Hèp~fa-n**da:χ** e-n **v'rèy**e da*χ ***2*** *wa-t ka-n ïk χa:-n doun* ***3*** *e-n **stùk**ye **fi:t**se*^{n} ***4*** *of na:r Hèt stra-nt χa:-n* ***5*** *ov'~**bo:t**sχape*^{n} *doun*

Notes

① L'adjectif épithète prend toujours un **-e** devant un nom indéfini du genre commun : **vrij**, *libre*, **een vrije dag**, *un jour de congé*. ▸

Corrigé de l'exercice 1
❶ J'ai envie de sortir. ❷ C'est un très bon film. ❸ Veux-tu venir ce soir ? ❹ Quelle séance ? ❺ Chouette !

❺ Où est le foyer d'étudiants ?
Waar is . . . studentenhuis?

Corrigé de l'exercice 2
❶ – uit – ❷ – naartoe ❸ – is prima ❹ – welke – ❺ – het –

Ne vous fixez pas sur toutes les nouveautés présentées dans chaque leçon. Pour le moment, il suffit d'écouter ou de lire tous les jours une leçon, en répétant plusieurs fois les phrases néerlandaises ; vous verrez, c'est la méthode la plus efficace pour vous familiariser avec ce qui vous semble encore difficile.

Sixième leçon 6

Un jour de congé *(Un libre jour)*

1 – J'ai un jour de congé aujourd'hui.
2 Que puis-je *(aller)* faire ?
3 Faire un peu de vélo *(Un bout faire-du-vélo)* ?
4 Ou aller à la plage *(vers la plage aller)* ?
5 Ou faire des courses *(courses faire)* ?

② Nous avons déjà rencontré **ik heb**, *j'ai*. C'est la 1re personne singulier du verbe irrégulier **hebben**, *avoir*.

③ **kan** est la 1re personne singulier du verbe irrégulier **kunnen**, *pouvoir, avoir la possibilité*, que vous avez déjà rencontré dans la 3e leçon. Ne confondez pas avec le verbe **mogen**, *pouvoir, avoir la permission*.

6 Nee, ik blijf ④ ge**woon** thuis! □

6 *né: ĭk bLèyf χe**wo:-n** tœyss*

Remarques de prononciation

La voyelle entravée ou voilée *[a]* se prononce de façon brève, avec peu de tension dans les muscles de la bouche : **dag** *[d<u>a</u>χ]*, **wat** *[w<u>a</u>-t]*, **kan** *[k<u>a</u>-n]*, **strand** *[str<u>a</u>-nt]*, **boodschappen** *[**bo:ts**χ<u>a</u>pe^n]*. Contrairement à la voyelle libre ou claire, qui se prononce de façon plus tendue et plus longue : **vandaag** *[v'a-n**d<u>a:</u>χ**]*, **gaan** *[χ<u>a:</u>-n]*, **naar** *[n<u>a:</u>r]*.

Note

④ **ik blijf**, *je reste*, est la 1re personne singulier du verbe **thuisblijven**, *rester à la maison, chez soi*, un verbe à particule séparable. La particule **thuis** est placée à la fin de la phrase. Notez que le néerlandais ne connaît pas de **v** en fin de mot. Le **v** de **blijven** se transforme par conséquent en **f** : **ik blijf**, *je reste*.

***

Oefening 1 – Vertaal

❶ Ik blijf vandaag thuis. ❷ Wat kan ik doen? ❸ Ik kan gaan fietsen of boodschappen doen. ❹ Ik heb een vrije dag. ❺ Wil je naar het strand gaan?

Oefening 2 – Vul in

❶ Puis-je rester à la maison ce soir ?
. . . ik vanavond thuisblijven?

❷ Vous devez faire des courses aujourd'hui.
U moet vandaag boodschappen . . . . .

❸ J'habite au foyer d'étudiants.
. . . . . . in het studentenhuis.

❹ Faire du vélo, c'est une très bonne idée.
. . . . , dat is een prima idee.

5 boodschappen *[bo:tsχapeⁿ]* : le **d** se prononce *[t]* en fin de mot et parfois dans l'équivalent de fin de mot, dans les mots composés.
Notez également les phénomènes d'assimilation : **zesde** *[z'èz'de]*, **heb vandaag** *[Hèp~fa-nda:χ]*, **of boodschappen** *[ov'~bo:tsχapeⁿ]*.
6 blijf *[bLèyf]* : rappelez-vous que le son *[èy]* se prononce comme dans "abeille".

Corrigé de l'exercice 1

❶ Je reste à la maison aujourd'hui. ❷ Que puis-je faire ? ❸ Je peux aller faire du vélo ou faire des courses. ❹ J'ai un jour de congé. ❺ Veux-tu aller à la plage ?

❺ Que veux-tu faire ?
. . . wil je doen?

Corrigé de l'exercice 2

❶ Mag – ❷ – doen ❸ Ik woon – ❹ Fietsen – ❺ Wat –

Les points abordés dans ces premières leçons seront repris au fur et à mesure, pour vous aider à bien les intégrer. Contentez-vous de comprendre les phrases et de les répéter. Leur assimilation viendra avec le temps.

7 Zevende les *[z'é:ve-nde Lèss]*

Herhaling – Révision

Dans cette leçon, nous allons reprendre et approfondir les principaux points de grammaire dont vous avez déjà eu un aperçu au cours des six leçons précédentes. Lisez-les de manière attentive mais détendue, et n'essayez pas de tout maîtriser d'emblée. Si vous en ressentez le besoin, revenez à la leçon concernée, puis continuez.

1 Prononciation et accentuation

Souvenez-vous que les voyelles entravées sont des voyelles qui, dans une même syllabe, sont suivies d'une consonne, comme dans **wil**, *veux*. Il faut bien les différencier des voyelles libres, qui se situent librement, soit en syllabe fermée par une consonne, comme dans **woon**, *habite*, soit en syllabe ouverte non fermée par une consonne, comme dans **wonen** (**wo-nen**), *habiter*.

Prenez le temps de bien écouter la différence entre la prononciation des voyelles entravées et de leurs consœurs libres. Les premières sont voilées – prononcées avec peu de tension dans les muscles de la bouche et en tirant la base de la langue vers l'arrière – et les dernières claires – prononcées avec plus de tension dans les muscles de la bouche sans tirer la base de la langue en arrière. En simplifiant, on peut dire que les voyelles libres sont plus longues que les voyelles entravées. Cet allongement est indiqué par deux points *[:]* dans notre transcription phonétique simplifiée.

Souvenez-vous qu'en cas d'assimilation progressive, une consonne sonore (**d**, **v**, **z**, **b**) qui suit une consonne sourde (**t**, **k**, **f**, **s**, **ch**, **p**) devient sourde : **of zonder** *[of~**so-n**de-r]*, **heb zin** *[Hèp~sĭ-n]*, **heb vandaag** *[Hèp~fa-n**da:χ**]*. N'oubliez pas que le **b** final, qui se prononce *[p]*, est considéré comme une consonne sourde.

On parle d'assimilation régressive lorsque, sous l'influence de la consonne sonore **b** ou **d**, la consonne sourde qui se trouve juste avant devient sonore : **ik bestel** *[ĭg~be**stèL**]*, **op de** *[ob~de]*, **vijfde** *[**v'èyv'**de]*, **zesde** *[**z'èz'**de]*, **of boodschappen** *[ov'~**bo:t**sχape^n]*.

2 Les règles d'orthographe

Laissez-vous guider par la prononciation des voyelles, afin de les orthographier correctement :

– Les voyelles entravées, plus courtes que les voyelles libres, s'écrivent toujours avec une seule voyelle : **zegt** *[z'èχt]*, *dites* ; **wil** *[wĭL]*, *veux*. Afin de conserver une prononciation courte de ces voyelles, la consonne finale est doublée lorsqu'il y a plusieurs syllabes : **boodschappen** (**bood-schap-pen**) *[**bo:ts**χape*^{n}*]*, *courses* ; **zeggen** (**zeg-gen**) *[z'èχe*^{n}*]*, *dire* ; **willen** (**wil-len**) *[wĭLe*^{n}*]*, *vouloir* ; **stoppen** (**stop-pen**) *[**stop**e*^{n}*]*, *arrêter*.

– Les voyelles libres, se caractérisant par un allongement de la prononciation, s'écrivent avec deux voyelles en syllabe fermée : **gaan** *[χa:-n]*, *aller* ; **eerste** (**eer-ste**) *[**é:r**ste]*, *premier* ; **hier** *[Hi:r]*, *ici* ; **woon** *[wo:-n]*, *habite* ; **Luuk** *[Lu:k]*, *Luc*. Elles s'écrivent par contre avec une seule voyelle en syllabe ouverte (et se prononcent toujours longues) : **kamer** (**ka-mer**) *[**ka:**me-r]*, *chambre* ; **Argentinië** (**Ar-gen-ti-ni-ë**) *[arχèn**ti**:ni:ye]*, *Argentine* ; **prima** (**pri-ma**) *[**pri:**ma:]*, *parfait* ; **wonen** (**wo-nen**) *[**wo:**ne*^{n}*]*, *habiter* ; **studentenhuis** (**stu-den-ten-huis**) *[stu:**dèn**te*^{n}*Hœyss]*, *foyer d'étudiants*.

Ne vous inquiétez pas si vous n'avez pas retenu toutes nos explications, nous reviendrons sur ce point.

3 L'article

3.1 L'article défini singulier

Au singulier, le néerlandais connaît deux articles :
– l'article défini **de**, du genre commun, regroupant les noms masculins et féminins : **de taxi**, *le taxi* ; **de straat**, *la rue* ; **de kamer**, *la chambre* ; **de verdieping**, *l'étage* ; **de film**, *le film* ; **de voorstelling**, *la séance* ; **de dag**, *le jour*, *la journée* ;
– l'article défini **het**, du genre neutre, regroupant les noms neutres : **het studentenhuis**, *le foyer d'étudiants* ; **het idee**, *l'idée* ; **het stukje**, *le petit morceau* ; **het strand**, *la plage*.

7

3.2 L'article indéfini singulier

Au singulier, il n'existe qu'un article indéfini pour les trois genres : **een**, *un/e*, qui se prononce *[e-n]* avec un *[e]* atone.

4 La conjugaison

Commençons par récapituler les pronoms personnels rencontrés jusqu'à présent : **ik**, *je* ; **je**, *tu* ; **we**, *nous*. Nous avons également vu **jij**, *tu, toi*, la variante accentuée de **je**, et le pronom personnel de politesse **u**, *vous*. **U** est utilisé pour s'adresser à une ou plusieurs personnes que l'on vouvoie, mais il sera toujours conjugué à la 2e personne du singulier, même si on s'adresse à plusieurs personnes.

Les infinitifs néerlandais se terminent en **-en** (ou **-n**) : **bestellen**, *commander*, **blijven**, *rester* ; **doen**, *faire* ; **fietsen**, *faire du vélo* ; **gaan**, *aller* ; **hebben**, *avoir* ; **stoppen**, *arrêter* ; **willen**, *vouloir* ; **zijn**, *être*.

Retenez que l'infinitif correspond à la forme verbale de toutes les personnes du pluriel, dont vous connaissez déjà **we**, *nous* :
gaan, *aller* → **we gaan**, *nous allons*
bestellen, *commander* → **we bestellen**, *nous commandons*
blijven, *rester* → **we blijven**, *nous restons*
doen, *faire* → **we doen**, *nous faisons*
fietsen, *faire du vélo* → **we fietsen**, *nous faisons du vélo*
hebben, *avoir* → **we hebben**, *nous avons*

4.1 Verbes réguliers au présent

Vous obtenez la 1re personne du singulier, **ik**, en enlevant la terminaison **-en** (ou **-n**) de l'infinitif :
moeten, *devoir* → **ik moet**, *je dois*
wonen, *habiter* → **ik woon**, *j'habite*
zeggen, *dire* → **ik zeg**, *je dis*
doen, *faire* → **ik doe**, *je fais*

En néerlandais, on ne retrouve jamais deux consonnes identiques à la fin d'un mot. En enlevant la terminaison de l'infinitif, on enlève en même temps la consonne superflue, ce qui donne par exemple **zeg** et non pas **zegg**, **wil** et non pas **will**.

Vous obtenez la 2e personne du singulier, **je**, et la forme de politesse, **u**, en ajoutant ensuite un **-t** (sauf pour les verbes réguliers dont le radical se termine déjà par un **-t**) :

moeten, *devoir* → **je moet**, *tu dois*, **u moet**, *vous devez*

wonen, *habiter* → **je woont**, *tu habites*, **u woont**, *vous habitez*

zeggen, *dire* → **je zegt**, *tu dis*, **u zegt**, *vous dites*

doen, *faire* → **je doet**, *tu fais*, **u doet**, *vous faites*

Retenez que les règles d'orthographe s'appliquent avant la conjugaison. Cela explique qu'en enlevant la terminaison **-en** de **wonen** *[wo:-ne^n]*, vous trouverez **woon** *[wo:-n]*, et non pas **won** *[wo-n]*.

4.2 Verbes irréguliers au présent

Comme vous pouvez le constater, ce sont des verbes qui présentent des irrégularités au niveau des voyelles et/ou de la conjugaison. Nous en avons déjà rencontré quelques-uns :

kunnen, *pouvoir, avoir la possibilité*

ik kan, *je peux*

u kunt, *vous pouvez*

we kunnen, *nous pouvons*

mogen, *pouvoir, avoir la permission*

ik mag, *je peux*

u mag, *vous pouvez*

we mogen, *nous pouvons*

4.3 Verbes à particule

Enfin, nous avons vu que certains verbes sont composés d'une particule associée à un infinitif. La particule se détache de celui-ci lors de la conjugaison : **thuisblijven**, *rester à la maison* → **ik blijf gewoon thuis**, *je reste simplement à la maison*.

7 Herhalingsdialoog – Dialogue de révision (Traduisez)

Pour vous permettre de faire le point, nous vous proposons de reprendre sous forme de dialogue quelques-unes des notions les plus importantes abordées au cours des leçons précédentes. Nous vous conseillons de répéter chaque phrase plusieurs fois et de les traduire en français. Vous pouvez ainsi tester vos connaissances et vous rendre compte de votre progression rapide !

1 – Goedenavond.
2 – Dag. Alles goed?
3 – Ja prima.
4 – Waar kom je vandaan?
5 – Uit België.
6 – Wil je een koffie met appeltaart?
7 – Ja graag.
8 – Ik heb vandaag een vrije dag.
9 – Heb je zin om naar het strand te gaan?
10 – Oké, leuk!

À la fin des leçons de révision, nous vous proposons un exercice grammatical guidé simple. Il vous aidera à mémoriser les structures de base.

Oefening – Vertaal

❶ Ik bestel; we bestellen. ❷ Ik blijf thuis; we blijven thuis. ❸ Ik woon; we wonen; woont u? ❹ Ik mag; we mogen. ❺ Je woont; u woont. ❻ Je moet; u moet; moet je? ❼ Wil je?; wilt u?

Traduction

1 Bonsoir. **2** Bonjour. Ça va ? **3** Oui parfaitement. **4** D'où viens-tu ? **5** De Belgique. **6** Veux-tu un café avec [une] tartelette aux pommes ? **7** Oui, volontiers. **8** J'ai un jour de congé aujourd'hui. **9** As-tu envie d'aller à la plage ? **10** D'accord, chouette !

Corrigé de l'exercice

❶ Je commande ; nous commandons. ❷ Je reste à la maison ; nous restons à la maison. ❸ J'habite ; nous habitons ; habitez-vous ? ❹ Je peux ; nous pouvons. ❺ Tu habites ; vous habitez. ❻ Tu dois ; vous devez ; dois-tu ? ❼ Veux-tu ? ; voulez-vous ?

Vous voilà parvenu au terme des sept premières leçons. Vous avez sans doute remarqué que les automatismes de base se mettent en place. Bravo ! **Ga zo door!**, Continuez comme ça !

8 Achtste les *[aχtste Lèss]*

Verliefd ①

1 – Je mag drie keer **ra**den ②!
2 – Je bent ver**liefd**.
3 – Pre**cies**, maar hoe weet jij ③ dat nou?
4 – Tja… en wie is de ge**luk**kige ④?
5 – Hij is groot, blond, sterk en erg lief!
6 – Maar hoe heet ⑤ hij?
7 – O, hij heet **Mar**tin. □

Prononciation

*v'er**Li:ft** **1** ye maχ dri: ké:r **ra:**de^{n} **2** ye bènt~fer**Li:ft** **3** pre**ssi:ss** ma:r Hou wé:t yèy dat naou **4** tsya: èn wi: ĭss de χe**Lùk**eχe **5** Hèy ĭss χro:-t bLo-nt stèr^{e}k èn èrχ Li:f **6** ma:r Hou Hé:t Hèy **7** o: Hèy Hé:t **mar**tĭ-n*

Remarques de prononciation

2 Notez l'assimilation du **v** en **f** dans **bent verliefd** : *[bènt~fer**Li:ft**]*.

Notes

① Dans l'adjectif **verliefd**, *amoureux/-euse*, on retrouve l'adjectif très courant **lief**, *gentil/le, cher/chère, mignon/ne*, de la phrase 5.

② N'oubliez pas qu'en néerlandais, l'infinitif est placé à la fin de la phrase.

③ Le pronom personnel accentué **jij**, *tu (toi)*, fait ressortir le pronom personnel et porte ici un accent de phrase. Rappelez-vous qu'on n'ajoute pas de terminaison **-t** aux verbes qui contiennent déjà un **-t** dans l'infinitif : **weten**, *savoir* → **jij weet**, *tu sais*.

④ L'adjectif **gelukkig**, *heureux/-euse*, est ici utilisé comme nom, précédé de l'article défini **de**, *le, la*, et suivi d'un **-e** final. ▸

Amoureuse

1 – Devine ! Tu as trois chances *(Tu peux trois fois deviner)* !
2 – Tu es amoureuse.
3 – Exactement, mais [enfin], comment peux-tu le savoir, [toi] *(mais comment sais tu cela donc)* ?
4 – Euh… et qui est l'heureux [élu] ?
5 – Il est grand, blond, fort et très gentil !
6 – Mais comment s'appelle-t-il ?
7 – Oh, il s'appelle Martin.

4 gelukkige : le suffixe **-ig** se prononce toujours avec un *[e]* atone. Vous allez vous rendre compte que le *[e]* atone sert également à faciliter la prononciation de certaines suites de consonnes finales, comme par exemple **-rk**, **-rg** (ce phénomène se produit surtout en langage courant, et moins en langage soigné).

▸ ⑤ Vous trouvez la 3e personne du singulier du verbe **heten**, *s'appeler*, en enlevant la terminaison **-en** et en appliquant les règles d'orthographe : **heet**, *s'appelle*.

Oefening 1 – Vertaal

❶ Martin is verliefd. ❷ Ik mag twee keer raden. ❸ Hoe heet hij precies? ❹ Wie is groot, blond en sterk? ❺ Hoe weet jij dat?

Oefening 2 – Vul in

❶ La chambre au quatrième étage est grande.
De kamer op de . . . . . . verdieping is groot.

❷ Veux-tu aller faire du vélo ou rester à la maison ?
Wil je gaan fietsen of . . . . ?

❸ Comment puis-je commander un café ?
. . . kan ik een koffie bestellen?

9 Negende les *[né:χe-nde Lèss]*

Op het strand

1 – Wat een ① **hit**te!
2 – Nou zeg ②, warm is het hè?
3 Het is **ze**ker **der**tig **gra**den.

Prononciation
op e-t stra-nt **1** *wat e-n* ***Hĭ****te* **2** *naou z'èχ warm ĭss e-t Hè* **3** *e-t ĭss~****sé:****ke-r* ***dèr****teχ* ***χra:****de*ⁿ

Notes

① L'exclamation **wat een...!**, *quel/le/s... !*, suivie d'un nom au singulier ou au pluriel exprime l'étonnement.

② Les interjections **nou**, *tiens, eh ben, alors, donc* et **zeg**, *dis (donc)* servent à interpeller son interlocuteur ou bien à exprimer ▸

Corrigé de l'exercice 1

❶ Martin est amoureux. ❷ J'ai deux chances pour deviner *(Je peux deux fois deviner).* ❸ Comment s'appelle-t-il exactement ? ❹ Qui est grand, blond et fort ? ❺ Comment sais-tu cela, toi ?

❹ Thomas est très fort.
Thomas is . . . .

❺ Madame, d'où venez-vous ?
Mevrouw, waar komt u . . . . ?

Corrigé de l'exercice 2

❶ – vierde – ❷ – thuisblijven ❸ Hoe – ❹ – erg sterk ❺ – vandaan

Neuvième leçon 9

À la plage

1 – Quelle *(Que une)* chaleur !
2 – Comme tu dis *(Tiens dis)*, il fait chaud *(chaud est il)*, hein ?
3 Il fait largement *(Il est sûrement)* trente degrés.

différents états d'âme comme l'étonnement, l'incertitude ou encore l'indignation. Le contexte et l'intonation vous indiqueront comment il faudra les interpréter. Elles peuvent également se combiner : **nou zeg**, *comme tu dis/vous dites, eh bien.*

4 **Heb**ben **jul**lie geen ③ dorst?
5 – Ja**wel**, we **heb**ben **vre**selijke dorst ④.
6 Waar is de **koel**box ⑤ met het **wa**ter?
7 – O jee, die staat ⑥ nog thuis. □

***4** **Hèbe^{n} yùLi**: χé:n dorst* ***5** ya:**wèL** we **Hèbe^{n} v'ré:**sseLeke dorst* ***6** wa:r ĭz'~de **kouL**bokss mèt Hèt **wa:**te-r* ***7** o: yé: di: sta:t noχ tœyss*

Remarques de prononciation

Le suffixe **-lijk** se prononce avec un *[e]* atone, tout comme **-ig** : **dertig** *[**dèr**teχ]*, **vreselijke** *[**v'ré:**sseLeke]*. Par contre, **gr-** au début d'un mot se prononce sans *[e]* atone : **graden** *[**χra:**de^{n}]*. Il est important de bien distinguer le *[χ]* du *[r]*, sans les fondre dans un seul *[r]* grasseyé.

Notes

③ Devant un nom indéfini, le néerlandais utilise la négation **geen** : **Jullie hebben dorst**, *Vous avez soif*, **Jullie hebben geen dorst**, *Vous n'avez pas soif*.

④ L'adjectif épithète se place devant le nom. Il prend un **-e** final lorsqu'il est suivi d'un nom du genre commun, comme ici **(de) dorst**, *(la) soif*.

⑤ Souvenez-vous que le néerlandais crée facilement des mots composés en accolant les noms ensemble. **De koelbox**, *la glacière*, est composé de **koel**, *frais*, et de **de box**, *le box*.

⑥ **staat** est la 3e personne du singulier du verbe **staan**, *rester, être*. Ce verbe a la particularité de faire référence à la station debout de l'homme et, par extension, à la position de certains objets.

***

Oefening 1 – Vertaal

❶ Het is warm: het is dertig graden. ❷ De koelbox met het water staat nog op het strand. ❸ We hebben vreselijke dorst. ❹ Wat een hitte! ❺ Hij is nog thuis.

4 Vous n'avez pas soif *(Avez vous pas soif)* ?
5 – Si, nous avons [une] soif terrible *(terrible soif)*.
6 Où est la glacière *(frais-box)* avec l'eau ?
7 – Oh mince, elle est restée à la maison *(celle-là est-debout encore à-la-maison)*.

Les voyelles libres *[a:]* et *[é:]* sont longues et s'écrivent avec une seule voyelle en syllabe ouverte, c'est-à-dire quand la syllabe se termine par elles : **gra-den** *[**χra:**deⁿ]*, **ja-wel** *[ya:**wèL**]*, **wa-ter** *[**wa:**te-r]*, **vre-selijke** *[**v'ré:**sseLeke]*.
2 L'accent grave sur **hè** indique qu'il faut prononcer avec un **e** court.
3, 6 Notez les deux cas d'assimilation : **is zeker** *[ĭss~**sé:**ke-r]* (la sonore **z** est prononcée assourdie car elle suit la sourde **s**), **is de** *[ĭz'~de]* (sous l'influence de la sonore **d**, la sourde **s** qui se trouve juste avant devient sonore).
7 Remarquez que le **h** de **thuis** ne se prononce pas.

***

Corrigé de l'exercice 1

❶ Il fait chaud : il fait trente degrés. ❷ La glacière avec l'eau est restée à la plage. ❸ Nous avons une soif terrible. ❹ Quelle chaleur ! ❺ Il est encore à la maison.

Oefening 2 – Vul in

❶ Où est la tartelette aux pommes avec la crème chantilly ?
Waar is de appeltaart met de . . . . ?

❷ La glacière est dans le foyer d'étudiants.
De koelbox staat in het . . . .

❸ Quelle terrible séance !
. . . . . . vreselijke voorstelling!

❹ L'eau est certainement à trente degrés.
Het . . . . . is zeker dertig graden.

❺ Bonsoir, j'habite dans la rue du Roi.
Goedenavond, ... in de Koningstraat.

---

10 Tiende les *[ti:-nde Lèss]*

Bij de groenteman

1 – Wie is er aan de beurt? ①
2 – Ik. Heeft u ba**na**nen?
3 – Nee me**vrouw**, de ba**na**nen ② zijn op.

Prononciation
*bèy de **χrou-n**tema-n **1** wi: ĭss èr a:-n de beurt **2** ĭk. Hé:ft u: ba:**na:**ne^n **3** né: mev**'raou** de ba:**na:**ne^n z'èyn op*

Notes

① L'expression **Wie is er aan de beurt?**, *C'est à qui le tour ?*, est souvent utilisée au même titre que l'expression **Zegt u het maar**, *Je vous écoute.* ▸

Corrigé de l'exercice 2

❶ – slagroom ❷ – studentenhuis ❸ Wat een – ❹ – water – ❺ – ik woon –

Les Néerlandais adorent le beau temps et dès que la température le permet, ils essayent d'en profiter au maximum en allant par exemple à la plage. Le week-end peut se transformer en véritable exode, avec des kilomètres de bouchons aux voies d'accès des plages les plus appréciées. Ils y passent ensuite la journée et amènent, outre le parasol et le pare-vent, la glacière avec de quoi boire et manger. De nombreuses plages sont entourées de dunes, où il est agréable de se promener. Ne soyez donc pas surpris de voir les Néerlandais y aller même par temps couvert ou venteux.

Dixième leçon 10

Chez le marchand de légumes *(légume-homme)*

1 – C'est à qui le tour *(Qui y a-t-il au tour)* ?
2 – [À] moi. Avez-vous [des] bananes ?
3 – Non madame, les bananes sont finies.

▸ ② La plupart des noms prennent **-en** au pluriel : **de banaan**, *la banane*, **de bananen**, *les bananes*. N'oubliez pas d'appliquer les règles d'orthographe ! Le **a** long est exprimé par deux **a** en syllabe fermée et par un seul **a** en syllabe ouverte. Quant à l'article défini au pluriel, c'est très simple, puisqu'il n'en existe qu'un seul pour les deux genres : **de**, *les*.

10 **4** – Geeft u dan maar een **ki**lo **prui**men ③.
5 En zijn de **aard**beien **lek**ker?
6 – Die ④ zijn **heer**lijk!
7 En ze zijn niet duur ⑤.
8 – Goed, dan neem ik die ook. □

4 *χé:ft u: da-n ma:r e-n* ***ki:****Lo:* ***prœy****me*^{n} ***5*** *èn z'èyn de* ***a:r***^{d}*bèye*^{n} ***Lè****ke-r* ***6*** *di: z'èyn* ***Hé:r****Lek* ***7*** *èn z'e z'èyn ni:t du:r* ***8*** *χou-t da-n né:m ĭg~di: o:k*

Notes

③ Le pluriel **de pruimen**, *les prunes*, est formé en ajoutant **-en** à **de pruim**, *la prune*.

④ Dans le langage courant, le démonstratif **die**, *celui-là, ceux-là, celle(s)-là*, remplace souvent le pronom personnel, ce qui permet de le mettre plus en valeur, surtout quand il est placé en tête de phrase. Vous l'avez d'ailleurs déjà rencontré dans la leçon précédente.

⑤ **niet duur**, *pas chères* : devant un adjectif ou un adverbe, on utilise la négation **niet**.

***

Oefening 1 – Vertaal

❶ Geeft u dan maar een kilo bananen. ❷ Zijn de pruimen lekker? ❸ Wie is er aan de beurt? ❹ De aardbeien zijn heerlijk en niet duur. ❺ Zegt u het maar.

4 – Donnez[-moi] *(Donnez vous)* alors plutôt un kilo [de] prunes.
5 Et les fraises, sont-elles *(Et sont les fraises)* bonnes ?
6 – Elles *(Celles-là)* sont délicieuses !
7 Et elles ne sont pas chères.
8 – Bon, alors, j'en prends aussi *(alors prends je celles-là aussi)*.

Remarques de prononciation

w se prononce *[w]* en plaçant la lèvre inférieure contre les incisives supérieures, sauf en fin de mot, où il se prononce *[ou]* en arrondissant les lèvres : **wie** *[wi:]*, **mevrouw** *[mev'**raou**]*.
5 Le **d** de **aardbeien** se prononce à peine.
8 Notez le cas d'assimilation régressive **ik die** *[ĭg~di:]*.

***

Corrigé de l'exercice 1

❶ Donnez-moi alors plutôt un kilo de bananes. ❷ Les prunes sont-elles bonnes ? ❸ C'est à qui le tour ? ❹ Les fraises sont délicieuses et pas chères. ❺ Je vous écoute.

Oefening 2 – Vul in

❶ Les prunes et les fraises sont finies.
De pruimen . . de aardbeien zijn . . .

❷ Je prends aussi un kilo de bananes.
Ik . . . . ook een kilo bananen.

❸ Veux-tu aller faire des courses chez le marchand de légumes ?
Wil je boodschappen gaan doen bij de . . . . ?

11 Elfde les *[èLv'de Lèss]*

De verjaardag

1 – Wat ① ben je mooi!
2 – Ik ben **ja**rig ② van**daag**.
3 – Nou, je hebt ③ een **prach**tige jurk.
4 En gefelici**teerd** met je ver**jaar**dag. ④

Prononciation
*de v'èr**ya:r**daχ **1** wat bèn ye mo:y **2** ĭg~bèn **ya:**reχ v'a-n**da:χ** **3** naou ye Hèpt e-n **praχ**teχe yùrk **4** èn χefé:Li:ssi:**té:rt** mèt ye v'èr**ya:r**daχ*

Notes

① Vous avez déjà rencontré **wat** dans l'expression **wat een...**, *quel/le/s...* + nom. Quand la phrase exclamative comporte un verbe, celui-ci doit immédiatement suivre le pronom **wat** : **Wat ben je mooi!**, *Que tu es belle !* Vous pouvez aussi omettre le verbe : **Wat mooi!**, *Que c'est beau/joli !*, **Wat duur!**, *Que c'est cher !*, **Wat leuk!**, *Que c'est chouette !*

② **Ik ben jarig** est une expression courante en néerlandais. L'adjectif **jarig** fait référence à la personne dont c'est l'anniversaire. Il est formé sur le nom **het jaar**, *l'an, l'année*. Tout ▶

❹ Je peux rester à la maison aujourd'hui.
Ik . . . vandaag thuisblijven.

❺ Il est très grand et il s'appelle Erik.
. . . is erg groot en . . . . Erik.

Corrigé de l'exercice 2
❶ – en – op ❷ – neem – ❸ – groenteman ❹ – kan – ❺ Hij – hij heet –

Onzième leçon 11

L'anniversaire

1 – Que tu es *(es tu)* belle !
2 – C'est mon anniversaire *(Je suis celle-qui-fête-son-anniversaire)*, aujourd'hui.
3 – Eh bien, tu as une robe splendide *(splendide robe)*.
4 Et bon anniversaire *(félicitée avec ton anniversaire)*.

▸ comme l'adjectif **gelukkig**, on peut en faire un nom en ajoutant l'article défini **de** et un **-e** final : **de gelukkige**, *l'heureux/-euse*, **de jarige**, *celui/celle qui fête son anniversaire*.

③ Pour rappel, la 2e personne du singulier du verbe **hebben**, *avoir*, se forme en ajoutant la terminaison **-t** à la racine **heb** : **je hebt**, *tu as*. N'oubliez pas que l'on ne retrouve jamais deux consonnes identiques à la fin d'un mot. En enlevant la terminaison infinitive **-en**, on supprime en même temps le **b** superflu.

④ Pour féliciter quelqu'un, il suffit d'utiliser l'expression **gefeliciteerd**, littéralement "félicité/e", qui se traduit souvent par *mes félicitations*. Si vous voulez préciser pour quoi, ajoutez la préposition **met**, *avec*, suivie d'un possessif : **gefeliciteerd met je mooie kamer**, *mes félicitations pour ta jolie chambre*.

5 – Be**dankt**. Ik geef een **feest**je ⑤ van**a**vond.
6 **Jul**lie zijn van **har**te **wel**kom.
7 – **Sor**ry, maar we zijn van**a**vond bij Hans en **El**ly.
8 – **Jam**mer. □

*5 be**daŋkt**. ĭk χé:f e-n **fé:**che v'a-n**a:**v'o-nt* ***6 yùL**i: z'èyn v'a-n **Har**te **wèL**kom* ***7 sor**i: ma:r we z'èyn v'a-n**a:**v'o-nt bèy Ha-nss èn **èL**i:* ***8 yam**e-r*

Remarques de prononciation

Souvenez-vous que le **e** final se prononce clairement : **prachtige** *[**praχ**teχe]*, **feestje** *[**fé:**che]*, **harte** *[**Har**te]*.
Notez les cas d'assimilation régressive : **elfde** *[**èLv'**de]* (sous

Note

⑤ La plupart du temps, le diminutif se forme avec la terminaison **-je** : **het feest**, *la fête*, **het feestje**, *la petite fête* ; **het stuk**, *le morceau*, **het stukje**, *le bout*, *le petit morceau*. Les Néerlandais se servent du diminutif non seulement pour faire référence à la petite taille d'un objet ou pour minimiser, mais aussi pour exprimer quelque chose d'agréable, comme ici **feestje**.

***

Oefening 1 – Vertaal

❶ Wat is hij groot! ❷ Ik ben jarig en ik geef een feestje. ❸ Jullie zijn welkom. ❹ We gaan vanavond naar de groenteman. ❺ Je hebt een mooie jurk.

5 – Merci. Je donne une *(petite)* fête ce soir.
6 Vous êtes *(de [tout] cœur)* [les] bienvenus.
7 – Désolée, mais ce soir nous sommes [invités] chez Hans et Elly.
8 – Dommage.

l'influence de la consonne sonore **d**, la sourde **f** qui se trouve juste avant devient sonore), **ik ben** *[ïg~bèn]* (sous l'influence de la sonore **b**, la sourde **k** qui se trouve juste avant devient sonore).
3 Le **-b** dans **hebt** se prononce *[p]* devant une consonne sourde, ici **t** : *[Hèpt].*
5 Remarquez que le **t** de **feestje** ne se prononce pas et que la combinaison **sj** se prononce *[ch].*

***

Corrigé de l'exercice 1

❶ Qu'il est grand ! ❷ C'est mon anniversaire et je donne une petite fête. ❸ Vous êtes les bienvenu(e)s. ❹ Nous allons chez le marchand de légumes ce soir. ❺ Tu as une belle robe.

Oefening 2 – Vul in

❶ Bon anniversaire !
. . . . met je verjaardag!

❷ Merci, mais ce soir nous sommes chez Hans.
. . . . , maar we zijn vanavond bij Hans.

❸ Dommage, les prunes ne sont pas bonnes.
. . . . . . , de pruimen zijn . . . . lekker.

12 Twaalfde les *[twa:Lv'de Lèss]*

Kun je even helpen?

1 – **Ju**lia, heb je ① een mo**men**tje?
2 – **O**ver ② vijf mi**nu**ten ben ik klaar.
3 – Dan vraag ik het wel ③ aan **Mir**jam.

Prononciation
*kù-n ye **é:v'e**ⁿ **HèL**peⁿ **1 yu:**Li:a: Hèp ye e-n mo:**mènt**ye **2 o:**v'e-r v'èyf mi:**nu:**teⁿ bèn ĭk kLa:r **3** da-n v'ra:χ ĭk Hèt wèL a:-n **mĭr**yam*

Notes

① Vous avez déjà vu que la 2e personne du singulier se forme la plupart du temps en ajoutant un **-t** à la racine : **je hebt**, *tu as*, **je kunt**, *tu peux*. Par contre, lors de l'inversion du verbe et du sujet **je**, *tu*, le **-t** de la conjugaison est supprimé : **heb je**, *as-tu*, **kun je**, *peux-tu*.

② La préposition française *dans* se traduit en néerlandais par **over** dès que l'on parle de temps. Dans les autres cas, on la traduira par **in**. (Rappelez-vous la 2e leçon, **in een café**, *dans un café*.)

③ L'adverbe **wel**, *bien*, est utilisé ici en contraste avec la réponse implicitement négative de Julia.

❹ Les bananes sont finies. Désolée.
De . . . . zijn op. Sorry.

❺ Il est amoureux, mais qui est l'heureuse [élue] ?
Hij is verliefd maar . . . is de gelukkige?

Corrigé de l'exercice 2
❶ Gefeliciteerd – ❷ Bedankt – ❸ Jammer – niet – ❹ – bananen – ❺ – wie –

Douzième leçon 12

Peux-tu donner un petit coup de main *(un-instant aider)* ?

1 – Julia, as-tu un petit instant ?
2 – Je serai *(suis je)* prête dans cinq minutes.
3 – Alors je demande *(demande je le bien)* à Mirjam.

4 – Dat kan niet, want ze is aan het werk.
5 – Goed, Ger**dien** kun jij ④ me dan **e**ven **hel**pen?
6 – Nee, ik ben ook **be**zig.
7 – Zeg, wat zijn **jul**lie ⑤ **ei**genlijk aan het doen ⑥?

4 *dat ka-n ni:t wa-nt z'e ĭss a:-n Hèt wèr^{e}k* ***5*** *χou-t χèr**di:-n** kù-n yèy me da-n **é:**v'e^n **HèL**pe^n* ***6*** *né: ĭg~bèn o:k **bé:**z'eχ* ***7*** *z'èχ wat z'èyn **yùL**i: **èy**χe^{n}Lek a:-n Hè~doun*

Notes

④ Souvenez-vous que le pronom **jij**, *tu, toi*, est la forme accentuée de **je**.

⑤ Le pronom pluriel **jullie**, *vous*, s'utilise lorsqu'on s'adresse à plusieurs personnes que l'on tutoie. Lorsqu'on parle à une ou plusieurs personnes que l'on vouvoie, il convient d'utiliser le pronom de politesse **u**.

***

Oefening 1 – Vertaal

❶ Kun je me helpen? ❷ Nee dat kan niet, want ze is bezig. ❸ Over vijf minuten is hij klaar. ❹ Ik vraag het aan Hans. ❺ Wat zijn jullie aan het doen?

Oefening 2 – Vul in

❶ Est-elle en train de faire du vélo ?
Is . . . . . het fietsen?

❷ J'ai soif.
Ik heb . . . . . .

❸ Vous *(tutoiement)* êtes les bienvenues.
. . . . zijn welkom.

4 – Ce n'est pas possible *(Cela peut pas)*, car elle est en train de travailler *(au travail)*.
5 – Bien, alors toi, Gerdien, peux-tu me donner un petit coup de main *(alors un-instant aider)* ?
6 – Non, je suis également occupée.
7 – Dites, qu'est-ce que vous êtes en train de faire au juste *(que êtes vous en-fait à le faire)* ?

Remarques de prononciation

N'oubliez pas que le **b** et le **d** finaux se prononcent respectivement *[p]* et *[t]*.
Le suffixe **-lijk**, comme **-ig**, vu en 8e leçon, se prononce toujours avec un *[e]* atone.
Notez les cas d'assimilation : **twaalfde** ***[twa:Lv'de]*** et **het doen** *[Hè~doun]*, où le **t** devient sonore. Les deux **d** sont ensuite prononcés comme un seul **d**.

⑥ La structure **zijn aan het** + verbe correspond à l'expression *être en train de…*

***

Corrigé de l'exercice 1

❶ Peux-tu me donner un coup de main ? ❷ Non, ce n'est pas possible, car elle est occupée. ❸ Dans cinq minutes, il sera prêt. ❹ Je (le) demande à Hans. ❺ Qu'est-ce que vous êtes en train de faire ?

❹ Bon, alors je prends de l'eau aussi.
Goed, . . . neem ik ook water.

❺ Monsieur, vous devez être au troisième étage.
. . . . , u . . . . op de derde verdieping zijn.

Corrigé de l'exercice 2

❶ – ze aan – ❷ – dorst ❸ Jullie – ❹ – dan – ❺ Meneer – moet –

13 Dertiende les *[dèrti:-nde Lèss]*

Op het station

1 – Hé, daar op ① het per**ron lo**pen Daan en Ma**ris**ka.
2 Ze **heb**ben vast haast:
3 ze **ren**nen **bij**na.
4 Hé ho, Da-h-aan! Ma**ris**ka! **Ho**ren **jul**lie mij?
5 – Maar zij ② **moe**ten hun trein **ha**len en wij ② ook!
6 Schiet eens op ③, straks ver**trekt** hij ④ **zon**der ons.
7 – Ja, ja, wind je niet zo op ⑤,
8 we **heb**ben nog vijf mi**nu**ten. □

Prononciation
*op Hèt sta:**tsyo-n** **1** Hé: da:r op Hèt pè**ro-n** **Lo:**pe^n da:-n èn ma:**rǐs**ka: **2** z'e **Hè**be^n v'ast Ha:st **3** z'e **rè**ne^n **bèy**na: **4** Hé: Ho: da:Ha:-n! ma:**rǐs**ka:! **Ho:**re^n **yùL**i: mèy **5** ma:r z'èy **mou**te^n Hù-n trèyn **Ha:**Le^n èn wèy o:k **6** sχi:t é:nss op strakss~fer**trèkt** Hèy **z'o-n**de-r o-nss **7** ya: ya: wǐ-nt ye ni:t~so: op **8** we **Hè**be^n noχ v'èyf mi:**nu:**te^n*

Notes

① Jusqu'à présent, vous avez rencontré la préposition **op** dans le sens de *à, au* : **op nummer**, *au numéro*, **op het strand**, *à la plage*. Sachez toutefois que le sens littéral de **op** est *sur*, comme ici **op het perron**, *sur le quai*.

② Dans les leçons précédentes, vous avez vu la différence entre les pronoms **jij** et **je**, *tu*, le premier étant accentué et le dernier étant plus neutre. Ici, la forme **zij**, *ils/elles*, est aussi la variante accentuée de **ze**, et la forme **wij**, *nous*, la variante accentuée de **we**. Retenez pour l'instant que la forme en **-ij** est toujours accentuée, sauf pour **hij**, *il*, où il n'existe qu'une seule forme. ▸

Treizième leçon 13

À la gare

1 – Tiens, Daan et Mariska marchent sur le quai là-bas.
2 Ils sont sûrement pressés *(ont hâte)* :
3 ils courent presque.
4 Ohé, Da-h-aan ! Mariska ! Vous m'entendez ?
5 – Mais [c'est qu']ils doivent attraper leur train *(ils doivent leur train attraper)*, et nous aussi !
6 Dépêche-toi donc *(Dépêche une-fois)*, il va partir *(tout-à-l'heure part il)* sans nous.
7 – Oui, oui, ne t'énerve pas comme ça *(énerve te pas ainsi)*,
8 nous avons encore cinq minutes.

Remarques de prononciation

1 L'accent aigu sur **hé** indique qu'il faut prononcer avec un *[é:]* long. Contrairement au français, l'accent tonique est plutôt placé en début de mot. Il y a toutefois des exceptions, par exemple pour les mots d'origine étrangère, comme ici **perron**.
6, 7 Notez les cas d'assimilation progressive : **straks vertrekt** *[strakss~fer***trèkt***]*, **niet zo** *[ni:t~so:]* (les sonores **v** et **z** sont prononcées assourdies sous l'influence respective des sourdes **s** et **t**).

③ Ici, vous avez affaire au verbe à particule **opschieten**, *se dépêcher*, utilisé à l'impératif. Lorsqu'on le conjugue, la particule séparable **op-** est rejetée à la fin.

④ Le pronom **hij** reprend dans le langage courant tous les noms singuliers du genre commun : **de trein → hij**. Par contre, dans un registre plutôt officiel, certains noms féminins peuvent être repris par le pronom féminin.

⑤ Le verbe dans cette proposition est **zich opwinden**, *s'énerver*. Vous retrouvez la particule séparable **op-** rejetée à la fin. **Je** est le pronom réfléchi *te*.

Oefening 1 – Vertaal

❶ Ze hebben haast. ❷ Ze heeft geen haast. ❸ We hebben nog vijf minuten. ❹ Straks vertrekt hij zonder mij. ❺ Zij moeten hun trein halen.

Oefening 2 – Vul in

❶ Ils ne marchent pas, ils courent presque.
Ze lopen niet, ze rennen . . . . . .

❷ Entendez-vous le train sur [le] quai onze ?
. . . . . jullie de trein op perron elf?

❸ Dépêche-toi donc, nous devons commander un taxi.
Schiet eens . . , we . . . . . . een taxi bestellen.

❹ Le train part dans cinq minutes.
. . . . vijf minuten vertrekt de trein.

❺ Vous pouvez vous arrêter là-bas, à la plage.
U kunt . . . . op het strand stoppen.

14 Veertiende les *[v'é:rti:-nde Lèss]*

Herhaling – Révision

Voici votre deuxième leçon de révision. Avant de l'aborder, relisez à haute voix les dialogues des six dernières leçons si vous en ressentez le besoin. Répétez les phrases et contentez-vous d'en comprendre le sens. Le fait de noter tous les nouveaux noms, en précisant l'article qui l'accompagne, vous rendra également service. Si vous avez un doute, reportez-vous au lexique.

1 Les pronoms personnels sujets

Faisons le récapitulatif des pronoms personnels que vous avez vus jusqu'à présent. Rappelez-vous que les formes en **-ij** sont les

Corrigé de l'exercice 1

❶ Ils/Elles sont pressé(e)s. ❷ Elle n'est pas pressée. ❸ Nous avons encore cinq minutes. ❹ Il va partir sans moi. ❺ Ils/Elles doivent attraper leur train.

Corrigé de l'exercice 2

❶ – bijna ❷ Horen – ❸ – op – moeten – ❹ Over – ❺ – daar –

Quatorzième leçon 14

formes accentuées, sauf pour la forme unique **hij**. Les pronoms accentués permettent de faire ressortir le pronom en néerlandais et ils sont par conséquent moins fréquents que les formes non accentuées. En français, on aurait plutôt tendance à répéter le sujet pour le faire ressortir : **Gerdien kun jij me dan even helpen?**, *Alors toi, Gerdien, peux-tu me donner un petit coup de main ?*

Forme non accentuée	Forme accentuée
Singulier	
ik *(je)*	**ik**
je *(tu)*	**jij**

u *(vous,* pronom de politesse pour désigner une ou plusieurs personnes*)*	**u**
hij *(il)*	**hij**
ze *(elle)*	**zij**
het *(il* neutre*)*	
Pluriel	
we *(nous)*	**wij**
jullie *(vous,* tutoiement pluriel*)*	**jullie**
ze *(ils/elles)*	**zij**

Le pronom **het** se réfère aux noms singuliers du genre neutre : **het strand**, *la plage* → **het**, *elle*. Il est également utilisé comme forme impersonnelle dans certaines expressions : **Het is warm**, *Il fait chaud* ou **Het is zeker dertig graden**, *Il fait largement trente degrés.*

Dans le langage courant, on se réfère à tous les noms singuliers du genre commun avec le pronom **hij** : **de trein**, *le train* → **hij**, *il.*

De même, le pronom personnel singulier et pluriel du genre commun sera souvent remplacé par le pronom démonstratif **die**, ce qui permet de le mettre plus en valeur, surtout quand il est placé en tête de phrase :
Waar is de koelbox met het water? Die staat nog thuis, *Où est la glacière avec l'eau ? Elle est restée à la maison.*
Zijn de aardbeien lekker? Die zijn heerlijk!, *Les fraises sont-elles bonnes ? Elles sont délicieuses !*

2 La conjugaison

Continuons notre petit tour d'horizon du présent.

2. 1 Verbes réguliers au présent

Vous obtenez la 3e personne du singulier, **hij**, **ze**, **het**, en enlevant la terminaison **-en** (ou **-n**) de l'infinitif et en ajoutant ensuite un **-t** (sauf pour les verbes réguliers dont le radical se termine déjà par un **-t**) :

heten, *s'appeler* → **hij/ze/het heet**, *il/elle s'appelle*
staan, *être (debout)* → **hij/ze/het staat**, *il/elle est (debout)*
vertrekken, *partir* → **hij/ze/het vertrekt**, *il/elle part*

La forme verbale de la 3e personne du singulier est donc identique à celle de la 2e personne : **je vertrekt,** *tu pars*, **u vertrekt**, *vous partez*, **hij/ze/het vertrekt**, *il/elle part.*

Pensez surtout aux règles d'orthographe qui s'appliquent avant la conjugaison.

Les voyelles entravées, plus courtes que les voyelles libres, s'écrivent toujours avec une seule voyelle : **vertrekt**, *part.* Afin de conserver une prononciation courte de ces voyelles lorsqu'il y a plusieurs syllabes, la consonne finale est doublée – pour que la consonne se trouve à la fin de la syllabe et non pas la voyelle : **vertrek-ken**, *partir.* Par contre, pour conserver l'allongement des voyelles libres, elles s'écrivent doubles en syllabe fermée : **heet**, *s'appelle*, **haalt**, *attrape*, et simples en syllabe ouverte : **he-ten**, *s'appeler*, **ha-len**, *attraper.*

Rappelez-vous que l'infinitif correspond à la forme verbale de toutes les personnes du pluriel, sauf pour **u** (le *vous* de politesse) qui se conjugue toujours au singulier :
halen, *attraper* → **we halen**, **jullie halen**, **ze halen**, mais **u haalt**
lopen, *marcher* → **we lopen**, **jullie lopen**, **ze lopen**, mais **u loopt**
rennen, *courir* → **we rennen**, **jullie rennen**, **ze rennen**, mais **u rent**
horen, *entendre* → **we horen**, **jullie horen**, **ze horen**, mais **u hoort**

2. 2 *zijn*, *"être"*, et *hebben*, *"avoir"*, au présent

zijn, *être*		**hebben**, *avoir*	
ik ben	*[ĭg~bèn]*	**ik heb**	*[ĭk Hèp]*
je bent	*[ye bènt]*	**je hebt**	*[ye Hèpt]*
u bent	*[u: bènt]*	**u hebt** (ou **u heeft**)	*[u: Hèpt (u: Hé:ft)]*
hij, ze, het is	*[Hèy, z'e, Hèt ĭss]*	**hij, ze, het heeft**	*[Hèy, z'e, Hèt Hé:ft]*

we zijn	*[we z'èyn]*	**we hebben**	*[we **Hèbe**^{n}]*
jullie zijn	*[**yùLi**: z'èyn]*	**jullie hebben**	*[**yùLi**: **Hèbe**^{n}]*
ze zijn	*[z'e z'èyn]*	**ze hebben**	*[z'e **Hèbe**^{n}]*

Lors de l'inversion du verbe et du sujet **je**, *tu*, le **-t** de la conjugaison est supprimé : **heb je**, *as-tu*, **ben je**, *es-tu*, **kun jij**, *peux-tu*. Cette règle s'applique à tous les verbes réguliers et irréguliers.

2. 3 Les particules

Nous avons vu que certains verbes sont composés d'une particule associée à un infinitif. La particule se détache de celui-ci lors de la conjugaison au présent de l'indicatif ou à l'impératif :
opschieten, *se dépêcher* → **Schiet eens op!**, *Dépêche-toi donc !*
zich opwinden, *s'énerver* → **Wind je niet zo op!**, *Ne t'énerve pas comme ça !*
Attention ! bien que la particule **op-** ait la forme d'une préposition, elle fait partie intégrante du verbe.

3 L'adjectif qualificatif

• L'adjectif attribut, c'est-à-dire l'adjectif placé après le verbe, est invariable : **hij is groot**, *il est grand* ; **ze is groot**, *elle est grande* ; **we zijn groot**, *nous sommes grand(e)s*. C'est simple, non ?

***

Herhalingsdialoog

1 – Je mag drie keer raden.
2 – Je hebt vreselijke dorst.
3 – Nee!
4 – De koelbox met water staat nog thuis?
5 – Nee!
6 – Je bent verliefd!
7 – Ja! Hij heet Martin en…
8 – O, gefeliciteerd, maar kun je me even helpen?
9 – Nou, wind je niet zo op.

• L'adjectif épithète prend toujours un **-e** final, sauf lorsqu'il est suivi d'un nom indéfini du genre neutre (**het**) : **de vreselijke dorst**, *la soif terrible* / **een vreselijke dorst**, *une soif terrible* ; **de prachtige jurk**, *la splendide robe* / **een prachtige jurk**, *une robe splendide* ; **het prachtige strand**, *la splendide plage* / **een prachtig strand**, *une plage splendide.*

4 La négation

Vous avez rencontré les deux négations du néerlandais : **geen** et **niet**. **Geen** est utilisée devant un nom indéfini : **ik heb geen dorst**, *je n'ai pas soif*, et **niet** est employée, entre autres, devant un adjectif ou un adverbe : **ze zijn niet duur**, *elles ne sont pas chères.*

5 Le pluriel

Le néerlandais connaît deux formes du pluriel. Vous avez déjà vu celle en **-en** : **graad** → **de graden**, *les degrés* ; **de banaan** → **de bananen**, *les bananes* ; **de pruim** → **de pruimen**, *les prunes* ; **de aardbei** → **de aardbeien**, *les fraises* ; **de minuut** → **de minuten**, *les minutes*, **het strand** → **de stranden**, *les plages*. N'oubliez pas d'appliquer les règles d'orthographe. Notez que l'article défini au pluriel sera toujours **de**, *les*. Facile, n'est-ce pas ?
Nous verrons la 2e forme plus tard. Patience… !

***

Traduction

1 Devine ! Tu as trois chances. **2** Tu as une soif terrible. **3** Non ! **4** La glacière avec l'eau est restée à la maison ? **5** Non ! **6** Tu es amoureuse ! **7** Oui ! Il s'appelle Martin et… **8** Ah, mes félicitations, mais tu peux me donner un petit coup de main ? **9** Eh ben, ne t'énerve pas comme ça.

Oefening – Vertaal

❶ het grote café; in een groot café. ❷ Zij is groot, hij is niet groot. ❸ Zij heeft dorst, hij heeft geen dorst. ❹ Wil je een lekkere banaan? ❺ Ze zijn niet duur. ❻ Hebt u een vrije dag? ❼ Je hebt een prachtige jurk. ❽ Ik ben verliefd. ❾ We zijn sterk. ❿ Zijn jullie bezig?

15 Vijftiende les *[v'**èyf**ti:-nde Lèss]*

De parttime baan

1 – Hé ① **San**ne! Hoe gaat 't met je?
2 – Ha ① Roos. Met mij ② gaat 't uit**ste**kend.
3 – Je ziet er **be**ter uit ③ dan een maand ge**le**den.
4 – Ja, ik werk nu **part**time:
5 op ④ **maan**dag, **woens**dag en **vrij**dag.
6 Op **dins**dag en **don**derdag hoef ik niet te **wer**ken ⑤.

Prononciation

*de **part**a:yme ba:-n **1** Hé: **san**e! Hou χa:t e-t mèt ye **2** Ha: ro:ss. mèt mèy χa:t e-t œyt**sté:**ke-nt **3** ye z'i:t e-r **bé:**te-r œyt*

Notes

① **hé**, *hé*, et **ha**, *ah*, font office de salutations et expriment aussi un peu la surprise de se revoir.

② **mij**, *moi*, est la forme accentuée du pronom personnel objet. Elle est utilisée dès que l'on veut mettre en valeur le pronom personnel, souvent par effet de contraste, explicite ou sous-entendu.

③ Dans l'expression idiomatique **eruit zien**, *avoir l'air*, l'adverbe **er**, qui correspond souvent à *y* ou *en*, ne se traduit pas, et sera placé le plus près possible du verbe conjugué. ▸

Corrigé de l'exercice

❶ le grand café ; dans un grand café. ❷ Elle est grande, il n'est pas grand. ❸ Elle a soif, il n'a pas soif. ❹ Veux-tu une bonne banane ? ❺ Ils/Elles ne sont pas chers/chères. ❻ Avez-vous un jour de congé ? ❼ Tu as une robe splendide. ❽ Je suis amoureux. ❾ Nous sommes forts. ❿ Êtes-vous occupé(e)s ?

Quinzième leçon 15

Travailler à mi-temps *(Le partiel emploi)*

1 – Hé Sanne ! Comment vas-tu *(va ce avec toi)* ?
2 – Ah Roos. Je vais très bien *(Avec moi va ce parfaitement)*.
3 – Tu as meilleure mine qu'il y a un mois *(Tu as-l'air meilleur qu'un mois passé)*.
4 – Oui, je travaille maintenant à mi-temps :
5 *(sur)* [le] lundi, [le] mercredi et [le] vendredi.
6 *(Sur)* [Le] mardi et [le] jeudi, je ne travaille pas *(ai-besoin je pas de travailler)*.

*da-n e-n ma:-nt χe**Lé:**de^n **4** ya: ĭk wèrk nu: **par**ta:yme **5** op **ma:-n**daχ **wou-nz'**daχ èn **v'rèy**daχ **6** ob~**dĭ-nz'**daχ èn **do-n**derdaχ Houf ĭk ni:t te **wèr**ke^n*

④ La préposition **op**, *sur*, devant le nom d'un jour exprime une certaine régularité : **ik werk op maandag**, *je travaille le lundi* (tous les lundis en général).

⑤ Le verbe **hoeven te**, *avoir besoin de*, est en règle générale utilisé avec une négation. Rappelez-vous que la préposition **te**, *de*, se trouve devant l'infinitif à la fin de la phrase.

7 En mijn man werkt niet op **woens**dag,
8 dan blijft hij bij de **kin**deren.
9 – Geef mij ook zo'n ⑥ man! □

__7__ èn mèyn ma-n wèrkt ni:t op __wou-nz'__daχ __8__ da-n blèyft Hèy bèy de __kĭ-n__dere^n __9__ χé:f mèy o:k~so:-n ma-n

Note

⑥ **zo'n**, *un/e tel/le*, est une contraction de **zo een** et n'existe que sous la forme contractée ; l'apostrophe indique l'élision des deux **-e**.

***

Oefening 1 – Vertaal

❶ Mijn man werkt niet op woensdag. ❷ Sanne blijft op dinsdag thuis. ❸ Hoe gaat het met de kinderen? ❹ Met Roos gaat het nu uitstekend. ❺ Je ziet er beter uit dan maandag.

Oefening 2 – Vul in

❶ Je travaille mieux maintenant qu'il y a un mois.
Ik . . . . nu . . . . . dan een maand geleden.

❷ Vendredi, il donne une *(petite)* fête chez Hans et Elly.
. . . . geeft hij een feestje bij Hans en Elly.

❸ Que tu es belle ! – Oui, c'est mon anniversaire aujourd'hui.
Wat ben je . . . . ! – Ja, ik ben jarig . . . .

7 Et mon mari ne travaille pas *(sur)* [le] mercredi,
8 alors il reste auprès des enfants *(alors reste il auprès les enfants)*.
9 – Tu as de la chance avec un mari pareil *(Donne moi aussi un tel mari)* !

Remarques de prononciation

Nous avons emprunté le mot **parttime** à l'anglais et nous le prononçons également "à l'anglaise" *[parta:yme].*
Le *[e]* atone intervient également lors de l'élision de certaines lettres. L'élision est marquée à l'écrit par l'apostrophe. Ainsi, **het** se prononce fréquemment *[e-t]* dans le langage courant et peut alors être écrit **'t** au lieu de **het**. Dans le même esprit d'économie, le pronom personnel **hij** placé après le verbe se prononce souvent *[i:]* au lieu de *[Hèy].*

***

Corrigé de l'exercice 1

❶ Mon mari ne travaille pas le mercredi. ❷ Sanne reste à la maison le mardi. ❸ Comment vont les enfants ? ❹ Roos va très bien maintenant. ❺ Tu as meilleure mine que lundi.

❹ Ils sont pressés, ils doivent attraper leur train.
Ze hebben . . . . . , ze moeten hun trein halen.

❺ Les fraises et les prunes sont bonnes et pas chères.
De aardbeien en de pruimen zijn . . . . . . en niet . . . . .

Corrigé de l'exercice 2

❶ – werk – beter – ❷ Vrijdag – ❸ – mooi – vandaag ❹ – haast – ❺ – lekker – duur

Aux Pays-Bas, le taux de participation des femmes au marché du travail a fait un bond en avant depuis les années quatre-vingt. Cette progression importante est toutefois majoritairement due à l'augmentation du travail partiel, ce qui fait que le nombre d'heures travaillées par semaine par les femmes néerlandaises est un des plus bas d'Europe. On peut expliquer ce phénomène par l'importance que les Néerlandaises attachent au foyer et à la famille. Une grande majorité des femmes sans enfants travaillent à temps complet, mais beaucoup s'arrêtent de travailler à l'arrivée des enfants. Encore aujourd'hui, la relation entre les parents et les enfants est privilégiée, et c'est en règle générale mal vu de confier la garde de ses enfants à des étrangers. Les parents – le plus souvent la mère – préfèrent garder leurs enfants eux-mêmes ou essayent de les faire garder par des proches. Il faut dire qu'ils y sont en partie obligés, car les structures de garde telles que les crèches ou l'accueil préscolaire ou périscolaire sont peu développées mais toutefois en progression.

16 Zestiende les *[z'èsti:-nde Lèss]*

De kaartjescontrole

1 – Me**neer**, mag ik uw **plaats**bewijs **e**ven zien?
2 – Mijn **plaats**bewijs?
3 – Ja, kunt u me uw OV-**chip**kaart ① **to**nen ②?

Prononciation

de ***ka:rt****yessko-ntroLe* **1** *me****né:r*** *maχ ĭk u:ou* ***pLa:tss****bewèyss* ***é:****v'e*ⁿ *z'i:-n* **2** *mèyn* ***pLa:tss****bewèyss* **3** *ya: kù-nt u: me u:ou o:v'é:****tchĭp****ka:rt* ***to:****ne*ⁿ

Notes

① Le mot **OV-chipkaart** est composé de **OV**, abréviation de **openbaar vervoer**, *transports publics*, de **de chip**, *la puce*, et **de kaart**, *la carte*. ▸

Seizième leçon 16

Le contrôle de billets *(billets-contrôle)*

1 – Monsieur, puis-je voir votre titre de transport *(puis je votre place-certificat un-instant voir)* ?
2 – Mon titre de transport ?
3 – Oui, pouvez-vous me montrer votre passe *(me votre carte-à-puce montrer)* ?

▸ ② Notez que le contrôleur se sert d'un registre assez formel, exprimé par des mots comme **het plaatsbewijs**, *le titre de transport*, et **tonen**, *montrer*. Leurs synonymes **het kaartje**, *le billet*, et **laten zien**, *montrer* (litt. "laisser voir") appartiennent à un registre moins formel.

4 – Mijn **kaart**je be**doelt** u?
5 – Inder**daad**, dat be**doel** ik.
6 – **E**ven **zoe**ken.
7 Ah, hier is het. Alstu**blieft** ③.
8 – Dit ④ **kaart**je is van **gis**teren.
9 – Ja maar 't is een re**tour**tje ⑤,
10 en de te**rug**reis ⑥ is van**daag**!

4** mèyn **ka:rt**ye be**douLt** u: **5** ĭ-nder**da:t** dat be**douL** ĭk **6** **é**:v'e^n **z'ou**ke^n **7** a: Hi:r ĭss Hèt. astu:**bLi:ft** **8** dĭt **ka:rt**ye ĭss~fa-n **χĭs**tere^n **9** ya: ma:r e-t ĭss e-n re**tour**tye **10** èn de te**rùχ**rèyss ĭss~fa-n**da:χ

Remarques de prononciation

L'accent tonique des mots composés se place d'habitude sur le premier mot : **kaartjescontrole** *[**ka:rt**yessko-ntroLe]*, **plaatsbewijs** *[**pLa:tss**bewèyss]*, **terugreis** *[te**rùχ**rèyss]*.

Notes

③ Vous connaissez déjà l'emploi de **alstublieft**, *s'il vous plaît*, comme forme de politesse lors d'une demande. Les Néerlandais se servent également de cette formule pour donner quelque chose.

④ **dit**, *ce/cet/cette ... (-ci)*, est l'adjectif démonstratif neutre. Il est employé lorsqu'il y a une nette proximité entre le locuteur et l'objet désigné.

***

Oefening 1 – Vertaal

❶ Inderdaad, dit kaartje is van gisteren. ❷ Waar is uw retourtje? Ah, hier is het! ❸ Mag ik de kamer even zien? ❹ Mijn kaart? Even zoeken! ❺ De kinderen tonen hun plaatsbewijs.

4 – Mon billet, voulez-vous dire ?
5 – En effet, c'est ce que je veux dire *(cela veux-dire je)*.
6 – Un instant, que je regarde *(Un-instant chercher)*.
7 Ah, le voilà *(ici est il)*. Tenez *(S'il vous plaît)*.
8 – Ce billet*(-ci)* est d'hier.
9 – Oui, mais c'est un aller-retour,
10 et le retour *(retour-voyage)* est aujourd'hui !

9 Vous avez vu dans la leçon précédente que **het** peut être représenté à l'écrit par sa forme réduite **'t**, prononcée *[e-t]*. Ce phénomène est si courant qu'on prononce souvent *[e-t]* même lorsqu'on trouve la forme écrite **het**.
10 Notez les cas d'assimilation progressive **is van** *[ĭss~fa-n]*, **is vandaag** *[ĭss~fa-n**da:χ**]*.

⑤ **het retourtje** désigne bien le billet aller et retour. Comme pour **het kaartje**, *le billet*, le diminutif n'est plus ressenti comme tel. Notez que le diminutif se forme la plupart du temps avec la terminaison **-je** : **het kaart-je**, mais qu'il peut aussi se former avec la terminaison **-tje** : **het retour-tje**.

⑥ Pour indiquer uniquement le retour, il convient d'utiliser le nom **de terugreis**, *le retour*.

***

Corrigé de l'exercice 1

❶ En effet, ce billet est d'hier. ❷ Où est votre [billet] aller-retour ? Ah, le voilà ! ❸ Puis-je voir la chambre un instant ? ❹ Ma carte ? Un instant, que je regarde. ❺ Les enfants montrent leur titre de transport.

Oefening 2 – Vul in

❶ Nous allons faire des courses le mardi.
We gaan op . . . . boodschappen doen.

❷ Elles prennent un billet aller-retour pour *(vers)* Amsterdam.
Ze nemen een . . . . Amsterdam.

❸ D'où vient votre mari ? – D'Argentine.
Waar komt . . man vandaan? – Uit Argentinië.

❹ Il fait chaud ! Vous *(tutoiement)* n'avez pas soif ?
Het is . . . . ! Hebben jullie . . . . dorst?

❺ Alors toi, peux-tu me donner un petit coup de main maintenant ?
Kun jij me nu dan even . . . . . . ?

---

17 Zeventiende les *[**z'é:**v'e-nti:-nde Lèss]*

Het lek

1 Ma**rie** belt de **lood**gieter op ①:
2 – "Kunt u snel **ko**men, de **kel**der staat blank ②!

Prononciation
Hèt Lèk **1** *ma:**ri:** bèLt de **Lo:t**χi:te-r op* **2** *kù-nt u: snèL **ko:**me^{n} de **kè**Lde-r sta:t bLaŋk*

Notes

① Le verbe **opbellen**, *appeler, téléphoner*, est un verbe séparable. Sans la particule **op-**, le verbe **bellen** signifie *sonner*. ▸

Corrigé de l'exercice 2

❶ – dinsdag – ❷ – retourtje naar – ❸ – uw – ❹ – warm – geen – ❺ – helpen

Dix-septième leçon 17

La fuite

1 Marie appelle *(téléphone)* le plombier *(plomb-fondeur)* :

2 – "Venez vite *(Pouvez vous vite venir)*, la cave est inondée !

② Le néerlandais connaît beaucoup d'expressions avec le verbe **staan** ; **blank staan**, *être inondé/e*, en fait partie. Notez que l'adjectif **blank** en dehors de cette expression veut dire *blanc/blanche*.

3 – **O**ver een **uur**tje ben ik (3) bij u.
4 – O jee, het **wa**ter loopt (4) langs de trap naar be**ne**den!
5 En in de **keu**ken is ’t ook nat!
6 – Geen pa**niek**!
7 Kunt u zien waar het lekt (5)?”
8 Ma**rie** loopt naar **bo**ven.
9 – “Het komt uit de **bad**kamer (6).
10 Eh, u hoeft niet meer te **ko**men:
11 de kraan staat **o**pen (7)!”

3 *ov’e-r e-n **u:r**tye bèn ĭg~bèy u:* ***4*** *o: yé: Hèt **wa:**te-r Lo:pt Laŋs de trap na:r be**né:**de^n* ***5*** *èn ĭ-n de **keu**ke^n ĭss e-t o:k nat* ***6*** *χé:n pa:**ni:k*** ***7*** *kù-nt u: z’i:-n wa:r Hèt Lèkt* ***8*** *ma:**ri:** Lo:pt na:r **bo:**v’e^n* ***9*** *e-t komt œyt de **bat**ka:me-r* ***10*** *e u: Houft ni:t mér te **ko:**me^n* ***11*** *de kra:-n sta:t **o:**pe^n*

Remarques de prononciation

N’oubliez pas que la terminaison **-er** dans une syllabe non accentuée se prononce bien distinctement *[e]* atone puis *[r]*, et

Notes

(3) Rappelez-vous que le verbe conjugué doit impérativement être en deuxième position en néerlandais. Si on commence la phrase par le complément de temps **over een uurtje**, *dans une petite heure*, il faut donc placer le verbe conjugué **ben** juste après ; le sujet **ik** se retrouve alors en troisième position.

(4) Le verbe **lopen**, qui signifie *marcher*, prend le sens de *couler* si on parle de liquides.

(5) Le sens du verbe **lekken**, *fuir*, et du nom **het lek**, *la fuite*, est limité à l’écoulement de liquides. En conjuguant le verbe, on supprime un **-k** parce qu’on ne peut avoir deux consonnes identiques à la fin d’un mot. En ajoutant une syllabe, on doit doubler le **-k** pour conserver la prononciation courte de la voyelle entravée.

(6) Vous connaissez déjà **de kamer**, *la chambre*, que vous retrouvez dans le nom composé **de badkamer**, *la salle de bains*. Le ▸

3 – Je serai là dans une petite heure *(Dans une petite-heure suis je chez vous)*.
4 – Ah mon Dieu, l'eau coule *(marche)* le long de l'escalier *(vers le-bas)* !
5 Et c'est mouillé dans la cuisine aussi *(dans la cuisine est il également mouillé)* !
6 – Pas de panique !
7 Pouvez-vous voir où ça fuit ?"
8 Marie monte *(marche vers le-haut)*.
9 – "Ça vient de la salle de bains *(bain-chambre)*.
10 Heu, ce n'est plus la peine *(vous n'avez plus besoin)* de venir :
11 le robinet est ouvert !"

non "é" comme en français : **loodgieter** *[**Lo:t**χi:te-r]*, **kelder** *[**kèL**de-r]*, **water** *[**wa:**te-r]*, **badkamer** *[**bat**ka:me-r]*.
2, **4** Souvenez-vous que les lettres **-ng** ne représentent qu'un seul son nasal, transcrit par *[ŋ]* : **langs** *[Laŋs]*. On retrouve ce son dans la combinaison **-nk** : **blank** *[bLaŋk]*.

▸ **-d** de **badkamer** est prononcé *[t]*, car il se trouve à la fin de la première partie du mot composé.

⑦ Le verbe **openstaan**, *être ouvert/e*, est un verbe à particule séparable. **Open** veut dire *ouvert/e*.

Oefening 1 – Vertaal

❶ Over tien minuten ben ik bij u. ❷ U hoeft niet meer te komen. ❸ De keuken en de trap zijn nat. ❹ Kunt u zeggen waar het lekt? ❺ De kraan staat open in de kelder.

Oefening 2 – Vul in

❶ Les enfants appellent *(au téléphone)* le marchand de légumes.
De kinderen . . . . . . de groenteman . . .

❷ L'eau vient de la salle de bains.
Het water . . . . uit de badkamer.

❸ Mon mari reste aussi à la fête ce soir.
. . . . man blijft vanavond ook op het feestje.

18 Achttiende les *[aχti:-nde Lèss]*

Postzegels ①

1 – Ik wil graag tien **post**zegels voor het **bui**tenland ②.
2 – **Bin**nen Eu**ro**pa?

Prononciation
*__poss__é:χeLss __1__ ĭk wĭL χra:χ ti:-n __poss__é:χeLss~fo:r e-t __bœy__te*ⁿ*-La-nt __2 bĭ__ne*ⁿ *euro:pa:*

Notes

① L'article partitif est absent en néerlandais ; *des timbres* se traduit donc simplement par **postzegels**. C'est facile non ? Notez que le pluriel de **de postzegel** est **postzegels** avec un **-s**.

② **het buitenland**, *l'étranger (le pays)*, est composé de **buiten**, *dehors, à l'extérieur*, et de **het land**, *le pays*.

Corrigé de l'exercice 1
❶ Je serai chez vous dans dix minutes. ❷ Ce n'est plus la peine de venir. ❸ C'est mouillé dans la cuisine et l'escalier. ❹ Pouvez-vous dire où ça fuit ? ❺ Le robinet est ouvert dans la cave.

❹ Le plombier est pressé, car la chambre est inondée.
De loodgieter heeft haast, want de kamer . . . . . blank.

❺ Où allez-vous en fait ?
. . . . gaan jullie eigenlijk . . . . ?

Corrigé de l'exercice 2
❶ – bellen – op ❷ – komt – ❸ Mijn – ❹ – staat – ❺ Waar – naartoe

Dix-huitième leçon 18

[Des] timbres *(Poste-timbres)*

1 – Je voudrais *(Je veux volontiers)* dix timbres pour l'étranger *(dehors-pays)*.
2 – En *(à-l'intérieur-de)* Europe ?

3 – Ja.
4 – Voor **de**ze brief van **twin**tig gram ③ is ’t **ne**genentachtig cent.
5 – Goed. Mag ik ook tien **post**zegels voor het **bin**nenland ④?
6 – Die zijn **vijf**tig cent.
7 Wilt u ge**wo**ne of be**we**gende ⑤ **post**zegels?
8 – **Post**zegels die be**we**gen?
9 – U hoeft niet bang te zijn dat ze **weg**lopen ⑥ hoor!
10 U ziet al**leen** twee be**ken**de ⑦ kampi**oen**en **schaat**sen.

__3__ ya: __4__ v’o:r __dé:__z’e bri:f~fa-n __twĭ-n__teχ χram ĭss e-t __né:__χenèntaχteχ sènt __5__ χou-t. maχ ĭk o:k ti:-n __poss__é:χeLss~fo:r Hèt __bĭn__e^{n}La-nt __6__ di: z’èyn __v’èyf__teχ sènt __7__ wĭLt u: χe__wo:__ne of be__wé:__χe-nde __poss__é:χeLss __8__ __poss__é:χeLss di: be__wé:__χe^{n} __9__ u: Houft nit baŋ te z’èyn dat~se __wèχ__Lo:pe^{n} Ho:r __10__ u: z’i:t a__Lé:n__ twé: be__kèn__de kampi:__youn__e^{n} __sχa:t__sse^{n}

Notes

③ Lorsqu’un chiffre précède un nom indiquant un poids, ce dernier ne sera pas mis au pluriel, contrairement au français : **twintig gram**, *vingt grammes*. Ceci vaut également pour les prix : **89 cent**, *89 centimes* ; **50 cent**, *50 centimes*.

④ Le contraire de **het buitenland** n’est rien d’autre que **het binnenland**, littéralement “l’intérieur-pays”. Attention, **het binnenland** désigne toujours l’intérieur du pays dans lequel vous vous trouvez. Il peut d’ailleurs aussi vouloir dire *l’arrière-pays*.

3 – Oui.
4 – Pour cette lettre de vingt gramme[s], c'est 89 *(neuf-et-quatre-vingts)* centime[s].
5 – D'accord *(Bien)*. Puis-je [avoir] aussi dix timbres pour les Pays-Bas *(dedans-pays)* ?
6 – Ils *(Ceux-là)* sont [à] 50 centime[s].
7 Voulez-vous [des] timbres normaux ou animés ?
8 – [Des] timbres qui bougent ?
9 – N'ayez pas peur *(Vous n'avez pas besoin peureux d'être)* qu'ils s'échappent, allons !
10 Vous voyez seulement deux champions connus faire du patin.

Remarques de prononciation

Souvenez-vous que le **-s** se prononce toujours sifflant, comme dans "bus" : **postzegels** *[possé:χeLss]*, **cent** *[sènt]*, **schaatsen** *[sχa:tsse^n]*.

Titre Le **-t** de **postzegels** ne se prononce pas. Par conséquent le **-z** suit directement le **-s** et sera sous son influence assimilé en **-s**.

10 Les voyelles **i** et **oe** de **kampioenen** font partie de deux syllabes différentes ; un *[y]* est inséré entre les deux, afin de faciliter la prononciation.

▸ ⑤ L'adjectif **bewegend**, *animé* (littéralement "bougeant"), est formé à partir du verbe **bewegen**, *bouger*. Rappelez-vous que les adjectifs devant un nom du genre commun prennent un **-e** : **gewoon**, *normal/e*, **bewegend**, *animé/e* → **gewone of bewegende postzegels**, *timbres normaux ou animés*.

⑥ Le verbe **weglopen**, *s'échapper*, est un verbe à particule séparable composé de **weg**, *parti*, et de **lopen**, *marcher*.

⑦ L'adjectif **bekend**, *connu/e*, est formé à partir du verbe **kennen**, *connaître*.

18 **Oefening 1 – Vertaal**

❶ Mag ik tien postzegels van 89 cent? ❷ U ziet twee bekende kampioenen schaatsen. ❸ De postzegels voor het binnenland zijn 50 cent. ❹ Jullie hoeven niet bang te zijn! ❺ De bananen komen uit het buitenland.

Oefening 2 – Vul in

❶ Voulez-vous ce timbre*(-ci)* animé ou ce timbre*(-là)* normal ?
. . . . . deze bewegende postzegel of die gewone postzegel?

❷ Il n'a pas peur qu'ils s'échappent.
Hij is niet . . . . dat ze weglopen.

❸ Pour une lettre de 20 grammes, c'est 89 centimes.
Voor een . . . . 20 gram is het 89 cent.

❹ Vos enfants sont en train de faire du patin.
Uw . . . . zijn aan het schaatsen.

❺ L'eau ne coule plus le long de l'escalier.
Het water loopt niet meer . . . . . de trap.

Corrigé de l'exercice 1

❶ Puis-je [avoir] dix timbres à 89 centimes ? ❷ Vous voyez deux champions connus faire du patin. ❸ Les timbres pour les Pays-Bas *(l'intérieur-pays)* sont à 50 centimes. ❹ N'ayez pas peur ! ❺ Les bananes viennent de l'étranger.

Corrigé de l'exercice 2

❶ Wilt u – ❷ – bang – ❸ – brief van – ❹ – kinderen – ❺ – langs –

Le royaume des Pays-Bas, **Nederland**, *est une monarchie constitutionnelle, composée des Pays-Bas en Europe, des Antilles néerlandaises et d'Aruba. Un quart du territoire des Pays-Bas se trouve en dessous du niveau de la mer, mais c'est aussi un des pays les plus densément peuplés du monde : plus de 16 millions d'habitants pour une superficie de 41 526 km^2. On le nomme également, à tort,* Hollande, **Holland**, *alors que ce terme désigne uniquement les deux provinces côtières de l'ouest du pays, la Hollande-Septentrionale et la Hollande-Méridionale. Ces deux provinces ont joué un rôle important dans l'histoire du pays et elles tiennent encore de nos jours une place de premier plan dans l'économie.*

Vos connaissances du néerlandais prennent de l'envergure et les textes des leçons se font plus denses. À ce stade, ne soyez pas trop perfectionniste. Contentez-vous de comprendre les phrases et de les répéter, la familiarité viendra petit à petit. Vous n'avez pas encore à construire de phrases vous-même. Pour cela, patientez jusqu'à la deuxième partie de ce livre.

Succes!, Bon courage !

19 Negentiende les *[né:χe^{n}ti:-nde Lèss]*

De koopavond ①

1 – Ga je **mor**gen mee ② naar de stad?
2 – Morgen**mid**dag of morgen**a**vond ③?
3 – Morgen**a**vond, want dan is ’t **don**derdag en **koop**avond.
4 – Nee, ik ga **lie**ver ④ **za**terdag met mijn zus **win**kelen ⑤.
5 – Je zus?
6 Sinds wan**neer** gaat zij graag met jou naar de stad?
7 – O, sinds ze een **goe**de baan als lo**ket**bediende bij een bank heeft. ⑥

Prononciation

*de **ko:p**a:v’o-nt **1** χa: ye **mor**χe^n mé: na:r de stat **2** morχe-**mĭd**aχ of morχe^n**a:**v’o-nt **3** morχe^n**a:**v’o-nt wa-nt da-n ĭss e-t **do-n**derdaχ èn **ko:p**a:v’o-nt **4** né: ĭk χa: **Li:**v’e-r **z’a:**terdaχ mèt mèyn z’ùss **wĭŋ**kele^n **5** ye z’ùss **6** sĭ-nss wa**né:r** χa:t~sèy χra:χ mèt yaou na:r de stat **7** o: sĭ-nss~se e-n **χou**ye ba:-n aLss Lo:**kèt**bedi:nde bèy e-n baŋk Hé:ft*

Notes

① **de koopavond**, *la nocturne*, est composé de **de koop**, *l’achat*, du verbe **kopen**, *acheter*, et **de avond**, *le soir, la soirée*.

② Le verbe **meegaan**, *accompagner*, est un verbe à particule séparable, formé à partir du verbe **gaan**, *aller*.

③ L’adverbe **morgen**, *demain*, est associé ici à **de middag**, *l’après-midi*, et **de avond**, *le soir, la soirée*.

④ **liever**, *de préférence*, est le comparatif de **graag**, *volontiers*. On l’emploie avec un verbe pour traduire *préférer (faire* ▸

Dix-neuvième leçon 19

La nocturne *(achat-soir)*

1 – Tu [m]'accompagnes en ville demain *(Vas tu demain avec vers la ville)* ?
2 – Demain après-midi ou demain soir ?
3 – Demain soir, car *(alors)* c'est jeudi et nocturne.
4 – Non, je préfère aller faire des achats samedi avec ma sœur *(je vais de-préférence samedi avec ma sœur faire-des-achats)*.
5 – Ta sœur ?
6 Depuis quand aime-t-elle aller en ville avec toi *(va elle volontiers avec toi vers la ville)* ?
7 – Oh, depuis [qu']elle a un bon emploi de *(comme)* guichetière *(guichet-employé)* dans une banque.

Remarques de prononciation
2 morgenmiddag : dans le langage courant, la combinaison **-nm** s'assimile en un seul *[m]*.
7 Le **-d** de **sinds** ne se prononce pas du tout, et le **-d** de **goede** se transforme souvent en *[y]*, ce qui est d'ailleurs perçu comme une prononciation moins soutenue.

▸ *qqch.)* : **ik ga liever**, *je préfère aller* ; **ik wil liever**, *je préfère (vouloir)* ; **ik heb liever**, *je préfère avoir* ; **ik fiets liever**, *je préfère faire du vélo*, etc.

⑤ Dans le verbe **winkelen**, *faire des achats, des emplettes*, se trouve le nom **de winkel**, *le magasin*.

⑥ La conjonction **sinds**, *depuis que*, introduit une subordonnée. Dans une subordonnée, le sujet se trouve tout de suite après la conjonction, et le verbe conjugué se place à la fin : **sinds ze … heeft**, *depuis qu'elle a...*

8 – Hmm, nu be**grijp** ik 't.
9 Is dat niet die bank met dat te**kort**, waar jij **nacht**waker bent ⑦? □

*8 Hm nu: be**χrèyp** ĭk e-t **9** ĭz'~dat ni:t di: baŋk mèt dat te**kort** wa:r yèy **naχt**wa:ke-r bènt*

Note

⑦ **de nachtwaker**, *le veilleur de nuit*, est composé de **de nacht**, *la nuit*, et **de waker**, *le veilleur*. Notez que **waar**, *où*, introduit ici une subordonnée avec le verbe conjugué à la fin.

***

Oefening 1 – Vertaal

❶ Ga je morgenmiddag mee naar de stad? ❷ Hoe gaat het met je? ❸ Zij gaat liever zaterdag met me winkelen. ❹ Sinds wanneer heeft zij een goede baan als loketbediende? ❺ Hij is nachtwaker bij een bank.

Oefening 2 – Vul in

❶ Hum, je comprends maintenant.
Hmm, nu . . . . ik het.

❷ Nous allons faire des courses demain soir.
We gaan . . . . boodschappen doen.

❸ Je préfère aller faire du vélo samedi avec ta sœur.
Ik ga . . . . . . zaterdag met je zus fietsen.

8 – Hum, je *(le)* comprends maintenant.
9 Ne serait-ce pas la banque *(Est ce pas cette banque-là)* avec ce découvert*(-là)*, où tu es veilleur de nuit *(nuit-veilleur)* ?

***

Corrigé de l'exercice 1

❶ Tu m'accompagnes en ville demain après-midi ? ❷ Comment vas-tu ? ❸ Elle préfère aller faire des achats samedi avec moi. ❹ Depuis quand a-t-elle un bon emploi de guichetière ? ❺ Il est veilleur de nuit dans une banque.

❹ Quand est la nocturne ? – Jeudi.
. . . . is het koopavond? – . . . .

❺ Elle a un bon emploi à mi-temps.
. . . . een goede parttime baan.

Corrigé de l'exercice 2

❶ – begrijp – ❷ – morgenavond – ❸ – liever – ❹ Wanneer – Donderdag ❺ Ze heeft –

20 Twintigste les *[twĭ-nteχste Lèss]*

Te laat ①

1 – Dag **buur**man ②, hoe gaat 't met uw vrouw?
2 – Nou, niet zo best ③.
3 Ze heeft een **zwa**re griep en 40 **gra**den koorts ④.
4 – Waar**om** belt u de **dok**ter niet ⑤?
5 – De **dok**ter werkt niet op **zon**dag ⑥.
6 – Zeg **buur**man, het is van**daag maan**dag!
7 – **Maan**dag? Hoe laat is 't, **buur**vrouw?

Prononciation

te La:t **1** *daχ* ***bu:r****ma-n Hou χa:t e-t mèt u:ou v'raou* **2** *naou ni:t~so: bèst* **3** *z'e Hé:ft e-n* ***z'wa:****re χrip èn* ***v'é:r****teχ* ***χra:****de*^{n} *ko:rtss* **4** *wa:r****om*** *bèLt u: de* ***dok****te-r ni:t* **5** *de* ***dok****te-r wèr*^{e}*kt ni:t op~****so-n****daχ* **6** *z'èχ* ***bu:r****ma-n e-t ĭss~fa-n****da:χ ma:-n****daχ* **7** ***ma:-n****daχ? Hou La:t ĭss e-t* ***bu:r****v'raou*

Notes

① Sachez qu'en règle générale, les Néerlandais n'apprécient pas tellement qu'on soit **te laat**, *en retard*.

② **de buurman**, *le voisin*, est composé de **de buur**, *le voisin*, et **de man**, *l'homme*. Dans la phrase 7, vous trouvez **de buurvrouw**, *la voisine*, composé de **de buur** et **de vrouw**, *la femme*. Et les enfants alors ? Ça ne peut être que **de buurkinderen**, *les enfants des voisins*. Mais pour faire court, dites plutôt **de buren**, *les voisins*.

③ Rappelez-vous : **goed**, *bon* – **beter**, *meilleur* – **(het) best**, *(le) mieux*. Servez-vous de l'expression **niet zo best**, *pas tellement bien*, lorsque les choses ne vont pas très bien. ▸

En retard *(Trop tard)*

1 – Bonjour voisin *(voisin-homme)*, comment va votre femme ?
2 – Eh bien, pas tellement bien *(mieux)*.
3 Elle a une bonne *(lourde)* grippe et 40 *(degrés)* [de] fièvre.
4 – Pourquoi n'appelez-vous pas le médecin ?
5 – Le médecin ne travaille pas le *(sur)* dimanche.
6 – Dites voisin, nous sommes *(c'est)* lundi aujourd'hui !
7 – Lundi ? Quelle heure est-il *(Comment tard est ce)*, voisine *(voisin-femme)* ?

Remarque de prononciation
4 L'accent tonique de l'interrogatif **waarom** est variable (première syllabe ou, parfois, deuxième syllabe).

④ En néerlandais, le complément du nom indiquant une quantité est formé la plupart du temps sans préposition : **40 graden koorts**, *40 degrés [de] fièvre* ; **een kilo pruimen**, *un kilo [de] prunes*.

⑤ Vous avez déjà rencontré **niet** devant un adverbe ou un adjectif. Ici, la négation porte sur la phrase entière : on la place alors après le complément d'objet direct et, si possible, à la fin de la phrase. Notez que la particule **op-** du verbe **opbellen** est sous-entendue ici.

⑥ Lorsqu'il y a un complément introduit par une préposition, **niet** se place en règle générale devant ce complément.

8 – Het is **ne**gen uur ⑦.
9 – Dan moet ik on**mid**dellijk naar m'n werk.
10 Tot ziens.
11 – Maar **buur**man, en uw vrouw dan? □

__8__ Hèt iss __né:χe^{n}__ u:r __9__ da-n mou-t ĭk om__ĭd__eLek na:r me-n wer^{e}k __10__ tot~si:-nss __11__ ma:r __bu:r__ma-n èn u:ou v'raou da-n

Remarque de prononciation
9 En langage courant, l'adjectif possessif **mijn** peut être écrit sous la forme réduite **m'n** et se prononcer *[me-n]*.

Note

⑦ Après un nombre, le nom **het uur**, *l'heure*, reste au singulier, contrairement au français : **negen uur**, *neuf heures*.

***

Oefening 1 – Vertaal

❶ Het gaat niet zo best met de buurvrouw. ❷ Hoe laat is het? – Het is negen uur. ❸ Ze moet onmiddellijk naar de bank. ❹ Waarom belt u de loodgieter niet? ❺ Mijn buurman werkt niet op maandag.

Oefening 2 – Vul in

❶ Ma sœur a 40 de fièvre.
Mijn zus heeft 40 graden . . . .

❷ Demain après-midi, je vais faire des achats avec mes enfants.
Morgenmiddag ga ik met mijn kinderen . . . .

❸ Il a un bon emploi de veilleur de nuit dans une banque.
Hij heeft een . . . . als nachtwaker bij een bank.

8 – Il est neuf heure[s]. 20
9 – Alors je dois [aller] tout de suite au *(vers mon)* travail.
10 Au revoir.
11 – Mais voisin, et votre femme alors ?

***

Corrigé de l'exercice 1

❶ La voisine ne va pas tellement bien. ❷ Quelle heure est-il ? – Il est neuf heures. ❸ Elle doit [aller] tout de suite à la banque. ❹ Pourquoi n'appelez-vous pas le plombier ? ❺ Mon voisin ne travaille pas le lundi.

❹ Depuis quand prend-il le train le dimanche pour *(vers)* Amsterdam ?

. . . . . wanneer neemt hij zondag de trein . . . . Amsterdam?

❺ D'où vient-elle ? – De l'étranger.

Waar komt ze vandaan? – . . . het buitenland.

Corrigé de l'exercice 2

❶ – koorts ❷ – winkelen ❸ – goede baan – ❹ Sinds – naar – ❺ – Uit –

21 *Faisons à présent un petit tour d'horizon de l'histoire des jours de la semaine.* **Zondag**, dimanche, *et* **maandag**, lundi, *font référence aux astres :* **de zon**, le soleil, *et* **de maan**, la lune. *Les autres jours de la semaine se réfèrent à des dieux germaniques. Ainsi le dieu de la guerre Tyr (l'équivalent de Mars) fut à l'origine de* **dinsdag**, mardi, *et le dieu Wodan, le roi des dieux, qui porte le nom d'Odin en Scandinavie, a donné naissance à* **woensdag**, mercredi. *Le dieu du tonnerre Donar a donné son nom à* **donderdag**, jeudi, *et la reine de l'amour et de la vie, Freya ou Frija (l'équivalente de Vénus), nous a laissé* **vrijdag**, vendredi. **Zaterdag**, samedi, *est une déformation du nom latin* Dies Saturni, *de Saturne, le dieu de l'agriculture.*

21 Eenentwintigste les *[é:nèntwĭ-nteχste Lèss]*

Herhaling – Révision

1 Les pronoms personnels objets

Jusqu'à présent, vous avez vu les pronoms personnels objets des 1re et 2e personnes du singulier :

Non accentué	Accentué	
me *[me]*	**mij** *[mèy]*	*me, moi*
je *[ye]*	**jou** *[yaou]*	*te, toi*
u *[u:]*	**u** *[u:]*	*vous*

On utilise la même forme pour le pronom complément d'objet direct et le pronom complément d'objet indirect : **Horen jullie mij?**, *Vous m'entendez ?* ; **Geef mij pruimen!**, *Donne-moi des prunes !*

Souvenez-vous que la forme accentuée est utilisée dès que l'on veut mettre en valeur le pronom personnel. La mise en valeur est souvent l'effet d'un contraste, explicite ou sous-entendu.

2 L'adjectif possessif

L'adjectif possessif des 1re et 2e personnes du singulier est invariable :

mijn *[mèyn]* *mon, ma, mes*
je *[ye]* *ton, ta, tes*
uw *[u:ou]* *votre, vos*

Vous voilà presque arrivé à la fin de votre troisième semaine d'apprentissage. Vos connaissances du vocabulaire et de la grammaire s'étendent. Afin de les consolider, nous vous proposons dans la leçon suivante le récapitulatif des principaux points abordés lors des six leçons précédentes.

Vingt et unième leçon 21

mijn man, *mon mari* ; **mijn kinderen**, *mes enfants*
je zus, *ta sœur* ; **je kinderen**, *tes enfants*
uw vrouw, *votre femme* ; **uw kinderen**, *vos enfants*

3 L'adjectif démonstratif singulier

Genre neutre	Genre commun	
dit *[dĭt]*	**deze** *[**dé**:z'e]*	*ce, cet, cette ...-ci*
dat *[dat]*	**die** *[di:]*	*ce, cet, cette ...-là*

dit kaartje, *ce billet(-ci)* ; **deze brief**, *cette lettre(-ci)*
dat tekort, *ce découvert(-là)* ; **die bank**, *cette banque(-là)*

Les formes **dit** et **deze** ne peuvent être employées que lorsqu'il y a une nette proximité entre le locuteur et l'objet désigné. Une nette proximité peut signifier par exemple qu'on a l'objet en question dans la main ou à portée de main. Dans tous les autres cas, on privilégie plutôt les formes **dat** et **die**, qui sont donc plus fréquentes. Ne confondez pas avec le pronom relatif du genre commun **die**, *qui*, que vous avez rencontré dans la 18e leçon : **postzegels die bewegen**, *des timbres qui bougent*.

21 4 L'ordre des mots dans la phrase

4.1 Le verbe conjugué

• Retenez bien que, dans une phrase affirmative simple, le verbe conjugué occupe toujours la deuxième position.
– Si la phrase commence par le sujet, le verbe se place tout de suite après, comme en français :
Het water loopt langs de trap naar beneden, *L'eau coule le long de l'escalier.*
Ze heeft een zware griep, *Elle a une bonne grippe.*
– Si la phrase commence par un complément (de temps, de lieu etc.), il faut inverser le verbe et le sujet, de façon à ce que le verbe conjugué se retrouve bien en deuxième position :
Over een uurtje ben ik bij u, *Dans une heure, je serai chez vous.*
Op dinsdag en donderdag hoef ik niet te werken, *Le mardi et le jeudi, je ne travaille pas.*
In de keuken is het ook nat, *C'est mouillé dans la cuisine aussi.*

Si vous décidez de commencer la phrase par un complément, l'emploi de la virgule est exclu en néerlandais, et il faut impérativement placer le verbe conjugué juste après, en inversant le sujet : "complément + verbe conjugué + sujet".

• Dans une phrase interrogative simple, le verbe conjugué se trouve
– soit en tête de phrase :
Heeft u bananen?, *Avez-vous des bananes ?*
Zijn de aardbeien lekker?, *Est-ce que les fraises sont bonnes ?*
– soit tout de suite après le mot interrogatif :
Hoe heet hij?, *Comment s'appelle-t-il ?*
Waar is de koelbox met het water?, *Où est la glacière avec l'eau ?*
Attention, les verbes à l'infinitif se retrouvent à la fin de la phrase :
Mag ik uw plaatsbewijs even zien?, *Puis-je voir votre titre de transport ?*
Kun jij me even helpen?, *Peux-tu me donner un petit coup de main ?*
Wat zijn jullie aan het doen?, *Qu'est-ce que vous êtes en train de faire ?*

• Dans une subordonnée, le verbe conjugué se situe à la fin :
Ze gaat graag winkelen, sinds ze een baan bij een bank heeft, *Elle aime faire des achats depuis qu'elle a un emploi dans une banque.*
Is dat die bank, waar jij nachtwaker bent?, *Est-ce la banque où tu es veilleur de nuit ?*

4.2 La négation *niet*

• Si la négation **niet** porte sur l'adjectif ou l'adverbe, elle sera placée juste devant :
De aardbeien zijn niet duur, *Les fraises ne sont pas chères.*
Wind je niet zo op!, *Ne t'énerve pas comme ça !*
Niet zo best, *Pas tellement bien.*
U hoeft niet bang te zijn, *N'ayez pas peur.*

• Si la négation **niet** porte sur la phrase entière, on la place après le complément direct, si possible à la fin de la phrase :
Dat kan niet, *Ce n'est pas possible.*
Waarom belt u de dokter niet?, *Pourquoi n'appelez-vous pas le médecin ?*

• Lorsqu'il y a un complément introduit par une préposition, **niet** se place en règle générale devant ce complément :
Mijn man werkt niet op woensdag, *Mon mari ne travaille pas le mercredi.*
De dokter werkt niet op zondag, *Le médecin ne travaille pas le dimanche.*

• Souvenez-vous aussi de **niet meer**, *ne...plus* : **U hoeft niet meer te komen**, *Vous n'avez plus besoin de venir.*

5 Les jours de la semaine

Récapitulons ici les jours de la semaine :

maandag	*lundi*
dinsdag	*mardi*
woensdag	*mercredi*
donderdag	*jeudi*
vrijdag	*vendredi*
zaterdag	*samedi*
zondag	*dimanche*

21 Herhalingsdialoog

1 – Kunt u snel komen, de kelder staat blank!
2 – Ik werk nu parttime: op maandag, dinsdag en donderdag.
3 – U werkt niet op woensdag, bedoelt u?
4 – Inderdaad, dat bedoel ik.
5 – Zeg loodgieter, het is vandaag donderdag!
6 – Donderdag? Maar hoe laat is het dan?
7 – Het is zes uur.
8 – Dan moet ik onmiddellijk naar de stad.
9 Het is vanavond koopavond.

Oefening – Vertaal

❶ Hoe gaat het met je? ❷ Met mij gaat het goed, en met jou? ❸ Waar zijn uw kinderen? ❹ Mijn zus heeft 40 graden koorts. ❺ Wil je deze aardbeien of die aardbeien? ❻ Dit kaartje is van mij en dat kaartje is van u. ❼ Hij wil niet winkelen, maar zij wel. ❽ Ze kunnen de dokter morgen bellen. ❾ Ze wil vandaag niet werken. ❿ Kunt u zien hoe laat het is?

Traduction

1 Pouvez-vous venir vite, la cave est inondée ! **2** Je travaille à mi-temps maintenant : les lundi, mardi et jeudi. **3** Vous ne travaillez pas le mercredi, vous voulez dire ? **4** En effet, c'est ce que je veux dire. **5** Dites plombier, on est jeudi aujourd'hui ! **6** Jeudi ? Mais quelle heure est-il donc ? **7** Il est six heures. **8** Alors, je dois aller immédiatement en ville. **9** C'est la nocturne, ce soir.

Corrigé de l'exercice

❶ Comment vas-tu ? ❷ Moi, je vais bien, et toi ? ❸ Où sont vos enfants ? ❹ Ma sœur a 40 de fièvre. ❺ Veux-tu ces fraises-ci ou ces fraises-là ? ❻ Ce billet-ci est à *(de)* moi et ce billet-là est à *(de)* vous. ❼ Il ne veut pas faire des achats, mais elle, elle [veut] bien. ❽ Ils/Elles peuvent appeler le médecin demain. ❾ Elle ne veut pas travailler aujourd'hui. ❿ Pouvez-vous voir quelle heure il est ?

22 Tweeëntwintigste les *[twé:èntwĭ-ntexste Lèss]*

Een hond

1 – Pap ①, ik wil zo graag ② een hond!
2 – Een hond? Waar**om** wil je een hond?
3 – Nou, dat lijkt me erg **han**dig.
4 Hij kan de krant voor je uit de bus ③ **ha**len.
5 Je kan ④ **el**ke **a**vond met hem in 't park **jog**gen.
6 Je hoeft niet **te**gen 'm ⑤ te **pra**ten.

Prononciation

*e-n Ho-nt **1** pap ĭk wĭL z'o: xra:x e-n Ho-nt **2** e-n Ho-nt? wa:**rom** wĭL ye e-n Ho-nt **3** naou dat Lèykt me er[e]x **Ha-n**dex **4** Hèy ka-n de kra-nt~fo:r ye œyt de bùss **Ha:**Le[n] **5** ye ka-n **è**Lke **a:**v'o-nt mèt Hèm ĭ-n e-t par[e]k **djog**ue[n] **6** ye Houft ni:t **té:**xe[n] em te **pra:**te[n]*

Remarques de prononciation

La plupart des formes réduites se prononcent aussi avec un *[e]* atone : **'m** *[em]*, **'t** *[e-t]*.

Notes

① Le nom **pap**, *papa*, est souvent utilisé par les enfants à la place de **papa**.

② Associé à **graag**, *volontiers*, le verbe **willen**, *vouloir*, exprime un souhait rendu par le conditionnel en français : **ik wil graag**, *je voudrais, j'aimerais*.

③ Dans le langage courant, on emploie **de bus**, *la boîte*, pour désigner la boîte aux lettres (de la maison). C'est la forme abrégée de **de brievenbus**, *la boîte aux lettres*. **De brieven** est le pluriel de **de brief**, *la lettre*. En néerlandais, la prononciation des voyelles est essentielle pour une grande partie de l'orthographe. Ici, la ▸

Un chien

1 – Papa, j'aimerais tellement [avoir] un chien *(je veux si volontiers un chien)* !
2 – Un chien ? Pourquoi veux-tu un chien ?
3 – Eh ben, ça me semble très pratique.
4 Il peut te sortir le journal de la boîte [aux lettres] *(Il peut le journal pour te de la boîte sortir)*.
5 Tu peux faire du jogging avec lui tous les soirs dans le parc *(Tu peux chaque soir avec lui dans le parc jogger)*.
6 Tu n'as pas besoin de lui parler *(contre lui de parler)*.

5 joggen est un emprunt de l'anglais et se prononce "à l'anglaise" avec toutefois une touche de néerlandais au niveau du **n** final ***[djog****ue^n]*.

▸ prononciation allongée de la voyelle libre **-ie** *[i:]* se répercute sur l'orthographe de la consonne finale, qui ne peut être sonore *[v]*. Cela explique pourquoi on trouve **brief** avec un **-f**, mais **brie-ven** avec un **-v**.

④ Le verbe **kunnen** connaît deux formes au singulier de la 2e personne : **je kan** ou **je kunt**, *tu peux*.

⑤ **'m** est la forme réduite du pronom personnel complément **hem**, *lui, le*. Rappelez-vous que les formes réduites sont très courantes en langage parlé.

7 En hij kan je ’s **a**vonds ⑥ ge**zel**schap **hou**den.
8 Dat hoef ik dan **al**lemaal niet meer te doen ⑦!

*7 èn Hèy ka-n ye s**a:**v’o-nss χe**z’èL**sχap **Haou**weⁿ 8 dat Houf ĭg~da-n **aL**ema:L ni:t mé:r te doun*

Notes

⑥ **’s avonds** est formé à partir du nom **de avond**, *le soir*, et indique ici un phénomène récurrent : le soir en général. Vous pouvez aussi exprimer cette répétition avec **elke avond**, litt. “chaque soir”, qu’on traduira plutôt par *tous les soirs*. Notez que l’adjectif **elk** prend un **-e** avant un nom du genre commun. ▸

***

Oefening 1 – Vertaal

❶ Mijn hond kan de krant uit de bus halen. ❷ Dat lijkt me erg handig. ❸ Ik ga met hem op donderdag joggen. ❹ Hij gaat elke avond in het café werken. ❺ Ik hoef dat niet meer te doen!

Oefening 2 – Vul in

❶ J’aimerais tellement avoir un jour de congé !
Ik . . . zo . . . . . een vrije dag!

❷ Le veilleur de nuit peut te tenir compagnie.
De nachtwaker kan je gezelschap . . . .

❸ Vous pouvez faire du vélo avec lui dans le parc.
U . . . . met . . . in het park fietsen.

❹ La voisine a 40 *(degrés)* de fièvre et ne peut plus parler.
De . . . . heeft veertig graden koorts en kan niet meer . . . .

❺ Je voudrais un emploi à mi-temps.
Ik wil graag een parttime . . . . .

7 Et le soir, il peut te tenir compagnie *(Et il peut te le soir compagnie tenir)*.

8 Ça me fait tout ça de moins à faire *(Cela ai-besoin je alors tout ne plus à faire)* !

Remarque de prononciation
7 En langage parlé, le **-d** de **'s avonds** n'est pas prononcé, tout comme le **-d** de **houden** (on entend *[w]* à la place).

⑦ Dès qu'un infinitif est utilisé, il est placé à la fin de la phrase, que ce soit dans une phrase exclamative, interrogative ou affirmative. Avec **hoeven**, l'infinitif sera toujours précédé de **te**.

***

Corrigé de l'exercice 1

❶ Mon chien peut sortir le journal de la boîte aux lettres. ❷ Cela me semble très pratique. ❸ Je vais faire du jogging avec lui le jeudi. ❹ Il va travailler tous les soirs au café. ❺ Je n'ai plus besoin de faire ça !

Corrigé de l'exercice 2

❶ – wil – graag – ❷ – houden ❸ – kunt – hem – ❹ – buurvrouw – praten ❺ – baan

23 Drieëntwintigste les *[dri:èntwĭ-nteχste Lèss]*

Uitslapen ①

1 – **Schat**je, ’t is **ein**delijk **vrij**dagavond.
2 Je mag **mor**genochtend **lek**ker ② **uit**slapen.
3 – Ik kan **he**lemaal niet **uit**slapen,
4 want **mor**gen ga ik om half **ze**ven ③ met **Wil**ma **zwem**men.
5 – Half **ze**ven?
6 Je wilt toch niet **zeg**gen om half **ze**ven ’s **och**tends ④?

Prononciation

œytsLa:pe^n **1 sχat**ye t~ĭss **èyn**deLek~**frèy**daχa:vo-nt **2** ye maχ **mor**χe^{n}oχte-nt **Lèk**e-r **œyt**sLa:pe^n **3** ĭk ka-n **Hé**Lema:L ni:t **œyt**sLa:pe^n **4** wa-nt **mor**χe^n χa ĭk om HaLf~**sé:**v’e^n mèt **wĭL**ma: **z’wème**^{n} **5** HaLf~**sé:**v’e^n **6** ye wĭL~toχ ni:t~**sèχ**e^n om HaLf~**sé:**v’e^n s**oχ**te-nss

Notes

① **uitslapen**, *faire la grasse matinée*, est un verbe à particule séparable (elle porte l’accent tonique), formé à partir du verbe **slapen**, *dormir*. La particule verbale **uit-** indique que l’action dure jusqu’au bout, qu’elle est finie, terminée.

② **lekker** a le sens de *bon, agréable(ment)*, la plupart du temps pour de la nourriture, mais aussi, par extension, pour tout ce qui est agréable. Notez que les adjectifs attributs et les adverbes ont en général la même forme : **de aardbeien zijn lekker**, *les fraises sont bonnes* ; **lekker uitslapen**, *faire une bonne grasse matinée*. ▸

Faire la grasse matinée *(Terminé-dormir)*

1 – Chérie, c'est vendredi soir, enfin *(il est enfin vendredi-soir)*.
2 Tu peux faire une bonne grasse matinée demain matin *(demain-matin agréablement terminé-dormir)*.
3 – Je ne peux pas du tout *(tout-à-fait pas)* faire la grasse matinée,
4 car demain, je vais nager avec Wilma à six heures et demie *(à demi sept avec Wilma nager)*.
5 – Six heures et demie *(demi sept)* ?
6 Tu ne veux tout de même pas dire à six heures et demie du matin ?

Remarques de prononciation

4 Tout comme les terminaisons **-rg** et **-rk**, la suite finale **-lf** peut se prononcer avec un petit *[e]* atone : *[L^ef]*.
6 Lorsque deux mêmes consonnes se rencontrent, on n'en prononce qu'une : **wilt toch** *[wĭL~toχ]*. La prononciation de **'s ochtends** *[s**o**χte-nss]* suit celle de **'s avonds** (d'un seul trait, sans prononcer le **d**).

③ En néerlandais, lorsqu'on se réfère à la demie, on prend comme point de référence l'heure qui arrive (et non l'heure en cours) : *six heures et demie* se dira donc **half zeven**, littéralement "demi sept" (on va vers sept heures).

④ Comme **'s avonds**, *tous les soirs*, **'s ochtends** exprime la régularité (*tous les matins, le matin*), mais il peut aussi préciser le moment de la journée. Dans ce cas, il est plutôt accompagné d'une indication de l'heure : **half zeven 's ochtends**, *six heures et demie du matin.*

23

7 – Ja**wel**, dan **kun**nen we daar**na** ge**zel**lig ⑤ **sa**men ont**bij**ten ⑥.
8 Zet ik de **wek**ker om kwart **o**ver zes ⑦?
9 – Dat is wel erg vroeg voor de zaterdag**mor**gen ⑧! □

*7 ya:**wèL** da-n **kùne**ⁿ we da:r**na:** χe**z'èL**eχ **sa:**meⁿ ont**bèy**teⁿ 8 z'èt ĭg~de **wèk**e-r om kwart **o:**v'e-r z'èss 9 dat ĭss wèL erᵉχ v'rouχ v'o:r de z'a:terdaχ**mor**χeⁿ*

Notes

⑤ L'adverbe **gezellig** indique une ambiance agréable, conviviale, où l'on se sent bien, la plupart du temps en compagnie d'autres personnes. Ce terme, qui est fréquent en néerlandais, se traduit difficilement, car il n'existe pas d'équivalent exact en français.

⑥ Dans le verbe **ontbijten**, *prendre le petit déjeuner*, vous trouvez le nom **het ontbijt**, *le petit déjeuner*.

⑦ Là où, en français, on utilise "et" pour indiquer l'heure, il convient d'utiliser en néerlandais la préposition **over** (littéralement "sur") : **kwart over zes**, *six heures et quart*. Notez bien que **het kwart** signifie *le quart*, tandis que *le quart d'heure* se traduit par **het kwartier**. ▸

***

Oefening 1 – Vertaal

❶ Ik kan morgenochtend niet uitslapen. ❷ We kunnen eindelijk samen ontbijten. ❸ Morgen gaan jullie erg vroeg zwemmen. ❹ Hoe laat is het? – Het is kwart over zes. ❺ De trein vertrekt om zes uur 's ochtends.

7 – Si, et après nous pourrons *(alors pouvons nous après)* prendre le temps de déjeuner ensemble *(ensemble déjeuner)*. 23
8 Je mets le réveil à six heures et quart *(à quart sur six)* ?
9 – Ça fait bien *(C'est très)* tôt pour un *(le)* samedi matin !

⑧ Le nom **de zaterdagmorgen**, *samedi matin*, est composé de **zaterdag**, *samedi*, et de **de morgen**, *le matin*. Ne confondez pas ce dernier avec l'adverbe *demain*, qui se traduit aussi par **morgen**. Par contre, pour traduire *demain matin*, il n'y a qu'une possibilité : **morgenochtend**.

***

Corrigé de l'exercice 1

❶ Je ne peux pas faire la grasse matinée demain matin. ❷ Nous pouvons enfin prendre le petit déjeuner ensemble. ❸ Demain, vous allez nager très tôt. ❹ Quelle heure est-il ? – Il est six heures et quart. ❺ Le train part à six heures du matin.

Oefening 2 – Vul in

❶ Le dimanche, ma femme fait la grasse matinée.
Op zondag . . . . . . mijn vrouw . . . .

❷ Je mets le réveil à six heures et quart.
Ik zet de wekker om kwart . . . . zes.

❸ Il fait chaud, mais ils n'ont pas soif.
Het is warm, maar . . . . dorst.

❹ Que veux-tu faire samedi ? Faire du vélo ou du patin ?
Wat wil je zaterdag . . . . ? Fietsen of . . . . ?

❺ Nous allons faire des achats ensemble demain soir à sept heures.
We gaan morgenavond om zeven uur . . . . . winkelen.

---

24 Vierentwintigste les *[vi:rèntwĭ-ntexste Lèss]*

Het doktersrecept ①

1 Els de Wit belt de **huis**artsenpraktijk ②:
2 – Met **huis**artsenpraktijk Amster**dam**-Zuid. ③

Prononciation
*Hèt **dok**tersressè-pt **1** èLss de wĭt bèLt de **Hœyss**artse^n-praktèyk **2** mèt **Hœyss**artse^{n}praktèyk amster**dam**-z'œyt*

Notes

① Les Néerlandais confondent souvent en français *l'ordonnance* et *la recette*, du simple fait qu'en néerlandais, il n'y a qu'un nom : **het recept**, à moins d'être très explicite et d'utiliser le nom complet : **het doktersrecept**, *la prescription médicale*. ▸

Corrigé de l'exercice 2

❶ – slaapt – uit ❷ – over – ❸ – ze hebben geen – ❹ – doen – schaatsen ❺ – samen –

Les Néerlandais prennent habituellement un seul repas chaud par jour, la plupart du temps le soir entre 18 h et 19 h. À midi, ils prennent un repas froid, composé d'une boisson, de fruits et de tartines, qu'ils préparent le matin et qu'ils apportent à l'école ou au travail dans une petite boîte en plastique, **het broodtrommeltje**. *Sachez qu'il n'existe pas de cantines d'écoles ou d'entreprises. Les Néerlandais accordent également assez peu d'importance aux repas. C'est pour cela qu'ils préfèrent des termes assez neutres comme* **eten**, manger, **het middageten**, le repas de midi, *et* **het avondeten**, le repas du soir, *à la place de* **de lunch**, le déjeuner, **lunchen**, déjeuner, **het diner**, le dîner *et* **dineren**, dîner, *considérés comme appartenant à un registre assez formel.*

Vingt-quatrième leçon 24

L'ordonnance *(docteur-recette)*

1 Els de Wit appelle le cabinet médical *(maison-médecins-pratique)* :

2 – *(Avec)* Cabinet médical Amsterdam sud.

② **de huisartsenpraktijk**, *le cabinet médical*, se compose de trois noms : **het huis**, *la maison*, **artsen**, *médecins*, et **de praktijk**, *la pratique*, *le cabinet*. Ne soyez pas surpris de voir des mots composés avec trois noms, voire plus : c'est assez fréquent en néerlandais. En règle générale, c'est le dernier mot qui donne le genre du mot composé.

③ La personne qui répond au téléphone se présente avec le nom de sa société, ou son nom, ou son prénom, la plupart du temps précédé de la préposition **met**, *avec*, car le verbe **spreken**, *parler*, est sous-entendu.

3 – Goede**mid**dag ④, met me**vrouw** de Wit.
4 Kan ik de **dok**ter ⑤ even **spre**ken ⑥?
5 – **Dok**ter **Brug**man of **dok**ter Van de Berg?
6 – **Dok**ter **Brug**man.
7 – Die is van**mid**dag op **huis**bezoek.
8 Kan ik een **bood**schap **door**geven ⑦?
9 – Ja, kunt u hem **vra**gen om ⑧ een re**cept** voor me klaar te **leg**gen?
10 Dan kom ik 't **mor**genochtend **ha**len. □

*3 χouyeme**mĭd**aχ mèt me**v'raou** de wĭt **4** ka-n ĭg~de **dok**te-r é:v'eⁿ **spré:**keⁿ **5 dok**te-r **brùχ**ma-n of **dok**te-r va-n de bèrᵉχ **6 dok**te-r **brùχ**ma-n **7** di: ĭss~fa**mid**aχ op **Hœyz'**bez'ouk **8** ka-n ĭk e-n **bo:ts**χap **do:r**χé:v'eⁿ **9** ya kù-nt u: Hèm **v'ra:**χeⁿ om e-n re**ssè-pt**~fo:r me kLa:r te **Lè**χeⁿ **10** da-n kom ĭk e-t **mor**χeⁿoχte-nt **Ha:**Leⁿ*

Remarques de prononciation

7 Attention à l'assimilation dans **huisbezoek** *[**Hœyz'**bez'ouk]*.
8, 9 N'oubliez pas que l'accent tonique tombe sur la particule

Notes

④ On utilise la salutation **goedemiddag**, *bonjour*, uniquement l'après-midi, entre 12 h et 18 h.

⑤ Lorsque vous demandez un médecin ou pour vous adresser à lui, dites : **dokter**, *docteur*. Pour désigner un médecin, vous pouvez aussi utiliser le nom **de arts**, qui est plus formel.

⑥ Le verbe **spreken**, *parler*, est plus formel que **praten**. La préposition **met**, *avec*, est sous-entendue ici. Souvenez-vous que l'infinitif occupe en règle générale la position finale dans la phrase néerlandaise.

⑦ Dans le verbe à particule séparable **doorgeven**, *transmettre*, *faire passer*, on reconnaît le verbe **geven**, *donner*, et l'adverbe **door**, *à travers*. ▸

3 – Bonjour *(Bonne-après-midi)*, *(avec)* madame de Wit [à l'appareil].
4 Puis-je parler un instant au docteur ?
5 – Docteur Brugman ou docteur Van de Berg ?
6 – Docteur Brugman.
7 – Il *(Celui-là)* est en visite à domicile *(sur maison-visite)* cette après-midi.
8 Puis-je prendre *(transmettre)* un message ?
9 – Oui, pouvez-vous lui demander de me préparer une ordonnance ?
10 Je viendrai la chercher demain matin *(Alors viens je la demain-matin chercher)*.

des verbes à particule séparable : **doorgeven** *[do:rχé:v'eⁿ]*. Lorsque la particule se trouve séparée du verbe, c'est le verbe qui est accentué : **klaar te leggen** *[kLa:r te **Lèχ**eⁿ]*.
9 Comme en français, le **c** se prononce *[k]* devant un **-a**: **café** *[ka:**fé**]*, et *[ss]* devant un **-e** : **recept** *[re**ssè-pt**]*. Prononcez bien distinctement les deux consonnes finales **-pt**.

▸ ⑧ La conjonction **om** annonce ici une proposition infinitive. Si le verbe est à particule séparable, **te** se place entre la particule et la partie verbale : **om … klaar te leggen**. En néerlandais, cette structure est fréquente ; souvenez-vous de **zin hebben om … te**, *avoir envie de* ..., dans la 5e leçon.

24 **Oefening 1 – Vertaal**

❶ De dokter is vanmiddag op huisbezoek. ❷ Kunt u hem vragen om koffie te bestellen? ❸ Mijn buurman komt het recept morgenochtend voor me halen. ❹ Kan ik de loodgieter even spreken? ❺ Wil je een boodschap doorgeven?

Oefening 2 – Vul in

❶ Quand allez-vous nager ? – Le mardi et le jeudi.
Wanneer gaan jullie . . . . ? – Op . . . . en op donderdag.

❷ Je viens te chercher demain matin et nous pouvons ensuite prendre le petit déjeuner ensemble.
Ik kom je morgenochtend . . . . . en dan kunnen we samen . . . .

❸ Mercredi, il va à la plage avec les enfants.
Woensdag . . . . met de kinderen naar het strand.

❹ Pouvez-vous *(vouvoiement)* sortir l'ordonnance de la boîte ?
Kunt . het recept uit de bus . . . . . ?

❺ J'ai envie de sortir ce soir.
Ik . . .   . . . om vanavond uit te gaan.

Corrigé de l'exercice 1

❶ Le médecin est en visite à domicile cette après-midi. ❷ Pouvez-vous lui demander de commander du café ? ❸ Mon voisin vient chercher l'ordonnance pour moi demain matin. ❹ Puis-je parler un instant au plombier ? ❺ Veux-tu transmettre un message ?

Corrigé de l'exercice 2

❶ – zwemmen – dinsdag – ❷ – halen – ontbijten ❸ – gaat hij – ❹ – u – halen ❺ – heb zin –

Aux Pays-Bas, beaucoup de médicaments ne sont délivrés que sur prescription médicale, que vous devez présenter à la pharmacie. Ne soyez pas surpris de voir que les pharmaciens appliquent cette règle à la lettre : sans ordonnance, pas de médicaments. Sachez que les Néerlandais évitent, s'ils le peuvent, la médicalisation. Cela signifie, dans la pratique, qu'ils limitent les visites chez le médecin et la prise de médicaments. Pour s'adresser à un spécialiste, il faut une lettre d'introduction, **verwijsbriefje**, *de la part d'un généraliste.*

25 Vijfentwintigste les *[v'èyfèntwĭ-ntexste Lèss]*

Erna komt op Wim passen

1 – Hoe laat komt **Er**na van**a**vond?
2 – Ze komt om kwart voor **ze**ven (1).
3 Ha, daar is ze!
4 Hoi **Er**na, kom **bin**nen (2)!
5 Je kan 't **al**lemaal wel **vin**den, hè?
6 O ja, Wim hoeft van**a**vond niet meer in bad. (3)
7 Hij moet om kwart **o**ver acht naar bed. (4)
8 Je moet nog wel **e**ven z'n **tan**den **poet**sen (5)
9 en dan mag je 'm nog een kwar**tier**tje **voor**lezen (6).

Prononciation

èrna: komt op wĭm ***passe**^{n}* **1** *Hou La:t komt* ***è**rna: v'an**a:**v'o-nt* **2** *z'e komt om kwart~f'o:r* ***z'é:**v'e^n* **3** *Ha: da:r ĭss~se* **4** *Hoy* ***è**rna: kom* ***bĭ**ne^n* **5** *ye ka-n~e-t* ***aL**ema:L wèL* ***v'ĭ-n**de^n Hè* **6** *o: ya: wĭm Houft~f'an**a:**v'o-nt ni:t mér ĭ-n ba-t* **7** *Hèy mou-t om kwart* ***o:**v'e-r axt na:r bèt* **8** *ye mou-t nox wèL* ***é:**v'e^n z'e-n* ***ta-n**de^n* ***pout**se^n* **9** *èn da-n max ye~m nox e-n kwar**ti:r**tye* ***v'o:r**Lé:z'e^n*

Notes

(1) Là où, en français, on utilise “moins” pour indiquer l'heure, il convient d'utiliser en néerlandais **voor**, *avant*.

(2) Le verbe **binnenkomen**, *entrer*, est un verbe à particule séparable. Pour former la 2e personne singulier de l'impératif, il suffit d'enlever la terminaison **-en** (ou **-n**) de l'infinitif : **komen** → **kom**, *entre*. La particule verbale **binnen** est rejetée en fin de phrase. On n'exprime pas le sujet, contrairement à la 2e personne de politesse : **zegt u**, *dites*.

(3) L'infinitif **gaan**, *aller*, est ici sous-entendu. Retenez bien l'expression **in bad**, construite avec la préposition **in**. ▸

Vingt-cinquième leçon 25

Erna vient garder Wim

1 – À quelle heure Erna arrivera-t-elle *(vient)* ce soir ?
2 – Elle arrivera *(vient)* à sept heures moins le quart *(quart avant sept)*.
3 Ah, la voilà *(là-bas est elle)* !
4 Bonjour Erna, entre *(viens à-l'intérieur)* !
5 Tu te débrouilleras *(Tu peux le tout bien trouver)*, n'est-ce pas ?
6 Ah oui, ce soir, Wim n'a plus besoin de prendre son bain *(n'a plus besoin dans bain)*.
7 Il doit [se coucher] à huit [heures] et quart *(vers lit)*.
8 Tu dois juste lui laver les dents *(encore bien un-instant ses dents frotter)*
9 et puis, tu peux encore lui faire la lecture un petit quart d'heure *(peux tu lui encore un petit-quart-d'heure faire-la-lecture)*.

④ Dans cette phrase aussi, **gaan**, *aller*, est sous-entendu : **hij moet naar bed gaan**, *il doit aller au lit*. La préposition **naar**, *vers*, dépend directement du verbe **gaan**, et permet de souligner le mouvement.

⑤ Dans l'expression *se laver/brosser les dents*, le néerlandais a recours à un adjectif possessif : **z'n tanden poetsen**. L'adjectif possessif de la 3e personne du masculin singulier est invariable : **zijn**, *son, sa, ses (à lui)*. En langage parlé, on le rencontre souvent sous sa forme réduite **z'n**.

⑥ Le verbe à particule séparable **voorlezen**, *lire à haute voix, faire la lecture*, est formé à partir de **lezen**, *lire*.

10 **Pret**tige **a**vond en tot **la**ter ⑦!
11 We zijn **ui**terlijk om half twaalf te**rug**. ⑧ □

__10 prèt__eχe __a:__vo-nt èn to-t __La:__te-r __11__ we z'èyn __œy__terLek om HaLᵊf twa:Lᵊf te__rùχ__

Notes

⑦ Le comparatif régulier se forme en ajoutant **-er** à l'adjectif : **laat**, *tard* → **later**, *plus tard*. N'oubliez pas d'appliquer les règles d'orthographe : enlevez une voyelle pour les voyelles libres, comme ici, ou doublez la consonne pour les voyelles entravées.

***

Oefening 1 – Vertaal

❶ De groenteman is bezig. ❷ Wim moet zijn tanden nog poetsen. ❸ De kinderen gaan om kwart over acht naar bed. ❹ De buren gaan naar een feestje en zijn uiterlijk om half twaalf terug. ❺ Erna mag hem vanavond een kwartiertje voorlezen.

Oefening 2 – Vul in

❶ Bonjour Erna, entre ! Veux-tu du café ?
Hoi Erna, kom . . . . . . ! Wil je . . . . . . ?

❷ La voisine vient garder le chien demain matin.
De buurvrouw komt morgenochtend . . . . passen.

❸ Le champion est pressé, car son train part dans cinq minutes.
De kampioen heeft . . . . . , want . . . . trein vertrekt over vijf minuten.

10 Bonne soirée et à plus tard !
11 Nous serons *(sommes)* de retour à onze heures et demie au plus tard *(au-plus-tard à demi douze de-retour)*.

▸ ⑧ Comme vous l'avez peut-être déjà remarqué, le néerlandais ne connaît pas de conjugaison du futur. La plupart du temps, il suffit d'employer le verbe au présent et d'ajouter un complément de temps, qui indiquera à quel moment le situer. C'est facile, non ? Dans un registre plus formel, on peut également avoir recours à un auxiliaire ; nous y reviendrons.

***

Corrigé de l'exercice 1

❶ Le marchand de légumes est occupé. ❷ Wim doit encore se laver les *(ses)* dents. ❸ Les enfants se couchent à huit heures et quart. ❹ Les voisins vont à une *(petite)* fête et seront de retour à onze heures et demie au plus tard. ❺ Erna peut lui faire un petit quart d'heure de lecture ce soir.

❹ Les magasins ne sont pas ouverts le dimanche.
De winkels zijn niet . . . . op zondag.

❺ Wim n'a plus besoin de prendre de bain ce soir.
Wim . . . . . vanavond . . . . in bad.

Corrigé de l'exercice 2

❶ – binnen – koffie ❷ – op de hond – ❸ – haast – zijn – ❹ – open – ❺ – hoeft – niet meer –

26 *Récapitulons à présent les différentes possibilités de salutations. En arrivant, on peut dire* **Hoi!**, Salut !, Bonjour !, **Hallo!**, Salut !, *ou* **Dag!**, Bonjour ! **Dag** *est également utilisé pour dire au revoir mais il se prononce alors [da:Ha:χ]. On entend aussi très souvent* **Doei!** *[doui:]*, Salut ! *N'oubliez pas que ces mots appartiennent à un registre plus ou moins informel. Dans des situations plus formelles, on dira* **goedendag**, bonjour, *ou en fonction du moment de la journée* **goedemorgen**, bonjour *(le matin)*, **goedemiddag**, bonjour *(l'après-midi) ou* **goedenavond**, bonsoir. *Pour prendre congé, il existe plusieurs formules, dont la plus courante est* **Tot ziens!**, Au revoir ! *Vous pouvez aussi lancer* **Tot straks!**, À tout à l'heure !, *ou* **Tot later!**, À plus tard ! *De la même façon se forment* **Tot zo!**, À tout de suite !, **Tot morgen!**, À demain !, **Tot maandag!**, À lundi !, *etc. Facile, non ?*

26 Zesentwintigste les *[z'èssèntwĭ-nteχste Lèss]*

Boerenkool

1 – **Ma**ma, mag Ber**tien** van**mid**dag bij ons **ko**men **spe**len?
2 – Dat mag. Hoe laat wil ze ① **ko**men?
3 – Kan je haar om half drie **op**halen ②?
4 – Nou voor**uit** dan maar ③!

Prononciation

boure^{n}ko:L ***1 mama:*** *maχ bèr***ti:-n** *va***mid***aχ bèy o-nss* **ko:***me^n* **spé:***Le^n* **2** *dat maχ. Hou La:t wĭL z'e* **ko:***me^n* **3** *ka-n ye Ha:r om HaLf dri:* **op***Ha:Le^n* **4** *naou v'o:***rœyt** *da-n ma:r*

Remarque de prononciation

1 Notez que le premier **a** de **mama** est court.

Notes

① Rappelez-vous que **willen**, *vouloir*, est un verbe irrégulier au présent, sans **-t** à la 3e personne du singulier : **ze wil**, *elle veut*. Vous trouverez un récapitulatif de quelques verbes irréguliers au présent à la 28e leçon. ▸

Vingt-sixième leçon 26

Potée de chou frisé *(Fermiers-chou)*

1 – Maman, est-ce que Bertien pourra venir jouer chez nous cette après-midi *(peut Bertien cette-après-midi chez nous venir jouer)* ?
2 – Oui *(Cela peut)*. À quelle heure veut-elle venir ?
3 – Peux-tu aller la chercher à deux heures et demie ?
4 – Bon, pour une fois *(en-avant alors donc)* !

▸ ② Le verbe **ophalen**, *aller chercher, venir chercher*, est un verbe à particule séparable. La particule **op-** peut être sous-entendue, comme dans la 24e leçon : **dan kom ik het morgenochtend halen**, *je viendrai la chercher demain matin.*

③ L'expression idiomatique **vooruit dan maar**, *pour une fois*, est utilisée lorsqu'on consent à faire quelque chose que l'on n'avait pas vraiment prévu ou voulu. Les adverbes de modalité **dan** et **maar**, très fréquents en néerlandais, permettent d'exprimer toutes sortes de nuances ressenties par le locuteur ; nous y reviendrons.

5 Om half zes:
6 – Ber**tien**, moet je naar huis ④ of wil je **blij**ven **e**ten?
7 – Ik blijf graag bij **jul**lie **e**ten. Dank u wel!
8 Wat **e**ten **jul**lie van**a**vond?
9 – We **e**ten **boe**renkool met worst ⑤.
10 – **Boe**renkool, **get**sie!
11 Kunt u me nu me**teen weg**brengen ⑥?

5 *om HaLf~sèss* ***6*** *bèr**ti:-n** mou-t ye na:r Hœyss of wĭL ye **bLèy**v'e^n **é:**te^n* ***7*** *ĭk bLèyf χra:χ bèy **yùL**i: **é:**te^n. daŋk u: wèL* ***8*** *wat **é:**te^n **yùL**i: v'an**a:**v'o-nt* ***9*** *we **é:**te^n **bou**re^{n}ko:L mèt worst* ***10*** ***bou**re^{n}ko:L **χèt**ssi:* ***11*** *kù-nt u: me nu: me**té:n wèχ**brèŋe^n*

Notes

④ **gaan**, *aller*, est sous-entendu ici : **Moet je naar huis gaan?**, *Dois-tu rentrer à la maison ?*

⑤ Le **boerenkool met worst** est un plat d'hiver typiquement néerlandais. C'est une purée de pomme de terre, mélangée avec une variété de chou frisé, **de boerenkool**, que l'on a finement haché. On le mange souvent avec **de rookworst**, de *la saucisse fumée*.

⑥ Le verbe à particule séparable **wegbrengen**, *ramener*, est le contraire de **ophalen**, *aller, venir chercher*.

***

Oefening 1 – Vertaal

❶ Erna komt vanmiddag bij ons spelen. ❷ Maar ze wil 's avonds niet blijven eten. ❸ Kan je haar om half zes wegbrengen? ❹ We komen hem morgenochtend halen. ❺ Waarom bestel je geen boerenkool met worst? Dat is heerlijk!

5 À cinq heures et demie :
6 – Bertien, est-ce que tu dois rentrer *(dois tu vers maison)* ou veux-tu rester dîner *(manger)* ?
7 – Je reste volontiers dîner chez vous. Merci *(Merci vous bien)* !
8 Que mangez-vous ce soir ?
9 – Nous mangeons de la potée de chou frisé avec de la saucisse.
10 – De la potée de chou frisé, beurk !
11 Pouvez-vous me ramener *(maintenant)* tout de suite ?

***

Corrigé de l'exercice 1

❶ Erna vient jouer chez nous cette après-midi. ❷ Mais elle ne veut pas rester manger le soir. ❸ Peux-tu la ramener à cinq heures et demie ? ❹ Nous viendrons le chercher demain matin. ❺ Pourquoi est-ce que tu ne commandes pas de la potée de chou frisé avec de la saucisse ? C'est délicieux !

Oefening 2 – Vul in

❶ Pouvez-vous me ramener tout de suite ?
Kunt u . . nu meteen wegbrengen?

❷ Elle peut lire le journal tous les soirs.
Ze kan elke avond . . . . lezen.

❸ Ça ne me semble pas très pratique.
Dat . . . . . me niet erg handig.

❹ Ce soir, tu dois te coucher à huit heures et quart.
Vanavond moet je om kwart . . . . naar bed.

---

27 Zevenentwintigste les

*[**z'é:**v'e-nèntwĭ-nteχste Lèss]*

De tijd vliegt voorbij

1 Op 31 de**cem**ber knalt het **vuur**werk op oudejaars**a**vond ①.
2 Op 1 janu**a**ri ② **vie**ren we nieuw**jaar**.

Prononciation

*de tèyt~fLi:χt~fo:r**bèy** **1** op **é:n**èndèrteχ dé:**ssèm**be-r knaLt Hèt~**fu:r**wer^e^k op aoueya:rs**a**v'o-nt **2** op é:n yanu:**a:**ri **v'i:**re^n^ we ni:ou**ya:r***

Notes

① Le mot composé **oudejaarsavond**, *le soir de la Saint-Sylvestre*, est formé à partir de l'adjectif **oud**, *vieux, vieille,* et des noms **het jaar**, *l'année*, et **de avond**, *le soir.* ▸

❺ Viens-tu dîner chez nous samedi soir ?
Kom je zaterdagavond . . . . . . eten?

Corrigé de l'exercice 2

❶ – me – ❷ – de krant – ❸ – lijkt – ❹ – over acht – ❺ – bij ons –

Les Néerlandais annoncent les minutes avant l'heure : **kwart over zes**, six heures et quart *("quart sur six"). Dans certaines situations, par exemple en lisant un horaire à la gare, on peut également dire :* **6 uur 15**, six heures quinze. *Notez que pour la demi-heure, on se réfère à l'heure qui vient :* **half zeven**, six heures et demie *("demi-sept"). Si vous souhaitez spécifier le moment de la journée, vous pouvez ajouter* **'s ochtends/'s morgens**, du matin ; **'s middags**, de l'après-midi ; **'s avonds**, du soir ; *ou* **'s nachts**, du matin *("de la nuit").*

Vingt-septième leçon 27

Le temps file *(vole le-long-de)*

1 [Le] 31 *(Sur un-et-trente)* décembre, le soir de la Saint-Sylvestre *(sur vieille-année-soir)*, éclate le feu d'artifice.
2 [Le] 1er janvier *(Sur un janvier)*, nous fêtons le nouvel an.

Remarques de prononciation

L'accent tonique des mois de l'année tombe uniquement sur la première syllabe de ***[yu:**ni:]* et ***[yu:**Li:]*. Pour les autres mois, l'accent tonique varie.
1 Le premier **-d** de **oudejaarsavond** ne se prononce pas.

② Pour indiquer une date, on utilise la préposition **op**, *à* (littéralement "sur"), suivie du nombre cardinal, même pour le premier jour du mois.

27

3 In de **win**termaand februari **wach**ten we op ③ de **len**te
4 en **zeg**gen **te**gen ③ el**kaar** ④:
5 “Maart roert z’n staart, ap**ril** doet wat hij wil,
6 en in mei **leg**gen ⑤ **al**le **vo**gels een ei.”
7 Dan be**gint ein**delijk de **zo**mer.
8 Maar **ju**ni, **ju**li en au**gus**tus zijn zo voor**bij**.
9 En voor je ⑥ ’t weet, is het weer herfst.
10 Storm en **re**gen ⑦ in sep**tem**ber, ok**to**ber en no**vem**ber.
11 Wat vliegt de tijd voor**bij**! □

__3__ ĭ-n de __wĭ-n__terma:-nt fé:bru:__a:__ri: __waχ__te^n we op de __Lèn__te __4__ èn __z’eχ__e^n __té:__χe^n èL__ka:r__ __5__ ma:r-t rour-t~se-n sta:r-t a:p__rĭL__ dou-t wat Hèy wĭL __6__ èn ĭ-n mèy __Lèχ__e^n __aL__e __v’o:__χeLss e-n èy __7__ da-n be__χĭ-nt èyn__deLek de __z’o:__me-r __8__ ma:r __yu:__ni: __yu:__Li: èn aou__χùs__tùss z’èyn z’o: v’o:r__bèy__ __9__ èn v’o:r y~e-t wé:t ĭss Hèt wé:r Hèr^{e}fst __10__ storm èn __ré:__χe^n ĭ-n sèp__tèm__be-r ok__to:__be-r èn no:__v’èm__be-r __11__ wat~fLi:χt de tèyt~fo:r__bèy__

Notes

③ L’emploi des prépositions paraît parfois aléatoire, mais suit ses propres règles, qu’il vous faudra retenir. Avec le verbe **wachten**, *attendre*, le complément d’objet est obligatoirement introduit par la préposition **op**. Et le verbe **zeggen**, *dire*, s’utilise, tout comme le verbe **praten**, *parler*, avec la préposition **tegen**, *contre*.

④ Le pronom **elkaar**, *se*, *l’un l’autre*, *les uns les autres*, est un pronom réciproque. Notez qu’il est invariable : **we zeggen tegen elkaar**, *nous nous disons* ; **ze zeggen tegen elkaar**, *ils/elles se disent*. ▸

3 En hiver, au mois de février *(Dans le hiver-mois février)*, nous attendons *(sur)* le printemps
4 et nous nous disons *(disons contre l'un-l'autre)* :
5 "Mars remue sa queue, avril fait ce qu'il veut,
6 et en mai, tous les oiseaux pondent *(posent-couché)* un œuf."
7 Puis l'été commence enfin *(Puis commence enfin l'été)*.
8 Mais [les mois de] juin, juillet et août sont vite *(bientôt)* passés.
9 Et avant de s'en rendre compte *(Et avant-que tu le sais)*, c'est de nouveau [l']automne.
10 [De la] tempête et [de la] pluie en septembre, octobre et novembre.
11 Que le temps passe vite *(Que vole le temps le-long-de)* !

Remarque de prononciation

10 La prononciation de la terminaison **-rm** peut être facilitée par un petit *[e]* atone : *[storᵉm]*.

⑤ Notez bien cette particularité du verbe **leggen**, *poser (horizontalement)* : il renvoie à l'action de coucher un être vivant, et par extension également un objet. En néerlandais, la position de référence de tous les objets plus ou moins ronds est couchée.

⑥ En néerlandais, **je**, *tu*, peut prendre le sens plus neutre de *on*. Nous y avons souvent recours, là où le pronom indéfini **men**, *on*, est considéré comme trop formel. En français, on préfère d'ailleurs souvent une structure sans pronom : **voor je het weet**, *avant de s'en rendre compte*.

⑦ Souvenez-vous que l'article partitif est absent en néerlandais : **storm**, *de la tempête*, **regen**, *de la pluie*.

Oefening 1 – Vertaal

❶ In februari wachten we op de lente. ❷ Wanneer begint de zomer? ❸ Op 31 december vieren we oudejaarsavond. ❹ In de winter kunnen we eindelijk schaatsen. ❺ We zeggen tegen elkaar: voor je het weet, is het weer herfst.

Oefening 2 – Vul in

❶ Nous ne travaillons pas en août.
.. .. niet in augustus.

❷ Il veut fêter le nouvel an le 1er janvier.
Op een januari ... ... nieuwjaar vieren.

❸ En mai, tous les oiseaux pondent un œuf.
In mei leggen .... vogels een ...

❹ Que le temps passe vite !
... vliegt de tijd voorbij!

❺ Tu ne veux tout de même pas aller faire du vélo dans cette tempête ?
Je wilt toch niet gaan fietsen in .... ?

Le soir de la Saint-Sylvestre, les Néerlandais restent tous éveillés, et enterrent à minuit la vieille année, devant chez eux dans la rue, avec de nombreux feux d'artifice. À cette occasion, les boîtes aux lettres publiques sont fermées hermétiquement par la poste et même les transports publics sont interrompus momentanément. Le 1er janvier est ensuite l'occasion de souhaiter la bonne année à tous ceux que l'on n'a pas vus ou à qui l'on n'a pas téléphoné le 31 décembre à minuit.

Corrigé de l'exercice 1

❶ En février, nous attendons le printemps. ❷ Quand commence l'été ? ❸ Le 31 décembre au soir, nous fêtons la Saint-Sylvestre *(Le 31 décembre, nous fêtons le soir de la Saint-Sylvestre).* ❹ En hiver, nous pouvons enfin faire du patin. ❺ Nous nous disons : avant de s'en rendre compte, c'est de nouveau [l']automne.

Corrigé de l'exercice 2

❶ We werken – ❷ – wil hij – ❸ – alle – ei ❹ Wat – ❺ – deze storm

Dès la prochaine révision, dans laquelle nous reprendrons les points les plus importants abordés au cours des six dernières leçons, vous constaterez que vous avez franchi un nouveau cap, et que votre néerlandais a fait un bond en avant, tout comme le temps dans le dialogue de cette leçon.

28 Achtentwintigste les *[aχtèntwĭ-nteχste Lèss]*

Herhaling – Révision

1 La conjugaison au présent

1.1 Verbes réguliers au présent

Souvenez-vous que vous obtenez la 1re personne du singulier, **ik**, en enlevant la terminaison **-en** (ou **-n**) de l'infinitif.

Les 2e et 3e personnes du singulier – **je**, **u**, **hij**, **ze**, **het** – se forment en ajoutant ensuite un **-t**, sauf pour les verbes dont le radical se termine déjà par un **-t**, comme **moeten**, *devoir*. À la 2e personne du singulier, la terminaison **-t** est supprimée dès que le pronom sujet **je** se trouve derrière le verbe, sauf pour les verbes dont le radical se termine déjà par un **-t** : **je hoeft** → **hoef je** ; **je moet** → **moet je**.

N'oubliez pas que la consonne sonore **-v** en position finale est remplacée par un **-f** : **hoeven**, *avoir besoin* → **hoef**. C'est seulement après cette transformation de base que la conjugaison s'applique : **ik hoef**, **je/u/hij/ze hoeft**.

Aux trois personnes du pluriel – **we**, **jullie**, **ze** – la forme verbale correspond à l'infinitif : **hoeven** → **we hoeven**, **jullie hoeven**, **ze hoeven** ; **moeten** → **we moeten**, **jullie moeten**, **ze moeten**.

Pensez à appliquer les règles d'orthographe. Laissez-vous guider par la prononciation des voyelles pour bien orthographier le néerlandais. Prenons comme exemples **gaan**, *aller*, et **beginnen**, *commencer*. Pour conserver l'allongement de la voyelle libre *[a:]* dans **gaan**, il est indispensable de la doubler en syllabe fermée : **ga** *[χa:]* → **gaan** *[χa:n]*. Par contre, pour conserver le caractère court de la voyelle entravée *[ĭ]* dans **beginnen**, il faut doubler la consonne d'après, dès qu'une autre syllabe s'ajoute : **begin** *[be**χĭ**-n]* → **begin-nen** *[be**χĭ**ne^n]*.

ik ga	*[ĭk χa:]*
je gaat / ga je	*[ye χa:t / χa: ye]*
u gaat	*[u: χa:t]*
hij, ze, het gaat	*[Hèy, z'e, Hèt χa:t]*
we gaan	*[we χa:-n]*
jullie gaan	*[**yùL**i: χa:-n]*
ze gaan	*[z'e χa:-n]*

ik begin	*[ĭg~be**χĭ-n**]*
je begint / begin je	*[ye be**χĭ-nt** / be**χĭ-n** ye]*
u begint	*[u: be**χĭ-nt**]*
hij, ze, het begint	*[Hèy, z'e, Hèt be**χĭ-nt**]*
we beginnen	*[we be**χĭne**^{n}]*
jullie beginnen	*[**yùL**i: be**χĭne**^{n}]*
ze beginnen	*[z'e be**χĭne**^{n}]*

1.2 Verbes irréguliers au présent

Vous avez rencontré plusieurs verbes irréguliers au présent. Ce sont des verbes très courants, qui présentent parfois une conjugaison un peu déroutante. Le plus simple, c'est de les apprendre par cœur. Nous les passons en revue :

• Le verbe **mogen**, *pouvoir, avoir la permission*, est en fait très facile à conjuguer, car il n'a qu'une forme au singulier : **ik, je, u, hij, ze, het mag**, et une au pluriel : **we, jullie, ze mogen**. Attention : il n'y a pas de **-t** à la 2e et la 3e personne du singulier.

• La conjugaison du verbe **kunnen**, *pouvoir, avoir la possibilité*, est tout aussi simple : **ik, je, u, hij, ze, het kan** et **we, jullie, ze kunnen**. N'oubliez pas qu'il existe également une forme en **-u** utilisée exclusivement à la 2e personne du singulier : **je kunt/kun je, u kunt**.

• La conjugaison du verbe **willen**, *vouloir*, connaît également une forme avec **-t** à la 2e personne du singulier : **ik, je, u, hij, ze, het wil** ; **we, jullie, ze willen** ; **je wilt/wil je, u wilt**.

2 La place des verbes

Souvenez-vous que dans les phrases affirmatives, le verbe conjugué occupe toujours la deuxième place.

• Dans la 21e leçon, vous avez vu que l'inversion verbe-sujet se produit lorsqu'un complément de temps ou de lieu occupe la première place. Le même phénomène se produit lorsqu'un autre élément occupe la première place, par exemple un pronom démonstratif ou un adverbe :
Dat hoef ik dan allemaal niet meer te doen!, *Ça me fait tout ça de moins à faire !*
Dan begint eindelijk de zomer, *Puis l'été commence enfin.*
Sachez que **en**, *et*, et **maar**, *mais*, ne génèrent pas d'inversion :
Maar juni, juli en augustus zijn zo voorbij, *Mais [les mois de] juin, juillet et août sont vite passés.*
Par contre, si vous ajoutez un élément après **en** ou **maar**, il compte comme premier élément et vous trouvez le verbe conjugué tout de suite après :
En dan mag je 'm nog een kwartiertje voorlezen, *Et puis, tu peux encore lui faire la lecture un petit quart d'heure.*
C'est la même chose avec la conjonction de coordination **want**, *car* :
Want ik ga om zeven uur met Wilma zwemmen, *Car je vais nager avec Wilma à 7 h.*
Want morgen ga ik om zeven uur met Wilma zwemmen, *Car demain, je vais nager avec Wilma à 7 h.*

• Si vous commencez la phrase par une subordonnée, celle-ci compte dans sa totalité comme premier élément. Le verbe conjugué de la principale la suivra aussitôt :
En voor je het weet, is het weer herfst, *Et avant de s'en rendre compte* (avant que tu le sais), *c'est de nouveau [l']automne.*
Attention, dans les subordonnées, le verbe conjugué est à la fin :
En voor je het weet..., *Et avant de s'en rendre compte...*
Sinds ze een goede baan bij een bank heeft, *Depuis qu'elle a un bon emploi dans une banque.*

• Nous avions également vu que dans une phrase interrogative, le verbe à l'infinitif se retrouve en général à la fin de la phrase. Ce principe s'applique aussi dans les phrases affirmatives et exclamatives :

Hij kan de krant voor je uit de bus halen, *Il peut te sortir le journal de la boîte.*
Ik blijf graag bij jullie eten, *Je reste volontiers dîner chez vous.*
Dat hoef ik dan allemaal niet meer te doen!, *Ça me fait tout ça de moins à faire* !

Sachez toutefois que les phrases avec des compléments commençant par une préposition échappent quelquefois à cette règle. Ces compléments, et uniquement ceux-là, peuvent être placés après l'infinitif. C'est pour cette raison que vous avez rencontré (10e leçon) : **Wil je boodschappen gaan doen bij de groenteman?**, *Veux-tu aller faire des courses chez le marchand de légumes ?*
Bien qu'une telle structure soit considérée comme plus légère, on ne peut pas toujours s'en servir et nous vous conseillons de prendre l'habitude de placer l'infinitif à la fin de la phrase.

3 Les prépositions

Faisons maintenant un tour d'horizon des prépositions rencontrées jusqu'à présent. Leur emploi est souvent idiomatique, il vous faudra donc le retenir avec le sens principal de chaque préposition. Notez aussi que certaines prépositions peuvent avoir plusieurs emplois :

aan (emploi spatial, figuré)	*à*
bij	*chez*
binnen	*dans, en* (à l'intérieur de)
in (emploi spatial, temporel)	*dans, en*
langs	*le long de*
met	*avec*
naar	*à, vers* (+ mouvement)
om (+ heure)	*à*
op	*à, sur*
over (+ temps)	*dans*
over (+ heure)	*et*
tegen	*contre*
uit	*de* (provenance)
van	*de*
voor	*pour ; avant*
voor (+ heure)	*moins*
zonder	*sans*

28 Les prépositions forment souvent un ensemble avec le nom ou le verbe. Dans ce cas, on les appelle "prépositions fixes", car elles accompagnent systématiquement le verbe et lui donnent son sens. Prenez dès à présent l'habitude de retenir le verbe avec sa préposition :

feliciteren met	*féliciter pour*
gaan naar	*aller à*
halen uit	*sortir de*
komen uit	*venir de*
passen op	*garder*
spreken met	*parler avec*
vragen aan	*demander à*
wachten op	*attendre*
zeggen tegen	*dire à*

Le verbe **praten** se combine le plus souvent avec **met**, *avec*. Notez la différence de sens : **praten tegen**, *parler à*, **praten met**, *parler avec*.

4 Les différents moments de la journée

de ochtend/de morgen	*le matin*
de middag	*l'après-midi*
de avond	*le soir*
de nacht	*la nuit*
de dag	*le jour*

• À ces différents moments de la journée correspondent les salutations suivantes :

goedemorgen	*bonjour* (le matin)
goedemiddag	*bonjour* (l'après-midi)
goedenavond	*bonsoir*
goedenacht	*bonne nuit*
prettige avond	*bonne soirée*

Ne confondez pas le nom **de morgen**, *le matin*, avec l'adverbe **morgen**, *demain*. Vous avez aussi rencontré **vandaag**, *aujourd'hui*, et **gisteren**, *hier*.

Ces noms se prêtent facilement à la formation des mots composés : **de koopavond**, *la nocturne* ; **de nachtwaker**, *le veilleur de nuit* ; **oudejaarsavond**, *le soir de la Saint-Sylvestre* etc.

Ils permettent également de délimiter les moments de la journée :

morgenochtend	*demain matin*
zaterdagochtend	*samedi matin*
morgenmiddag	*demain après-midi*
morgenavond	*demain soir*
vrijdagavond	*vendredi soir*
gisterenavond	*hier soir*

• Vous connaissez aussi les 4 formes avec **'s**. Ce sont d'anciens génitifs qui se sont complètement figés et qui se prononcent d'un seul trait : **'s ochtends / 's morgens** *[soχte-nss / smorχe-nss]*, *du matin, le matin (tous les matins)* ; **'s middags** *[smĭdaχss]*, *de l'après-midi, l'après-midi (toutes les après-midi)* ; **'s avonds** *[sa:v'o-nss]*, *du soir, le soir (tous les soirs)* ; **'s nachts** *[snaχss]*, *de la nuit, la nuit (tous les nuits)*.

Ces noms sont encore fréquemment utilisés pour indiquer une certaine durée ou un moment récurrent :
Hij kan je 's avonds gezelschap houden, *Il peut te tenir compagnie le soir.*
Ik ga 's morgens zwemmen, *Je vais nager tous les matins.*
Ils servent également à spécifier, après l'indication de l'heure, de quel moment de la journée il s'agit :
Je wilt toch niet zeggen om half zeven 's ochtends?, *Tu ne veux tout de même pas dire à six heures et demie du matin ?*
Erna komt om zeven uur 's avonds eten, *Erna viendra dîner à 7 h du soir (19 h).*

• Et pour finir, voici les différents moments de la journée. Vous connaissez déjà **vandaag**, et **vanavond**, les autres se construisent de la même façon :

vandaag	*aujourd'hui*
vanochtend/vanmorgen	*ce matin*
vanmiddag	*cette après-midi*
vanavond	*ce soir*
vannacht	*cette nuit*

5 Les mois

Récapitulons ici les mois de l'année :

januari	*janvier*
februari	*février*

maart	*mars*
april	*avril*
mei	*mai*
juni	*juin*
juli	*juillet*
augustus	*août*
september	*septembre*

***

Herhalingsdialoog

1 Dokter Brugman zet de wekker om kwart over zes 's ochtends.
2 Om half zeven gaat hij in het park joggen.
3 Dan blijft hij in zijn praktijk.
4 's Middags gaat hij op huisbezoek.
5 Daarna gaat hij naar huis.
6 Hij kan dan eindelijk de krant uit de bus halen, en de hond gezelschap houden.
7 Maar vanavond komt Erna om kwart over zeven eten.
8 Hij moet haar uiterlijk om half twaalf wegbrengen.
9 Wat vliegt de tijd voorbij!

Oefening – Vertaal

❶ Weet u waar het park is? ❷ U mag haar nog een kwartiertje voorlezen. ❸ Sinds hij een baan heeft, kan hij niet meer uitslapen. ❹ Ga je om zeven uur zwemmen? ❺ Ze vraagt het aan Els. ❻ Hij wacht op de trein. ❼ Je hoeft niet bang te zijn dat ze blijft eten, want ze moet naar huis. ❽ Waarom hebben jullie geen zin om met hem te praten? ❾ De kinderen mogen blijven spelen, maar ze willen niet. ❿ Ik begrijp niet waarom ze zo graag een hond wil!

oktober	*octobre*
november	*novembre*
december	*décembre*

Vous connaissez aussi :

de maand	*le mois*
het jaar	*l'année*

***

Traduction

1 [Le] docteur Brugman met son réveil à six heures et quart du matin. **2** À six heures et demie, il va faire du jogging dans le parc. **3** Puis il reste à son cabinet. **4** L'après-midi, il est en visite à domicile. **5** Après ça, il rentre à la maison. **6** Il peut enfin sortir le journal de la boîte aux lettres, et tenir compagnie au chien. **7** Mais ce soir, Erna viendra dîner à sept heures et quart. **8** Il devra la ramener à onze heures et demie au plus tard. **9** Que le temps passe vite !

Corrigé de l'exercice

❶ Savez-vous où se trouve le parc ? ❷ Vous pouvez encore lui faire la lecture un petit quart d'heure. ❸ Depuis qu'il a un emploi, il ne peut plus faire la grasse matinée. ❹ Vas-tu nager à sept heures ? ❺ Elle le demande à Els. ❻ Il attend le train. ❼ N'aie pas peur qu'elle reste dîner *(manger)*, car elle doit rentrer. ❽ Pourquoi n'avez-vous pas envie de parler avec lui ? ❾ Les enfants peuvent rester jouer, mais ils ne veulent pas. ❿ Je ne comprends pas pourquoi elle aimerait tellement avoir un chien !

Vous distinguez de plus en plus de mots. C'est que vous avez acquis maintenant les bases de la prononciation et vous pouvez dorénavant voler de vos propres ailes en ce qui concerne les mots courants. Ne soyez donc pas surpris qu'à partir de cette

29 Negenentwintigste les

*[**né:**χenèntwĭ-nteχste Lèss]*

De uitgang ①

1 – Me**neer**, me**vrouw**, zoekt u iets?
2 – Ja, we **zoe**ken de **uit**gang.
3 – U gaat hier recht**door** tot aan de **rol**trap, dan naar rechts ②,
4 en bij de **kas**sa's ③ is 't naar links.
5 Ziet u, daar op dat **groe**ne bord staat ④ 't: **uit**gang.

Prononciation

*... **œyt**χaŋ **1** ... i:tss **3** ... rèχ**do:r** to-t ... **roL**trap ... rèχtss **4** ... **kass**a:ss ĭss~e-t ... Lĭŋkss **5** ... **χrou**ne bort sta:te~t ...*

Remarques de prononciation

Lors d'un débit de parole plus rapide, un phénomène de liaison se produit avec les mots commençant par un *[e]* atone : **is 't** *[ĭss~e-t]*, **staat 't** *[sta:t~e-t]*, **was 't** *[wass~e-t]*.

Notes

① **de uitgang** est composé de l'adverbe **uit**, *sorti*, et du nom **de gang**, *le couloir*. Rappelez-vous du verbe **uitgaan**, *sortir*, de la 5e leçon. Sur les autoroutes, la sortie est d'ailleurs indiquée par le panneau **uit**, *sortie*. **De ingang** signifie *l'entrée*.

② Ne confondez pas **rechts**, *droite*, avec **rechtdoor**, *tout droit*. L'adverbe **door** signifie *tout* dans le sens de *à travers* ou *tout à fait*.

leçon, nous indiquions uniquement la prononciation des mots nouveaux. Nous développerons également les phénomènes de prononciation les plus usuels rencontrés lors d'un débit de parole plus rapide.

Vingt-neuvième leçon 29

La sortie *(sorti-couloir)*

1 – Monsieur, madame, vous cherchez quelque chose ?
2 – Oui, nous cherchons la sortie *(sorti-couloir)*.
3 – Vous allez *(ici)* tout droit jusqu'à l'escalator *(roulé-escalier)*, puis à *(vers)* droite,
4 et aux caisses, c'est à *(vers)* gauche.
5 Voyez-vous, là-bas, sur ce panneau vert, c'est marqué *(est-debout)* : sortie.

3 L'accent tonique de **rechtdoor** peut également se trouver sur la première syllabe. Le **t** se prononce *[d]* sous l'influence du **d** suivant. Les deux *[d]* sont ensuite assimilés en un seul : *[rèχ**do:r**]*.

③ Le pluriel de **de kassa**, *la caisse*, se forme avec un **-s**. On ajoute une apostrophe avant le **-s** pour conserver la prononciation du **a** long, **kassa's** (on crée en quelque sorte une syllabe).

④ Le verbe **staan**, littéralement "être debout", connaît un emploi assez idiomatique. En néerlandais, ce verbe est utilisé pour tout ce qui est imprimé ou écrit : **Het staat op dat bord**, *C'est marqué sur ce panneau.*

6 – Dank u wel, me**neer**.
7 – Tot uw dienst. ⑤
8 – Dus hier **moe**ten we **links**af ⑥.
9 – Nee, bij de **kas**sa's was 't juist naar rechts.
10 – Weet je dat **ze**ker? □

7 ... di:ns-t ***8*** *dùss ...* ***Lĭŋks****af* ***9*** *... wass~e-t yœys-t ...*

Notes

⑤ L'expression **tot uw dienst**, *à votre service*, appartient à un registre assez formel. Moins formelle est l'expression **graag gedaan**, littéralement "volontiers fait", que l'on peut traduire par *avec plaisir* ou *je vous en prie*.

⑥ **linksaf**, *à gauche*, et **naar links** sont synonymes. Il en est de même pour **rechtsaf**, *à droite*, et **naar rechts**.

***

Oefening 1 – Vertaal

❶ Bij het studentenhuis gaat u rechtsaf, en daarna is het linksaf. ❷ Ze zoeken de roltrap. ❸ Het staat op dat bord: uitgang. ❹ Dank u wel, meneer. – Graag gedaan. ❺ Weet hij dat zeker?

Oefening 2 – Vul in

❶ Dans le parc, c'était justement à gauche.
In het park . . . het juist naar . . . . . .

❷ Voyez-vous la boîte aux lettres verte, là-bas ?
. . . . u de groene brievenbus . . . . ?

❸ Le mois n'est pas marqué sur l'ordonnance.
De maand . . . . op het recept.

6 – Merci, monsieur.
7 – À votre service.
8 – Donc, ici c'est *(devons nous)* à gauche.
9 – Non, aux caisses c'était justement à droite.
10 – Tu en est sûre *(Sais tu cela sûr)* ?

***

Corrigé de l'exercice 1

❶ Au foyer d'étudiants, vous allez à droite, et ensuite, c'est à gauche. ❷ Ils/Elles cherchent l'escalator. ❸ C'est marqué sur ce panneau : sortie. ❹ Merci, monsieur. – Je vous en prie. ❺ Il en est sûr ?

❹ Je cherche une banque, pouvez-vous m'aider ?
Ik . . . . een bank, kunt u . . . helpen?

❺ Vous allez *(ici)* tout droit jusqu'au cabinet médical.
U gaat hier . . . . tot aan de huisartsenpraktijk.

Corrigé de l'exercice 2

❶ – was – links ❷ Ziet – daar ❸ – staat niet – ❹ – zoek – mij – ❺ – rechtdoor –

30 Dertigste les *[dèrteχste Lèss]*

De uitnodiging

1 – Kijk 'ns ①, ik vind dit **kaart**je bij de post!
2 – Wat is 't?
3 – Een **uit**nodiging voor 't **twaalf**eneenhalfjarige **trouw**feest ② van **Nel**leke en Bas.
4 – 't Is niet waar!
5 Is dat al**weer** zo lang ge**le**den?
6 Ik her**in**ner me hun **hu**welijk ③ nog als de dag van **gis**teren.
7 't Was een **mooie len**tedag.
8 Zij had ④ een **lange licht**gele jurk aan,

Prononciation

*... **œyt**no:deχĭŋ **1** kèyk e-nss ... **ka:rt**ye ... pos-t **2** ... ĭss~e-t **3** ... v'or~e-t ... **twa:**L^{e}fène-nHaL^{e}fya:reχe **traou**fé:s-t ... **nè**Leke ... bass **4** t~ĭss ... **5** ... aL**wé:r** ... Laŋ ... **6** ... Hèr**ĭn**e-r ... Hù-n **Hu:**weLek ... **7** t~wass ... **mo:ye Lèn**tedaχ **8** ... Hat ... **Lĭχt**χé:Le yùr^{e}k ...*

Remarques de prononciation

Le **w** final après la diphtongue **au/ou** n'est pas transcrit, car les deux sons sont en partie similaires : **trouwfeest** *[**traou**fé:s-t]*,

Notes

① Rappelez-vous que pour former la forme la plus usuelle de l'impératif, il suffit d'enlever la terminaison **-en** ou **-n** du verbe, sans utiliser de pronom : **kijken**, *regarder* → **kijk!**, *regarde !* ; **doen**, *faire* → **doe!**, *fais !* L'adverbe **eens** sert à atténuer le caractère astreignant de l'impératif, car les Néerlandais n'aiment pas que celui-ci sonne trop comme un ordre. En utilisant **eens**, vous exprimez en fait qu'il y a peu d'efforts à fournir. ▸

L'invitation

1 – Regarde un peu *(une-fois)*, je trouve ce carton *(petite-carte)* au courrier !
2 – Qu'est-ce [que c'est] ?
3 – Une invitation pour les douze ans et demi de mariage *(douze-et-un-demi-an mariage-fête)* de Nelleke et Bas.
4 – Ce n'est pas vrai !
5 Ça fait déjà si longtemps *(Est cela déjà si longtemps passé)* ?
6 Je me rappelle leurs noces *(encore)* comme si c'était hier *(comme le jour de hier)*.
7 C'était une belle journée de printemps *(printemps-jour)*.
8 Elle portait une longue robe jaune clair *(clair-jaune)*,

blauw *[bLaou]*. Par contre le **w** en début de mot ou de syllabe se prononce *[w]* : **huwelijk** *[**Hu**:weLek]*, **alweer** *[aL**wé:r**]*.
1 Dans le langage courant, **eens** se prononce régulièrement *[e-nss]* et peut alors s'écrire **'ns**.
3 Le **-i** dans **uitnodiging** et dans **twaalfeneenhalfjarige** se prononce comme un *[e]* atone.

▸ ② Les Néerlandais fêtent traditionnellement les douze ans et demi de mariage, tout comme les vingt-cinq ans.

③ **het huwelijk**, *les noces*, *le mariage*, est formé à partir de **huwen**, *épouser, se marier*. Ce verbe est plus formel que **trouwen**, *se marier*, que vous trouvez dans le nom **het trouwfeest**, *le mariage*. **Het huwelijk** peut également avoir le sens de *union*.

④ **aanhebben**, *porter, être vêtu/e de*, est un verbe à particule séparable (vous trouvez la particule **aan** à la fin de la phrase) conjugué au prétérit.

9 en hij was ge**kleed** in een blauw pak ⑤.
10 – **La**ten we een mooi ca**deau** voor hen **ko**pen! ⑥

*9 … χe**kLé:t** … bLaou pak **10 La:**te^{n} … ka:**do:** … Hèn …*

Notes

⑤ **het pak**, *le costume*, est moins formel que **het kostuum**. L'adjectif épithète ne prend pas de **-e** lorsqu'il est suivi d'un nom indéfini du genre neutre : **een blauw pak**, *un costume bleu*. Mais il s'accorde dès que le nom est défini : **het blauwe pak**, *le costume bleu*. Avec les noms du genre commun, l'adjectif épithète prend un **-e** dans tous les cas.

⑥ **laten**, litt. "laisser", doit obligatoirement être accompagné d'un infinitif placé en fin de phrase, ici **kopen**, *acheter*. Lorsqu'il est suivi du pronom **we**, *nous*, il exprime l'impératif.

***

Oefening 1 – Vertaal

❶ Laten we postzegels voor hen kopen! ❷ Ik herinner me hun huwelijk als de dag van gisteren: het was een mooi trouwfeest. ❸ Het is niet waar! ❹ Kijk eens, ik vind de krant bij de post. ❺ Hij was gekleed in een groen pak en hij zag er erg mooi uit.

Oefening 2 – Vul in

❶ Elle portait une longue robe jaune clair.
Zij . . . een lange lichtgele jurk . . . .

❷ Il ne peut pas sortir l'invitation de la boîte aux lettres.
Hij kan . . . . niet uit de brievenbus halen.

❸ Félicitations pour tes douze ans et demi de mariage *(avec tes noces de douze ans et demi)* !
Gefeliciteerd met je . . . . huwelijk!

9 et lui était habillé d'un costume bleu.
10 – Achetons-leur un beau cadeau *(Laissons nous un beau cadeau pour les acheter)* !

***

Corrigé de l'exercice 1

❶ Achetons-leur des timbres ! ❷ Je me rappelle leurs noces comme si c'était hier : c'était un beau mariage. ❸ Ce n'est pas vrai ! ❹ Regarde un peu, je trouve le journal au courrier. ❺ Il était habillé d'un costume vert et il avait l'air très beau.

❹ C'était une belle journée d'automne.
Het . . . een mooie herfstdag.

❺ C'est marqué là-bas, sur ce grand panneau bleu.
Het staat daar op dat grote . . . . . . bord.

Corrigé de l'exercice 2

❶ – had – aan ❷ – de uitnodiging – ❸ – twaalfeneenhalfjarige – ❹ – was – ❺ – blauwe –

Les Néerlandais aiment fêter les douze ans et demi de mariage : les noces de cuivre. Viennent ensuite les noces d'argent, les vingt-cinq ans de mariage. Cette habitude n'est d'ailleurs pas réservée qu'aux

31 Eenendertigste les *[**é:n**èndèrteχste Lèss]*

Het ontbijt

1 – Goede**mor**gen, heb je **lek**ker ge**sla**pen ①?
2 – Hum, 't gaat wel ②.
3 Waar staat ③ de **kar**nemelk?
4 – De **kar**nemelk staat in de **koel**kast ④.
5 – En waar ligt ⑤ 't brood?
6 – Dat ligt in de **brood**trommel ⑥.
7 – En waar staat de **ha**gelslag?
8 – Die staat naast de **bo**ter op **ta**fel.

Prononciation

1 *… χe**sLa:**pe^n* ***3*** *… **kar**nemèL^{e}k* ***4*** *… **kouL**kas-t* ***5*** *… Lĭχt~e-t bro:-t* ***6*** *… **bro:**tromeL* ***7*** *… **Ha:**χeLsLaχ* ***8*** *… na:st … **bo:**te-r … **ta:**feL*

Notes

① **geslapen**, *dormi*, est le participe passé du verbe **slapen**, *dormir*. Retenez pour l'instant que la plupart des participes passés commencent par **ge-** : **gefeliciteerd**, **gekleed**, **geslapen**.

② L'expression **het gaat wel**, *ça va, ça peut aller*, s'emploie comme parole rassurante mais sans grand enthousiasme. Ne traduisez donc pas **wel** par *bien* ici.

③ Rappelez-vous que le verbe de position **staan**, *être*, a la particularité de faire référence à la station debout de l'homme et, par extension, à la position de certains objets. Cela vaut pour tous ceux dont la position fonctionnelle est verticale, comme ici une brique de lait fermenté ou, phrase 7, la boîte de vermicelles de chocolat. ▸

noces ! On peut également fêter les douze ans et demi ou vingt-cinq ans de service au travail, **het ambtsjubileum**.

Trente et unième leçon 31

Le petit déjeuner

1 – Bonjour, as-tu bien dormi ?
2 – Hum, ça va.
3 Où est *(debout)* le lait fermenté *(baratte-lait)* ?
4 – Le lait fermenté est *(debout)* dans le réfrigérateur *(frais-armoire)*.
5 – Et où est *(couché)* le pain ?
6 – Il est *(Celui-là est-couché)* dans la boîte à pain.
7 – Et où se trouvent les vermicelles de chocolat *(est-debout la grêle-chute)* ?
8 – Ils sont *(Celle-là est-debout)* à côté du beurre, sur [la] table.

Remarque de prononciation

6 Le **d** de **broodtrommel** se prononce *[t]* et il est ensuite assimilé en un seul *[t]* avec celui de **trommel**.

④ *le réfrigérateur*, **de koelkast** ou **de ijskast**, littéralement “glace-armoire”. Ne confondez pas avec **de diepvriezer**, *le congélateur.*

⑤ Le verbe de position **liggen**, *être couché/e*, fait référence à la position couchée de l'homme et s'applique, par extension, à tous les objets dont la position fonctionnelle est plutôt horizontale, ici le pain. Sachez que vous devrez souvent utiliser un verbe de position en néerlandais, là où en français le verbe “être” suffit. Dès que vous pouvez faire référence à la position d'un objet, vous devez le faire.

⑥ **de broodtrommel**, *la boîte à pain*, est composé de **het brood**, *le pain*, et de **de trommel**, à l'origine une *boîte métallique*. De nos jours, la boîte à pain peut être faite d'autres matières, par exemple en bois.

9 – En waar **lig**gen de **vlees**waren?
10 – En waar is jouw ⑦ **goe**de hu**meur**?
11 Ligt ⑧ dat nog in bed?

*10 … yaou … Hu:**meur***

Remarque de prononciation
10 Notez que **humeur** se prononce à la française, mais avec un **u** long et un **h** aspiré.

Notes

⑦ L'adjectif possessif **jouw**, *ton, ta, tes*, est la forme accentuée de **je**. Rappelez-vous que les formes accentuées permettent la mise en valeur.

***

Oefening 1 – Vertaal

❶ Waar staat de boter? Ik zie hem niet. ❷ Die staat in de ijskast naast de melk. ❸ Hij wil een gele broodtrommel kopen. ❹ Waar is jouw retourtje van gisteren? ❺ De vleeswaren liggen op tafel, zie je ze?

Oefening 2 – Vul in

❶ Tu n'as plus besoin de commander le pain.
Je hoeft het brood . . . . bestellen.

❷ As-tu bien dormi cette nuit ?
Heb je vannacht . . . . . . geslapen?

❸ La saucisse fumée se trouve à côté du chou frisé, sur [la] table.
De rookworst ligt . . . . . de boerenkool op . . . . . .

❹ Le réveil est-il encore dans la chambre ?
Staat de wekker nog in de . . . . . ?

9 – Et où se trouve la charcuterie *(sont-couché viande-denrées)* ?
10 – Et où est ta bonne humeur ?
11 Est-elle restée *(Est-couché celle-là encore)* au lit ?

⑧ Les verbes de position connaissent également un emploi figuré : si on s'imagine la bonne humeur au lit, elle doit être couchée, et **liggen** est alors le seul verbe possible.

***

Corrigé de l'exercice 1

❶ Où est le beurre ? Je ne le vois pas. ❷ Il est au réfrigérateur, à côté du lait. ❸ Il veut acheter une boîte à pain jaune. ❹ Où est ton billet aller-retour d'hier ? ❺ La charcuterie est sur la table, est-ce que tu la vois ?

❺ Demain, tu peux aller faire du jogging avec elle à six heures et demie.
Morgen kun je .. half ..... met haar gaan joggen.

Corrigé de l'exercice 2

❶ – niet meer te – ❷ – lekker – ❸ – naast – tafel ❹ – kamer ❺ – om – zeven –

32 *Les Néerlandais prennent habituellement un petit déjeuner assez copieux. Comme boisson, vous avez le choix entre du lait (fermenté ou non), du chocolat, du thé ou du café. Il peut y avoir des céréales, du pain d'épices et du pain, avec* **de jam** *[chèm],* la confiture, *ou* **de hagelslag**, des vermicelles de chocolat, *que l'on verse sur les tartines et dont les enfants – et même les adultes – raffolent. On sert aussi des garnitures salées, comme* **de kaas**, le fromage, *et diverses sortes de charcuterie coupée en fines tranches. Et n'oublions pas* **de pindakaas**, la pâte d'arachide, *que l'on trouve sur toutes les tables néerlandaises.*

32 Tweeëndertigste les

Uitverkoop

1 – **Zul**len we naar de **uit**verkoop gaan? ①
2 – Dat is een goed i**dee**,
3 want ik heb **nieu**we **kle**ren voor **on**ze **doch**ter Ma**rie**ke **no**dig ②.
4 – Kijk 's, daar in die eta**la**ge hangt een leuk zwart **pak**je ③.

Prononciation

*œ**yt**ferko:p* ***1*** ***z'ùL**e^n^ …* ***3*** *… **ni:**we **kLé:**re^n^ … **o-n**z'e **doχ**te-r ma:**ri:**ke **no:**deχ* ***4*** *kèyk~ess … é:ta:**La:**je Haŋt … z'war-t **pak**ye*

Notes

① L'auxiliaire **zullen** doit obligatoirement être accompagné d'un infinitif placé en fin de phrase, ici **gaan**, *aller*. Dans une phrase interrogative avec **we**, *nous*, sa fonction est de formuler une proposition, la plupart du temps rendue en français par *et si nous* + verbe à l'imparfait. **Zullen** exprime ici en même temps un futur, mais c'est d'importance secondaire. ▸

Trente-deuxième leçon 32

[Les] soldes *(Fini-vente)*

1 – Et si nous faisions *(allions vers)* les soldes ?
2 – C'est une bonne idée,
3 car j'ai besoin de vêtements neufs *(nouveaux)* pour notre fille Marieke.
4 – Regarde *(une-fois)*, là-bas dans cette vitrine, il y a *(pend)* un joli tailleur noir.

Remarques de prononciation

3 ieuw se prononce *[i:ou]* en fin de mot. En ajoutant la terminaison **-e**, le **w** se trouve au début d'une nouvelle syllabe et se prononce alors *[w]*.
4 Plus le débit de parole est rapide, moins on prend le temps de prononcer tous les sons : **eens** se réduit même en *[ess]*, faisant liaison avec le mot précédent. On peut alors l'écrire **'s**. Le mot d'emprunt **etalage** se prononce "à la française".

② Remarquez que dans l'expression **nodig hebben**, *avoir besoin de*, le complément se place entre le verbe **hebben** et l'adverbe **nodig** rejeté en fin de phrase : **ik heb nieuwe kleren nodig**, *j'ai besoin de vêtements neufs*.

③ Ne confondez pas **het pakje**, *le tailleur* (pour femme), avec **het pak**, *le costume* (pour homme).

32 **5** – Het past goed bij ④ haar ⑤ **grij**ze bloes.
6 En het is niet duur: echt een **koop**je ⑥!
7 Een uur **la**ter:
8 – Oh nee, ik kan m'n **bank**pasje niet **vin**den!
9 – En ik heb óók niets bij me!
10 Wat nu? □

5 *... pas-t ... Ha:r* ***χrèy****z'e bLouss* ***6*** *... et~ĭss ... èχt ...* ***ko:p****ye* ***8*** *... ĭ~ka-n me-n* ***baŋk****pache ...*

Remarques de prononciation

8 Notez l'assimilation du **k** dans **ik kan** *[ĭ~ka-n]*.
9 À l'écrit, les accents aigus indiquent une accentuation renforcée : **óók**.

Notes

④ Dans l'expression **passen bij**, *aller avec*, la préposition **bij** est fixe. Comparez ce verbe avec celui que vous connaissez déjà : **passen op**, *garder* (préposition fixe : **op**). Il faut accorder un intérêt spécial à la préposition fixe, car c'est elle qui donne le sens au verbe auquel elle est associée.

⑤ L'adjectif possessif **haar**, *son, sa, ses*, se rapporte toujours à une femme. Rappelez-vous que **zijn**, *son, sa, ses*, se réfère toujours à un homme.

***

Oefening 1 – Vertaal

❶ Ik kan mijn bankpasje niet vinden! ❷ Zullen we morgenavond naar de film gaan? ❸ Ze heeft boter en hagelslag nodig. ❹ Hij was gisteren gekleed in een mooi zwart pak. ❺ In de etalage van die winkel staat een lichtgele broodtrommel.

5 – Ça ira bien avec son chemisier gris.
6 Et ce n'est pas cher : vraiment une bonne affaire !
7 Une heure plus tard :
8 – Oh non, je ne *(peux)* trouve pas ma carte bancaire *(trouver)* !
9 – Et je n'ai rien sur moi non plus *(aussi)* !
10 Que [faire] maintenant ?

▸ ⑥ **het koopje**, *la bonne affaire*, est un diminutif qui n'est plus ressenti tel quel. Notez que pour les Néerlandais, les diminutifs ont souvent une valeur affective. C'est pour cette raison que vous en trouvez beaucoup dans le domaine vestimentaire.

***

Corrigé de l'exercice 1

❶ Je ne trouve pas ma carte bancaire ! ❷ Et si nous allions au cinéma demain soir ? ❸ Elle a besoin de beurre et de vermicelles de chocolat. ❹ Hier, il était habillé d'un joli costume noir. ❺ Dans la vitrine de ce magasin, il y a une boîte à pain jaune clair.

32 Oefening 2 – Vul in

❶ Cette robe n'était pas chère du tout : vraiment une bonne affaire !
Die jurk was . . . . niet duur: echt een . . . . . . !

❷ Il cherche le beurre : il ne se trouve pas dans le réfrigérateur.
Hij . . . . . de boter: die . . . . . niet in de ijskast.

❸ Hier, elle avait besoin de trois timbres pour l'étranger.
. . . . had zij drie postzegels voor het . . . . nodig.

❹ La recette de la tarte aux pommes se trouve sur la table, à côté des lettres.
Het recept van de appeltaart . . . . op tafel naast de brieven.

❺ Je suis pressé ; les soldes commencent dans cinq minutes !
Ik heb haast ; . . . . vijf minuten begint de . . . . !

Corrigé de l'exercice 2

❶ – helemaal – koopje ❷ – zoekt – staat – ❸ Gisteren – buitenland – ❹ – ligt – ❺ – over – uitverkoop

Aux Pays-Bas, il n'existe plus de loi fixant les périodes de soldes. Jugée démodée, elle a été abolie en 1984. Les magasins peuvent décider au cours de l'année de baisser les prix de leurs articles pour des raisons diverses. Mais pour solder les articles d'hiver, le mois de janvier reste favori et les soldes d'été ont traditionnellement lieu au mois de juillet. Plusieurs termes sont en vogue pour désigner les soldes : **de uitverkoop** *(attention, c'est un nom singulier en néerlandais),* **de opruiming***, ou encore le terme* **Sale***, issu de l'anglais.*

33 Drieëndertigste les

De roddels ①

1 – Heb je het **kap**sel ② van Mi**chiel** ge**zien**?
2 – Nee, hoe**zo** dan?
3 – Z'n haar ③ was **gis**teren **ro**ze, maar van**daag** is het ④ o**ran**je ⑤.
4 – Nou, dat is niets verge**le**ken met ⑥ Mar**got**.
5 Die draagt van**och**tend een **ro**de rok en **ge**le **schoe**nen ⑦.
6 – **On**gelooflijk. Dat zal wel ⑧ **vloe**ken bij haar jas!

Prononciation

de ***rode****Lss* ***1*** *... ye~t* ***kap****seL ... mi:****χi:L*** *χez'****i:-n 2*** *... Hou****z'o:*** *... **3** z'e-n Ha:r ... **roz**'e ... ĭss~e-t o**rañ**ye **4** ... dat~ss ni:tss~fèrχe**Lé:**ke[n] ... mar**χo: 5** ... dra:χt ... **ro:**ye rok ... **χé:**Le **sχou**ne[n] **6** **o-n**χeLo:fLek ... **v'Lou**ke[n] ... yass*

Notes

① En règle générale, les noms comportant plusieurs syllabes et se terminant par une syllabe non accentuée en **-el** prennent un **s** au pluriel : **de roddel**, *le commérage* → **de roddels**.

② **het kapsel**, *la coupe de cheveux*, *la coiffure* ; **kappen**, *coiffer*.

③ Ne confondez pas le nom **het haar**, *la chevelure*, *les cheveux*, avec l'adjectif possessif **haar**, *son, sa, ses (à elle)*, ou avec le pronom personnel **haar**, *la*.

④ Tous les noms du genre neutre sont repris par le pronom **het** : **het haar**, *la chevelure*, *les cheveux* → **het**.

⑤ Les adjectifs de couleur **roze**, *rose*, et **oranje**, *orange*, sont invariables.

⑥ **vergeleken**, *comparé*, est le participe passé du verbe fort **vergelijken**, *comparer*. Notez que pour les verbes commençant ▸

Les commérages

1 – As-tu vu la coupe de cheveux de Michiel ?
2 – Non, comment ça *(alors)* ?
3 – Ses cheveux étaient *(Sa chevelure était)* roses hier, mais aujourd'hui ils sont *(est ce)* orange.
4 – Eh ben, ce n'est rien comparé à *(avec)* Margot.
5 Ce matin, elle *(Celle-là)* porte une jupe rouge et [des] chaussures jaunes.
6 – Incroyable. Ça doit *(bien)* jurer avec son manteau !

Remarques de prononciation
1 Attention à la liaison de **je het** : *[ye~t]*.
3 Les **o** de **roze** et de **oranje** ont tendance à être courts et le **n** de **oranje** est mouillé, c'est-à-dire prononcé en rapprochant la langue vers le palais.
4 Le **t** final de **Margot** n'est pas prononcé.
6 L'adjectif possessif accentué **haar** se prononce *[Ha:r]*.

par **ver-**, on n'ajoute pas de préfixe **ge-** au participe passé. Après **vergelijken**, on utilise la préposition fixe **met**, *avec* : **vergelijken met**, *comparer à*.

⑦ Souvenez-vous que l'adjectif épithète prend toujours un **-e** devant un nom du genre commun : **rood → een rode rok**, *une jupe rouge*, **geel → de gele schoen**, *la chaussure jaune*, **gele schoenen**, *des chaussures jaunes*. N'oubliez pas d'appliquer les règles d'orthographe : les voyelles dans **rood** et **geel** sont longues et doubles dans une syllabe fermée, mais longues et simples dans une syllabe ouverte : **ro-de** *[**ro:**ye]*, **ge-le** *[**χé:**Le]*.

⑧ L'auxiliaire **zullen** suivi de **wel**, *bien*, exprime toujours une probabilité : **dat zal wel** + verbe, *cela doit* + verbe. Sans verbe, **dat zal wel** signifie *probablement*.

7 – Pre**cies**. En dan heb je d'r **nieu**we bril ⑨ nog niet eens ge**zien**!
8 – Je maakt me wel nieuws**gie**rig, zeg.
9 – Daar heb je ze! □

7 … de-r ***ni:****we brĭL …* ***8*** *… ma:kt … ni:ous****χi:****reχ …*

Remarque de prononciation
7 L'adjectif possessif non accentué se prononce *[de-r]* et s'écrit alors **d'r**.

***

Oefening 1 – Vertaal

❶ Je hebt zijn nieuwe schoenen nog niet eens gezien! ❷ Deze rode bril vloekt bij haar oranje haar. ❸ Dat is niets vergeleken met het kapsel van Hans. ❹ Hij maakt haar erg nieuwsgierig. ❺ Staat het ontbijt op tafel? – Dat zal wel!

Oefening 2 – Vul in

❶ Elle sort tout de suite le chou frisé et la saucisse fumée du réfrigérateur.
Ze . . . . . de boerenkool en de rookworst meteen uit de ijskast.

❷ Quelle chaleur ! – Oui, août est un mois d'été chaud.
Wat een . . . . . ! – Ja, ... is een warme zomermaand.

❸ Chaque mercredi, elle va nager avec sa sœur.
. . . . woensdag gaat ze met haar zus zwemmen.

❹ Pourquoi tu te couches si tôt le soir de la Saint-Sylvestre ?
. . . . . . ga je op oudejaarsavond . . vroeg naar bed?

7 – Exactement. Et tu n'as même pas *(encore une fois)* vu ses nouvelles lunettes !
8 – Tu me rends bien curieux, dis [donc].
9 – Les voilà *(Là-bas as tu les)* !

Note

⑨ **de bril**, *les lunettes, la paire de lunettes*, est singulier. **d'r** est la forme non accentuée de l'adjectif possessif **haar**, *son, sa, ses (à elle)*.

***

Corrigé de l'exercice 1

❶ Tu n'as même pas vu ses nouvelles chaussures ! ❷ Ces lunettes rouges jurent avec ses cheveux orange. ❸ Ce n'est rien comparé à la coupe de cheveux de Hans. ❹ Il la rend très curieuse. ❺ Le petit déjeuner est-il sur la table ? – Probablement !

❺ Il ne trouve pas son nouveau manteau bleu.
Hij kan . . . . nieuwe blauwe . . . niet vinden.

Corrigé de l'exercice 2

❶ – haalt – ❷ – hitte – augustus – ❸ Elke – ❹ Waarom – zo – ❺ – zijn – jas –

34 Vierendertigste les

Bij de slager

1 – Goede**mid**dag. Wat zal 't zijn? ①
2 – Een half pond ge**hakt** graag en **an**derhalf ons ② ham.
3 – **Run**dergehakt of half-om-half ③?
4 Het **run**dergehakt is in de **aan**bieding.
5 – Dan neem 'k dat.
6 En doet u ook maar ④ een **hal**ve **ki**lo ⑤ **var**kenskarbonades.
7 Dat was 't.
8 – Dat is dan **ze**ven **eu**ro.

Prononciation
*... **sLa:**χe-r **1** ... z'aL~e-t ... **2** ... po-nt χe**Hakt** ... **a-n**derHaLf o-nss Ham **3 rù-n**derχeHakt ... HaLf om HaLf **4** ... **a:-n**bi:dĭŋ **5** ... né:m~ek ... **6** ... dout~u: ... **HaL**ᵉv'e ... **v'ar**kenskarbo:na:dess **8** ... **eu**ro:*

Notes

① **Wat zal 't zijn?**, *Qu'est-ce que ce sera ?*, est une expression idiomatique, utilisée au même titre que **Wie is er aan de beurt?**, *C'est à qui le tour ?*, ou **Zegt u het maar**, *Je vous écoute.* L'auxiliaire **zullen** exprime dans **Wat zal 't zijn?** un futur : **zal zijn**, *sera*.

② En néerlandais, il est encore très fréquent d'employer les noms **het pond**, *la livre*, et **het ons**, *cent grammes*. Vous pouvez aussi demander **een halve kilo**, *un demi-kilo*, **500 (vijfhonderd) gram**, *500 grammes* ou **100 (honderd) gram**, *100 grammes*. Notez l'expression **anderhalf ons**, *150 grammes*, et la forme irrégulière *un et demi*, **anderhalf**. ▸

Trente-quatrième leçon 34

Chez le boucher

1 – Bonjour. Qu'est-ce que ce sera ?
2 – Une demi-livre [de bifteck] haché s'il vous plaît, et 150 grammes [de] jambon.
3 – Du bœuf *(bœuf-haché)* ou mi-porc, mi-bœuf *(demi-autour-de-demi)* ?
4 Le bœuf est en *(dans la)* promotion.
5 – Alors, je prends ça.
6 Et donnez-moi aussi une livre de côtelettes de porc *(faites vous aussi donc un demi kilo porc-côtelettes)* [je vous prie].
7 C'est *(était)* tout.
8 – Alors ça fait sept euro[s].

Remarque de prononciation
5 Lors d'un débit de parole plus rapide, **ik** se prononce souvent avec un *[e]* atone.

▸ ③ **half-om-half** désigne un mélange tout fait de viande hachée de porc et de bœuf.

④ **doet u maar** est synonyme de **geeft u maar**, *donnez-moi*. L'adverbe **maar** atténue l'impératif, dans la mesure où il ajoute une nuance d'indulgence. Ici, on pourra le traduire par *je vous prie*.

⑤ Comme tous les adjectifs, **half**, *demi-*, reste invariable devant un nom indéfini du genre neutre : **het pond → een half pond**, *une demi-livre* ; **de kilo → een halve kilo**, *un demi-kilo*. La consonne sonore **-v** ne pouvant se trouver en position finale, on écrit **halve** avec un **-v** mais **half** avec un **-f**.

34 **9** – Heeft u te**rug** van een **brief**je van **vijf**tig **eu**ro?
10 – Geen pro**bleem**. Alstu**blieft**, uw **wis**selgeld.
11 Houdt uw **zoon**tje van een **lek**ker **plak**je **le**verworst ⑥?

9 *… **bri:f**ye … **v'èyf**teχ … **10** … pro:**bLé:m** … **wĭss**eLχèLt*
11 *Haout~u:ou **z'o:-n**tye … **pLak**ye **Lé:**v'erworst*

Note

⑥ **houden van**, *aimer* (qqch. ou qqn). Notez que les verbes avec un **d** à l'infinitif se conjuguent de façon régulière ; ils prennent donc un **-t** aux 2e et 3e personnes du singulier : **je/u/hij/ze** ▸

***

Oefening 1 – Vertaal

❶ Houdt uw zoontje van een plakje leverworst? ❷ Ze bestelt een half pond rundergehakt en anderhalf ons ham bij de slager. ❸ Heeft u terug van een briefje van twintig euro? ❹ De loketbediende heeft geen wisselgeld. ❺ Wat zal het zijn?

Oefening 2 – Vul in

❶ Donnez-moi un demi-kilo de bananes et une livre de fraises, je vous prie.
. . . . . maar een . . . . . kilo bananen en een . . . . aardbeien.

❷ La viande était en promotion hier.
Het vlees . . . gisteren in de aanbieding.

❸ Bonjour, as-tu bien dormi ?
. . . . , heb je lekker . . . . ?

9 – Pouvez-vous rendre la monnaie sur *(Avez-vous de-retour de)* un billet de cinquante euro[s] ? 34
10 – Pas de problème. Voici votre monnaie *(S'il-vous-plaît, votre change-argent)*.
11 Votre fils veut-il *(Aime votre fils de)* une bonne petite tranche de saucisson de pâté de foie *(foie-saucisse)* ?

▸ **houdt**. Le saucisson "**de leverworst**" est fait avec du pâté de foie et ressemble au niveau de la consistance au foie gras. Ce dernier étant inconnu aux Pays-Bas, les Néerlandais prennent souvent le foie gras français pour du saucisson de pâté de foie !

***

Corrigé de l'exercice 1

❶ Votre fils veut-il une petite tranche de saucisson de pâté de foie ? ❷ Elle commande une demi-livre de bifteck haché et 150 grammes de jambon chez le boucher. ❸ Pouvez-vous rendre la monnaie sur un billet de vingt euros ? ❹ Le guichetier n'a pas de monnaie. ❺ Qu'est-ce que ce sera ?

❹ Les enfants cherchent la sortie de la gare.
De kinderen zoeken .. .. van het station.

❺ Tu en est sûr(e) *(Sais tu cela sûr)* ?
Weet je dat ..... ?

Corrigé de l'exercice 2

❶ Doet u – halve – pond – ❷ – was – ❸ Goedemorgen – geslapen ❹ – de uitgang – ❺ – zeker

35 *En 1648, lors du traité de Münster, se termina une guerre avec l'Espagne qui avait duré 80 ans et la république des Provinces-Unies fut proclamée. Elle connut au* XVII*e siècle une prospérité économique, scientifique et culturelle sans précédent : "le Siècle d'or des Pays-Bas". Cet essor, elle le devait entre autres au commerce maritime. La VOC, la Compagnie réunie des Indes orientales, et la WIC, la Compagnie des Indes occidentales, déployèrent des activités commerciales allant de l'Asie et de l'Afrique à la Nouvelle-Amsterdam, l'actuelle New York. La protection de ses intérêts commerciaux a entraîné d'ailleurs diverses guerres avec l'Angleterre. Cette période fut-elle à l'origine de l'intérêt que les Néerlandais portent à leurs finances ? Toujours est-il qu'ils ont la réputation de ne pas aimer gaspiller leur argent, voire… d'être avares. Les Néerlandais parlent en tout cas beaucoup de la valeur de l'argent. Nous l'avons vu dans différents dialogues, où il s'agit de* **de uitverkoop**, les soldes, **in de aanbieding**, en promotion, **een koopje**, une bonne affaire, *ou* **niet duur**, pas cher. *Les fromagers et les bouchers, par*

35 Vijfendertigste les

Herhaling – Révision

1 La conjugaison

1.1 Le futur

• La plupart du temps, il suffit d'utiliser le verbe au présent suivi d'un complément de temps pour exprimer le futur.
Ik kom het morgenochtend halen, *Je viendrai le chercher demain matin.*
Ze komt vanavond om kwart voor zeven, *Elle arrivera ce soir à sept heures moins le quart.*
Mag Bertien vanmiddag bij ons komen spelen?, *Est-ce que Bertien pourra venir jouer chez nous cette après-midi ?*
We zijn uiterlijk om half twaalf terug, *Nous serons de retour à onze heures et demie au plus tard.*

contre, vous font presque toujours goûter leurs fromages ou leur charcuterie avant que vous n'achetiez leurs produits. Il arrive également qu'ils offrent une tranche de saucisse aux enfants, comme dans ce dialogue. À vous donc de juger du caractère "économe" des Néerlandais !

Trente-cinquième leçon 35

• Le verbe **gaan**, *aller*, est aussi fréquemment utilisé pour exprimer un futur.

Morgen ga ik met Wilma zwemmen, *Demain, je vais nager avec Wilma.*

• Dans un registre formel, l'auxiliaire **zullen** peut également exprimer le futur. Nous y reviendrons plus tard. N'oubliez pourtant pas que ce verbe est avant tout un moyen d'exprimer différentes modalités, de nuancer le discours en quelque sorte.

Ainsi, dans une phrase interrogative, **zullen** peut servir à formuler une proposition :

Zullen we naar de uitverkoop gaan?, *Et si nous faisions les soldes ?*

Il peut, accompagné de l'adverbe **wel**, exprimer une probabilité :

Dat zal wel vloeken bij haar jas, *Ça doit jurer avec son manteau.*

35 Notez que les deux premières façons d'exprimer le futur sont les plus usuelles dans le langage courant. Évitez donc le piège de vouloir traduire automatiquement le futur comme en français.

1.2 L'impératif

La forme la plus usitée de l'impératif est celle de la 2e personne du singulier. Pour la former, il suffit d'enlever la terminaison **-en** (ou **-n**) de l'infinitif : **komen → kom!**, *viens !*

Notez qu'à l'impératif, la particule verbale est rejetée en fin de phrase : **binnenkomen → Kom binnen!**, *Entre !* ; **opschieten → Schiet eens op!**, *Dépêche-toi donc !* ; **zich opwinden → Wind je niet zo op!**, *Ne t'énerve pas comme ça !*

Pour former l'impératif de la 2e personne de politesse, ajoutez la terminaison **-t** et le pronom **u** : **zegt u!**, *dites !* ; **Zegt u het maar!**, *Je vous écoute !*

On peut également rencontrer la 2e personne du pluriel avec le pronom **jullie**, *vous*, et le verbe au pluriel : **Zeggen jullie het maar!**, *Je vous écoute !*

On rencontre aussi l'auxiliaire **laten**, littéralement "laisser", qui exprime l'impératif de la 1re personne du pluriel : **Laten we een mooi cadeau voor hen kopen!**, *Achetons-leur un beau cadeau !*

2 Les adverbes de modalité accompagnant l'impératif

En règle générale, l'impératif est accompagné d'adverbes non accentués qui servent à l'adoucir, car les Néerlandais n'aiment pas que celui-ci sonne comme un ordre. Ces adverbes ajoutent une nuance supplémentaire, qu'il n'est pas toujours facile de traduire en français. Ils n'ont d'ailleurs pas de traduction unique en français. Ces adverbes peuvent aussi être utilisés dans des phrases n'exprimant pas d'impératif et avoir le même sens.

• **dan** se rapproche du français *alors* : **Goed, dan neem ik die ook**, *Bon, alors, j'en prends aussi* ; **Dan vraag ik het wel aan Mirjam**, *Alors, je (le) demande à Mirjam.*

• **maar** ajoute une nuance d'indulgence : **Geeft u dan maar een kilo pruimen**, *Donnez-moi alors un kilo de prunes, je vous prie.*

• **eens**, littéralement “une fois”, permet d’atténuer l’impératif en indiquant qu’il y a peu d’efforts à fournir : **Kijk eens!**, *Regarde un peu !* ; **Schiet eens op!**, *Dépêche-toi donc !*

• **even**, littéralement “un instant”, indique que l’effort sera de courte durée. Nous l’avons rencontré dans une interrogative, mais le sens reste le même : **Kun jij me even helpen?**, *Peux-tu m’aider un instant ?* Avec un impératif cela donnerait : **Help me dan even!**, *Donne-moi un petit coup de main ! / Aide-moi un instant !*

Très souvent, ces adverbes sont combinés entre eux. Nous avons déjà rencontré **dan maar** et **dan even**, mais on peut trouver d’autres combinaisons. Sachez toutefois qu’il faudra respecter l’ordre suivant : **dan maar eens even**. Dans cet ordre-là, toutes les combinaisons sont possibles. Il n’est d’ailleurs pas rare de trouver ces quatre adverbes à la suite : **Kijk dan maar eens even!**, *Mais regarde donc un peu !*, où l’on trouve les nuances d’impatience et d’indulgence, tout en indiquant que l’effort sera réduit et de courte durée.

Ne confondez pas les adverbes de modalité **maar** et **dan** avec la conjonction **maar**, *mais*, et l’adverbe de temps **dan**, *et puis*, *ensuite*. Sachez que les adverbes de modalité ne portent pas l’accent tonique, contrairement aux conjonctions et aux autres adverbes.

3 Les verbes de position

Les verbes dits de position sont régulièrement utilisés en néerlandais. En général, les verbes français “se trouver” et “être” se traduisent en néerlandais par un verbe de position dès qu’on a la possibilité de l’indiquer. Il y en a quatre. Nous en avons déjà rencontré trois : **staan**, **liggen** et **hangen**. Nous verrons bientôt le quatrième.

• **staan**, *être debout*, est utilisé lorsqu’on se réfère à la station debout de l’homme et, par extension, à la position des objets dont la position fonctionnelle est verticale :
De koelbox staat nog thuis, *La glacière est restée à la maison.*
De karnemelk staat in de koelkast, *Le lait fermenté est dans le réfrigérateur.*
Staat de wekker nog in de kamer?, *Le réveil est-il encore dans la chambre ?*

35 Ce verbe, sans ou avec particule, est fréquemment employé dans des expressions :
De kelder staat blank!, *La cave est inondée !*
De kraan staat open!, *Le robinet est ouvert !*

Il est également utilisé pour tout ce qui est imprimé ou écrit :
Daar op dat groene bord staat 't, *C'est marqué là-bas, sur ce panneau vert.*

• **liggen**, *être couché*, fait référence à la position couchée de l'homme et s'applique par extension à tous les objets dont la position fonctionnelle est plutôt horizontale :
De kinderen liggen in bed, *Les enfants sont au lit.*
Waar ligt 't brood?, *Où se trouve le pain ?*
En waar liggen de vleeswaren?, *Et où se trouve la charcuterie ?*
Waar ligt de kaart?, *Où se trouve la carte ?*

Le verbe **liggen** connaît aussi un emploi figuré, par exemple l'image de la bonne humeur couchée au lit : **Ligt die nog in bed?**, *Est-elle restée au lit ?*

• **hangen** connaît un équivalent en français : *pendre*, *être suspendu/e* :
Daar in die etalage hangt een leuk zwart pakje, *Là-bas dans cette vitrine, il y a* (pend) *un joli tailleur noir.*
De worst hangt in de etalage, *La saucisse se trouve* (pend) *dans la vitrine.*
Op de kassa hangt een groen bord, *Un panneau vert est accroché sur la caisse.*

Remarquez qu'on privilégie en français des constructions plus neutres comme *se trouver* ou *il y a*, au lieu du verbe de position.

4 Le pluriel

Le néerlandais connaît deux formes du pluriel.

• Vous avez déjà vu la 1re forme en **-en** : **de graad → de graden**, *les degrés* ; **de banaan → de bananen**, *les bananes* ; **de pruim → de pruimen**, *les prunes* ; **de aardbei → de aardbeien**, *les fraises* ; **de minuut → de minuten**, *les minutes*, **het strand → de stranden**, *les plages*, **de brief → de brieven**, *les lettres*. N'oubliez pas d'appliquer les règles d'orthographe.

• La 2e forme est celle en **-s**. En règle générale, les noms comportant plusieurs syllabes et se terminant par une syllabe non accentuée en **-el**, prennent un **s** au pluriel : **de roddel → de roddels**, *les commérages*, **de postzegel → de postzegels**, *les timbres*, **de vogel → de vogels**, *les oiseaux*.

La même règle vaut pour les noms de plusieurs syllabes se terminant par une syllabe non accentuée en **-er** : **de kamer → de kamers**, *les chambres* ; **de dokter → de dokters**, *les médecins* ; **de kelder → de kelders**, *les caves*, et en **-e** : **de loketbediende → de loketbediendes**, *les guichetiers* ; **de controle → de controles**, *les contrôles* ; **het pakje → de pakjes**, *les tailleurs*.

Le pluriel en **-s** s'emploie aussi pour les noms d'emprunts comme **het perron → de perrons**, *les quais* ; **het station → de stations**, *les gares*, ou **de film → de films**, *les films*.

Après les noms qui se terminent par la voyelle longue **-a**, **-o**, **-i** ou **-u**, il convient d'ajouter une apostrophe avant le **-s**, pour conserver la prononciation longue de la voyelle : **kassa's** *[**kass**a:ss]*, **kilo's** *[**ki:**Lo:ss]*, **taxi's** *[**tak**si:ss]*.

Par contre, après **-ee**, on trouve un pluriel avec **-ën** : **het idee → de ideeën**.

Il y a peu de pluriels irréguliers. Vous en avez déjà rencontré un : **het kind → de kinderen**, *les enfants*. Un autre pluriel irrégulier est : **het ei → de eieren**, *les œufs*.

Notez que lorsqu'un chiffre précède un nom indiquant un prix ou un poids, ce dernier ne sera pas mis au pluriel, contrairement au français : **vijftig euro**, *cinquante euros*, **twintig gram**, *vingt grammes*.

5 L'adjectif possessif

Récapitulons à présent toutes les formes de l'adjectif possessif :

Formes non accentuées	Formes accentuées	
m'n	**mijn**	*mon, ma, mes*
je	**jouw**	*ton, ta, tes*

uw	**uw**	*votre, vos*
z'n	**zijn**	*son, sa, ses (à lui)*
d'r	**haar**	*son, sa, ses (à elle)*
ons / onze	**ons / onze**	*notre, nos*
jullie	**jullie**	*votre, vos*
hun	**hun**	*leur, leurs*

Herhalingsdialoog

1 – Kijk 'ns, dit kaartje ligt bij de post.
2 Het is een uitnodiging voor 't huwelijk van Hans en Els.
3 Zullen we nieuwe kleren voor het feest gaan kopen?
4 – Ja, laten we naar de uitverkoop gaan!
5 – Daar in die etalage hangt een mooi oranje pakje.
6 Dat zal wel goed passen bij je grijze bloes.
7 – Goed, dan neem ik dat.
8 – Meneer, we zoeken de kassa's.
9 – Dan gaat u hier rechtdoor.
10 Ze staan daar bij de roltrap.

Oefening – Vertaal
❶ In die etalage hangen drie mooie bloezen. ❷ Hij draagt een grijs pak en een blauwe jas. ❸ D'r nieuwe jurk is oranje. ❹ Het staat op dat groene bord. ❺ Nee, dit is mijn rok en niet jouw rok! ❻ Jullie brieven liggen op tafel. ❼ Onze kinderen houden niet van eieren.

Seul l'adjectif **ons/onze** est variable : **ons** s'emploie devant un nom du genre neutre et **onze** devant un nom du genre commun (**ons kind**, *notre enfant*, **onze dochter**, *notre fille*). Tous les autres adjectifs possessifs sont invariables.

Rappelez-vous que la forme accentuée s'emploie pour la mise en valeur. Souvent, il s'agit d'un contraste ou d'une phrase elliptique (une phrase qui n'est pas complète) :
Zijn huis? Nee, haar huis!, *Sa maison à lui ? Non, sa maison à elle !*
En waar is jouw goede humeur?, *Et où est ta bonne humeur ?*

Traduction

1 Regarde un peu, ce carton se trouve au courrier. **2** C'est une invitation pour le mariage de Hans et Els. **3** Et si nous achetions des vêtements neufs pour la fête ? **4** Oui, allons faire les soldes ! **5** Là-bas dans cette vitrine, il y a un joli tailleur orange. **6** Ça irait bien avec ton chemisier gris. **7** Bien, je prends ça alors. **8** Monsieur, nous cherchons les caisses. **9** Vous allez *(donc)* tout droit *(ici)*. **10** Elles se trouvent là, près de l'escalator.

Corrigé de l'exercice

❶ Dans cette vitrine, il y a trois jolis chemisiers. ❷ Il porte un costume gris et un manteau bleu. ❸ Sa nouvelle robe est orange. ❹ C'est écrit sur ce panneau vert. ❺ Non, c'est ma jupe et pas ta jupe ! ❻ Vos lettres se trouvent sur la table. ❼ Nos enfants n'aiment pas les œufs.

36 Zesendertigste les

Op kraamvisite ①

1 – Ik ge**loof** ② dat ik de bel **hoor**de ③.
2 **Jas**per, doe je de deur alsje**blieft e**ven voor me **o**pen?
3 – 't Is de **kraam**hulp, Caro**lien**!
4 Goede**mor**gen! Komt u **bin**nen!
5 U komt als ge**roe**pen, want het is druk ④ van**och**tend:
6 we **heb**ben veel be**zoek**.
7 Ik zal ⑤ nog wat be**schuit** met **muis**jes **klaar**maken.
8 Bij het **kraam**bed roept de **buur**vrouw uit:

Prononciation
*… **kra:m**v'i:z'i:te **1** … χe**Lo:f** … bèL **Ho:r**de **2 yass**pe-r dou … deur ache**bLi:ft** … **o:**pe*ⁿ ***3** t~ïss … **kra:m**HùLp ka:ro:**Li:-n 5** … χe**rou**pe*ⁿ *… drùk … **6** … wè~be vé:L be**z'ouk** **7** … bes**χœyt** … **mœy**chess **kLa:r**ma:ke*ⁿ ***8** … **kra:m**bèt roup-t …*

Notes

① La première partie du mot composé **de kraamvisite** est figée, on la retrouve uniquement dans des mots composés concernant l'accouchement. On utilise actuellement plutôt **de bevalling** pour *l'accouchement*.

② **geloven**, *croire*, se conjugue de façon régulière. N'oubliez pas les règles d'orthographe : en enlevant la terminaison **-en**, le **-o** double, car il est long et il se retrouve en syllabe fermée. Le **-v** en fin de mot se transforme en **-f**.

En visite à l'occasion d'une naissance
(Sur accouchement-visite)

1 – Je crois avoir entendu la sonnette *(que je la sonnette entendais)*.
2 Jasper, tu ouvres la porte s'il te plaît *(fais tu la porte s'il-te-plaît un-instant pour moi ouvert)* ?
3 – C'est l'assistante accoucheuse *(accouchement-aide)*, Carolien !
4 Bonjour ! Entrez !
5 Vous tombez bien *(Vous venez comme appelé)*, car c'est animé ce matin :
6 nous avons pas mal [de] visiteurs *(visite)*.
7 Je vais préparer *(préparerai)* encore quelques *(un-peu-de)* toasts briochés avec des perles d'anis *(petites-souris)*.
8 Près du lit de la jeune maman *(accouchement-lit)*, la voisine s'écrit :

Remarques de prononciation
2 Le **l** de **alsjeblieft** ne se prononce pas et **sj** se prononce *[ch]*.
3, 9 Faites attention aux phénomènes de liaison : **'t Is** *[t~ïss]*, **Och gut** *[o~χùt]*.

▸ ③ **hoorde** est le prétérit singulier du verbe régulier **horen**, *entendre*. Nous y reviendrons. Patience…

④ L'expression **het is druk**, *c'est animé*, s'utilise pour une situation où il y a beaucoup de monde, avec souvent une ambiance un peu agitée. On peut aussi dire **hij is druk**, *il est agité*.

⑤ Le verbe **zullen** exprime ici, en plus du futur, surtout une promesse d'aller faire quelque chose.

9 – Och gut, wat een **schat**tige **twee**ling ⑥!
10 Het zijn toch ⑦ een **jong**etje en een **meis**je ⑧?
11 Ik heb iets voor ze **mee**genomen ⑨.
12 Je mag het **rui**len hoor, als je het al hebt.

9 *o~χùt … **sχa**teχe **twé:**Lĭŋ **10** … toχ … **yoŋ**etye … **mèy**che*
11 *… **mé:**χeno:me^{n} **12** … **rœy**Le^{n} … aLss … aL …*

Notes

⑥ **de tweeling**, *le jumeau*, *la jumelle*, *les jumeaux*, désigne les deux enfants jumeaux ou l'un(e) d'eux (d'elles). Le pluriel **de tweelingen** s'utilise pour indiquer deux couples de jumeaux ; à ne pas confondre avec *des quadruplés*, **de vierling**.

⑦ L'adverbe **toch** dans une phrase interrogative appelle souvent une confirmation. On le traduit alors par *bien* ou *n'est-ce pas*.

⑧ **het jongetje**, *le petit garçon*, est le diminutif de **de jongen**, *le garçon*. Attention au **-n** qui disparaît. Le diminutif **het meisje**, *la fille*, *la fillette*, n'existe que sous cette forme-là.

⑨ La forme **meegenomen**, *apporté*, est le participe passé du verbe **meenemen**. Le participe passé des verbes à particule se forme en plaçant **-ge-** entre la particule et la partie verbale en un seul mot.

***

Oefening 1 – Vertaal

❶ U komt als geroepen want we hebben veel bezoek. ❷ Doe de deur snel voor me open! ❸ Je mag het cadeau ruilen, als je het niet mooi vindt. ❹ We hebben twee kinderen: een jongen en een meisje. ❺ Ik heb iets voor de tweeling meegenomen.

9 – Oh, [mon] Dieu, qu'ils sont mignons, ces jumeaux *(quels mignons jumeaux)* !
10 C'est *(sont)* un petit garçon et une petite fille, n'est-ce pas ?
11 Je leur *(pour eux)* ai apporté quelque chose.
12 Tu peux l'échanger, tu sais, si tu l'as déjà.

***

Corrigé de l'exercice 1

❶ Vous tombez bien car nous avons beaucoup de visiteurs. ❷ Ouvre-moi vite la porte ! ❸ Tu peux échanger le cadeau, si tu ne le trouves pas beau. ❹ Nous avons deux enfants : un garçon et une fille. ❺ J'ai apporté quelque chose pour les jumeaux/les jumelles.

Oefening 2 – Vul in

❶ Quelle jolie jupe verte ! Elle va bien avec ton manteau.
Wat een mooie . . . . . . rok! Die past goed bij
. . . . . .

❷ Veux-tu un petit toast brioché ?
Wil je een . . . . ?

❸ Donne-moi le courrier, s'il te plaît !
Geef me de post even, ... !

❹ Veux-tu un peu de café ?
Wil je . . . koffie?

❺ Pouvez-vous rendre la monnaie sur un billet de vingt euros ?
Heeft u terug van . . . . van twintig euro?

37 Zevenendertigste les

De autorijles

1 De **rij**instructeur ① geeft de **vol**gende ins**truc**ties aan een **nieu**we **leer**ling:
2 – Aller**eerst** maak je je**zelf** ver**trouwd** met de **au**to.

Prononciation

*... **aou**to:rèyLèss **1** ... **rèy**ĭ-nstrùkteur ... **v'oL**χe-nde ĭ-n**strùk**si:ss ... **Lé:r**Lĭŋ **2** aLer**é:rst** ... yez'**èLf**~fer**traou-t** ... **aou**to:*

Remarque de prononciation

2 L'accent tonique de **allereerst** est variable. Pour **auto**, on rencontre la prononciation à la néerlandaise *[aouto:]* et celle à la française *[o:to:]*.

Corrigé de l'exercice 2

❶ – groene – je jas ❷ – beschuitje ❸ – alsjeblieft ❹ – wat – ❺ – een briefje –

Le nombre de femmes néerlandaises qui accouchent à la maison est élevé : environ 30 %. Elles sont assistées par **de vroedvrouw**, la sage-femme. *Après la naissance, c'est* **de kraamhulp**, l'assistante accoucheuse, *qui vient à la maison pour donner un coup de main pour les soins du bébé et de la jeune maman. Elle reste en général quatre à six heures par jour, durant une période de cinq à dix jours. Sur indication médicale, les femmes peuvent également accoucher à l'hôpital. D'ailleurs il n'existe pas de maternités aux Pays-Bas.*
Après la naissance, il est de coutume de servir à son entourage des **beschuit met muisjes**. *Ce sont des toasts briochés avec des petites perles d'anis : bleues pour un garçon et roses pour une fille. Ces perles d'anis, dont la queue dépasse un peu, font penser à des souris, d'où le terme* **muisjes**, petites souris.

Trente-septième leçon 37

Le cours de conduite *(voiture-conduite-cours)*

1 Le moniteur d'auto-école *(conduite-instructeur)* donne les instructions suivantes à un nouvel élève :

2 – Avant tout, tu te familiarises *(Tout-d'abord rends tu toi-même familiarisé)* avec la voiture.

Note

① Le nom composé **de rijinstructeur**, *le moniteur d'auto-école*, vient du verbe **rijden**, *conduire*, *rouler*, et du nom **de instructeur**, *l'instructeur, le moniteur.*

37 **3** Je stelt je de vraag:
4 Weet ik waar **al**le **knop**pen **zit**ten ②?
5 Ver**vol**gens stel je de achter**uit**kijkspiegel.
6 Ver**geet** niet je riem om te doen ③!
7 Dan start je de **mo**tor en rijd je tot aan het **stop**licht ④.
8 Goed... Maar waar**om** blijf je **stil**staan?
9 Durf je het **gas**pedaal niet in te **du**wen ⑤?
10 – Het **stop**licht staat op rood ⑥, me**neer**! □

***3** ... stèLt ... v'ra:χ **4** wé:t ... **knop**e^n **z'ĭt**e^n **5** v'er**v'oL**χe-nss stèL ... aχter**œyt**kèykspi:χeL **6** v'er**χé:t** ... ri:m ... **7** ... star-t ... **mo:**tor ... rèy ... **stop**Lĭχt **8** ... **stĭL**sta:-n **9** dùrf ... **χass**pé:da:L ... **du:**we^n **10** ... **stop**Lĭχt ...*

Notes

② Le verbe **zitten** est le quatrième verbe de position. Il fait référence à la position assise de l'homme, mais il est également utilisé pour toutes sortes d'objets accrochés, dont la position est difficile à indiquer.

③ Notez que **omdoen**, *attacher*, est un verbe à particule séparable, littéralement "autour faire". **je riem om te doen** est une proposition infinitive qui dépend de **vergeten**, *oublier*.

④ **het stoplicht** désigne *le feu de signalisation* ou *le feu de stop* (sur un véhicule). Dans ce cas, on peut aussi employer **het achterlicht**, *le feu arrière*.

⑤ Il s'agit encore d'une proposition infinitive, qui dépend du verbe **durven**, *oser*. N'oubliez pas que **te** se place entre la particule **in** et la partie verbale **duwen** du verbe **induwen**, *appuyer, enfoncer, pousser dans*. ▶

3 Tu te poses la question :
4 Est-ce que je sais où se trouvent *(sont-assis)* tous [les] boutons ?
5 Ensuite, tu règles le rétroviseur *(arrière-regarde-miroir)*.
6 N'oublie pas d'attacher ta ceinture !
7 Puis tu démarres le moteur et tu roules *(conduis)* jusqu'au feu *(arrêt-lumière)*.
8 Bien… Mais pourquoi est-ce que tu restes à l'arrêt *(immobile-être-debout)* ?
9 Tu n'oses pas *(de)* appuyer [sur] l'accélérateur *(gaz-pédale)* ?
10 – Le feu est au rouge *(arrêt-lumière est-debout sur rouge)*, monsieur !

Remarques de prononciation
7 Dans le langage courant, le **-d** de **rijd** ne se prononce pas.
8 L'accent tonique de **waarom** est variable.

▸ ⑥ L'expression **op rood staan**, *être au rouge*, est employée pour toutes sortes de signalisations ; **rood staan** signifie *être à découvert, dans le rouge.*

37 **Oefening 1 – Vertaal**

❶ De rijinstructeur geeft instructies aan een leerling. ❷ Weet je wanneer het koopavond is? ❸ Hij start de motor meteen. ❹ Het stoplicht staat niet op rood. ❺ Doe je riem om en rijd niet te snel!

Oefening 2 – Vul in

❶ Alors, est-ce que tu t'es familiarisé avec ta nouvelle voiture ?
Nou, heb je jezelf . . . . gemaakt . . . je nieuwe auto?

❷ Pourquoi ne règles-tu pas le rétroviseur ?
Waarom . . . .   . . de achteruitkijkspiegel niet?

❸ Vous tombez bien !
U komt als . . . . !

❹ Les enfants doivent attacher leur ceinture.
De kinderen moeten hun . . . . omdoen.

❺ Sais-tu où se trouve la voiture ?
. . . . je waar de auto . . . . . ?

Corrigé de l'exercice 1

❶ Le moniteur d'auto-école donne des instructions à un élève. ❷ Sais-tu quand a lieu la nocturne ? ❸ Il démarre le moteur tout de suite. ❹ Le feu n'est pas au rouge. ❺ Attache ta ceinture et ne roule pas trop vite !

Corrigé de l'exercice 2

❶ – vertrouwd – met – ❷ – stel je – ❸ – geroepen ❹ – riem – ❺ Weet – staat

Apprendre une langue, c'est un peu comme apprendre à conduire : il faut de la pratique, mais aussi de l'assurance ! En vous familiarisant avec les phrases des dialogues et celles des exercices, cela se fera "tout seul". Pour cela, il suffit de prendre de bonnes habitudes : écoutez et répétez les phrases un petit peu tous les jours ! Vous êtes sur le bon chemin !

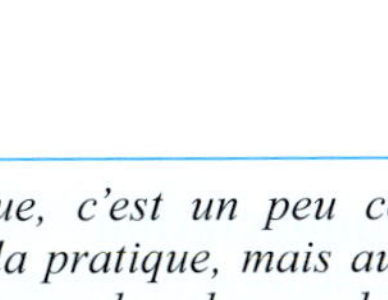

38 Achtendertigste les

Bij het uitzendbureau ①

1 – Goede**mid**dag, ik heb een **af**spraak om tien **o**ver drie.
2 – U bent een kwar**tier** te laat.
3 Het is vijf voor half vier ②!
4 – Het spijt me ③,
5 ik heb niet op de tijd ge**let** ④.
6 – Hebt u al uw di**plo**ma's en ge**tuig**schriften bij u?
7 – Die heb ik u **vo**rige week **op**gestuurd ⑤.

Prononciation

*... **œyt**sèntbu:ro:* **1** *... **af**sspra:k ...* **2** *... kwar**ti:r** ...* **4** *... spèyt ...* **5** *... χe**Lèt*** **6** *... di:**pLo:**ma:ss ... χe**tœyχ**ssrĭfte^n ...* **7** *... **vo:**reχe wé:k **op**χesstu:rt*

Remarque de prononciation

6 En langage courant, **schr-** se prononce *[sr]*.

Notes

① **het uitzendbureau**, *l'agence intérim*, vient de **uitzenden**, *envoyer, détacher*.

② **vijf voor half vier**, littéralement "cinq avant demi quatre", signifie *trois heures vingt-cinq* : on se réfère à l'heure qui vient, tout en spécifiant combien de minutes nous séparent de la demie.

③ Retenez bien l'expression **het spijt me**, *je regrette, je suis désolé/e*. Vous pouvez changer le pronom personnel objet : **het spijt hem**, *il regrette, il est désolé*, **het spijt haar**, *elle regrette*, **het spijt ons**, *nous regrettons*, etc. ▸

À l'agence intérim

1 – Bonjour, j'ai un rendez-vous à trois heures dix *(dix après trois)*.
2 – Vous avez un quart d'heure de retard *(Vous êtes un quart-d'heure trop tard)*.
3 Il est trois heures vingt-cinq *(cinq avant demi quatre)* !
4 – Je suis désolé *(Il regrette me)*,
5 je n'ai pas fait attention à l'heure *(sur le temps surveillé)*.
6 – Avez-vous tous vos diplômes et certificats *(témoin-écrit)* sur *(chez)* vous ?
7 – Je vous les ai envoyés la semaine dernière.

④ Le participe passé est en règle générale placé en fin de phrase. Pour les verbes réguliers, il se forme avec le préfixe **ge-** devant le radical et la terminaison **-t** ou **-d**. Si le radical se termine par un **-t**, comme ici **letten**, *faire attention*, on n'ajoute pas de **-t** supplémentaire.

⑤ Vous savez que le participe passé d'un verbe à particule séparable se forme en plaçant le préfixe **ge-** toujours entre la particule et le radical : **opsturen**, *envoyer* → **opgestuurd**, *envoyé*.

8 – Ah, ik zie dat uw **rij**bewijs ont**breekt**.
9 – Ja, ik ben voor het ex**a**men ge**zakt** ⑥.
10 – En u wilt een baan als chauf**feur**?
11 Dan moet u eerst uw **rij**bewijs maar eens **ha**len.
12 En pro**beert** u de **vol**gende keer stipt op tijd te zijn! □

*8 … **rèy**bewèyss o-nt**bré:kt** 9 … ek**sa:**me^n χe**z'akt** 10 … cho:**feur** 11 … é:rst … **rèy**bewèyss … 12 … pro:**bé:rt** … stĭpt …*

***

Oefening 1 – Vertaal

❶ Morgenochtend heb ik eerst een afspraak bij het uitzendbureau en daarna heb ik autorijles. ❷ Het is vijf voor half vier: hij is een kwartier te laat. ❸ Probeert u de volgende keer op tijd te zijn! ❹ Ze moet eerst haar rijbewijs halen. ❺ Mijn dochter heeft niet op de tijd gelet.

Oefening 2 – Vul in

❶ Je suis désolée, mais vous avez échoué à l'examen.
Het spijt me, maar u . . . . voor het examen . . . .

❷ Il m'a envoyé le certificat la semaine dernière.
Hij . . . . . het getuigschrift vorige week naar me . . . .

❸ Pour cet emploi-là, tu as certainement besoin d'un permis.
Voor . . . . heb je zeker een rijbewijs . . . . . .

8 – Ah, je vois que votre permis *(conduite-certificat)* manque.
9 – Oui, j'ai échoué à l'examen *(suis pour l'examen échoué)*.
10 – Et vous voulez un emploi de chauffeur ?
11 Alors vous devez d'abord obtenir votre permis *(donc une-fois)*.
12 Et essayez d'être pile à l'heure *(ponctuel sur temps)* la prochaine fois !

Note

⑥ Le passé composé se forme ici avec l'auxiliaire **zijn**, *être*, car l'on considère en néerlandais que le verbe **zakken**, *échouer*, indique un changement d'état du sujet de la phrase.

***

Corrigé de l'exercice 1

❶ Demain matin, j'ai d'abord un rendez-vous à l'agence intérim et après j'ai un cours de conduite. ❷ Il est trois heures vingt-cinq : il a un quart d'heure de retard. ❸ Essayez d'être à l'heure la prochaine fois ! ❹ Elle doit d'abord obtenir son permis. ❺ Ma fille n'a pas fait attention à l'heure.

❹ Je vois que tous vos diplômes manquent.
Ik zie dat al . . . . ontbreken.

❺ N'oublie pas de mettre ton réveil !
Vergeet niet . . wekker . . zetten!

Corrigé de l'exercice 2

❶ – bent – gezakt ❷ – heeft – opgestuurd ❸ – die baan – nodig ❹ – uw diploma's – ❺ – je – te –

39 Negenendertigste les

Het vriest dat het kraakt! ①

1 – **Sjon**ge, **sjon**ge, **sjon**ge ②, wel heb je ooit:
2 **om**gewaaide **bo**men ③, **ha**gelstenen zo groot als **si**naasappels ④…
3 En nu ligt er ⑤ **bui**ten een dik pak sneeuw
4 en het vriest dat het kraakt.
5 Het lijkt wel **hart**je ⑥ **win**ter!
6 Ik durf zo niet naar de **su**permarkt ⑦ te **fiet**sen:
7 de **we**gen zijn **spek**glad ⑧.

Prononciation

*Hèt~fri:sst … kra:kt **1 choŋe** … o:yt **2 omχewa:yde bo:me**ⁿ **Ha:**χeLssté:neⁿ … **si:**nassapeLss **3** … Lĭχt~e-r … dĭk pak sné:ou **4** … kra:kt **5** … **Hart**ye … **6** … dùrf~so: … **su:**permark-t … **7** … **wé:**χeⁿ … **spèk**χLa-t*

Notes

① Cette expression fait allusion au craquement de la glace lorsque l'eau est gelée.

② Cette exclamation d'étonnement connaît plusieurs variantes : **jonge!**, **tjonge!**, **tjongen!**, **tjonges!**, **sjonges!** et se traduit par *eh bien/ben !* ou *ça alors !* Le fait de la doubler ou de la tripler renforce encore son intensité.

③ La particule séparable **om-** dans **omwaaien**, *arracher*, indique un mouvement vers le bas, ici les arbres qui sont tombés par terre à cause du vent. Le participe passé se forme en ajoutant le préfixe **-ge-** entre la particule et la partie verbale et la terminaison **-d**. N'oubliez pas d'ajouter à **omgewaaid** le **-e** de l'adjectif épithète. Le singulier de **bomen** est **de boom**, *l'arbre*.

④ L'expression **een appel uit China**, *une pomme de Chine*, est à l'origine **de sinaasappel**, *l'orange*. ▸

Trente-neuvième leçon 39

Il gèle à pierre fendre *(qu'il craque)* !

1 – Eh ben, ça alors *(Garçon, garçon, garçon, bien as tu jamais)* :
2 des arbres arrachés, des grêlons gros *(grêle-pierres si grand)* comme des oranges…
3 Et maintenant, il y a *(couché)* une épaisse couche *(paquet)* de neige dehors
4 et il gèle à pierre fendre.
5 On dirait *(Il semble bien)* le plein *(petit-cœur)* hiver !
6 Je n'ose pas *(ainsi d')* aller au supermarché en vélo :
7 les routes sont de vraies patinoires *(lard-glissant)*.

Remarque de prononciation
2 Malgré les deux **a** de **sinaasappel**, on prononce un **a** court.

⑤ On aurait pu dire aussi **er is**, mais rappelez-vous qu'en néerlandais on préfère utiliser un verbe de position dès qu'on peut l'indiquer. Le verbe s'accorde : **er ligt een pak sneeuw**, *il y a un paquet de neige* (singulier), **er liggen sinaasappels**, *il y a des oranges* (pluriel).

⑥ Le diminutif **hartje**, *petit cœur*, du nom **het hart**, *le cœur*, est employé ici au sens *au cœur de*, *au centre de*, *en plein*.

⑦ Dans le nom composé **de supermarkt**, *le supermarché*, vous trouvez **de markt**, *le marché*.

⑧ L'adjectif **spekglad**, *très glissant/e* ("glissant comme le lard"), est composé du nom **het spek**, *le lard*, et de l'adjectif **glad**, *glissant/e*, *lisse*. De tels adjectifs composés, il en existe beaucoup d'autres, comme **ijskoud**, *froid/e comme la glace*, *très froid/e*, ou **sneeuwwit**, *blanc comme neige*.

8 Maar het zal wel **moe**ten,
9 want ik heb ver**ge**ten een **voor**raad **aar**dappels in te slaan.
10 – Pf, zo koud is het niet, **o**ma: het is pas min één.
11 Over**drij**ven is ook een vak! □

***9** … Hèp~ferχ**é**:te^n … v'**o**:ra:-t **a**:rdapeLss ĭ-n te sLa:-n **10** pf~so: kaou-t … **o**:ma: … pass mĭ-n é:n **11** o:v'er**drèy**v'e^n … v'ak*

***

Oefening 1 – Vertaal

❶ Deze hagelstenen zijn zo groot als sinaasappels. ❷ Het is vanochtend erg koud: min tien! ❸ Ze durft niet in die oude auto te rijden. ❹ Het vriest dat het kraakt en de wegen zijn glad. ❺ Het is warm buiten: het lijkt wel hartje zomer.

Oefening 2 – Vul in

❶ Nous cherchons le supermarché. – Au feu, vous allez tout droit.
We zoeken . . . . – Dan gaat u bij het stoplicht . . . .

❷ Je ne trouve pas mon permis, mamie ! Que faire ?
Ik kan . . . . niet vinden, oma! . . . nu?

❸ En hiver, il fait très froid, et en été très chaud.
In de winter is het erg . . . . , en in de zomer erg . . . . .

8 Mais je serai bien obligée *(il sera bien devoir)*, 39
9 car j'ai oublié de [m']approvisionner en pommes de terre *(une provision terre-pommes d'emmagasiner)*.
10 – Pff, il ne fait pas si froid que ça *(si froid est il pas)*, mamie : il fait *(est)* seulement moins un.
11 Il faut toujours que tu exagères *(Exagérer est aussi un métier)* !

Remarque de prononciation
11 Placez l'accent tonique sur la partie verbe dans **overdrijven** (ce n'est pas un verbe séparable).

***

Corrigé de l'exercice 1

❶ Ces grêlons*(-ci)* sont gros comme des oranges. ❷ Il fait très froid ce matin : moins dix ! ❸ Elle n'ose pas conduire *(rouler dans)* cette vieille voiture. ❹ Il gèle à pierre fendre et les routes sont glissantes. ❺ Il fait chaud dehors : on dirait le plein été.

❹ Ils ont oublié de s'approvisionner en *(une provision de)* pommes de terre.
Ze hebben . . . . een voorraad aardappels . . . .

❺ L'arbre arraché par le vent se trouve dans la rue depuis jeudi.
De omgewaaide . . . . ligt sinds donderdag op straat.

Corrigé de l'exercice 2

❶ – de supermarkt – rechtdoor ❷ – mijn rijbewijs – Wat – ❸ – koud – warm ❹ – vergeten – in te slaan ❺ – boom –

40 Veertigste les

Over koetjes en kalfjes praten ①

1 – Hoi Kees. **Lek**ker **weer**tje ② hè?
2 – Ja, het **zon**netje ③ schijnt en er is geen **wolk**je ③ te be**ken**nen.
3 Maar het zal niet lang **du**ren, want er is **re**gen voor**speld** ④.

Prononciation
*… **kout**yess … **kaLf**yess … **1** … ké:ss … **wé:r**tye … **2** … e-t~**son**etye sχèynt … **woLk**ye … be**kè**ne[n] **3** … **du:**re[n] … v'o:r**spèLt***

Notes

① Le diminutif **het koetje** vient de **de koe**, *la vache*, et **het kalfje** de **het kalf**, *le veau.*

② Le diminutif **het weertje** – du nom **het weer**, *le temps (météorologique)* – exprime un sentiment de satisfaction ou de bonheur. **De tijd** désigne uniquement le temps qui passe.

③ Là aussi, le diminutif exprime un sentiment de bonheur. Dans **het zonnetje**, vous reconnaissez **de zon**, *le soleil.* Attention, ▸

Grâce à la prospérité économique du Siècle d'or (le XVIIe siècle), la peinture connut un essor considérable. Les riches bourgeois ornèrent leurs demeures de nombreuses toiles – on estime à cinq millions environ le nombre de tableaux peints durant cette période. Les artistes se spécialisèrent entre autres dans les natures mortes ou encore les paysages de ville ou de campagne. Hendrick Avercamp (1585 – 1634) fut l'un des premiers à se spécialiser dans les scènes d'hiver. Vous pouvez admirer ses œuvres et celles de ses contemporains comme Rembrandt, Johannes Vermeer, Jan Steen et tant d'autres, au **Rijksmuseum**, Musée national*, à Amsterdam. Ce musée, conçu par Petrus Cuypers et inauguré en 1885, est l'équivalent du musée du Louvre à Paris.*

Quarantième leçon 40

Parler de la pluie et du beau temps
(Sur petites-vaches et petits-veaux parler)

1 – Salut Kees. [Quel] temps agréable, hein ?
2 – Oui, le soleil brille et il n'y a pas [un seul] nuage *(à apercevoir)*.
3 Mais ça ne durera pas longtemps, car ils ont *(il y a)* annoncé [de la] pluie.

▸ un **e** a été inséré devant la terminaison **-tje** pour des raisons de prononciation. **Het wolkje** vient de **de wolk**, *le nuage*.

④ **voorspellen**, *annoncer*, *prédire*, est un verbe dont la particule n'est pas séparable. L'accent tonique tombe alors sur la partie verbale et non sur la particule. Notez que le préfixe **ge-** n'est pas ajouté au participe passé.

4 – Nou, een **bui**tje af en toe kan geen kwaad.
5 **O**ver **re**gen ge**spro**ken: je **ou**ders **heb**ben hun para**plu** hier **la**ten staan.
6 Hoe gaat het **trou**wens met ze ⑤?
7 – Ach, ge**zien** hun **leef**tijd gaat het heel goed met hen ⑥.
8 – Doe ze de **har**telijke **groe**ten van me.
9 En hier is hun para**plu**!
10 – Dank je. Die zal ik hun ⑦ straks me**teen** te**rug**geven. □

*4 … **bœy**tye af èn tou … kwa:t **5** … χe**spro:**ke^n … **aou**derss … pa:ra:**pLu:** … **6** …**traou**we-nss … **7** aχ χe**z'i:-n** … **Lé:f**tèyt … Hé:L … **8** … **Har**teLeke **χrou**te^n … **9** … pa:ra:**pLu:** **10** … strakss … **trùχ**-χé:v'e^n*

Notes

⑤ Le pronom personnel **ze** peut être employé comme sujet (il signifie alors *elle* ou *ils/elles*), ou comme complément d'objet non accentué, direct et indirect. Dans ce cas, il désigne uniquement la 3e personne du pluriel : **ze**, *les*, *eux*, *leur*. Il peut renvoyer à des personnes ou à des objets.

⑥ Le pronom personnel objet accentué **hen**, *eux*, *les*, est réservé aux personnes et s'utilise avec ou sans préposition : **met hen**, *avec eux*, **ik zie hen**, *je les vois*. ▸

***

Oefening 1 – Vertaal

❶ Een buitje af en toe kan geen kwaad. ❷ Hoe gaat het trouwens met je zus? ❸ Het gaat heel goed met haar. ❹ Als je naar je ouders gaat, doe ze dan de hartelijke groeten van me. ❺ Ze hebben hun paraplu hier gisteren laten staan.

4 – Bon, une petite averse de temps à autre ne [nous] fera pas *(peut pas-de)* de mal.
5 À propos de pluie *(Sur pluie parlé)* : tes parents ont laissé leur parapluie ici *(ont leur parapluie ici laisser être-debout)*.
6 Comment vont-ils au fait *(d'ailleurs)* ?
7 – Oh, vu leur âge, ils vont très bien.
8 – Salue-les chaleureusement de ma part *(Fais leur les chaleureuses salutations de moi)*.
9 Et tiens, *(ici est)* leur parapluie !
10 – Merci. *(Celui-là)* Je le leur rendrai *(retour-donner)* tout à l'heure, dès *(aussitôt)* [que je les verrai].

Remarques de prononciation
9 Le nom **paraplu** a été emprunté au français, mais se prononce en néerlandais avec un **u** long à la fin.
10 Lors d'un débit de parole rapide, on ne prononce pas le **e** de **terug** : *[trùχ]*. Les deux syllabes sont alors contractées en une seule, qui porte l'accent tonique.

⑦ Le pronom personnel objet accentué **hun**, *leur*, est également réservé aux personnes, mais s'utilise uniquement comme complément d'objet indirect sans préposition : **ik zal hun de paraplu geven**, *je leur donnerai le parapluie.*

***

Corrigé de l'exercice 1

❶ Une petite averse de temps à autre ne nous fera pas de mal. ❷ Au fait, comment va ta sœur ? ❸ Elle va très bien. ❹ Si tu vas chez tes parents, salue-les chaleureusement de ma part. ❺ Ils/Elles ont laissé leur parapluie ici hier.

40 Oefening 2 – Vul in

❶ Il fait beau aujourd'hui : le soleil brille.
Het is vandaag lekker weer: . .   . . . schijnt.

❷ J'ai parlé de la pluie et du beau temps avec la voisine.
Ik heb met de buurvrouw over koetjes en kalfjes
. . . .

❸ L'examen ne durera pas longtemps.
Het examen zal . . . .

❹ Veux-tu manger de la saucisse fumée avec des pommes de terre ce soir ?
Wil je vanavond . . . . met . . . . eten?

❺ Je vous ai envoyé la lettre la semaine dernière.
Ik heb u de brief . . . . opgestuurd.

Corrigé de l'exercice 2

❶ – de zon – ❷ – gesproken ❸ – niet lang duren ❹ – rookworst – aardappels – ❺ – vorige week –

Un des sujets de prédilection des Néerlandais est le temps, ce qui vous fait un thème facile pour entamer une conversation. Les Pays-Bas ont un climat maritime tempéré, dû à leur situation géographique près de la mer et au Gulf Stream. Malgré la petite taille du pays – la distance la plus longue est d'environ 300 km du nord au sud – il existe des variations climatiques : l'influence de la mer se fait moins sentir à l'est et il fait un peu plus chaud et beau au sud. En règle générale, les étés sont frais et les hivers doux. Les jours sans nuages sont plutôt rares, et la pluie et le vent fréquents. Toutes ces informations sont fournies par le **KNMI**, **Koninklijk Nederlands Meteorologisch Instituut**, l'Institut Royal Néerlandais de Météorologie, *qui s'occupe aussi des prévisions journalières de la météo.*

41 Eenenveertigste les

Op vakantie ①

1 – **Heb**ben **jul**lie al va**kan**tieplannen?
2 – We **den**ken dit jaar naar ② een warm land te gaan.
3 Mis**schien** wordt het **Span**je ③ of **an**ders **Por**tugal.
4 En waar gaan **júl**lie heen ④?
5 – O, wíj gaan na**tuur**lijk weer naar **Frank**rijk,
6 naar de**zelf**de ⑤ **cam**ping als ver**le**den jaar.
7 – Dat is ook **al**tijd het**zelf**de ⑤!

Prononciation

*op~fa:**ka-n**tsi:* **1** … *v'a:**ka-n**tsi:pLane*ⁿ **2** … ***deŋ**ke*ⁿ … **3** *mĭss**χi:-n** wort~e-t **spa**ñye* … ***a-n**derss **por**tu:χaL* **4** … *Hé:n* **5** … *na:**tu:r**Lek* … ***fraŋk**rèyk* **6** … *de**z'èLv'**de* ***kèm**pĭŋ … v'er**Lé:**de*ⁿ … **7** … ***aL**tèyt~e-**tsèLv'**de*

Notes

① **op vakantie gaan** ou **met vakantie gaan**, *aller en vacances.* **De vakantie**, *les vacances*, s'emploie au singulier.

② La préposition **naar**, *vers*, s'utilise à chaque fois qu'il y a un déplacement, contrairement à **in**, *dans* : **we gaan naar een warm land**, *nous allons dans un pays chaud* ; **we wonen in een warm land**, *nous habitons dans un pays chaud.*

③ Contrairement au français, vous ne trouverez pas d'article devant les noms de pays.

④ L'interrogatif **waar … heen?**, *où ?*, est synonyme de **waar … naartoe?**, que vous avez déjà rencontré. Souvenez-vous qu'il exprime une destination ou un déplacement.

⑤ L'adjectif démonstratif **dezelfde**, *le/la même*, s'emploie devant un nom du genre commun et s'écrit en un seul mot. Devant ▸

En vacances

1 – Avez-vous déjà des projets de vacances ?
2 – Cette année, nous envisageons *(pensons)* d'aller dans *(vers)* un pays chaud.
3 Ça sera *(devient)* peut-être [l']Espagne ou sinon *(autrement)* [le] Portugal.
4 Et vous, où irez *(allez)*-vous ?
5 – Oh, nous, nous irons *(allons)* de nouveau en *(vers)* France, bien sûr *(naturellement)*,
6 au même camping que l'année dernière *(passée)*.
7 – C'est vraiment toujours pareil *(toujours la-même-chose)* !

Remarques de prononciation
Titre La terminaison **-tie** se prononce d'habitude *[si:]*, mais après une voyelle ou un **n**, on entend aussi *[tsi:]*.
6 Remarquez la prononciation à l'anglaise du **a** dans **camping**.
7 Dans **hetzelfde** *[e-tsèLv'de]*, vous avez d'abord un cas d'assimilation progressive et ensuite d'assimilation régressive.

▸ un nom du genre neutre, on utilise **hetzelfde**, *le/la même* : **hetzelfde huis**, *la même maison*. Ce dernier s'utilise également seul, comme dans la phrase 7 : **hetzelfde**, *la même chose*.

8 Wij **vin**den 't veel **leuk**er om **el**ke **zo**mer een **an**der land te **le**ren **ken**nen ⑥.
9 – **Vre**selijk! Dat is niets voor ons! □

*8 ... e-t~fé:L **Leuk**e-r ... **a-n**de-r ... **Lé**:re^n ...*

***

Oefening 1 – Vertaal

❶ Er ligt een groot strand naast de camping. ❷ De trein naar Portugal vertrekt morgenochtend vroeg. ❸ Ze willen liever elke zomer naar hetzelfde land. ❹ Die kampioen is niet bekend in dat land. ❺ Heeft ze nog geen vakantieplannen?

Oefening 2 – Vul in

❶ Où allez-vous en vacances ? En Belgique, au Portugal ou en Espagne ?
Waar gaan jullie heen op vakantie? Naar . . . . , Portugal of . . . . . . ?

❷ Cet été, nous envisageons d'aller dans un pays chaud.
We denken . . . . naar een warm land te gaan.

❸ Chaque année le même camping : cela ne leur dit rien du tout !
Elk jaar . . . . camping: dat is niets voor hen!

8 Nous, nous *(le)* trouvons beaucoup plus chouette de découvrir *(apprendre connaître)* un autre pays chaque été.
9 – Quelle horreur *(Horrible)* ! Ça ne nous dit rien du tout *(Cela est rien pour nous)* !

Note

⑥ Les verbes **leren kennen**, littéralement "apprendre [à] connaître", peuvent s'employer pour un pays (*découvrir*) ou une personne (*rencontrer*).

***

Corrigé de l'exercice 1

❶ Il y a une grande plage à côté du camping. ❷ Le train pour le Portugal partira tôt demain matin. ❸ Ils/Elles préfèrent aller dans le même pays chaque été. ❹ Ce champion n'est pas connu dans ce pays. ❺ Elle n'a pas encore de projets de vacances ?

❹ Mes parents aiment leur maison en France.
Mijn ouders . . . . hun huis in Frankrijk.

❺ J'ai rencontré mon mari à l'étranger.
Ik heb . . . . in het buitenland leren kennen.

Corrigé de l'exercice 2

❶ – België – Spanje ❷ – deze zomer – ❸ – dezelfde – ❹ – houden van – ❺ – mijn man –

42 *Beaucoup de Néerlandais aiment passer leurs vacances de printemps ou d'été au soleil. Pour trouver le soleil au printemps, ils doivent faire des grands trajets et ils préfèrent prendre* l'avion, **het vliegtuig**. *En été, ils partent souvent en voiture, avec leur* caravane, **caravan**, *remplie de provisions. Parfois, ils louent* une maison de vacances, **vakantiehuisje**, *ou un* mobile home, **stacaravan**.

42 Tweeënveertigste les

Herhaling – Révision

1 Le passé composé

Le passé composé est utilisé pour décrire un événement ou une série d'événements isolés dans le passé, dont le résultat ou les conséquences se répercutent dans le présent.

Le passé composé se forme la plupart du temps avec l'auxiliaire **hebben**, *avoir*, conjugué au présent. Le participe passé se trouve en règle générale à la fin de la phrase.
Die heb ik u vorige week opgestuurd, *Je vous les ai envoyés la semaine dernière.*
Ik heb iets voor ze meegenomen, *Je leur ai apporté quelque chose.*
Ik heb niet op de tijd gelet, *Je n'ai pas fait attention à l'heure.*

Dans le cas où le verbe indique un changement d'état du sujet de la phrase, on utilise l'auxiliaire **zijn**, *être* :
Ik ben voor het examen gezakt, *J'ai échoué à l'examen.*
Ze zijn gisteren getrouwd, *Ils se sont mariés hier.*
De film is al begonnen, *Le film a déjà commencé.*
De bomen zijn allemaal omgewaaid, *Les arbres sont tous arrachés par le vent.*

1.1 Le participe passé des verbes réguliers (verbes faibles)

• Il se forme en plaçant le préfixe **ge-** devant le radical et en ajoutant la terminaison **-t** ou **-d**. Pour choisir, on regarde quelle lettre se trouve juste devant la terminaison **-en** de l'infinitif :

Depuis des années, la destination de vacances préférée des Néerlandais, c'est la France, suivie de près par l'Allemagne et les destinations de dernière mode comme la Turquie, la République tchèque et la Hongrie. Les maisons de campagne sont également très prisées. Les Néerlandais apprécient les maisons authentiques, dans un joli et vaste paysage où il fait bon vivre.

– Si c'est un **-t**, **-k**, **-f**, **-s**, **-ch** ou **-p**, on ajoute la terminaison **-t** : **zakken**, *échouer* → **gezakt**, *échoué* ; **maken**, *rendre* → **gemaakt**, *rendu.*
Pour vous rappeler ces consonnes, pensez à la phrase "**K**ung **F**u **p**rend **s**on **t**hé **ch**aud".
– Si le radical se termine déjà par un **-t**, on n'ajoute pas de **-t** supplémentaire : **letten**, *faire attention* → **gelet**, *fait attention.*
– Si cette lettre n'est pas **-t**, **-k**, **-f**, **-s**, **-ch** ou **-p**, on ajoute la terminaison **-d** : **horen**, *écouter* → **gehoord**, *écouté* ; **kennen**, *connaître* → **gekend**, *connu.*

• Faites attention aux verbes dont la dernière lettre du radical est un **v** ou un **z**. La terminaison du participe passé de ces verbes est un **-d**. Souvenez-vous que le **v** se transforme en **f** à la fin d'un mot, et le **z** en **s**. N'oubliez pas de doubler la voyelle si elle est longue : **geloven**, *croire* → **gelov** + **d** → **geloofd**, *cru*

• Pour le participe passé d'un verbe à particule séparable, le préfixe **ge-** se place toujours entre la particule et la partie verbale, par exemple : **opsturen**, *envoyer* : **op** + **-ge-** + **stuur** + **-d** → **opgestuurd**, *envoyé* ; **omwaaien**, *arracher* (par le vent) → **omgewaaid**, *arraché* (par le vent).

1.2 Le participe passé des verbes forts et irréguliers

On distingue en néerlandais les verbes dits "forts", et un petit groupe de verbes vraiment irréguliers.

• Le participe passé d'un verbe fort se caractérise par le préfixe **ge-** et la terminaison **-en**. En règle générale, la voyelle du radical est modifiée. Vous connaissez déjà **geslapen**, *dormi*, **geroepen**, *appelé*, **meegenomen**, *apporté* et **gesproken**, *parlé.*

42 • Le participe passé d'un verbe irrégulier se caractérise aussi par des changements de voyelles… ou de consonnes, et se termine en **-en**, **-t** ou **-d**. Nous y reviendrons. Vous trouverez également une liste des verbes forts et irréguliers en annexes.

1. 3 Le participe passé sans *ge-*

Pour tous les verbes commençant par les préfixes **be-**, **ge-**, **(h)er-**, **ont-** et **ver-**, on n'ajoute pas **ge-** au participe passé : **beginnen**, *commencer* → **begonnen**, *commencé* ; **geloven**, *croire* → **geloofd**, *cru* ; **herinneren**, *rappeler* → **herinnerd**, *rappelé* ; **ontbijten**, *déjeuner* → **ontbeten**, *déjeuné* ; **vertrouwen**, *familiariser* → **vertrouwd**, *familiarisé* ; **vergelijken**, *comparer* → **vergeleken**, *comparé*.

Ceci vaut également pour les verbes à particule non séparable : **voorspellen**, *annoncer, prédire* → **voorspeld**, *annoncé, prédit*.

2 Les verbes de position

Vous connaissez déjà **staan**, **liggen** et **hangen**. Le quatrième verbe de position est **zitten**, littéralement "être assis".

Ce verbe fait référence en premier lieu à la position assise de l'homme : **De rijinstructeur zit in de auto**, *Le moniteur est (assis) dans la voiture*. Il est également utilisé pour toutes sortes d'objets accrochés, dont la position est difficile à indiquer. Comme les autres verbes de position, son emploi peut être idiomatique : **Weet je waar alle knoppen zitten?**, *Sais-tu où se trouvent tous les boutons ?*

Pour traduire *il y a*, on a recours à l'adverbe **er** et au verbe **zijn**, *être*, conjugué au singulier ou au pluriel : **er is**, *il y a* + singulier / **er zijn**, *il y a* + pluriel. On préfère toutefois un verbe de position dès qu'on peut indiquer la position : **er staat**, *il y a (debout)* , **er zit**, *il y a (assis)* , **er hangt**, *il y a (suspendu)*, ou **er ligt**, *il y a (couché)*. Le verbe se conjugue au singulier ou au pluriel en fonction du nom, qui sera toujours indéfini : **Er ligt een banaan op tafel**, *Il y a une banane sur la table* ; **Er liggen ook aardappels**, *Il y a aussi des pommes de terre*.

3 La proposition infinitive avec *te* 42

Les propositions infinitives se construisent la plupart du temps avec **te**, *de*, *à*. L'infinitif est rejeté à la fin de la phrase et **te** se place juste avant :
U hoeft niet meer te komen, *Vous n'avez plus besoin de venir* .
Tous les autres éléments de la proposition infinitive se placent avant **te** et l'infinitif :
U hoeft morgenochtend niet meer te komen, *Vous n'avez plus besoin de venir demain matin.*
Ik heb vergeten aardappels te kopen, *J'ai oublié d'acheter des pommes de terre.*
Ik durf niet naar de supermarkt te fietsen, *Je n'ose pas aller au supermarché en vélo.*
Probeert u de volgende keer stipt op tijd te zijn, *Essayez d'être pile à l'heure la prochaine fois.*
Wij vinden het leuker elke zomer naar een andere camping te gaan, *Nous trouvons plus chouette d'aller chaque été dans un autre camping.*

Si l'infinitif est un verbe à particule séparable, **te** se place entre la particule et la partie verbale, sans s'y rattacher :
Vergeet niet je riem om te doen, *N'oublie pas d'attacher ta ceinture* ;
Durf je het gaspedaal niet in te duwen?, *Tu n'oses pas appuyer sur l'accélérateur ?*

Dans le langage courant, l'emploi de la conjonction **om** est plus fréquent qu'à l'écrit : **Kunt u hem vragen (om) een recept voor me klaar te leggen?**, *Pouvez-vous lui demander de me préparer une ordonnance ?* Nous vous en reparlerons.

4 Le verbe réfléchi

Récapitulons à présent toutes les formes du pronom réfléchi :

ik herinner	**me (mij**[1]**)**	*je me rappelle*
je herinnert	**je**	*tu te rappelles*
u herinnert	**u, zich**[2]	*vous vous rappelez*
hij, ze herinnert	**zich**	*il, elle se rappelle*

we herinneren	**ons**	*nous nous rappelons*
jullie herinneren	**je**	*vous vous rappelez*
ze herinneren	**zich**	*ils, elles se rappellent*

[1] À la 1re personne du singulier, il est possible d'utiliser la forme accentuée **mij**, *moi* : **Ik herinner mij die dag als de dag van gisteren**, *Je me rappelle, moi, ce jour-là, comme si c'était hier.*

[2] À la forme de politesse, il existe deux formes : **u** et **zich**. Après **u hebt** ou **u bent**, on préfère utiliser **u** : **u hebt u de vraag gesteld**, *vous vous êtes posé la question.* Après **u heeft**, on préfère **zich** : **u heeft zich de vraag gesteld**. La forme **zich** est également

Herhalingsdialoog

1 – Hebben jullie al vakantieplannen?
2 – Wij gaan dit jaar naar Frankrijk, want daar is het in april vast lekker weer.
3 – Hier lijkt het dan nog hartje winter.
4 – Nou, overdrijven is ook een vak!
5 – Maar, eh, je man is toch voor zijn examen gezakt?
6 – Ach, hij weet nu waar alle knoppen zitten.
7 – Maar hij mag niet rijden zonder rijbewijs.
8 Hoe gaan jullie dat dan doen?
9 – O, geen paniek, dan rijd ik wel!

Oefening – **Vertaal**

❶ Er zijn gisteren twee bomen omgewaaid. ❷ Er liggen bananen en appels in de kelder. ❸ Ze hebben zich de vraag gesteld. ❹ Ze hebben elkaar een vraag gesteld. ❺ Ze maken zich vertrouwd met de nieuwe auto.

employée pour éviter de juxtaposer le pronom personnel **u** et le pronom réfléchi **u** : **ik denk dat u zich de vraag stelt**, *je pense que vous vous posez la question.*

Le suffixe **-zelf**, *-même*, sert à renforcer le pronom : **mezelf** *moi-même*, **jezelf** *toi-même*, **zichzelf** *soi-même* etc.

Traduction

1 Avez-vous déjà des projets de vacances ? **2** Cette année, nous irons en France, car en avril, il y fera certainement bon *(temps)*. **3** Ici, on se croirait encore en plein hiver. **4** Eh ben, il faut toujours que tu exagères ! **5** Mais, eh, ton mari a échoué à son permis, n'est-ce pas ? **6** Ah, il sait maintenant où se trouvent tous les boutons. **7** Mais il ne pourra pas conduire sans permis. **8** Comment allez-vous faire alors ? **9** Oh, pas de panique, c'est moi qui conduirai !

Corrigé de l'exercice

❶ Il y a [eu] deux arbres arrachés par le vent hier. ❷ Il y a des bananes et des pommes à la cave. ❸ Ils/Elles se sont posé la question. ❹ Ils/Elles se sont posé (les uns aux autres) une question. ❺ Ils/Elles se familiarisent avec la nouvelle voiture.

43 Drieënveertigste les

Een e-mail van Willem

1 – Hé, we **heb**ben een **e**-mail van m'n broer ont**van**gen!
2 Dat is lang ge**le**den!
3 Ik zal hem **e**ven **voor**lezen:

4 "**Bes**te ① **al**lemaal,
5 Zo**als jul**lie mis**schien we**ten, vond ② **vo**rige week **on**ze **eer**ste fa**mi**liereünie plaats.
6 Voor de**ge**nen die niet aan**we**zig **wa**ren, volgt hier een kort ver**slag** van **de**ze dag,
7 die we be**gon**nen ③ met een lunch in Slot **Zuy**len.

Prononciation
*... **i:**mé:L ... **wĭL**em **1** ... brour o-ntf**aŋ**eⁿ **5** z'o:**aLss** ... v'o-nt~**fo:**reχe ... fa:**mi:**Li:ré:u:ni: pLa:tss **6** ... de**χé:**neⁿ ... a:-n**wé:**z'eχ **wa:**reⁿ v'oLχt ... kort~fer**sLaχ** ... **7** ... be**χone**ⁿ ... sLot **z'œy**Leⁿ*

Notes

① Commencez une lettre ou un e-mail informel par **beste**, *cher/s, chère/s*. C'est plus neutre que **lieve**, *cher/s, chère/s*, qui s'emploie plutôt pour la famille proche ou les amis intimes.

② Le prétérit singulier du verbe à particule séparable **plaatsvinden**, *avoir lieu*, est **plaatsvond**, *a eu lieu*. N'oubliez ▸

Un e-mail de Willem

1 – Tiens, nous avons reçu un e-mail de mon frère !
2 Ça fait longtemps [que je n'ai pas eu de ses nouvelles] *(Cela est longtemps passé)* !
3 Je vais te le *(un-instant)* lire.

4 "Chers tous *(Meilleur tout)*,
5 Comme vous [le] savez peut-être, notre première réunion de famille a eu *(trouvait)* lieu la semaine dernière.
6 Pour ceux qui n'étaient pas présents, suit *(ici)* un bref compte rendu de cette journée,
7 que nous avons commencée par *(commencions avec)* un déjeuner au château Zuylen.

Remarque de prononciation
5 L'accent tonique de **zoals** est variable.

▸ pas que le verbe conjugué est en 2e position, et que la particule est rejetée en fin de phrase.

③ Le prétérit pluriel du verbe **beginnen**, *commencer*, est **begonnen**. Cette forme est identique au participe passé **begonnen**, *commencé*.

8 Daar**na** **kre**gen ④ we een **rond**leiding door het kas**teel**, dat in de **der**tiende eeuw werd ge**bouwd** ⑤.
9 **O**pa ⑥ **Jo**han heeft de **he**le fa**mi**lie gefotogra**feerd**.
10 Als **jul**lie de **fo**to's **wil**len zien, klik dan op de link.

11 **Har**telijke **groe**ten ⑦,
12 **Wil**lem." □

*8 … **kré:**χe^n … **ro-nt**Lèydĭŋ … kas**té:L** … é:ou wèrt χe**baout***
***9 o:**pa: **yo:**Ha-n … fa:**mi:**Li: χefo:to:χra:**fé:rt** **10** … **fo:**to:ss …*
*kLĭk … Lĭŋk **12 wĭL**em*

Notes

④ **kregen** est le pluriel du verbe **krijgen**, *obtenir*, *recevoir*.

⑤ Nous vous faisons découvrir à petits pas la voix passive. Ne vous focalisez pas sur sa construction – nous verrons cela plus tard – mais contentez-vous pour l'instant de reconnaître les participes passés. Ici **gebouwd**, *construit*, du verbe **bouwen**, *construire*.

***

Oefening 1 – Vertaal

❶ Hé, we hebben een e-mail van opa en oma ontvangen. ❷ Ze waren vorige week naar Slot Zuylen. ❸ Het kasteel werd in de zeventiende eeuw gebouwd. ❹ Vanochtend begonnen we de dag met een lekker ontbijt. ❺ Daarna kregen we een korte rondleiding.

8 Ensuite, nous avons eu *(obtenions)* une visite guidée *(autour-guide)* du *(à-travers le)* château, qui fut construit au *(dans le)* treizième siècle.
9 Papi Johan a photographié toute *(entière)* la famille.
10 Si vous voulez voir les photos, cliquez *(alors)* sur le lien.

11 Cordialement *(Chaleureuses amitiés)*,
12 Willem."

Remarques de prononciation
8 Notez la prononciation de la semi-diphtongue **eeuw** *[é:ou]*.
10 foto's : souvenez-vous que l'apostrophe est nécessaire pour conserver la prononciation longue de la voyelle.

⑥ Les noms **opa**, *papi*, et **oma**, *mamie*, sont plus informels que **grootvader**, *grand-père*, et **grootmoeder**, *grand-mère*.

⑦ Terminez une lettre ou un e-mail informel par **hartelijke groeten**, *cordialement (chaleureusement)*, ou bien par **met vriendelijke groet(en)**, *amicalement*, suivi de votre prénom. Pour la famille proche ou les amis intimes, vous pouvez utiliser **liefs** *(ton, ta, tes, votre)* suivi de votre prénom.

***

Corrigé de l'exercice 1

❶ Tiens, nous avons reçu un e-mail de papi et mamie. ❷ Ils/Elles sont allé(e)s au château Zuylen la semaine dernière. ❸ Le château fut construit au XVIIe siècle. ❹ Ce matin, nous avons commencé la journée par un bon petit déjeuner. ❺ Ensuite, nous avons eu une brève visite guidée.

Oefening 2 – Vul in

❶ Chers mamie et papi, pourquoi est-ce que vous n'étiez pas à notre réunion de famille ?
Lieve . . . en . . . , waarom . . . . . jullie niet op onze familiereünie?

❷ Voici *(ici suit)* un bref compte rendu d'un long voyage.
Hier volgt een . . . . verslag van een . . . . . reis.

❸ Dépêche-toi donc, tu vois bien que la visite guidée a déjà commencé !
Schiet eens op: je ziet toch dat de rondleiding al is . . . . !

Le nom **het kasteel**, le château, *est plus général et plus fréquent que* **het slot**, le château (fort), *terme qui a survécu dans les noms propres des châteaux. Il reste beaucoup de châteaux en bon état aux Pays-Bas, dont la plupart a trouvé une nouvelle destinée : musée, hôtel, centre de conférences, etc. Les débuts du* **Slot Zuylen** *datent de 1250, lorsque Steven van Zuylen construisit un donjon le long de la rivière De Vecht, près du village Zuilen, dans la province d'Utrecht. Détruit au* XV*e* *siècle, puis reconstruit sur les ruines du donjon, ce château moyenâgeux fut entièrement rénové dans le style français au* XVIII*e* *siècle. L'écrivaine Isabelle Agneta Elisabeth (Belle) van Tuyll van Serooskerken, mieux connue sous le nom de Belle van Zuylen d'abord, puis sous celui de Isabelle de Charrière, y est née en 1740. Ses œuvres, dont le conte* Le Noble *et de nombreuses lettres écrits en français, sont encore tout à fait accessibles aux lecteurs de notre époque.*

❹ Qui, au juste, a photographié toute la famille ?
Wie . . . . . de hele familie eigenlijk . . . . ?

❺ La fille que tu vois sur cette photo, c'est ma sœur.
Het . . . . . . dat je op die . . . . ziet, dat is mijn . . . .

Corrigé de l'exercice 2

❶ – oma – opa – waren – ❷ – kort – lange – ❸ – begonnen ❹ – heeft – gefotografeerd ❺ – meisje – foto – zus

44 Vierenveertigste les

De familiefoto's

1 – O leuk, klik eens op die link,
2 waar we de **fo**to's **kun**nen zien, die hij heeft ge**maakt**.
3 – Kijk nou, dit is mijn **groot**moeder met haar **eer**ste **ach**terkleinkind!
4 En daar op die **fo**to staat mijn **tan**te **I**nes met d'r ge**zin** ①:
5 haar man **Pie**ter en hun twee zoons ②.
6 En daar, dat moet m'n neef ③ Tim zijn!
7 Dat is die neef die de **hal**ve **we**reld heeft **rond**gereisd ④.
8 Hij is eerst met de boot naar A**me**rika ge**gaan**
9 en toen ⑤ hij daar het ge**luk** niet vond,
10 is hij met 't **vlieg**tuig naar Zuid-**A**frika ge**gaan**.

Prononciation

*… fa:**mi:**Li:fo:to:ss* **2** *… χe**ma:kt*** **3** *… **χro:t**moude-r … a**χ**terkLèynkĭ-nt* **4** *… **ta-n**te **i:**nèss … χe**z'ĭ-n*** **5** *… **pi:**te-r …*

Notes

① Le néerlandais distingue la famille en général, **de familie**, *la famille*, et la "petite" famille : **het gezin**, *la famille*, *le ménage*, *la cellule familiale*.

② Au pluriel, les formes **zonen** et **zoons** sont utilisées.

③ Pour *neveu* et *cousin*, il n'existe qu'un seul mot en néerlandais : **de neef**. C'est la même chose pour l'équivalent féminin **de nicht**, *la nièce/cousine*.

Les photos de famille

1 – Oh chouette, clique *(une fois)* sur ce lien,
2 où nous pouvons voir les photos qu'il a faites.
3 – Regarde-moi ça *(donc)*, c'est ma grand-mère avec son premier arrière-petit-enfant !
4 Et là, sur cette photo, c'est ma tante Ines avec sa famille :
5 son mari Pieter et leurs deux fils.
6 Et là-bas, ça doit être mon cousin Tim !
7 C'est ce cousin qui a parcouru *(autour-voyagé)* la moitié de la terre *(monde)*.
8 Il est d'abord allé en *(avec le)* bateau en *(vers)* Amérique
9 et comme il n'y trouvait pas son bonheur,
10 il est allé en *(avec l')* avion en *(vers)* Afrique du Sud.

6** … né:f tĭm … **7** … **wé:**reLt … **ro-nt**χerèysst **8** … bo:t … a:**mé:**ri:ka: χe**χa:-n** … **9** … toun … χe**Lùk** … **10** … e-t~**fLi:χ**tœyχ … z'œyt-**a:**fri:ka: χe**χa:-n

④ **reizen**, *voyager*, est régulier. La terminaison du participe passé est un **-d**, car le radical se termine par **-z**. Comme un mot ne peut se terminer par une voyelle sonore, le **z** se transforme en **s**.

⑤ La conjonction de subordination **toen**, *quand*, *lorsque*, *alors que*, s'utilise toujours avec un verbe au passé. Bien qu'elle ait un sens temporel, on la traduit souvent par *comme*.

44 **11** En toen ⑥ **heb**ben we een paar jaar niets meer van hem ge**hoord**.
12 – Ik ben be**nieuwd** naar ⑦ wat hij zocht, je neef de **goud**zoeker.
13 – Maar kijk eens naar die **prach**tige vrouw die naast hem staat:
14 als dat geen **gou**den ⑧ vondst is! □

11 *… toun … pa:r … χe**Hor:t*** ***12*** *… be**ni:ou-t** … zoχt … né:f … **χaout**souke-r* ***14*** *… **χaou**de^n v'o-nsst …*

Notes

⑥ De même, l'adverbe de temps **toen**, *puis*, *ensuite*, s'utilise uniquement dans les phrases au passé.

⑦ N'oubliez pas la préposition **naar** dans l'expression **benieuwd naar iets zijn**, *être curieux de connaître qqch.* **Benieuwd** est le participe passé du verbe **benieuwen**, *exciter la curiosité*, *intriguer.*

⑧ L'adjectif **gouden**, *en or*, *d'or*, *doré*, vient du nom **het goud**, *l'or.* Notez qu'il n'y pas de **-e**, car tous les adjectifs de matière sont invariables. Ils se terminent tous en **-en**.

***

Oefening 1 – Vertaal

❶ Dit is mijn grootmoeder en dat is haar eerste kleinzoon. ❷ We zijn heel benieuwd naar de foto's die je broer in Zuid-Afrika heeft gemaakt. ❸ Mijn nicht heeft de halve wereld rondgereisd! ❹ De buren hebben een grote familie met veel achterkleinkinderen. ❺ Hoe moet je een brief aan je opa beginnen?

11 Et puis, nous n'avons plus eu de ses nouvelles pendant quelques années *(une paire année rien plus de lui entendu)*.
12 – Je suis curieux [de savoir] *(vers)* ce qu'il cherchait, ton cousin le chercheur d'or *(or-chercheur)*.
13 – Mais regarde donc *(vers)* cette femme splendide qui se trouve à côté de lui :
14 si ce n'est pas une trouvaille en or, [ça] !

Remarque de prononciation
14 Le **d** ne se prononce pas à la fin de **vondst**.

***

Corrigé de l'exercice 1

❶ Voici ma grand-mère et là, c'est son premier petit-fils. ❷ Nous sommes très curieux [de voir] les photos que ton frère a faites en Afrique du Sud. ❸ Ma cousine/nièce a parcouru la moitié de la terre ! ❹ Les voisins ont une grande famille avec beaucoup d'arrière-petits-enfants. ❺ Comment dois-tu commencer une lettre à ton papi ?

Oefening 2 – Vul in

❶ Nous irons d'abord en Amérique et ensuite en Afrique du Sud.
We gaan . . . . . naar Amerika en . . . naar Zuid-Afrika.

❷ À côté de mon neveu se trouve une femme splendide ; tu la connais ?
Naast mijn . . . . staat een prachtige vrouw; ken je . . . . ?

❸ Ma tante est allée en Amérique, et puis nous n'avons plus eu de ses nouvelles.
Mijn tante is naar Amerika . . . . . . en . . . . hebben we niets meer van haar . . . .

❹ Que cherches-tu ? – Ma recette de la tarte aux pommes, je ne la trouve plus.
Wat . . . . je? – Mijn recept van de appeltaart, ik kan . . . niet meer vinden.

45 Vijfenveertigste les

In de boekwinkel

1 – Goede**mid**dag, kan ik u **hel**pen?
2 – Ja graag! Ik zoek een boek voor m'n **va**der.
3 Hij houdt erg van detec**ti**veromans.
4 – Hier heb ik een **goe**de de**tec**tive ① van Sime**non**.

Prononciation

*... **bouk**wĭŋkeL **2** ... bouk ... **v'a:**de-r **3** ... dé:tèk**ti:**v'ero:ma-nss **4** ... dé:**tèk**tĭf ... si:me**non***

❺ Je suis allée à Amsterdam en avion.
Ik ben ... ... naar Amsterdam gegaan.

Corrigé de l'exercice 2

❶ – eerst – dan – ❷ – neef – haar ❸ – gegaan – toen – gehoord ❹ – zoek – het – ❺ – met het vliegtuig –

La tradition néerlandaise de donner aux enfants le prénom de leurs grands-parents ou de leurs parrains ou marraines se perd. De plus en plus, ce prénom est plutôt choisi comme second ou troisième prénom. Le prénom était auparavant dérivé du **doopnaam**, nom de baptême, *qui donnait ensuite lieu au* **roepnaam**, prénom usuel. *Ce dernier ne fait plus forcément partie des noms officiels donnés à la naissance, mais il s'utilise souvent comme petit nom : le prénom* **Wilhelmus**, *peut alors devenir* **Willem**, **Wim**, **Wil**, **Willy**, **Willemke** *ou encore* **Guillaume**. **Johannes** *peut se transformer en* **Jan**, **Johan**, **Hans**, **Han** *ou* **Jo**. *Le prénom* **Christina** *peut donner* **Chris**, **Christa**, **Christine**, **Tina**, **Tineke**, **Ina**, **Ines** *ou* **Ineke** *! Notez que la terminaison* **-ke** *indique un diminutif. Si vous souhaitez connaître le top 20 des prénoms actuels,* **klikt u dan op de link** www.voornamenboek.nl.

Quarante-cinquième leçon 45

À la librairie *(livre-magasin)*

1 – Bonjour, puis-je vous aider ?
2 – Oui, s'il vous plaît ! Je cherche un livre pour mon père.
3 Il aime beaucoup les romans policiers.
4 – Voici un bon polar de Simenon.

Note

① **de detective**, traduit ici par *polar*, peut aussi être la personne qui enquête.

45

5 – O nee, die **boe**ken heeft hij **al**lemaal ② al ge**le**zen.

6 Hebt u geen **thril**ler van een **Ne**derlandse au**teur** ③?

7 – Dan kan ik u *De* ***aan**slag* van **Har**ry **Mu**lisch **aan**raden.

8 Of **an**ders een **span**nend ④ boek van **Noo**teboom of **Haa**sse?

9 – Nou, het moet echt zo'n mo**der**ne **mis**daadroman zijn.

10 U weet wel, zo één die je **kip**penvel ⑤ be**zorgt**.

11 Ik kijk eerst wel **e**ven **ver**der ⑥.

12 Dank u wel voor de **moei**te!

***5** … **bou**ke*^{n} *… χe**Lé:**z'e*^{n} ***6** … **trĭL**e-r … **né:**derLa-ntsse o:**teur** **7** … **a:-n**sLaχ… **Har**i: **mu:**Lich **a:-n**ra:de*^{n} ***8** … **span**e-nd~bouk … **no:**tebo:m … **Ha:**sse **9** … mo:**dèr**ne **mĭs**da:tro:ma-n … **10** … **kĭp**ev'èL be**z'orχt** **11** … **v'èr**de-r **12** … **mouy**te*

Notes

② **allemaal**, *tous/toutes*, s'emploie surtout en langage parlé et se combine la plupart du temps avec un pronom personnel, un pronom démonstratif ou un nom : **hij heeft ze allemaal al gelezen**, *il les a tous déjà lus.*

③ **de auteur**, *l'auteur*, est un emprunt au français. Le mot néerlandais est **de schrijver**, *l'écrivain*, du verbe **schrijven**, *écrire.*

④ **spannend** se dit pour tout ce qui est *captivant*, *prenant*, *palpitant.*

5 – Oh non, ces livres-là, il [les] a tous déjà lus.
6 N'avez-vous pas de thriller d'un auteur néerlandais ?
7 – Dans ce cas, je peux vous conseiller *L'Attentat* de Harry Mulisch.
8 Ou sinon un livre captivant de Nooteboom ou Haasse ?
9 – Ben, je veux vraiment un roman policier moderne *(ça doit vraiment un tel moderne crime-roman être)*.
10 Vous savez *(bien)*, un *(tel)* qui vous donne *(te procure)* la chair de poule.
11 Je vais regarder d'abord un peu *(Je regarde d'abord bien un-instant plus-loin)*.
12 Merci *(pour la peine)* !

Remarques de prononciation

6 Le son anglais "th" de **thriller** n'est pas tellement courant en néerlandais, c'est pour cela qu'on le prononce souvent avec un **tr** néerlandais. Mais vous pouvez également le prononcer à l'anglaise.
Tout comme pour **auto**, **auteur** se prononce soit avec un *[aou]*, soit avec un *[o:]*.

⑤ Le nom composé **kippenvel**, *chair de poule*, fait partie d'une catégorie de mots qui ont pris un **-n** de "liaison" lors de la réforme de l'orthographe de 1995. Ne soyez donc pas surpris de voir que nombre de Néerlandais hésitent à l'écrire. En plus, on ne peut se fier à la prononciation, car on n'entend pas ce **-n** de liaison !

⑥ Le comparatif de **ver**, *loin*, est **verder**, *plus loin*. Il est fréquemment employé dans le sens de *puis*, *ensuite*.

Oefening 1 – Vertaal

❶ Ik lees een spannend boek over een Nederlands gezin, dat in een kasteel woont. ❷ Kunt u ons een goede Nederlandse schrijver aanraden? ❸ Heeft hij die boeken allemaal al gelezen? ❹ Ik kijk eerst wel even verder. Dank u wel voor de moeite! ❺ Hij is naar Nederland gegaan waar hij een prachtige vrouw heeft leren kennen.

Oefening 2 – Vul in

❶ Demain matin, je veux d'abord faire la grasse matinée et puis lire le journal au lit !
Morgenochtend wil ik eerst . . . . en dan in bed . . . . lezen!

❷ Ma nièce n'aime pas ces romans policiers modernes.
Mijn nicht . . . . . niet . . . die moderne misdaadromans.

❸ Le château se trouve en peu plus loin : aux feux (de signalisation), sur la gauche.
Het kasteel ligt wat . . . . . . : bij de stoplichten . . . . . .

❹ Elle cherchait un joli cadeau pour l'anniversaire de son père.
Ze . . . . . een mooi cadeau voor de verjaardag van . . . .

❺ Il ne trouvait pas ça amusant du tout.
Hij vond dat . . . . niet leuk.

Corrigé de l'exercice 1

❶ Je lis un livre captivant sur une famille néerlandaise qui habite dans un château. ❷ Pouvez-vous nous conseiller un bon auteur néerlandais ? ❸ A-t-il déjà lu tous ces livres ? ❹ Je vais regarder d'abord un peu. Merci ! ❺ Il est allé aux Pays-Bas où il a rencontré une femme splendide.

Corrigé de l'exercice 2

❶ – uitslapen – de krant – ❷ – houdt – van – ❸ – verder – links ❹ – zocht – haar vader ❺ – helemaal –

Vous avez fait énormément de progrès et vous pouvez dès maintenant commencer à lire des livres relativement faciles, comme les bandes dessinées **Kuifje**, Tintin, *ou* **Suske en Wiske**, Bob et Bobette. *Si vous aimez la littérature, n'hésitez pas à aborder des romans d'auteurs néerlandais dans leurs traductions françaises. Vous aurez l'embarras du choix :* **Cees Nooteboom**, **Harry Mulisch**, **Hella Haasse**, **Willem Frederik Hermans**, **Gerard Reve** *et bien d'autres encore. Cela vous permettra par la même occasion d'approfondir vos connaissances de la civilisation néerlandaise. Si vous souhaitez commencer par un grand classique, optez plutôt pour* Max Havelaar *d'***Eduard Douwes Dekker** *(1820 - 1887). Ce roman, publié en 1860 sous le pseudonyme de* **Multatuli** *("J'ai beaucoup souffert" en latin), eut un retentissement énorme ! Pour la première fois dans l'histoire des Pays-Bas, l'oppression exercée sur les cultivateurs d'Indonésie, ancienne colonie des Pays-Bas, y fut dénoncée. Véritable chef-d'œuvre, il fascine encore aujourd'hui le lecteur par sa thématique, à tel point que son héros, Max Havelaar, est devenu l'emblème du commerce équitable.*

Après la réforme de l'orthographe de 1995, où la question du **-n** *intermédiaire dans les mots composés a été réglée, beaucoup de Néerlandais doutèrent de la bonne orthographe à adopter. Ils peuvent vérifier dans* **de Woordenlijst Nederlandse taal**, *la liste qui référence l'orthographe correcte de tous les mots néerlandais, plus connue sous le nom de* **het Groene Boekje**, Le Livre vert. *Cette liste est rédigée sur l'ordre de l'Union de la Langue néerlandaise, une organisation politique qui permet aux Pays-Bas, à la Belgique et au Suriname de coopérer dans les domaines de la langue néerlandaise, de l'enseignement et des lettres. En 1995 a été stipulé qu'une nouvelle liste verrait le jour tous les dix ans, et en 2005 on a décidé d'adapter la règle du* **-n** *intermédiaire. Enfin, si vous avez un doute, vous savez maintenant où vérifier l'orthographe des mots néerlandais !*

46 Zesenveertigste les

De straatenquête

1 – Neemt u me niet **kwa**lijk ① me**vrouw**,
2 mag ik u wat **vra**gen **o**ver ② uw **woon**situatie?
3 – Ja na**tuur**lijk, wat wilt u **we**ten?
4 – Waar woont u: in een stad of een dorp?
5 – Ik woon in een dorp **vlak**bij de stad.

Prononciation
… ***stra:t**ankète* **1** … ***kwa:**Lek* … **2** … ***wo:-n**si:tu:a:tsi:*
4 … *dorp* **5** … *dorp~**fLak**bèy* …

Notes

① Pour s'excuser, on peut utiliser l'expression **neem/neemt u me niet kwalijk**, *excuse/z-moi*, littéralement "ne me prends/prenez pas mal". Mais **sorry**, *excuse/z-moi*, emprunté à l'anglais, est ▸

Quarante-sixième leçon 46

Le sondage *(rue-enquête)*

1 – Excusez[-moi], madame,
2 puis-je vous poser quelques questions *(quelque-chose demander)* sur vos conditions de logement ?
3 – Oui, bien sûr, que voulez-vous savoir ?
4 – Où habitez-vous : dans une ville ou un village ?
5 – J'habite *(dans)* un village tout près de la ville.

▸ plus fréquent. On peut également dire **pardon**, un emprunt au français.

② Notez que la préposition **over** peut souvent être traduite par *au sujet de, à propos de.*

6 – Hoe lang ③ woont u daar al?
7 – Ik woon daar nu onge**veer** acht jaar.
8 – Wat voor soort **wo**ning heeft u? Een huis of een flat?
9 – Het is geen flat.
10 – Een huis dus! Hoe groot ③ is het?
11 – **Veer**tig **vier**kante **me**ter.
12 – En **hoe**veel **ka**mers heeft het?
13 – Het is een twee**ka**merwoning, met een ter**ras** en een **stei**ger.
14 – Nog een **laat**ste vraag: hoe oud ③ bent u?
15 – Ik ben **vijf**endertig jaar ④.
16 – Maar eh, waar**om** zit er **ei**genlijk een **stei**ger bij ⑤ uw huis?
17 – Het is geen huis, maar een **woon**boot! □

*7 … oŋχe***v'é:r** *… 8 … so:r-t* **wo:***nĭŋ … fLèt* **11** *…* **v'i:r***ka-nte* **mé:***te-r* **12** *…* **Hou***v'é:L …* **13** *… twé:***ka:***merwo:nĭŋ … tè***rass** *…* **stèy***χe-r* **14** *…* **La:***tste … aou-t …* **17** *…* **wo:-n***bo:-t*

Notes

③ En néerlandais, il est très facile de construire les questions pour quantifier quelque chose. Il suffit de commencer par l'interrogatif **hoe**, *comment*, et d'y ajouter un adjectif : **hoe groot…?**, *quelle est la surface/combien mesure... ?*, **hoe oud…?**, *quel âge... ?*, **hoe laat…?**, *(à) quelle heure... ?*, **hoe veel…?**, *combien (de)... ?* Notez qu'on écrit souvent **hoelang** et **hoeveel** en un seul mot. ▸

6 – Depuis combien de temps *(Comment longtemps)* déjà habitez-vous là-bas ?
7 – J'y habite [depuis] à peu près huit an[s] maintenant.
8 – Quel genre de logement avez-vous ? Une maison ou un appartement ?
9 – Ce n'est pas un appartement.
10 – Une maison donc ! Quelle surface fait-elle *(Comment grand est elle)* ?
11 – Quarante mètres carrés.
12 – Et combien [de] pièces *(chambres)* a-t-elle ?
13 – C'est un logement de deux pièces, avec une terrasse et un appontement.
14 – *(Encore)* Une dernière question : quel âge avez-vous *(comment vieux êtes vous)* ?
15 – J'ai 35 *(suis cinq-et-trente)* ans.
16 – Mais eh, au fait, pourquoi y a-t-il *(assis)* un appontement avec votre maison ?
17 – Ce n'est pas une maison, mais une péniche *(habite-bateau)* !

Remarques de prononciation

7 Le préfixe **on-** se prononce avec un **o** nasalisé dans **ongeveer**.
12 L'accent tonique de **hoeveel** est variable.

④ Pour donner son âge, on utilise en néerlandais le verbe **zijn**, *être* ; **jaar**, *an*, est facultatif et reste au singulier : **ik ben dertig (jaar)**, *j'ai 30 ans.*

⑤ La préposition fixe qui accompagne le verbe permet d'en nuancer le sens. **Zitten bij** exprime une certaine appartenance, et peut également se traduire par *faire partie de*.

Oefening 1 – Vertaal

❶ Hoe oud ben je? – Ik ben achtendertig. ❷ We hebben een brief van mijn broer ontvangen, ik zal hem even voorlezen. ❸ Neem me niet kwalijk, mag ik je iets vragen? ❹ Sinds wanneer schrijft hij boeken over kastelen? ❺ Toen onze familiereünie plaatsvond, heeft mijn broer veel foto's gemaakt.

Oefening 2 – Vul in

❶ Préférez-vous habiter un appartement en ville ou une maison dans un village ?
Woont u liever in een flat in een . . . . of in een huis in een . . . . ?

❷ Combien de pièces votre maison a-t-elle ? – Elle a 5 pièces.
. . . . kamers heeft jullie huis? – . . . heeft vijf kamers.

❸ Ils sont curieux de connaître les conditions de logement des ménages néerlandais avec enfants.
Ze zijn . . . . de woonsituatie van Nederlandse gezinnen met kinderen.

❹ Quel genre de travail cherchez-vous ? – Je cherche un poste de moniteur d'auto-école.
Wat voor . . . . . werk zoekt u? – Ik zoek een . . . . rijinstructeur.

❺ Au fait, depuis combien de temps habitez-vous aux Pays-Bas ? – À peu près neuf ans.
. . . . woont u eigenlijk in Nederland?
– Ongeveer negen . . . . .

Corrigé de l'exercice 1

❶ Quel âge as-tu ? – J'ai 38 ans. ❷ Nous avons reçu une lettre de mon frère, je vais te la lire. ❸ Excuse-moi, puis-je te demander quelque chose ? ❹ Depuis quand écrit-il des livres sur les châteaux ? ❺ Quand notre réunion de famille a eu lieu, mon frère a fait beaucoup de photos.

Corrigé de l'exercice 2

❶ – stad – dorp ❷ Hoeveel – Het – ❸ – benieuwd naar – ❹ – soort – baan als – ❺ Hoe lang – jaar

47 *Malgré une population toujours croissante – plus de 16 millions d'habitants pour une superficie de 41 526 km² – on ne construit pas beaucoup de tours aux Pays-Bas. Il y a certes des immeubles, mais les Néerlandais privilégient des habitations individuelles, la plupart du temps une* **rijtjeshuis**, maison mitoyenne. *En général, chaque maison possède un petit jardin bien entretenu, ou une terrasse. Parfois, elle donne sur un plan d'eau ou un espace vert. Bref,*

47 Zevenenveertigste les

De Vliegende Hollander ①

1 Er was eens een kapi**tein**, die **Wil**lem van der **Deck**en **heet**te ②.
2 Op een dag stak er een **he**vige storm op.
3 De **stuur**man **wil**de ③ de storm **af**wachten ④.
4 Maar de kapi**tein** werd **woe**dend, **gooi**de hem over boord en riep:
5 – "Al moet ik **zei**len tot in de **eeu**wigheid, de Kaap ⑤ zal ik **ron**den!"

Prononciation
*… **v'Li:**χe-nde **HoL**a-nde-r* **1** *… ka:pi:**tèyn** … dèr **dèk**e^n **Hé:**te* **2** *… stak … **Hé:**v'eχe …* **3** *… **stu:r**ma-n **wĭL**de … **af**waχte^n* **4** *… **wou**de-nt **χo:y**de … bo:r-t … ri:p* **5** *aL … **z'èy**Le^n … **é:**oueχHèyt … ka:p … **ro-n**de^n*

Notes

① Le nom **de Hollander**, *le Hollandais*, se réfère en fait aux habitants des provinces **Noord-Holland**, *Hollande-Septentrionale*, et **Zuid-Holland**, *Hollande-Méridionale*. **De Vliegende Hollander**, *le Hollandais Volant*, est le nom d'un navire.

② Pour former le prétérit singulier des verbes dont le radical se termine par un **-t**, on ajoute la terminaison **-te** au radical : **heet-** → **heette**, *appelait*. ▸

les Néerlandais aiment avoir un minimum d'espace pour se sentir "libres" de toutes contraintes. N'hésitez pas à aller voir sur place et découvrez, à Amsterdam par exemple, des habitations typiques, comme des péniches, d'anciens entrepôts le long des canaux transformés en habitation de luxe, des maisons datant du XVIIe siècle avec leurs frontons ou encore des béguinages toujours intacts au cœur de la ville.

Quarante-septième leçon 47

Le Hollandais Volant

1 Il était une fois un capitaine qui s'appelait Willem van der Decken.
2 *(Sur)* Un jour, *(levait y)* une violente tempête se leva.
3 Le commandant *(gouvernail-homme)* voulait attendre la fin de la tempête.
4 Mais le capitaine devint furieux, le jeta par-dessus bord et s'écria *(cria)* :
5 – "Même si je dois naviguer pour l'éternité *(faire-de-la-voile jusque dans l'éternité)*, je doublerai le cap !"

Remarque de prononciation
1 On entend également *[kapi:**tèyn**]* prononcé avec un **a** court.

③ Pour former le prétérit singulier des verbes dont le radical ne se termine pas par **-t**, **-k**, **-f**, **-s**, **-ch** ou **-p**, on ajoute la terminaison **-de** au radical : **wil-** → **wilde**, *voulait*. Nous reviendrons sur ce point dans de prochaines leçons.

④ La particule **af** du verbe **afwachten**, *attendre*, indique que l'on attend un changement de situation : la fin de la tempête.

⑤ En plaçant **de Kaap**, *le cap*, en tête de phrase, on le met plus en valeur. On aurait pu utiliser une structure plus neutre, qui correspond à l'ordre des mots français : **Al moet ik zeilen tot in de eeuwigheid, ik zal de Kaap ronden**.

47 **6** Toen **hoor**de hij een stem, die zei:
7 – "**Wil**lem van der **Deck**en, gij ⑥ zult **moe**ten **zei**len tot in de **eeu**wigheid!"
8 En zo ge**schied**de ⑦… □

*6 … **Ho:r**de … stèm … z'èy **7** … χèy z'ùLt … **z'èy**Le^n …*
*8 … χe**sχi:**de*

Notes

⑥ Le pronom personnel **gij** est la forme accentuée de **ge**, *tu*. C'est une forme obsolète que l'on rencontre encore aux Pays-Bas dans des dictons ou des textes bibliques. On la retrouve également dans certains dialectes. ▸

***

Oefening 1 – Vertaal

❶ Er was eens een oude vrouw die in een groot kasteel woonde. ❷ Ik heb foto's van de familiereünie gemaakt, wil je ze zien? ❸ Laten we de storm eerst afwachten! ❹ Wat gebeurt hier? De woonboot staat blank! ❺ De detective zocht een vrouw met blond haar.

Oefening 2 – Vul in

❶ Mon grand-père s'appelait Willem et c'était un homme du monde.
Mijn grootvader . . . . . . Willem en het . . . een man van de wereld.

❷ Même si je dois chercher pour l'éternité, je trouverai de l'or !
. . moet ik zoeken tot in de eeuwigheid, ik . . . goud vinden!

❸ Il est curieux de connaître la famille de sa femme.
Hij is benieuwd naar de familie van . . . .

6 Alors il entendit une voix qui disait :
7 – "Willem van der Decken, tu navigueras *(seras devoir faire-de-la-voile)* pour *(jusque dans)* l'éternité !"
8 Et il en fut ainsi *(Et ainsi advenait)*…

▸ ⑦ **geschieden**, *survenir, advenir, se passer*, s'emploie dans le même registre biblique que **gij**. Le verbe **gebeuren**, *se passer*, est plus courant.

***

Corrigé de l'exercice 1

❶ Il était une fois une vieille femme qui habitait dans un grand château. ❷ J'ai fait des photos de la réunion de famille, tu veux les voir ? ❸ Attendons d'abord la fin de la tempête ! ❹ Que se passe-t-il ici ? La péniche est inondée ! ❺ Le détective cherchait une femme avec des cheveux blonds.

❹ Puis elle est allée en avion en Afrique du Sud.
Toen is ze met het . . . . naar Zuid-Afrika gegaan.

❺ Comme tu le sais peut-être, cette maison fut construite au siècle dernier.
Zoals je . . . . weet, werd dit huis in de . . . . . . eeuw gebouwd.

Corrigé de l'exercice 2

❶ – heette – was – ❷ Al – zal – ❸ – zijn vrouw ❹ – vliegtuig – ❺ – misschien – vorige –

Même si les histoires de bateaux fantômes existent depuis longtemps aux Pays-Bas, le nom du Hollandais Volant apparaît pour la première fois dans la littérature anglaise, probablement au XVIIIe siècle. Depuis, plusieurs variantes sur le thème de ce navire condamné à voguer pour l'éternité et portant malheur à celui qu'il rencontre, ont vu le jour. D'après la légende, le capitaine du navire, surpris par le mauvais temps près du cap de Bonne-Espérance, s'attire le mauvais sort en faisant acte d'hostilité envers Dieu. Certaines variantes racontent que c'est en concluant un pacte avec le diable. Ce thème a connu – et connaît encore – un grand succès : l'auteur anglais Frederick Marryat y introduisit en 1837 l'élément de la délivrance dans son roman The Phantom Ship, *et Richard Wagner s'en inspira dans son opéra* Der Fliegende Holländer. *Aux Pays-Bas, on trouve des adaptations plus récentes du Hollandais Volant au cinéma, dans la littérature, ou encore comme attraction pour enfants dans le parc* **De Efteling**.

48 Achtenveertigste les

Bij het reisbureau

1 – Goede**mor**gen, we **wil**len graag naar een **rus**tige ① plek in **Ne**derland, om ② **on**ze va**kan**tie door te **bren**gen.
2 Wat kunt u ons **aan**raden?
3 – Dan moet u be**slist** naar één van de **Wad**deneilanden ③ gaan.

Prononciation

*... **réyz'**bu:ro: **1** ... **rùs**teχe pLèk ... **né:**derLa-nt ... do:r ... **brèŋ**eⁿ **3** ... be**sLǐsst**... **wade**ⁿèyLa-ndeⁿ ...*

Notes

① **rustig**, *tranquille*, *calme*, est le contraire de **druk**, *animé/e*, *agité/e* (voir la 36e leçon). On peut l'utiliser pour une personne, **hij is rustig**, *il est calme*, ou pour une situation, **het is rustig**, *c'est calme*, ou en tant qu'adverbe : **rustig**, *tranquillement*. ▸

Quarante-huitième leçon 48

À l'agence de voyages *(voyage-bureau)*

1 – Bonjour, nous aimerions [aller] dans *(vers)* un endroit tranquille aux Pays-Bas, pour passer nos vacances.
2 Que pouvez-vous nous conseiller ?
3 – Dans ce cas, vous devez absolument *(certainement)* aller sur *(vers)* une des îles des Wadden.

▸ ② Quand la conjonction **om** introduit une subordonnée circonstancielle de but, elle est obligatoire. Dans ce cas, on la traduira par *pour*, *afin de*.

③ Le nom **de Waddeneilanden**, *les îles des Wadden*, est composé de **de wadden**, le pluriel de **het wad**, *le haut-fond*, *le gué*, et **de eilanden**, le pluriel de **het eiland**, *l'île*.

4 Kent u die **ei**landen?
5 – Nee, hele**maal** niet.
6 – Ze **lig**gen in de **Wad**denzee, niet ver van de **Ne**derlandse **noord**kust.
7 U vindt er rust ④ en **ruim**te, strand en **dui**nen.
8 Soms kunt u er ook **zee**honden be**won**deren!
9 U kunt er zelfs **wad**lopen.
10 Maar dat moet u al**leen** doen ⑤ **on**der **lei**ding van een gids.
11 – Dat is echt heel **bij**zonder!
12 Daar zijn we nog nooit ge**weest** ⑥,
13 maar daar **wil**len we bes**list** naar**toe** ⑦! □

4 … ***èy**La-nde^n* **6** … ***wad**e^{n}z'é* … *v'èr* … ***né:**derLa-ntse* ***no:rt**kùst* **7** ... *rust* … ***rœym**te* … ***dœy**ne^n* **8** *somss* … ***z'é:**Ho-nde^n be**wo-n**dere^n* **9** … *z'èLfss* ***wat**Lo:pe^n* **10** … ***o-n**de-r* ***Lèy**dĭŋ* … *χĭtss* **11** … ***bi:**z'o-nde-r* **12** … *no:yt χe**wé:st*** **13** … *be**sLĭsst*** …

Notes

④ **de rust** *la tranquillité, le repos, le calme.*

⑤ Vous avez vu dans la 28e leçon que l'infinitif ne se trouve pas toujours forcément à la fin de la phrase. Souvenez-vous qu'il peut être placé devant un complément commençant par une préposition, mais que c'est plus sûr pour vous de le placer à la fin de la phrase : **maar dat moet u alleen onder leiding van een gids doen**, *mais vous ne devez faire ça que sous la conduite d'un guide.*

⑥ Le passé composé du verbe irrégulier **zijn**, *être*, se conjugue avec l'auxiliaire **zijn** : **we zijn geweest**, *nous avons été*. Notez que la traduction avec le verbe "aller", *nous sommes allé(e)s*, semble plus correcte en français.

⑦ L'adverbe **daar … naartoe**, *là/y* (littéralement "là/y … vers"), désigne l'endroit vers lequel on se dirige. Par contre, **daar**, ▸

4 Vous connaissez ces îles ?
5 – Non, pas du tout.
6 – Elles se trouvent dans la mer des Wadden, pas loin de la côte nord *(nord-côte)* néerlandaise.
7 Vous y trouvez [de la] tranquillité et [de l']espace, [des] plage[s] et [des] dunes.
8 Vous pouvez aussi parfois y admirer [des] phoques *(mer-chiens)* !
9 Vous pouvez même passer à gué jusqu'aux îles *(Vous pouvez y même Wad-marcher)*.
10 Mais vous ne devez faire ça que *(seulement faire)* sous [la] conduite d'un guide.
11 – C'est vraiment très spécial !
12 Nous n'y avons *(sommes)* encore jamais été,
13 mais nous irons *(voulons)* certainement *(vers)* !

Remarques de prononciation

5 L'accent tonique de **helemaal** est variable.
11 Attention à la prononciation du **ij** de **bijzonder** avec un **i** long.

▸ *là-bas/y*, se réfère à l'endroit où l'on est : **daar zijn we**, *nous y sommes* ; **daar willen we naartoe**, *nous voulons y aller.*

Oefening 1 – Vertaal

❶ In welk land ligt Amsterdam? ❷ Daar ben ik nog nooit geweest. ❸ Hij zoekt een rustige plek om zijn vakantie door te brengen: kun je hem iets aanraden? ❹ Ze woonde in een oud huis in een dorp vlakbij Amsterdam. ❺ Deze zomer ga ik beslist naar een warm land.

Oefening 2 – Vul in

❶ Où trouve-t-on encore de la tranquillité et de l'espace aux Pays-Bas ?
Waar vind je nog . . . . en . . . . . . in Nederland?

❷ Sur cette île, les voitures sont interdites *(de rouler)*.
Op dat . . . . . . mogen geen auto's rijden.

❸ Nous ne sommes encore jamais allés au Portugal, mais nous irons certainement.
We zijn nog nooit in Portugal geweest, maar . . . . willen we beslist . . . .

Les cinq îles des Wadden au nord des Pays-Bas sont connues pour leur tranquillité et la richesse de leur faune et de leur flore. Chaque île a ses charmes : **Texel** *est la plus grande, à* **Vlieland** *les voitures sont interdites,* **Terschelling** *est connue pour son port,* **Ameland** *se déplace petit à petit vers l'est à cause des courants marins, et à* **Schiermonnikoog** *vous trouvez de nombreuses espèces d'oiseaux. Le nom de cette dernière île vient d'ailleurs de ses premiers habitants : des* moines, **monniken**, *habillés en* gris, **schier**, *un adjectif qui ne s'utilise plus de nos jours.*
Les îles des Wadden font partie de la province de la Frise, **Friesland**, *sauf* **Texel**, *qui appartient à la* Hollande-Septentrionale, **Noord-Holland**. *Quelques autres petites îles non habitées font partie de* Groningue, **Groningen**. *La capitale de la Frise est* **Leeuwarden** *et celle de Groningue porte le même nom que la province.*

Corrigé de l'exercice 1

❶ Dans quel pays se trouve Amsterdam ? ❷ Je ne suis encore jamais allée *(ai été)* là-bas. ❸ Il cherche un endroit tranquille pour passer ses vacances : peux-tu le conseiller ? ❹ Elle habitait *(dans)* une vieille maison dans un village tout près d'Amsterdam. ❺ Cet été, je vais certainement dans un pays chaud.

❹ Comme elle voulait un peu de repos, elle est allée en bateau sur une des îles des Wadden.
Toen ze wat rust . . . . . , is ze met . .   . . . . naar één van de Waddeneilanden gegaan.

❺ Allez à la plage ; vous pourrez y admirer des phoques.
Gaat u maar naar het strand ; . . . . kunt u . . . . bewonderen.

Corrigé de l'exercice 2

❶ – rust – ruimte – ❷ – eiland – ❸ – daar – naartoe ❹ – wilde – de boot – ❺ – daar – zeehonden –

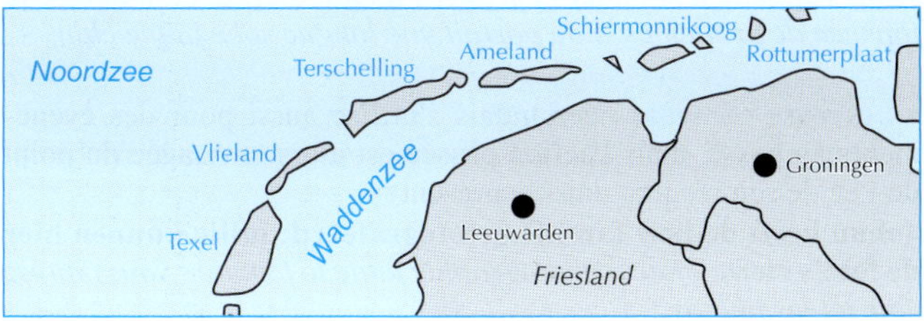

49 Negenenveertigste les

Herhaling – Révision

1 Le prétérit et le passé composé néerlandais, différences d'emploi

Dans les dernières leçons, nous avons abordé le prétérit, tout en continuant à vous présenter le passé composé.

• Le prétérit néerlandais peut se traduire en français soit par un passé simple, soit par un passé composé, soit par un imparfait. Retenez que le prétérit est le temps de la narration.
On le retrouve donc dans les contes et les légendes, qui commencent généralement par la formule classique **Er was eens...**, *Il était une fois...*
Il permet de raconter ou décrire une situation dans le passé :
Toen de familiereunie plaatsvond, wilde Johan de hele familie fotograferen, *Lorsque la réunion de famille a eu lieu, Johan a voulu photographier toute la famille.*
We waren in Afrika en we kregen elke week e-mails van de familie, *Nous étions en Afrique et nous recevions chaque semaine des e-mails de la famille.*
Ik herinner me hun huwelijk nog als de dag van gisteren. Het was een mooie lentedag. Zij had een lange lichtgele jurk aan, *Je me rappelle leurs noces comme si c'était hier. C'était une belle journée de printemps. Elle portait une longue robe jaune clair.*

• Le passé composé néerlandais s'utilise aussi pour des évènements au passé, mais l'action passée est alors envisagée du point de vue de son résultat dans le présent :
Johan heeft de hele familie gefotografeerd: jullie kunnen hier de foto's zien, *Johan a photographié toute la famille : vous pouvez voir ici les photos.*
Hé, we hebben een e-mail van Willem ontvangen! Ik zal 'm even voorlezen, *Tiens, nous avons reçu un e-mail de Willem ! Je vais te le lire.*

Schiet eens op: je ziet toch dat de rondleiding al is begonnen!, *Dépêche-toi donc : tu vois bien que la visite guidée a déjà commencé !*

Notez qu'en néerlandais, un récit au prétérit peut être introduit par une phrase au passé composé :
Vorig jaar ben ik naar de Waddeneilanden gegaan. Toen ik de boot wilde nemen, stak er een hevige storm op. Ik wilde de storm afwachten, maar de kapitein werd woedend!, *L'année dernière, je suis allé/e sur les îles des Wadden. Quand j'ai voulu prendre le bateau, une violente tempête s'est levée. Je voulais attendre la fin de la tempête, mais le capitaine devint furieux !*

• En conclusion : utilisez le prétérit quand vous racontez ou décrivez une situation dans le passé, et utilisez le passé composé quand les répercussions de l'action dans le présent l'emportent sur le passé. Nous y reviendrons.

2 Les pronoms personnels objets

C'est le moment de récapituler toutes les formes du pronom personnel complément d'objet.

Forme non accentuée	Forme accentuée	
me	**mij**	*me, moi*
je	**jou**	*te, toi*
u	**u**	*vous*
'm	**hem**	*le, la, lui* (masculin et genre commun)
'r (d'r)	**haar**	*la, lui* (féminin)
't	**het**	*le, la, lui* (genre neutre)
ons	**ons**	*nous*
jullie	**jullie**	*vous*
ze	**hen / hun**	*les, eux, leur*

49 • Le pronom personnel complément d'objet peut être objet direct ou indirect (accompagné ou non d'une préposition) :
Ik zie je, *Je te vois.*
Ik geef je de paraplu, *Je te donne le parapluie.*
Ik zal dat voor je doen, *Je ferai ça pour toi.*

• À la 3e personne du singulier :
– **hem** peut désigner des noms du genre commun ou des personnes de sexe masculin.
Ik zie Hans: ik zie hem, *Je vois Hans : je le vois.*
Ik geef Willem de foto: ik geef hem de foto, *Je donne la photo à Willem : je lui donne la photo.*
Ik zie de wolk: ik zie hem, *Je vois le nuage : je le vois.*
Ik geef de worst aan Willem: ik geef hem aan Willem, *Je donne la saucisse à Willem : je la donne à Willem.*
– **haar** ne peut désigner que des personnes de sexe féminin.
Waar is mijn zus: ik zie haar niet, *Où est ma sœur : je ne la vois pas.*
Ik geef Marijke de foto: ik geef haar de foto, *Je donne la photo à Marijke : je lui donne la photo.*
– **het** ne peut désigner que des noms du genre neutre.
Ik zie het eiland: ik zie het, *Je vois l'île : je la vois.*
Hij leest het boek: hij leest het, *Il lit le livre : il le lit.*
Ze geven het kalf melk: ze geven het melk, *Ils donnent du lait au veau : ils lui donnent du lait.*

• À la 3e personne du pluriel :
– **ze** renvoie aussi bien à des personnes que des objets, des choses, des animaux, des concepts etc. :
Over je kinderen gesproken: hoe gaat het met ze?, *À propos de tes enfants : comment vont-ils ?*
Waar staan de boter en de vleeswaren? Ik zie ze niet, *Où sont le beurre et la charcuterie ? Je ne les vois pas.*
– Par contre, les formes accentuées **hen**, *les, eux, elles*, et **hun**, *leur*, renvoient uniquement à des personnes.
Waar zijn je ouders: ik zie hen niet, *Où sont tes parents : je ne les vois pas.*
Gezien hun leeftijd gaat het heel goed met hen, *Vu leur âge, ils vont très bien.*
Die zal ik hun straks teruggeven, *Je le leur rendrai tout à l'heure.*

Officiellement **hen** doit être utilisé comme pronom objet direct ou objet indirect accompagné d'une préposition, et **hun** comme pronom objet indirect sans préposition. Mais beaucoup de Néerlandais eux-mêmes se trompent et emploient souvent **hun** à la place de **hen**. Pour éviter les problèmes, vous pouvez en langage parlé remplacer **hen** et **hun** par le pronom non accentué **ze**.

3 *Dit, dat* et *die*

• Souvenez-vous des adjectifs démonstratifs de la 21e leçon : **dit** (genre neutre) et **deze** (genre commun) sont employés lorsqu'il y a une nette proximité entre le locuteur et l'objet désigné ; **dat** (genre neutre) et **die** (genre commun) dans les autres cas.

• Dans les dernières leçons, vous avez rencontré les pronoms démonstratifs **dit**, *ceci/voici* et **dat**, *cela/voilà*, qui vous seront utiles pour présenter des personnes ou identifier des objets :

Dit is Willem en dat is Christina, *Voici Willem et voilà Christina.*

Dit is de jas van Hans en dat is de jas van Margot, *Ici, c'est le manteau de Hans et ça, c'est le manteau de Margot.*

• **Die** et **dat** sont aussi employés comme pronoms relatifs, lorsque le verbe de la relative n'est pas accompagné d'une préposition. Nous verrons d'autres formes ultérieurement.

Singulier		Pluriel
genre commun	genre neutre	
die, *que, qui*	**dat**, *que, qui*	**die**, *que, qui*

Dat is die neef die de halve wereld heeft rondgereisd, *C'est ce cousin qui a parcouru la moitié de la terre.*

Het kasteel dat je daar ziet, werd in de vorige eeuw gebouwd, *Le château que tu vois là, fut construit au siècle dernier.*

Voor degenen die niet aanwezig waren..., *Pour ceux qui n'étaient pas présents...*

We kunnen de foto's zien, die hij heeft gemaakt!, *Nous pouvons voir les photos qu'il a faites !*

4 La famille

Nous vous proposons maintenant une petite liste récapitulative des termes de parenté. N'oubliez pas que **het gezin**, *le ménage, la famille*, a un sens plus restreint que **de familie**. Les noms de personnes sont toujours du genre commun, sauf pour **het kind**, *l'enfant*.

de ouder, *le parent*
de vader, *le père* (appelé **papa** ou **pap**, *papa*)
de moeder, *la mère* (appelée **mama** ou **mam**, *maman*)
de grootouder, *le grand-parent*
de grootvader, *le grand-père* (appelé **opa**, *papi*)
de grootmoeder, *la grand-mère* (appelée **oma**, *mamie*)
de man, *le mari*
de vrouw, *la femme*
het kind, *l'enfant*
de zoon, *le fils*
de dochter, *la fille*
het kleinkind, *le petit-enfant*
de kleinzoon, *le petit-fils*
de kleindochter, *la petite-fille*
het achterkleinkind, *l'arrière-petit-enfant*
de broer, *le frère*
de zus, *la sœur*
de neef, *le neveu/le cousin*
de nicht, *la nièce/la cousine*
de tante, *la tante*
de oom, *l'oncle*

5 Les noms composés

Vous avez rencontré beaucoup de noms composés de deux voire trois mots. En règle générale, l'accent tonique se place sur le premier mot, mais c'est le dernier mot qui est déterminant pour le genre.

• La plupart du temps, il suffit d'accoler deux noms ensemble (dans l'ordre inverse du français) :
de familie, *la famille* + **de reünie**, *la réunion* = **de familiereünie**, *la réunion de famille*
de nacht, *la nuit* + **de waker**, *le veilleur* = **de nachtwaker**, *le veilleur de nuit*
het boek, *le livre* + **de winkel**, *le magasin* = **de boekwinkel**, *la librairie*

• On trouve aussi des combinaisons formées à partir d'un verbe :
achteruitkijken + **de spiegel** = **de achteruitkijkspiegel**, *le rétroviseur*
roken + **de worst** = **de rookworst**, *la saucisse fumée*
staan + **de caravan** = **de stacaravan**, *le mobile home*
uitzenden + **het bureau** = **het uitzendbureau**, *l'agence intérim*
trouwen + **het feest** = **het trouwfeest**, *le mariage.*

• Vous connaissez aussi **de tweekamerwoning**, *le deux-pièces*, formé à partir d'un nombre, et des adjectifs composés, par exemple **ijskoud**, *très froid/e*, ou **spekglad**, *très glissant/e.*

• Parfois, la première partie du mot composé est au pluriel : **de kaartjescontrole**, *le contrôle des billets*, **het studentenhuis**, *le foyer d'étudiants*, **de huisartsenpraktijk**, *le cabinet médical*, **de brievenbus**, *la boîte aux lettres.*
Parfois, le **-s-** vient d'un ancien génitif, comme dans **de oudejaarsavond**, *le soir de la Saint-Sylvestre*, ou **de varkenskarbonade**, *la côtelette de porc.*
Dans certains cas, on trouve un **-n** intermédiaire : **het kippenvel**, *la chair de poule.*

Ne vous laissez pas intimider par les différentes possibilités, mais faites-en plutôt un jeu : à chaque fois que vous rencontrez un mot composé, essayez de retrouver les éléments qui le composent. Vous allez être surpris de la facilité avec laquelle vous les reconnaîtrez.

49 Herhalingsdialoog

1 – Zie je die man daar op die foto?
2 Dat is een bekende Nederlandse schrijver, die in een groot kasteel vlakbij het dorp woont.
3 Weet je dat hij op een dag een stem hoorde, die zei:
4 "Je bent nu dertig
5 en je moet nu maar eens een spannende detectiveroman schrijven.
6 Ga naar één van de Waddeneilanden en zoek een ei op het strand!"
7 De auteur is met de boot naar Schiermonnikoog gegaan, en vond daar een gouden ei.
8 Toen begon hij te schrijven en wilde niet meer stoppen!
9 – Wat bijzonder!

Oefening – Vertaal

❶ Ik zie haar nooit. ❷ We kennen ze heel goed. ❸ De jongen die je op deze foto ziet, dat is mijn zoon. ❹ Het kasteel dat je daar ziet, is niet oud. ❺ Dit is het huis van mijn ouders en dat is het huis van mijn grootouders.

Traduction

1 Tu vois cet homme là, sur cette photo ? **2** C'est un écrivain néerlandais connu qui habite dans un grand château tout près du village. **3** Sais-tu qu'il entendit un jour une voix qui disait : **4** "Tu as 30 ans maintenant **5** et il faut que tu écrives *(tu dois maintenant donc une-fois écrire)* un roman policier captivant. **6** Va sur une des îles des Wadden et cherche un œuf sur la plage !" **7** L'auteur alla en bateau à Schiermonnikoog, et il y trouva un œuf en or. **8** À partir de ce moment-là, il commença à écrire et il ne voulut plus s'arrêter ! **9** Comme c'est surprenant !

Corrigé de l'exercice

❶ Je ne la vois jamais. ❷ Nous les connaissons très bien. ❸ Le garçon que tu vois sur cette photo, c'est mon fils. ❹ Le château que tu vois là n'est pas vieux. ❺ Ici, c'est la maison de mes parents, et là c'est la maison de mes grands-parents.

Et voilà, c'est fini pour cette semaine ! Vous allez maintenant passer à la vitesse supérieure en entamant la phase active de votre apprentissage, la "deuxième vague" dont nous avons parlé dans l'introduction. Nous vous en rappelons le principe à la leçon suivante.

Vous voilà arrivé à la 50e leçon, félicitations ! C'est le début d'une nouvelle étape, où la phase active de votre apprentissage débute. À ce stade, vos progrès sont déjà considérables, et vous avez atteint un certain niveau de compréhension. Vous êtes donc

50 Vijftigste les

Heimwee ①

1 – Toe nou pap, ver**tel** nog eens **o**ver **vroe**ger!
2 – Toen ik zo klein was als jij nu, zat ik **el**ke dag met mijn **ou**dere broer op het **wa**ter.
3 In de **zo**mer **gin**gen we **al**tijd **sa**men **va**ren op het meer.
4 En met mijn **jon**gere broer ging ik vaak **vis**sen in het ka**naal**.
5 Als we daar**na** door de **wei**landen naar huis **lie**pen, **leer**de ② ik hem **o**ver de sloot te **sprin**gen.
6 Maar dat ging soms mis ③ en dan kwam je met **nat**te **voe**ten thuis.

Prononciation

Hèym*wé:* ***1*** *tou … v'er****tèL*** *…* ***v'rou****χe-r* ***2*** *… z'at …* ***aou****dere … * ***3*** *…* ***χĭŋ****e*ⁿ *…* ***v'a****re*ⁿ *… mé:r* ***4*** *…* ***yoŋ****ere … χĭŋ …*

Notes

① **de heimwee**, *la nostalgie*, vient de l'allemand et signifie *le mal du pays*. On peut, par extension, s'en servir pour indiquer que quelque chose nous manque.

prêt pour entamer la "deuxième vague", qui vous permettra de vous rendre compte par vous-même des progrès que vous avez faits tout en vous aidant à les consolider.
Nous vous en rappelons le mode d'emploi à la fin de la 50e leçon.

Cinquantième leçon 50

Nostalgie

1 – Allez, papa, raconte encore un peu [comment c'était] autrefois *(à-propos plus-tôt)* !
2 – Quand j'avais ton âge *(Si petit étais comme tu maintenant)*, j'étais *(assis)* tous les jours avec mon frère aîné *(plus-âgé)* sur l'eau.
3 *(Dans)* L'été, nous allions toujours faire du bateau ensemble sur le lac.
4 Et avec mon petit *(plus-jeune)* frère, j'allais souvent pêcher dans le canal.
5 Après, quand nous rentrions par *(marchions à-travers)* les prés, je lui apprenais à sauter *(par-dessus)* le fossé.
6 Mais parfois ça ratait et *(alors)* on rentrait *(rentrais tu)* avec les pieds mouillés.

*v'a:g~**v'ïsse**ⁿ … ka:**na:L** **5** … **wéy**La-ndeⁿ … **Li:**peⁿ **Lé:r**de … sLo:t … **sprïŋ**eⁿ **6** … mïss … kwam … **nate v'ou**teⁿ …*

▸ ② Pour former le prétérit des verbes réguliers dont le radical ne se termine pas par **-t**, **-k**, **-f**, **-s**, **-ch** ou **-p**, on ajoute au radical la terminaison **-de** au singulier, **- den** au pluriel.

③ **misgaan**, *rater, échouer, ne pas réussir*, s'emploie toujours avec le sujet neutre **het** ou **dat**.

7 Weet je, ik wou ④ **vroe**ger het liefst **vis**ser **wor**den.
8 Maar mijn ouders **wil**den ② dat ik arts zou ⑤ **wor**den.
9 Dat zag ik hele**maal** niet **zit**ten!
10 – Oh ben je **daar**om **lood**gieter ge**wor**den?
11 Je had ge**woon heim**wee naar **nat**te **voe**ten! □

*7 ... waou ... Li:fsst **v'ïsse**-r **wor**de^n 8 ... z'aou ... 9 ... z'aχ ... 10 ... **da:r**om ... χe**wor**de^n*

Notes

④ **wou**, *voulait*, est la forme irrégulière du prétérit singulier de **willen**, *vouloir*. Vous connaissez déjà la forme régulière **wilde**.

⑤ **zou**, prétérit singulier de l'auxiliaire **zullen**, exprime ici un conditionnel.

Oefening 1 – Vertaal

Cet exercice de diction est un excellent moyen de vous entraîner à bien prononcer quelques lettres difficiles et à bien placer l'accent tonique. Allez-y lentement au début et accélérez le rythme au fur et à mesure. Vous verrez que vous y prendrez goût.

❶ Ik leerde hem lang geleden lezen. ❷ Zijn zus zei dat ze soms zo'n zin had om op het strand in de zon te zitten. ❸ De leerlingen wilden die lange oefening eigenlijk niet invullen. ❹ Weet je dat je vaak woedend werd als hij met je wou gaan zwemmen in de zee? ❺ Wilde je vroeger ook het liefst visser worden?

7 Tu sais, autrefois je voulais par-dessous tout *(le plus chèrement)* devenir pêcheur.
8 Mais mes parents voulaient que je devienne *(deviendrais)* médecin.
9 Cela ne me disait rien du tout *(Cela voyais je pas du-tout asseoir)* !
10 – Oh, c'est pour ça que tu es devenu plombier ?
11 Ça te manquait tout simplement *(Tu avais simplement nostalgie vers)*, [d'avoir les] pieds mouillés !

Remarque de prononciation
10 L'accent tonique de **daarom** est variable.

Corrigé de l'exercice 1

❶ Il y a longtemps, je lui apprenais à lire. ❷ Sa sœur disait qu'elle avait parfois très *(tellement)* envie de s'asseoir à la plage au soleil. ❸ Les élèves ne voulaient en fait pas compléter ce long exercice. ❹ Sais-tu que tu devenais souvent furieux s'il voulait aller nager avec toi dans la mer ? ❺ Autrefois, voulais-tu aussi par-dessus tout devenir pêcheur ?

Oefening 2 – Vul in

❶ Cela fait quelques années qu'il habite l'étranger : il doit *(probablement)* avoir le mal du pays !

Hij ..... al een paar jaar in het buitenland: hij ... wel .... hebben!

❷ Allez, je ne peux vraiment pas conduire ta nouvelle voiture une fois ?

... ..., mag ik .... een keer in je nieuwe auto rijden?

❸ Elle voulait se marier jeune, mais cela ne disait rien à ses parents.

Ze ..... jong trouwen, maar dat .... ouders niet zitten.

Un quart environ du territoire des Pays-Bas est situé sous le niveau de la mer, d'où la nécessité d'une lutte permanente contre l'eau. Dès le XVIe *siècle, des lacs entiers furent asséchés à l'aide de moulins à vent. Ainsi ont vu le jour les polders, des terres entourées de digues, où le niveau des eaux souterraines est réglé artificiellement. Cette lutte incessante contre l'eau a fait prendre conscience aux Néerlandais de la nécessité de coopérer, car la maîtrise et la gestion des eaux exigent la concertation de tous les partenaires. Les travaux de* l'ancien golfe de la mer du Nord, **de Zuiderzee**, *comptent parmi les plus fascinants : par la construction d'une* digue de fermeture, **de Afsluitdijk**, *la province de la Hollande-Septentrionale est reliée à la province de la Frise. La digue, un projet de l'ingénieur Lely, fut construite entre 1927 et 1932. Elle fait 32 km de long, 90 m de large et se situe à 7,25 m au-dessus du niveau de la mer. Depuis son achèvement,* **de Zuiderzee** *est fermé et transformé en un lac d'eau douce, appelé* **IJsselmeer** *(voir carte en annexes). Des écluses à côté de la digue permettent le passage de bateaux et plusieurs vannes évacuent le surplus d'eau du lac vers la mer des Wadden.*

❹ Pourquoi ça ratait si souvent ?
Waarom . . . . zo vaak . . . ?

❺ Mon père ne voulait pas que je devienne *(deviendrais)* guichetier.
Mijn vader wou niet . . . ik loketbediende . . . worden.

Corrigé de l'exercice 2

❶ – woont – zal – heimwee – ❷ Toe nou – echt niet – ❸ – wilde – zagen haar – ❹ – ging het – mis ❺ – dat – zou –

La deuxième vague

Comment procéder ? C'est simple : vous continuez à étudier la leçon du jour comme vous faites habituellement. Après cela, vous reprenez tous les jours une leçon en commençant depuis le début de la méthode (nous vous indiquerons laquelle ; ici, vous devez reprendre la 1re leçon). Mais cette fois, essayez de traduire à haute voix le dialogue et l'exercice 1 du français vers le néerlandais. Le travail de deuxième vague vous permettra de consolider vos connaissances et de progresser encore plus rapidement. **Succes!**, Bonne chance !

Deuxième vague : 1re leçon

51 Eenenvijftigste les

De kleinste stad van Nederland

1 – Heb je een fijn ① **wee**kend ge**had**?
2 – Ja **heer**lijk! Ik ben **gis**teren met een paar vrien**din**nen ② naar Den Haag ge**weest**.
3 We **heb**ben 's **och**tends vroeg de trein ge**no**men en zijn toen met de tram naar de **klein**ste ③ stad van **Ne**derland ge**gaan**.
4 – De **klein**ste stad van **Ne**derland?
5 – Pre**cies**! Je vindt er de **mooi**ste ge**bou**wen uit **al**lerlei **ste**den ④.
6 Er is ook een **ha**vengebied en je vindt er zelfs de **vuur**toren van **A**meland.
7 – Ja, ja, maak dat de kat wijs ⑤.
8 – En ik heb nog nooit **zul**ke **schat**tige **mo**lentjes ge**zien**.
9 – Ge**loof** je het zelf?
10 – Maar heb je dan nooit van de minia**tuur**stad Maduro**dam** ⑥ ge**hoord**? □

Prononciation
*... **kLèyn**sste ... **1** ... féyn **wi:k**ènt χe**Hat** **2** ... v'ri:-**ndĭ**ne^n ... dèn Ha:χ χe**wé:sst** **3** ... χe**no:**me^n ... trèm ... **5** ... **mo:y**sste*

Notes

① **fijn**, *agréable, plaisant/e*, est synonyme de **lekker**, *bon*, sauf dans le domaine alimentaire où il signifie *fin/e* : **fijne vleeswaren**, *charcuterie fine*.

② **de vriendin**, *l'amie* ; **de vriend**, *l'ami*.

③ En général, le superlatif se forme en ajoutant la terminaison **-st** à l'adjectif : **klein** *petit/e* → **kleinst**, *le/la plus petit/e*. ▸

La plus petite ville des Pays-Bas

1 – As-tu passé *(eu)* un bon week-end ?
2 – Oui délicieux ! Hier je suis allée *(été)* avec quelques amies à La Haye.
3 Nous avons pris le train tôt le matin et ensuite *(alors)* [nous] sommes allées en tram dans *(vers)* la plus petite ville des Pays-Bas.
4 – La plus petite ville des Pays-Bas ?
5 – C'est ça *(Exactement)* ! On y trouve *(Tu trouves y)* les plus beaux bâtiments de toutes sortes de villes.
6 Il y a aussi un ensemble portuaire *(port-domaine)* et tu y trouves même le phare *(feu-tour)* d'Ameland.
7 – Oui, oui, mon œil *(fais croire ça au chat)* !
8 – Et je n'avais *(ai)* encore jamais vu de si jolis petits moulins.
9 – C'est ça ! *(Toi-même, le crois-tu ?)*
10 – Mais [enfin], tu n'as *(alors)* jamais entendu [parler] de la ville miniature de Madurodam ?

*χe**baou**we^n … **a**L**er**L**éy** **sté:**de^n* **6** *… **Ha:**v'e^{n}χebiet … **v'u:r**to:re^n* … **7** *… kat wèyss* **8** *… no:yt **z'uL**ke … **mo:**Le^{n}tyess …* **10** *… mi:ni:a:**tu:r**sstat ma:du:ro:**dam** …*

④ Le pluriel de **de stad**, *la ville*, est irrégulier : **de steden**.

⑤ **wijsmaken**, *faire croire*, signifie littéralement "rendre sage".

⑥ Vous trouvez la terminaison **-dam** dans de nombreux noms de ville : **Amsterdam**, **Rotterdam**, etc. Elle vient du nom **de dam**, *le barrage, la digue*.

51 **Oefening 1 – Vertaal**

❶ Hij heeft ’s ochtends vroeg de tram genomen. ❷ In de kleinste stad van Nederland vind je allerlei gebouwen. ❸ Ja, maak dat de kat wijs! ❹ Ze heeft zulke schattige molentjes gezien! ❺ Hebben jullie nog nooit van de Waddeneilanden gehoord?

Oefening 2 – Vul in

❶ Nous avons passé un week-end délicieux !
We hebben een . . . . weekend . . . . . !

❷ Vous ne pouvez pas me faire croire que c’est *(ceci)* le plus beau phare du pays.
Jullie kunnen mij niet . . . . dat dit de . . . . vuurtoren . . . het land is.

❸ Où es-tu allée hier avec ton amie ?
Waar . . . je . . . . met je vriendin . . . . ?

❹ Nous voulions prendre le bateau pour Ameland à dix heures, mais nous étions en retard.
We wilden . . tien uur . . . . Ameland nemen, maar we . . . .

Depuis 1952, le parc Madurodam, près de La Haye, vous fait découvrir les Pays-Bas en tout petit. Vous y trouvez les modèles réduits de nombreux bâtiments historiques, des moulins à vent, des canaux, et des scènes typiques de la vie quotidienne, à une échelle de 1:25.
Amsterdam, **Rotterdam**, **Den Haag**, *dont le nom officiel est* **’s-Gravenhage**, *font partie avec* **Utrecht** *de* **de Randstad**, *une conurbation à la forme de fer à cheval, dans l’ouest du pays. Ces villes se trouvent à l’extérieur d’un cœur vert, comprenant plusieurs petites villes et de nombreux villages et espaces verts. Au nord de cette conurbation se trouve* **Amsterdam**, *qui est avec ses 750 000 habitants la capitale des Pays-Bas. La ville est réputée pour ses canaux pittoresques et ses ponts. Vous n’y rencontrerez pas seulement une architecture très riche, avec de nombreuses maisons aux pignons variés, mais également une abondance de musées*

Corrigé de l'exercice 1

❶ Il a pris le tram tôt le matin. ❷ Dans la plus petite ville des Pays-Bas, on trouve toutes sortes de bâtiments. ❸ Oui, mon œil ! ❹ Elle a vu de si jolis petits moulins ! ❺ N'avez-vous encore jamais entendu [parler] des îles des Wadden ?

❺ L'ensemble portuaire de Rotterdam est le plus connu du monde.

Het . . . . van Rotterdam is . . . bekendste in de . . . .

Corrigé de l'exercice 2

❶ – heerlijk – gehad ❷ – wijsmaken – mooiste – van – ❸ – ben – gisteren – geweest ❹ – om – de boot naar – waren te laat ❺ – havengebied – het – wereld

et d'activités culturelles. **Schiphol**, *un des plus grands aéroports européens, s'y trouve tout près. Au sud, au bord de la Nouvelle Meuse (une branche du delta commun au Rhin et à la Meuse) se trouve* **Rotterdam** *(600 000 habitants). C'est le plus grand port du monde et la deuxième ville du pays. On y trouve une architecture moderne, du fait que la ville historique a été complètement détruite lors de la seconde guerre mondiale.* **Den Haag** *a le privilège d'être le centre politique et administratif du pays, sans en être la capitale. C'est le lieu de résidence de la reine Beatrix, de la Cour et du corps diplomatique.* **Utrecht**, *la quatrième ville du pays, est située au centre des Pays-Bas. La tour de la cathédrale, haute de 112 mètres, fait sa fierté. Les pittoresques terrasses au bord des canaux attirent en été de nombreux étudiants et touristes.*

Deuxième vague : 2e leçon

52 Tweeënvijfstigste les

Een raadselachtig geval van misselijkheid

1 – Wat is er met jou aan de hand?
2 Je ziet er niet uit! ①
3 – Ik ben **hart**stikke **mis**selijk!
4 – Hoe kan dat zo op**eens**?
5 Heb je iets ver**keerds** ② ge**ge**ten?
6 – Nee, **vol**gens mij niet!
7 Ik ben al**leen** maar ③ naar de **snack**bar ge**gaan**!
8 Je weet wel, die waar ze de **lek**kerste kro**ket**ten van heel Amster**dam** ver**ko**pen.
9 En daar heb ik twee kro**ket**ten en een pa**tat** mét ④ ge**no**men.

Prononciation

*... **ra:t**seLaχteχ χe**v'aL** ... **mĭsse**LekHèyt **1** ... Ha-nt **3** ... **Hart**steke **mĭsse**Lek **4** ... op**é:nss** **5** ... v'er**ké:rtss** χe**χé:**te^n **6** ... **v'oL**χess ... **7** ... **snèk**bar ... **8** ... **Lèk**ersste kro:**kète**^n ... amster**dam** ver**ko:**pe^n **9** ... pa**tat** ...*

Notes

① Rappelez-vous l'expression **eruit zien**, *avoir l'air*, de la 15e leçon.

② **verkeerd**, *mauvais/e*, *mal*, *de travers*, prend un **-s** lorsqu'il est placé après **iets** : **iets verkeerds**, *quelque chose de mauvais* ; **iets lekkers**, *quelque chose de bon* ; **iets verkeerds doen**, *faire quelque chose de travers.* ▸

Une étrange envie de vomir
(Un mystérieux cas de nausée)

1 – Qu'est-ce qui t'arrive *(Que est il avec toi à la main)* ?
2 Tu ne payes pas de mine !
3 – J'ai une de ces nausées *(Je suis rudement écœuré)* !
4 – Comme ça, d'un coup *(Comment peut ça si soudainement)* ?
5 Tu as mangé quelque chose qui ne passe pas *(de-mauvais)* ?
6 – Non, pas que je sache *(selon moi pas)* !
7 Je suis seulement allé au snack-bar !
8 Tu sais *(bien)*, celui où on vend *(ils vendent)* les meilleures croquettes de tout Amsterdam.
9 Et là, j'ai pris deux croquettes et une frite [mayonnaise].

Remarques de prononciation
3 En langage courant, le **i** de **hartstikke** se prononce *[e]* et le premier **t** ne se prononce pas toujours.
7 snackbar se prononce également *[snakbar]*.
9 Le premier **a** de **patat** peut également se prononcer long.

③ L'adverbe **maar**, *donc*, *plutôt*, minimise **alleen**, *seulement, ne... que* ; **alleen maar** implique alors une excuse : "c'est tout ce que j'ai fait !".

④ Les Néerlandais adorent ajouter *de la mayonnaise*, **de mayonaise**, à leurs *frites*, **patat**. Les prépositions **met**, *avec*, ou **zonder**, *sans*, employées seules suffisent pour indiquer si l'on en veut ou pas.

10 Toen heb ik nog zo'n **o**verheerlijke **na**sibal be**steld**,

11 en daar**na** heb ik hier nog een koud **bier**tje ⑤ ge**dron**ken ⑥.

12 Niets bij**zon**ders ⑦ dus!

13 – O ja? En waar zijn al die **drop**jes ⑧ ge**ble**ven, die hier op **ta**fel **la**gen?

14 Geen **won**der dat je ziek bent ge**wor**den! □

10 … o:v'erHé:rLeke ***na****ssi:baL be****stèLt*** ***11*** *…* ***bi:r****tye χe****droŋ****keⁿ* ***12*** *… bi:****z'o-n****derss …* ***13*** *…* ***drop****yess χe****bLé:****v'eⁿ …* ***La:****χeⁿ* ***14*** *…* ***wo-n****de-r … z'i:k …*

Notes

⑤ Les noms de matière deviennent quantifiables à l'aide du diminutif : **het bier**, *de la bière*, **een biertje**, *une bière*, **twee biertjes**, *deux bières* ; **het ijs**, *de la glace*, **een ijsje**, *une glace* etc.

⑥ **gedronken**, *bu*, est le participe passé du verbe fort **drinken**, *boire*.

⑦ Tous les adjectifs placés après **niets**, *rien*, prennent également un **-s**.

⑧ **de drop**, *la réglisse* ; **het dropje**, *le (bonbon à la) réglisse* est une friandise nationale sucrée ou (doublement) salée. Les Néerlandais en mangent en moyenne deux kilos par personne et par an.

***

Oefening 1 – Vertaal

❶ Weet je waar ze de lekkerste drop van de stad verkopen? ❷ Wat is er met jullie aan de hand? ❸ Ze heeft een kroket en een nasibal besteld. ❹ Geen wonder dat ze misselijk is geworden! ❺ Zullen we een lekker koud biertje drinken?

10 Puis j'ai commandé encore une de ces si bonnes *(succulentes)* boulettes de riz à l'indonésienne,
11 et après, j'ai bu *(ici)* encore une bière fraîche *(froide)*.
12 Rien [de] spécial donc !
13 – Ah oui ? Et où sont passés *(restés)* tous les réglisses qui étaient là *(ici)*, sur la table ?
14 Pas étonnant *(Pas-de miracle)* que tu sois *(es devenu)* malade !

***

Corrigé de l'exercice 1

❶ Sais-tu où on vend la meilleure réglisse de la ville ? ❷ Et vous, qu'est-ce qui vous arrive ? ❸ Elle a commandé une croquette et une boulette de riz à l'indonésienne. ❹ Ce n'est pas étonnant qu'elle ait des nausées ! ❺ Et si nous buvions une bonne bière fraîche ?

52 Oefening 2 – Vul in

❶ Selon moi, ils n'ont rien bu de spécial !
. . . . hebben ze . . . . . bijzonders . . . . !

❷ J'ai une de ces nausées !
Ik ben . . . . !

❸ Elle est malade, car elle a mangé trop de frites mayonnaise.
Ze is . . . . , want ze heeft te . . . . met mayonaise . . . .

Vous pouvez acheter les fameuses **kroketten**, *de petits rouleaux de ragoût de viande panés et frits, au comptoir des snack-bars ou vous servir vous-même aux distributeurs accrochés aux murs ; en néerlandais on appelle ça "tirer une croquette du mur". Les* **nasiballen** *sont des boulettes de riz à l'indonésienne ;* **nasi** *vient de l'indonésien et signifie* riz.
Ces plats témoignent de l'influence de la cuisine indonésienne aux Pays-Bas, dont la popularité s'inscrit dans une longue histoire qui débute à l'époque de la VOC, la Compagnie des Indes Orientales, lorsque les Néerlandais colonisèrent l'Indonésie au XVII*e siècle. Le*

❹ Où sont passées *(restées)* toutes ces pommes qui se trouvaient dans le réfrigérateur ?

Waar zijn al die appels . . . . , die in de koelkast . . . . . ?

❺ Hier ils ont pris leur déjeuner au château Zuylen.

Ze hebben . . . . lunch in Slot Zuylen . . . .

Corrigé de l'exercice 2

❶ Volgens mij – niets – gedronken ❷ – hartstikke misselijk ❸ – ziek – veel patat – gegeten ❹ – gebleven – lagen ❺ – gisteren hun – genomen

plus connu est le **rijsttafel***, litt. "la table de riz". Il est issu d'un mélange d'habitudes culinaires européennes et indonésiennes, et est donc en quelque sorte le fruit de l'époque coloniale. Il consiste à servir différents petits mets – chacun avec son goût et sa cuisson spécifiques – avec du riz et différentes sauces. Un conseil : commencez par les plats les moins épicés pour terminer avec ceux qui sont très relevés. Si vous souhaitez vous lancer vous-même dans la préparation des plats indonésiens, vous trouverez les nombreuses épices et herbes nécessaires dans des boutiques appelées* ***toko****, ce qui veut dire en indonésien* **winkel**, magasin.

Deuxième vague : 3e leçon

53 Drieënvijftigste les

De afspraak

1 – Waar blijft hij nou?
2 We **had**den toch om zes uur op het ter**ras** van **eet**café *"De **Her**berg"* **af**gesproken ①?
3 Goed, hij zal er **o**ver een paar mi**nu**ten wel zijn.
4 Laat ik maar vast een **pils**je ② **ne**men!
5 **Vijf**endertig mi**nu**ten **la**ter:
6 – Het is nu vijf **o**ver half **ze**ven.
7 En hij neemt zijn mo**biel** ook niet op...
8 Als hij er **o**ver tien mi**nu**ten niet is, dan wacht ik niet **lang**er.
9 Na een paar mi**nu**ten:
10 – Hal**lo**, zit je al aan het bier ③?
11 – Wat be**doel** je met "al"? Het is kwart voor **ze**ven!
12 – Nee hoor, het is kwart voor zes!
13 – Je ver**gist** je: het is van**daag** **zo**mertijd!

Prononciation

*2 … **Had**e^n … **é:t**ka:fé: … **Hèr**bèrχ **af**χesspro:ke^n 4 … **pĭLss**ye … 7 … mo:**bi:L** … 8 … **Laŋ**e-r 9 na: … 10 Ha**Lo:** … 13 … ver**χĭsst** … **z'o**mertèyt*

Remarques de prononciation

1 hij placé après le verbe se prononce souvent *[i:]* en langage courant.
13 Le **-t** final de **vergist** ne se prononce pas quand on parle vite.

Cinquante-troisième leçon 53

Le rendez-vous

1 – Mais où peut-il donc être ?
2 Nous avions bien *(pris)* rendez-vous à six heures sur la terrasse du café-restaurant "De Herberg" *(mange-café L'Auberge)* ?
3 Bon, il sera certainement là dans quelques minutes.
4 En attendant, je vais prendre une bière *(laisse je donc déjà une petite-bière prendre)* !
5 Trente-cinq minutes plus tard :
6 – Il est maintenant sept heures moins vingt-cinq.
7 Et il ne répond *(décroche)* pas non plus [sur] son portable…
8 S'il n'est pas là dans dix minutes, *(alors)* je n'attends pas plus longtemps.
9 Quelques *(une-paire)* minutes après :
10 – Salut, tu t'es déjà mis *(assieds tu)* à la bière ?
11 – Que veux-tu dire par "déjà" ? Il est sept heures moins le quart !
12 – Mais non, il est six heures moins le quart !
13 – Tu te trompes : c'est l'heure *(temps)* d'été aujourd'hui !

Notes

① C'est le participe passé de **afspreken**, *prendre/donner rendez-vous, convenir d'un rendez-vous.*

② **het pils**, qui désigne de la bière blonde, est souvent utilisé comme synonyme de **het bier**. Le nom est dérivé de l'allemand ***Pilsener*** et indique la ville de Plzeň en République tchèque.

③ L'expression **aan** + nom de boisson/aliment + **zitten**, s'emploie dans le sens de *être en train de prendre (une boisson/un aliment)* et suggère une certaine habitude.

14 – Wel nee, dat is pas ④ **vol**gende week **zon**dag!

15 Wil je een kop **ko**ffie om **wak**ker te **wor**den? □

***15** … kop … **wa**ke-r …*

***

Oefening 1 – Vertaal

❶ Zullen we volgende week vrijdag om zeven uur afspreken? ❷ Vergeet niet dat het dan zomertijd is! ❸ Hallo meisjes! Zitten jullie al aan de koffie? ❹ Laten we maar vast iets warms nemen! ❺ Het examen vond vijfendertig minuten later plaats.

Oefening 2 – Vul in

❶ S'ils ne sont pas là dans un quart d'heure, je pars sans les attendre encore plus longtemps !
. . . ze er . . . . tien minuten niet zijn, dan vertrek ik . . . . . . nog . . . . . . op ze te wachten!

❷ Elle ne s'est réveillée le lendemain qu'à neuf heures moins dix.
Ze werd de volgende dag . . . om tien . . . . negen wakker.

❸ Je dis juste qu'il n'est que trois heures, c'est tout !
Ik zeg . . . . dat het pas drie uur is: dat is alles!

14 – Mais non, ça sera dimanche prochain *(prochaine semaine dimanche)* seulement !

15 Veux-tu une tasse [de] café pour te réveiller *(pour devenir réveillé)* ?

Note

④ **pas**, *ne... que*, *seulement*, exprime ici une notion de temps. Ne confondez pas avec **alleen (maar)**, *ne... que*, *seulement*, de la leçon précédente, où il est question de minimiser une action.

***

Corrigé de l'exercice 1

❶ Et si nous prenions rendez-vous la semaine prochaine, vendredi à sept heures ? ❷ N'oublie pas que ça sera alors l'heure d'été ! ❸ Salut les filles ! Vous êtes déjà en train de prendre le café ? ❹ En attendant, prenons quelque chose de chaud *(à boire ou à manger)* ! ❺ L'examen eut lieu trente-cinq minutes plus tard.

❹ Nous n'avions pas pris rendez-vous à dix heures mais à onze heures.

We hadden . . . . om tien uur . . . . om elf uur . . . .

❺ Mais où peuvent-elles donc être ?

Waar . . . . ze nou?

Corrigé de l'exercice 2

❶ Als – over – zonder – langer – ❷ – pas – voor – ❸ – alleen maar – ❹ – niet – maar – afgesproken ❺ – blijven –

54 *Un* **eetcafé** *est un café où l'on peut également manger, comme le nom le suggère. Il y a toutes sortes de cafés aux Pays-Bas, dont* le café brun, **het bruin café**, *est sans doute le plus connu. Il se caractérise par un intérieur souvent peu éclairé, avec des meubles en bois de couleur foncée et des tapis grenat ou bruns sur les tables. Ces tapis confèrent aux cafés bruns leur ambiance chaleureuse et intime et protègent par la même occasion les tables. L'origine de ces cafés se situerait dans* les cafés d'intérieur, **de huiskamercafés**, *du XIXe siècle ; c'est comme si l'on se trouvait dans son propre salon. Le nom "brun" viendrait du style de ces salons, où le bois et la couleur brune dominaient, mais il pourrait également s'expliquer par le dépôt de fumée de cigares et cigarettes sur les murs.*

Vous avez fait d'énormes progrès ! Ne vous inquiétez pas si vous ne retenez pas tous les mots nouveaux, car ils seront repris au fur et à mesure. Continuez à les répéter à haute voix : c'est la clé de votre succès.

54 Vierenvijftigste les

Geschikte kleding ①

1 – **O**ver een uur moet ik naar die nieuw**jaars**receptie,
2 maar wat moet ik nou **aan**doen?
3 Ik **twij**fel **tus**sen die **bei**ge jurk of dat **zwar**te **man**telpakje.

Prononciation
χesχĭkte ***kLé:****dĭŋ* ***1*** *... ni:ou****ya:rss****ressèpssi:* ***2*** *...* ***a:-n****doun*
3 *...* ***twèy****feL* ***tùss****e*ⁿ *...* ***bè****je ...*

Deuxième vague : 4e leçon

Cinquante-quatrième leçon 54

Des vêtements appropriés

1 – Dans une heure, je dois [aller] à cette réception de nouvel an,
2 mais qu'est-ce que je dois *(alors)* mettre ?
3 J'hésite entre cette robe beige ou ce tailleur noir.

Note

① **de kleding** (toujours sing.) ou **de kleren** (toujours pl.), *les vêtements* ; **kleding** est considéré comme plus formel que **kleren**.

4 – Ik zou ② dat **man**telpakje **aan**trekken ③.
5 Dat staat ④ het netst.
6 – Ja maar die **bei**ge jurk zit ④ **lek**kerder.
7 – Je moet het zelf **we**ten, maar dat **man**telpakje staat **net**ter.
8 En zwart staat je ook **be**ter dan **bei**ge.
9 Boven**dien** maakt dat je **min**der dik.
10 – Wat be**doel** je **daar**mee?
11 Ik ben juist drie **ki**lo **af**gevallen ⑤!
12 – Je ver**geet** dat je eerst vijf **ki**lo was **aan**gekomen ⑤, na**dat** je was ge**stopt** ⑤ met **ro**ken! □

*4 … z'aou … **a:-n**trèke^n **5** … nètsst **6** … **bè**je … **Lè**kerde-r **7** … **nè**te-r **9** bo:v'e^n**di:-n** … **mĭ-n**de-r dĭk **10** … **da:r**mé: **11** … **af**χev'aLe^n **12** … **a:-n**χekome^n na:**dat** … χe**stopt** … **ro:**ke^n*

Remarque de prononciation
12 L'accent tonique de **nadat** est variable.

Notes

② La forme **zou** exprime ici un conseil au conditionnel, que l'on pourrait paraphraser en français par "si j'étais toi, je ferais telle ou telle chose". ▶

***

Oefening 1 – Vertaal

❶ Ze twijfelen tussen een woning in een dorp of in een stad. ❷ Die rode jurk staat je beter dan dat blauwe mantelpakje. ❸ Haar oom was twee kilo aangekomen, nadat hij was gestopt met roken. ❹ Je moet het zelf weten, maar ik zou nooit op een woonboot gaan wonen! ❺ Welke kleren zitten het lekkerst?

4 – [Si j'étais toi], je mettrais le *(ce)* tailleur.
5 C'est le plus habillé *(le-plus-propre)*.
6 – Oui, mais la *(cette)* robe beige est plus confortable *(plus-agréable)*.
7 – Fais comme tu voudras *(Tu dois le toi-même savoir)*, mais le *(ce)* tailleur est plus soigné *(plus-propre)*.
8 Et [le] noir te va également mieux que [le] beige.
9 En plus, ça te mincit *(rend moins gros)*.
10 – Que veux-tu dire par là *(là-avec)* ?
11 J'ai justement perdu *(Je suis justement maigri)* trois kilos !
12 – Tu oublies que tu as d'abord pris *(tu étais grossi)* cinq kilos, après avoir arrêté de fumer *(après-que tu étais arrêté avec fumer)* !

▸ ③ **aantrekken**, *mettre (un vêtement)*, est moins souvent utilisé que **aandoen**, car plus formel.

④ On utilise **staan**, *aller*, *convenir*, pour indiquer si un vêtement ou une coiffure va bien ou pas. Par contre, pour indiquer si un vêtement est confortable ou pas, on utilise **zitten**.

⑤ **afvallen**, *maigrir*, *perdre du poids*, **aankomen**, *grossir*, *prendre du poids*, et **stoppen**, *s'arrêter*, forment les temps composés avec l'auxiliaire **zijn**, car ils expriment un changement d'état.

***

Corrigé de l'exercice 1

❶ Ils/Elles hésitent entre un logement dans un village ou dans une ville. ❷ Cette robe rouge te va mieux que ce tailleur bleu. ❸ Son oncle *(à elle)* avait pris deux kilos après avoir arrêté de fumer. ❹ Fais comme tu voudras, mais si j'étais toi je n'irais jamais habiter sur une péniche ! ❺ Quels vêtements sont les plus confortables ?

Oefening 2 – Vul in

❶ Les croquettes de Johanna étaient meilleures que celles du snack-bar.
De . . . . van Johanna waren . . . . die van de snackbar.

❷ Cette chemise te mincit et ta nouvelle coiffure te va très bien.
. . . . maakt je . . . . . . dik en je nieuwe kapsel . . . . . je erg goed.

❸ J'ai perdu quelques kilos la semaine dernière !
Ik . . . vorige week een paar kilo . . . . !

❹ Après avoir mangé une boulette de riz à l'indonésienne, ils ont pris une bière blonde.
. . . . . ze een . . . . hadden gegeten, ... ze een pilsje . . . .

55 Vijfenvijfstigste les

Raadsel ①

1 Hij wordt het meest gewaar**deerd** door **kin**deren.
2 Veel **kin**deren zijn een **beet**je bang voor zijn **hulp**jes ②,

Prononciation
ra:tsseL **1** … mé:sst χewa:r***dé:rt*** … **2** … ***bé:t***ye … ***HùLp***yess

❺ Tu as vraiment arrêté de travailler ?
. . . je echt . . . . met werken?

Corrigé de l'exercice 2

❶ – kroketten – lekkerder dan – ❷ Die bloes – minder – staat – ❸ – ben – afgevallen ❹ Nadat – nasibal – hebben – genomen ❺ Ben – gestopt –

Deuxième vague : 5e leçon

Cinquante-cinquième leçon 55

Devinette

1 Ce sont les enfants qui l'apprécient le plus *(Il est le plus apprécié par [des] enfants)*.
2 Beaucoup d'enfants ont un peu peur *(sont un peu peureux pour)* de ses compagnons de route *(petits-aides)*,

Notes

① **het raadsel**, *la devinette, l'énigme, le mystère* ; **raden**, *deviner.*

② Si vous avez trouvé la bonne réponse, vous savez peut-être que ses aides sont appelés **zwarte Pieten**, *Pierrots noirs (pères Fouettards).*

3 want er wordt wel ge**zegd** ③, dat die de **stout**ste **kin**deren in de zak **stop**pen ④.
4 Als zijn ver**jaar**dag dichter**bij** ⑤ komt, **mo**gen **al**le **klein**tjes 's **a**vonds hun schoen **zet**ten.
5 Vaak doen ④ ze daar ⑥ een **wor**tel of wat hooi voor het paard in.
6 Elk jaar wordt hij een **jaar**tje **ou**der,
7 maar **wei**nig **kin**deren **mer**ken dat, want **on**danks zijn **ho**ge **leef**tijd, gaat hij 's nachts nog van dak tot dak.
8 De **lief**ste **kin**deren be**loont** hij met veel ca**deau**tjes.
9 Het minst **leu**ke mo**ment** is als hij weer naar **Span**je gaat.
10 Wie is **de**ze man? ⑦ □

3 *… χez'**è**χ**t** … **staout**ste … z'ak …* ***4*** *… dĭχter**bèy** … **kLèyn**tchess …* ***5*** *… **wor**teL … Ho:y … pa:r-t …* ***6*** *…* ***ya:r**tye*

Notes

③ En néerlandais, on préfère la forme passive **er wordt (wel) gezegd**, *on dit*, à la place de **men zegt**, considéré comme appartenant au langage soutenu.

④ On emploie le verbe **stoppen (in)**, *mettre (dans)*, quand on ne connaît pas la position finale de l'objet déplacé. On peut aussi utiliser **doen**, litt. "faire".

⑤ **dichterbij**, *plus près*, est le comparatif de **dichtbij**, *(tout) près*.

⑥ On retrouve ici l'adverbe pronominal **daar** + préposition **in**. **Daar**, *y*, est placé le plus près possible du verbe conjugué et la préposition **in**, *dans*, est rejetée à la fin de la phrase. Cette construction s'utilise lorsque le nom est absent : **in de zak**, *dans le sac* → **daarin**, *dedans*. ▸

3 car on dit qu'ils mettent les enfants les plus désobéissants dans un *(le)* sac.

4 Quand son anniversaire approche *(plus-près vient)*, tous les petits ont droit de poser leur chaussure le soir [devant la cheminée].

5 Souvent, ils y mettent une carotte ou un peu [de] foin pour le cheval *(dans)*.

6 Tous les ans, il vieillit un peu *(devient il une petite-année plus-vieux)*,

7 mais peu [d']enfants le remarquent, car malgré son âge avancé *(haut)*, il va encore de toit *(jusqu')*en toit la nuit.

8 Les enfants les plus gentils, il [les] récompense par *(avec)* beaucoup de *(petits)* cadeaux.

9 Le moment le moins agréable, [c']est quand il retourne en Espagne *(de-nouveau vers Espagne va)*.

10 Qui est cet homme ?

aou**de-r* ***7 *…* ***wèy**neχ … **mèr**ke^n … **o-n**daŋkss … **Ho:**χe … dak …* ***8*** *… **Li:**fsste … be**Lo:-nt** …* ***9*** *… mĭ-nsst …*

▸ ⑦ Avez-vous deviné ? Il s'appelle **Sint Nicolaas**, *saint Nicolas*. Son nom d'usage est **Sinterklaas**.

55 **Oefening 1 – Vertaal**

❶ Er wordt gezegd dat de zwarte Pieten de stoutste kinderen in de zak stoppen. ❷ Zijn verjaardag komt elke dag dichterbij. ❸ Men zegt dat het een raadsel is dat Sinterklaas nog op een paard kan zitten. ❹ Ze doen daar wat hooi in. ❺ Heb je gemerkt hoe oud hij is geworden?

Oefening 2 – Vul in

❶ Comment s'appelle ce vieil homme qui, chaque année, vient aux Pays-Bas en bateau ?

Hoe . . . . die oude man die . . . jaar . . . . naar . . . . komt?

❷ La nuit, saint Nicolas va de toit en toit avec son cheval.

'S Nachts gaat . . . . met zijn . . . . dak . . . dak.

❸ Malgré leur âge avancé, mes parents font encore eux-mêmes leurs courses.

. . . . hun . . . . leeftijd, doen mijn ouders nog . . . . hun . . . .

Saint Nicolas était évêque de la ville de Myre, dans l'actuelle Turquie, au début du IVe siècle. Il fut le patron et protecteur des jeunes filles à marier et aussi, entre autres, des marins et des enfants. Il a donné son nom à l'une des fêtes les plus populaires du calendrier chrétien, la Saint-Nicolas, le 6 décembre, jour commémoratif de sa mort.

Aux Pays-Bas, il est plus populaire que le Père Noël. Il arrive d'Espagne en bateau, avec ses Pierrots noirs et son cheval pommelé, quelques semaines avant la fête. Cette arrivée est diffusée par la télévision néerlandaise. Ce qui compte, c'est que tous les petits Néerlandais sachent qu'à partir de ce moment-là, ils peuvent poser le soir une chaussure devant la cheminée, pour que saint Nicolas puisse y déposer des petites gâteries la nuit… Les enfants sages

Corrigé de l'exercice 1

❶ On dit que les Pierrots noirs mettent [les] enfants les plus désobéissants dans un sac. ❷ Son anniversaire approche de jour en jour. ❸ On dit que c'est un mystère que saint Nicolas puisse encore s'asseoir sur un cheval. ❹ Ils/Elles y mettent un peu de foin. ❺ As-tu remarqué comme il a vieilli ?

❹ Pourquoi est-ce que tu ne mets pas les cadeaux pour les enfants dans le sac ?
Waarom . . . . . . de cadeautjes . . . . de kinderen niet . . . . ?

❺ Ces chaussures sont très confortables, mais elles ne sont pas tellement jolies.
Die schoenen . . . . . . erg . . . . , maar . . zijn niet zo . . . . .

Corrigé de l'exercice 2

❶ – heet – elk – met een boot – Nederland – ❷ – Sinterklaas – paard van – tot – ❸ Ondanks – hoge – zelf – boodschappen ❹ – stop je – voor – in de zak ❺ – zitten – lekker – ze – mooi

du moins, car les enfants désobéissants risquent d'être fouettés et mis dans le sac de saint Nicolas par les Pierrots noirs, et de surcroît emmenés en Espagne ! Les Pierrots noirs ne sont donc pas des aides anodins de saint Nicolas et ils font peur à de nombreux enfants.
La veille du 6 décembre, les familles néerlandaises fêtent la Saint-Nicolas, en s'offrant des cadeaux, accompagnés de petits poèmes souvent moqueurs au sujet du destinataire. On fabrique également des **surprises**, *des cadeaux surprenants en rapport avec le poème ou le vrai cadeau. Le 6 décembre marque la fin des festivités car c'est le jour où saint Nicolas rentre chez lui en Espagne.*

Deuxième vague : 6e leçon

56 Zesenvijfstigste les

Herhaling – Révision

1 Le prétérit

Bien que le prétérit soit moins fréquent en langage courant que le passé composé, dont vous avez beaucoup d'exemples dans cette série, il est important d'en connaître les différentes formes. Sa conjugaison est très facile car elle ne connaît que deux formes : une pour le singulier et une pour le pluriel.
Attention, les particules séparables se retrouvent à la fin de la principale lorsqu'on conjugue le verbe au prétérit :
Op een dag stak er een hevige storm op , *Un jour une violente tempête se leva.*

1.1 Le prétérit des verbes réguliers

Le choix de la terminaison est déterminé par la dernière lettre du radical, comme pour la formation du participe passé.

• Lorsque le radical se termine par **-t**, **-k**, **-f**, **-s**, **-ch** ou **-p** ("**K**ung **F**u **p**rend **s**on **t**hé **ch**aud"), on ajoute la terminaison **-te** pour le sing. et **-ten** pour le pl. :
maken, *faire* → **maakte**, *faisais/faisait*, **maakten**, *faisions/faisiez/faisaient* ;
fietsen, *faire du vélo* → **fietste**, *faisais/faisait du vélo*, **fietsten**, *faisions/faisiez/faisaient du vélo.*
Si le radical se termine par un **-t**, on double le **-t** : **zetten**, *poser* → **zette(n)** ; **wachten**, *attendre* → **wachtte(n)**.

• Lorsque le radical ne se termine pas par une de ces lettres, on ajoute la terminaison **-de** au sing. et **-den** au pl. :
leren, *apprendre* → **leerde**, *apprenais/apprenait*, **leerden**, *apprenions/appreniez/apprenaient* ;
bellen, *sonner* → **belde**, *sonnais/sonnait*, **belden**, *sonnions/sonniez/sonnaient* ;

bestellen, *commander* → **bestelde**, *commandais/commandait*, **bestelden**, *commandions/commandiez/commandaient*.
Si le radical se termine par un **-d**, on double le **-d** : **kleden**, *habiller* → **kleedde(n)**.
Faites attention aux verbes dont la dernière lettre du radical est un **v** ou un **z** :

- le prétérit se forme avec la terminaison **-de(n)** ;
- le **v** se transforme en **f**, et le **z** en **s** ;
- n'oubliez pas de doubler la voyelle si elle est longue.

geloven, *croire* → **gelov** + **de(n)** → **geloofde(n)**
reizen, *voyager* → **reiz** + **de(n)** → **reisde(n)**.

1.2 Le prétérit des verbes forts et irréguliers

Il connaît également une seule forme pour le singulier et une seule pour le pluriel, mais il se caractérise par des changements de voyelle dans le radical. Il faut l'apprendre par cœur ! Pour en faciliter votre apprentissage, vous trouverez en annexes une liste récapitulative.

Vous avez rencontré dans cette série :
gaan, *aller* → **ging(en)**
lopen, *marcher* → **liep(en)**
liggen, *être couché* → **lag(en)**
zeggen, *dire* → **zei(den)**
zien, *voir* → **zag(en)**
zitten, *être assis* → **zat(en)**
zullen, auxiliaire du futur → **zou(den)**
willen, *vouloir* → **wou(den)** ; forme régulière : **wilde(n)**

Lorsque le prétérit singulier se termine par une voyelle, un **-d** de liaison est ajouté avant la terminaison **-en** : **zeiden**, **zouden**, **wouden**.
Un autre verbe très fréquent, dont vous avez vu le prétérit et le participe passé, est **worden**, *devenir* → **werd(en)** / **geworden**.
Il est utilisé en tant qu'auxiliaire de la forme passive au présent et au prétérit.

56 **Hij wordt het meest gewaardeerd door kinderen**, *Ce sont les enfants qui l'apprécient le plus.*
Het kasteel werd in de dertiende eeuw gebouwd, *Le château fut construit au treizième siècle.*
Nous y reviendrons dans de prochaines séries : patience !

2 L'heure

Vous savez déjà que :
– les Néerlandais annoncent les minutes avant l'heure (**vijf over tien**, *dix heures cinq*) ;
– **uur**, *heure*, reste invariable et il est obligatoire après l'heure entière ;
– l'emploi du nom **minuten**, *minutes*, est facultatif : **vijf (minuten) over zes**, *six heures cinq.*

Récapitulons à présent tout le cadran :
• Pour les 15 premières minutes après l'heure pile, utilisez **over** : **vijf/tien/kwart over zes**, *six heures cinq/dix/et quart.*
• De 15 à 30, comptez les minutes qui vous séparent de la demie. Attention, la demie est annoncée par rapport à l'heure à venir, et non l'heure en cours. On utilise **voor** : **tien/vijf voor half zeven**, *six heures vingt/vingt-cinq* (litt. "dix/cinq avant demi sept") ; **half zeven**, *six heures et demie.*
• Pour les 15 minutes suivantes, comptez les minutes qui vous éloignent de la demie, et utilisez **over** : **vijf/tien over half zeven**, *sept heures moins vingt-cinq/moins vingt* (litt. "cinq/dix après demi sept").
• Pour les 15 minutes restantes, utilisez **voor** : **kwart/tien/vijf voor zeven**, *sept heures moins le quart/dix/cinq* ; **zeven uur**, *sept heures.*
En règle générale, toutes les minutes se disent de cette façon :
drie over zes, *six heures trois*
twee voor half zeven, *six heures vingt-huit* (litt. "deux avant demi sept")
veertien over half zeven, *six heures quarante-quatre* (litt. "quatorze après demi sept")
elf voor zeven, *sept heures quarante-neuf*

Mais rien ne vous empêche d'utiliser une paraphrase avec **bijna**, *presque* : **Het is bijna half zeven**, *Il est presque six heures et demie.*
Si la précision est essentielle, par exemple pour les horaires de train ou d'avion, il suffit de dire l'heure comme en français :
drie uur drieëndertig, *3 h 33*
zes uur dertien, *6 h 13*
zestien uur twintig, *16 h 20*
eenentwintig uur eenenvijftig, *21 h 51*
• Précisez, si nécessaire, le moment de la journée à l'aide des expressions **'s nachts**, *de la nuit*, **'s ochtends**, *du matin*, **'s middags**, *de l'après-midi*, ou **'s avonds**, *du soir.*

3 Le comparatif et le superlatif

Le comparatif se forme en ajoutant la terminaison **-er** à l'adjectif, et le superlatif en ajoutant **-st** à l'adjectif : **klein**, *petit/e/s* ; **kleiner**, *plus petit/e/s* ; **het, de kleinst/e**, *le/la/les plus petit/e/s.*
Même s'il existe des irrégularités, retenez pour le moment que la majorité des adjectifs suivent ce modèle : **laat / later / laatst** ; **lief / liever / liefst** ; **mooi / mooier / mooist** ; **oud / ouder / oudst** etc.
Le comparatif des adjectifs finissant par un **-r** se forme avec la terminaison **-der** : **lekker → lekkerder → lekkerst** ; **ver → verder → verst**.
Retenez aussi les formes **het meest**, *le plus*, et **het minst**, *le moins.*

Tout comme l'adjectif, le comparatif et le superlatif peuvent être utilisés comme attribut ou comme épithète. L'adjectif attribut est invariable ; l'adjectif épithète prend un **-e** sauf s'il est suivi d'un nom indéfini au singulier du genre neutre :
een kleinere stad, *une ville plus petite*
een groter mantelpakje, *un plus grand tailleur*
Par contre, il s'accorde dès que le nom est défini :
het grotere mantelpakje, *le tailleur plus grand*
het grootste mantelpakje, *le tailleur le plus grand*
En langage parlé, les Néerlandais ont tendance à ajouter un **-e** après le superlatif, même si ce n'est pas nécessaire, par exemple : **Die jurk is het mooiste**, *Cette robe-là est la plus belle.*

56 Herhalingsdialoog

1 – Wat is er met jou aan de hand?
2 – Niets bijzonders, hoezo?
3 – Je ziet er niet zo goed uit!
4 – Wat bedoel je daarmee?
5 Ik ben alleen maar gestopt met roken.
6 – Ja, maak dat de kat wijs!
7 Is de snackbar, waar ze de lekkerste kroketten van heel Amsterdam verkopen, hier niet vlakbij?
8 Geen wonder dat je bent aangekomen!
9 – Nou vandaag heb ik alleen wortels gegeten.
10 – Ah, nu begrijp ik het!

Oefening – Vertaal
❶ Ik wil zo graag varen op het meer! ❷ Maar wij willen liever gaan fietsen. ❸ En zij zou het liefst naar het strand willen! ❹ Deze beige jurk staat je beter dan die zwarte rok. ❺ Hij zit ook het lekkerst.

Traduction

1 Qu'est-ce qui t'arrive ? **2** Rien de spécial, comment ça ? **3** Tu n'as pas très bonne mine ! **4** Que veux-tu dire par là ? **5** J'ai juste arrêté de fumer. **6** Oui, mon œil ! **7** Le snack-bar, où l'on vend les meilleures croquettes de tout Amsterdam, n'est-il pas tout près d'ici ? **8** Pas étonnant que tu aies grossi ! **9** Eh ben, aujourd'hui, je n'ai mangé que des carottes. **10** Ah, je comprends maintenant !

Corrigé de l'exercice

❶ J'aimerais tellement faire du bateau sur le lac ! ❷ Mais nous, nous préférons aller faire du vélo. ❸ Et elle, elle voudrait pardessus tout aller à la plage ! ❹ Cette robe beige te va mieux que cette jupe noire. ❺ C'est aussi la plus confortable.

Deuxième vague : 7e leçon

57 Zevenenvijftigste les

Variaties op een kinderversje

1 ’k Zag twee **be**ren **brood**jes **sme**ren,
2 oh, het was een **won**der!
3 ’t Was een **won**der, **bo**ven **won**der,
4 dat die **be**ren **sme**ren **kon**den ①!
5 Hi hi hi, ha ha ha,
6 ’k stond er**bij** ② en ik keek er**naar**!

7 ’k Zag twee **poe**zen ③ **sa**men **smoe**zen ④,
8 oh, het was een **won**der!
9 ’t Was een **won**der, **bo**ven **won**der,
10 dat die **poe**zen **smoe**zen **kon**den!
11 Hi hi hi, ha ha ha,
12 ’k stond er**bij** en ik keek er**naar**!

Prononciation

*v’a:ri:**a:**tsi:ss … **kĭ-n**d-erv’èrche **1** k~saχ … **bé:**reⁿ **bro:t**yess **smé:**reⁿ **3** ... **bo:**v’eⁿ … **4** … **ko-n**deⁿ **6** … k~sto-nt er**bèy** … ĭ~ké:k èr**na:r 7** … **pou**z’eⁿ … **smou**z’eⁿ*

Remarques de prononciation

1 En fonction du débit de parole ou du rythme de la phrase, on ne prononce parfois que le **k** de **ik**. Si l’on veut rendre ce

Notes

① Pour des raisons de rime et de rythme, on a inversé les deux derniers verbes. On s’attendait plutôt à **konden smeren**. Le singulier de **konden** est **kon**.

② L’adverbe **erbij** est la variante non accentuée de **daarbij**. On utilise la forme **er-/daar-** + préposition lorsque le nom est ▸

Variations sur un petit poème d'enfant

1 J'ai vu *(voyais)* deux ours tartiner des petits pains,
2 Oh, c'était un miracle !
3 C'était un miracle, merveille des merveilles *(C'était un miracle, au-dessus miracle)*,
4 Que ces ours sachent tartiner *(tartiner savaient)* !
5 Hi hi hi, ha ha ha,
6 J'étais *(debout)* à côté *(y-auprès)* et je regardais *(y-vers)* !

7 J'ai vu deux chats chuchoter ensemble,
8 Oh, c'était un miracle !
9 C'était un miracle, merveille des merveilles,
10 Que ces chats sachent chuchoter !
11 Hi hi hi, ha ha ha,
12 J'étais à côté et je regardais !

phénomène à l'écrit, on écrira **'k**, sans majuscule, même en début de phrase.
6 La suite de deux **k** dans **ik keek** est assimilée en un seul.

absent : **ik stond bij de tafel**, *j'étais près de la table* → **ik stond erbij**, *j'étais à côté.*

③ **de poes**, *le chat*, *la chatte*, a une connotation plus mignonne que **de kat**, qu'on utilise aussi pour parler de l'espèce.

④ **smoezen**, *chuchoter* ou *faire des messes basses.*

13 'k Zag twee **bij**en **trui**en **brei**en,
14 oh, het was een **won**der!
15 't Was een **won**der, **bo**ven **won**der,
16 dat die **bij**en **brei**en **kon**den!
17 Hi hi hi, ha ha ha,
18 'k stond er**bij** en ik keek er**naar**!

*13 … **bèy**ye^n **trœy**ye^n **brèy**ye^n*

Oefening 1 – Vertaal

❶ Het is een wonder, dat hij zijn examen heeft gehaald! ❷ Ik hoorde een paar leerlingen samen smoezen. ❸ Kunnen jullie deze broodjes even smeren? ❹ Ze stonden erbij en ze keken ernaar zonder iets te doen. ❺ Ze heeft een poes die altijd op tafel gaat liggen.

Oefening 2 – Vul in

❶ Sais-tu que les chats n'aiment pas les chiens !
Weet je dat . . . . . . niet van . . . . . . houden!

❷ Que veux-tu dire par là ?
Wat bedoel je . . . . ?

❸ Si vous arrêtez de chuchoter maintenant, l'examen pourra enfin commencer.
. . . jullie nu stoppen . . . smoezen, . . . het examen . . . . beginnen.

❹ Je ne mettrais pas ce pull-over noir [si j'étais toi/vous].
Ik . . . die zwarte trui niet . . . .

❺ Après avoir mangé une croquette, elle a bu une bière fraîche.
. . . . . ze een kroket had gegeten, ... ze een koud biertje . . . .

13 J'ai vu deux abeilles tricoter des pull-overs,
14 Oh, c'était un miracle !
15 C'était un miracle, merveille des merveilles,
16 Que ces abeilles sachent tricoter !
17 Hi hi hi, ha ha ha,
18 J'étais à côté et je regardais !

Remarque de prononciation
13 Remarquez le *[y]* de liaison dans ***[bèy**ye^n**]***, ***[trœy**ye^n**]*** et ***[brèy**ye^n**]***.

Corrigé de l'exercice 1

❶ C'est un miracle qu'il ait obtenu son examen ! ❷ J'ai entendu quelques élèves faire des messes basses. ❸ Pouvez-vous beurrer/tartiner *(un instant)* ces petits pains ? ❹ Ils/Elles étaient à côté et ils/elles regardaient sans rien faire. ❺ Elle a un chat qui va toujours se coucher sur la table.

Corrigé de l'exercice 2

❶ – katten – honden – ❷ – daarmee ❸ Als – met – kan – eindelijk – ❹ – zou – aantrekken ❺ Nadat – heeft – gedronken

Deuxième vague : 8e leçon

58 Achtenvijftigste les

Smoesjes ①

1 **Vrij**dag merkt de onderwijze**res** dat Max voor de **vijf**de maal ② te laat op school komt:
2 – Max, je bent weer te laat!
3 Dat is nu al de **vijf**de keer **de**ze week!
4 **Maan**dag was je hor**lo**ge ③ stuk, en **dins**dag deed je **wek**ker het niet.
5 **Woens**dag kreeg je een **lek**ke ④ band onder**weg**.
6 En **don**derdag stond de brug **o**pen!
7 En wat is er nu weer ge**beurd**?
8 – Ik **voel**de me van**och**tend niet zo **lek**ker, dus moest ik eerst naar de **dok**ter.
9 – O van**daar**! Wat ver**ve**lend voor je!
10 Ga maar **zit**ten en laat me je **huis**werk maar even zien.

Prononciation
smou**chess* ***1 *... o-nderwèyz'e**rèss** ... maks ... ma:L ... sχo:L ...*
4 *... Hor**Lo:**je stùk ... dé:t ... **5** ... kré:χ ... **Lè**ke ba-nt o-nder**wèχ***
6 *... sto-nt ... brùχ ... **7** ... χe**beurt** **8** ... **v'ouL**de ... mousst ...*
9 *... v'a-n**da:r** ... v'er**v'é:**Le-nt ... **10** ... La:t ... **Hœys**wèrk ...*

Notes

① **het smoesje** est le diminutif de **de smoes**, *le prétexte, le subterfuge*. Et vous connaissez déjà **smoezen**, *faire des messes basses, chuchoter*. ▸

Cinquante-huitième leçon 58

Des prétextes

1 Vendredi, l'institutrice remarque que Max arrive en retard à l'école pour la cinquième fois :
2 – Max, tu es encore *(de-nouveau)* en retard !
3 C'est *(maintenant)* déjà la cinquième fois cette semaine !
4 Lundi ta montre était cassée, et mardi ton réveil ne marchait *(le faisait)* pas.
5 Mercredi, tu as crevé *(obtenais tu un percé pneu)* en cours de route.
6 Et jeudi, le pont était levé *(ouvert)* !
7 Et là *(maintenant)*, que s'est-il encore passé ?
8 – Je ne me sentais pas très *(si)* bien ce matin, donc j'ai dû *(devais)* d'abord [passer] chez *(vers)* le médecin.
9 – Ah, [c'est] pour ça ! C'est embêtant *(pour toi)* !
10 Va donc t'asseoir et montre-moi tes devoirs *(laisse moi ton maison-travail alors un-instant voir)*.

▸ ② **de maal**, *la fois*, est synonyme de **de keer**, mais doit être précédé d'un nombre : **de eerste maal**, *la première fois*, **twee maal**, *deux fois*.

③ Attention : **het horloge**, *la montre*, et **de klok**, *la pendule*.

④ **lek**, *percé/e, qui fuit* ; **lekken**, *fuir* ; **het lek**, *la fuite*.

11 – Eh... Dat heb ik niet ge**maakt** ⑤, want **gis**teren kwam ⑥ m'n oom uit **Zwe**den **plot**seling langs.
12 – Zo, zo, ken je nog meer **smoes**jes?
13 – Nee, ik ken er ⑦ maar vijf: één voor **el**ke **school**dag!

11 *e … kwam … z'wé:de*ⁿ ***pLot****seLĭŋ …* ***13*** *…* ***sχo:L****daχ*

Notes

⑤ **maken** signifie *rendre* ou *faire* dans le sens de "créer", "construire" ou "réparer".

***

Oefening 1 – Vertaal

❶ Hij komt elke dinsdag te laat op zijn werk. ❷ Dat is al de vierde maal deze week! ❸ Mijn horloge doet het niet meer: het zal wel stuk zijn. ❹ Vanochtend stond de brug open en kreeg ik een lekke band; geen wonder dat ik te laat ben! ❺ Hoeveel Nederlandse schrijvers ken je? – Ik ken er zes.

Oefening 2 – Vul in

❶ Ce week-end, nous voulions [aller] à la plage, mais mon oncle est passé à l'improviste.
We . . . . . . dit weekend naar het strand, maar mijn . . . kwam plotseling . . . . . .

❷ Vois-tu cette pendule ancienne là-bas ?
Zie je die oude . . . . daar?

❸ Combien de fois dois-je encore te dire de faire tes devoirs !
Hoeveel . . . . moet ik je nog . . . . , dat je . . . . moet maken!

11 – Euh… Je ne les *(Cela)* ai pas faits, car hier mon oncle de Suède nous a rendu visite à l'improviste *(venait ... soudainement le-long)*.
12 – Tiens, tiens *(Ainsi, ainsi)*, tu [en] connais d'autres *(encore plus)*, des prétextes ?
13 – Non, je n'en connais que *(seulement)* cinq : un pour chaque jour d'école !

⑥ Le verbe est **langskomen**, *passer (chez quelqu'un)*.

⑦ Le pronom *en* se traduit par **er** en néerlandais : **ik ken er vijf**, *j'en connais cinq*.

***

Corrigé de l'exercice 1

❶ Tous les mardis, il arrive en retard à son travail. ❷ C'est déjà la quatrième fois cette semaine ! ❸ Ma montre ne marche plus : elle doit être cassée. ❹ Ce matin, le pont était levé et j'avais un pneu crevé ; pas étonnant que je sois en retard ! ❺ Combien d'écrivains néerlandais connais-tu ? – J'en connais six.

❹ Il ne se sentait pas très bien ce matin, il est donc resté au lit.
Hij . . . . vanochtend niet zo lekker, dus is hij . . . . . blijven liggen.

❺ Que s'est-il passé là encore ?
Wat . . er nu weer . . . . ?

Corrigé de l'exercice 2

❶ – wilden – oom – langs ❷ – klok – ❸ – keer – zeggen – je huiswerk – ❹ – voelde zich – in bed – ❺ – is – gebeurd

59 *Le vélo est un moyen de transport très apprécié aux Pays-Bas : beaucoup de Néerlandais se rendent à l'école ou au travail à vélo et n'hésitent pas à parcourir parfois de nombreux kilomètres. Partout dans le pays, vous trouvez des routes ou des pistes cyclables traversant des voies navigables. Les prétextes du pont levé ou du pneu crevé sont par conséquent très efficaces, car ils correspondent à une réalité bien connue des Néerlandais. Si vous avez l'occasion de passer un week-end de beau temps dans la province de* **Friesland**, la Frise, *vous pourrez constater par vous-même que le trafic maritime intense peut vous retarder considérablement.*

59 Negenenvijfstigste les

Het Pieterpad

1 – Zeg, **luis**teren jullie hier eens naar ①:
2 "Wilt u eens wat meer van **Ne**derland zien?
3 Kiest u dan voor een **lange wan**delroute.
4 Bij**voor**beeld voor het **Pie**terpad!
5 Een **prach**tige **rou**te, waar**in** u door een **aan**tal pro**vin**cies van **Ne**derland trekt ②."
6 – Wat een leuk i**dee**! **Heb**ben **jul**lie daar geen zin in? ③

Prononciation

*... **pi:**terpat* **1** *... **Lœyss**tere[n] ... **3** ki:ss ... **wa-n**deLroute* **4** *bev'**o:r**bé:Lt ... **5** ... **rou**te wa:rĭ-**n** ... **a:-n**taL pro:**v'ĭ-n**si:ss ... trèkt*

Remarque de prononciation

4 Dans le langage soutenu **bijvoorbeeld** se prononce *[bèy**v'o:r**bé:Lt]*.

Notes

① La préposition fixe **naar** est obligatoire avec le verbe **luisteren** s'il est accompagné d'un nom, d'un pronom ou d'un adverbe ▸

Deuxième vague : 9e leçon

Cinquante-neuvième leçon 59

Le Pieterpad *(Pierre-sentier)*

1 – Dites, écoutez un peu [ça] :
2 "Voulez-vous découvrir *(voir)* un peu plus les Pays-Bas ?
3 Alors choisissez *(pour)* un circuit pédestre de longue distance *(long promène-itinéraire)*.
4 Par exemple *(pour)* le Pieterpad !
5 Un circuit splendide qui vous fait traverser *(où-dans vous à-travers ... parcourez)* un [certain] nombre de provinces des Pays-Bas."
6 – Quelle bonne idée ! Ça ne vous dit pas ?

▸ pronominal (comme ici). Dans les autres cas, elle est absente : **luisteren jullie eens!**, *écoutez !* L'adverbe pronominal, ici **hier**, est placé le plus près possible du verbe conjugué, et la préposition est rejetée vers la fin de la phrase.

② **trekken**, dont le premier sens est *tirer*, peut également signifier *s'en aller*, *traverser*, *migrer*, ou *parcourir* : **De vogels trekken door een aantal provincies naar Zuid-Afrika**, *Les oiseaux migrent à travers un certain nombre de provinces vers l'Afrique du Sud.*

③ On peut aussi traduire par *Vous n'en avez pas envie ?* ; **daarin** est scindé en deux (**daar ... in**) pour alléger la phrase.

7 – We **hoe**ven hem na**tuur**lijk niet in één keer af te **leg**gen:
8 ik lees hier dat hij is ver**deeld** in e**tap**pes, die zo gevari**eerd mo**gelijk zijn!
9 – Nou, n**a**dat we van Noord **Gro**ningen tot Zuid **Lim**burg zijn ge**lo**pen ④, **mo**gen we wel trots op ons**zelf** zijn!
10 – Maar **kun**nen we dan, als we een paar uur **heb**ben ge**lo**pen ⑤, wel **er**gens een **kop**je **kof**fie of thee **drin**ken?
11 – Ja dat moet **kun**nen.
12 Kijk! Hier staat dat di**ver**se ca**fés** langs de **rou**te **lig**gen.
13 – **Zul**len we nu me**teen** de gids be**stel**len, waar**in al**le **prak**tische infor**ma**tie staat?

7 *… af te* ***Lèχe****^{n}* **8** *… v'er****dé:Lt*** *… é:****tap****ess … χev'a:ri:****é:rt mo:****χeLek …* **9** *… no:rt* ***χro:****nĭŋe^n …* ***Lĭm****bùrχ … χe****Lo:****pe^n … trotss … o-n****ssèLf*** *…* **10** *…* ***èr****χess …* ***kop****ye … té:* ***drĭŋ****ke^n* **12** *… di:****v'èr****sse …* **13** *… …* ***prak****ti:sse ĭ-nfor****ma:****tsi: …*

Notes

④ Le passé composé des verbes de mouvement se construit avec l'auxiliaire **zijn** dès qu'on exprime la destination : **Ik ben naar het café gelopen**, *Je suis allé/e au café à pied.*

⑤ Si l'on met l'accent sur la façon de se mouvoir, on forme le passé composé avec **hebben** : **ik heb gelopen**, *j'ai marché.*

7 – Bien sûr, nous n'avons pas besoin de le parcourir d'un trait *(en une fois terminer)* :
8 je lis ici qu'il est divisé en étapes qui sont aussi variées [que] possible !
9 – Eh ben, après avoir marché *(après-que nous ... sommes marché)* de Groningue du nord jusqu'en Limbourg du sud, nous pourrons *(bien)* être fiers de nous*(-mêmes)* !
10 – Mais quand nous aurons *(avons)* marché plusieurs heures, pourrons-nous *(alors bien)* boire une *(petite)* tasse de café ou de thé quelque part ?
11 – Oui, ça doit être possible.
12 Regarde, il est écrit ici que divers cafés se trouvent le long du circuit.
13 – Et si nous commandions *(maintenant aussitôt)* sur le champ le guide dans lequel *(où-dans)* sont marquées toutes les informations pratiques ?

Remarques de prononciation
9 Dans **onszelf**, **s** et **z** s'assimilent en un seul *[ss]*.
10 En langage courant, le **n** de **ergens** ne se prononce pas.

Oefening 1 – Vertaal

❶ Luister eens naar dit versje: het is echt prachtig! ❷ Je hebt toch dertig kilometer gelopen? ❸ Dit is de gids, waarin je alle praktische informatie vindt. ❹ In de herfst trekken de vogels naar Zuid-Afrika. ❺ We willen graag met de caravan door Zweden trekken: hebben jullie daar zin in?

Oefening 2 – Vul in

❶ S'ils choisissent un circuit pédestre de cinquante kilomètres [de] long, *(alors)* est-ce que tu les accompagnes ?
Als ze . . . . een wandelroute die vijftig kilometer . . . . is, ga je dan met ze mee?

❷ Le circuit est divisé en huit étapes, qu'il a toutes parcourues à pied.
De route is . . . . in acht etappes, . . . hij allemaal . . . . . gelopen.

❸ Les informations qui sont notées dans le guide sont les plus variées possibles.
De informatie die in de gids staat, is . . gevarieerd . . . .

❹ Si vous avez soif, vous pouvez boire une *(petite)* tasse de thé.
. . . u dorst heeft, kunt u een kopje . . . . drinken.

❺ Elles n'en ont tout simplement pas envie !
Ze hebben . . . . gewoon geen zin . . !

Corrigé de l'exercice 1

❶ Écoutez ce petit poème : c'est vraiment splendide ! ❷ Tu as marché trente kilomètres, n'est-ce pas ? ❸ Voici le guide dans lequel tu trouves toutes les informations pratiques. ❹ En automne, les oiseaux migrent vers l'Afrique du Sud. ❺ Nous voudrions parcourir la Suède en caravane : ça vous dit ?

Corrigé de l'exercice 2

❶ – kiezen voor – lang – ❷ – verdeeld – die – heeft – ❸ – zo – mogelijk ❹ Als – thee – ❺ – daar – in

Contrairement à ce que l'on pourrait croire, le **Pieterpad**, *qui relie* **Pieterburen** *dans la province de Groningue à la* **Sint-Pietersberg**, montagne de saint Pierre, *en Limbourg, n'a rien à voir avec un itinéraire de pèlerinage. Ce circuit pédestre long de 490 kilomètres et divisé en 27 étapes, a été conçu entre 1975 et 1981 par deux amies qui désiraient mettre en place aux Pays-Bas un circuit pédestre de longue distance, comparable aux circuits existant dans d'autres pays européens.*
Les Pays-Bas sont constitués de 12 provinces (voir la carte en annexes) : **Noord-Brabant**, Brabant-Septentrional, **Drenthe**, **Friesland**, Frise, **Flevoland**, **Groningen**, Groningue, **Gelderland**, Gueldre, **Zuid-Holland**, Hollande-Méridionale, **Noord-Holland**, Hollande-Septentrionale, **Limburg**, Limbourg, **Overijssel**, **Utrecht** *et* **Zeeland**, Zélande. *Chaque province est gouvernée par un commissaire de la reine nommé par le souverain et par les états provinciaux, eux-mêmes élus par le peuple.*

Deuxième vague : 10e leçon

60 Zestigste les

Is het al borreltijd ①?

1 – Weet je waar ik nou in**eens** zin in ② krijg ③?
2 – Nee, dat zou ik zo gauw ④ niet **we**ten.
3 – **Pof**fertjes ⑤: als ik er al aan denk, loopt het **wa**ter me in de mond.
4 – O nee, veel te zoet op dit uur van de dag, geef mij **lie**ver iets **har**tigs ⑥!
5 Een paar **stuk**jes **ou**de ⑦ kaas of zo.
6 Hè, ik krijg ③ er **hon**ger van, van al dat **pra**ten over **e**ten!
7 – Nou, ik krijg ③ er ook dorst van!
8 Is het nog geen **bor**reltijd?
9 – Ja**wel**. Wat denk je van een glas Grolsch?

Prononciation

*... **bore**Ltèyt **1** ... ïn**é:-nss** ... krèyχ **2** ...χaou ... **3 pof**ertyess ... mo-nt **4** ... z'ou-t ... **Har**teχss **5** ... **aou**de ka:ss ... **6** ... krèyχ ... **Hoŋ**e-r ... **9** ... χLass χroLss*

Remarque de prononciation

9 Le **ch** de **Grolsch** ne se prononce pas.

Notes

① **de borrel**, *l'apéritif*, est en fait un petit verre d'alcool, dont le plus connu est **de jenever**, *le genièvre*. C'est un alcool fort, fabriqué avec des grains et des baies de genièvre.

② Souvenez-vous de **waarin**, *dans lequel*, de la 59ᵉ leçon. Ici **waar** se trouve au début de la subordonnée et la préposition **in** juste avant le verbe vers la fin. Pour éviter une certaine lourdeur, les adverbes pronominaux sont souvent scindés en deux.

③ Le verbe **krijgen**, *obtenir*, *recevoir*, est souvent employé pour indiquer un changement d'état. La plupart du temps on le traduit ▸

Est-ce déjà l'heure de l'apéritif ?

1 – Tu sais de quoi *(où ... dans)* je commence à avoir envie tout à coup ?
2 – Non, je ne saurais te le dire *(si rapidement)*.
3 – De merveilles : rien que d'y penser, j'en ai l'eau à la bouche *(si je y déjà à pense, coule l'eau me dans la bouche)*.
4 – Oh non, [c'est] beaucoup trop sucré à cette heure-ci *(de la journée)*, je préfère *(donne moi de-préférence)* quelque chose de salé !
5 Quelques *(petits)* morceaux de fromage affiné ou quelque chose de ce genre *(ou ainsi)*.
6 Dis, ça me donne faim *(j'en obtiens faim)*, de parler de nourriture *(manger)* !
7 – Eh ben, ça me donne soif aussi *(et moi j'en obtiens aussi soif)* !
8 [Dis donc,] ça ne serait pas *(Est ce encore pas)* l'heure de l'apéritif ?
9 – Si. Que dirais-tu *(penses-tu)* d'un verre de Grolsch ?

par *avoir*, mais la traduction *commencer à avoir* est plus correcte.

④ **zo gauw** est plutôt idiomatique ici.

⑤ Les **poffertjes**, *merveilles*, sont de toutes petites crêpes épaisses, qui ressemblent à des blinis. On les sert avec du sucre glace et du beurre.

⑥ **hartig**, *salé/e*, *relevé/e*, peut être synonyme de **zout**, *salé/e*.

⑦ L'adjectif **oud**, *vieux*, *affiné*, renvoie ici à la maturation du fromage, qui dure environ dix mois. Pour du **jonge kaas**, *fromage jeune*, c'est quatre semaines et pour du **belegen kaas**, *fromage fait*, c'est quatre mois.

10 Zulk **lek**ker bier heb je nog nooit ge**dron**ken!
11 – Daar zeg ik geen nee **te**gen!
12 – Je weet: er staan er nog meer in de **kel**der. □

10 z'ùLk ...

***

Oefening 1 – Vertaal

❶ Weet je waar ik zin in krijg? In een glas bier. ❷ Ik heb nog nooit zulke lekkere kaas gegeten! ❸ Daar zegt hij geen nee tegen! ❹ Poffertjes? Dat is veel te zoet op dit uur van de dag. ❺ Dat zou ik niet zo gauw weten.

Oefening 2 – Vul in

❶ Où sont les bières ? – Il y en a trois au réfrigérateur.
Waar ..... het bier? – Er .... in de koelkast.

❷ Il voulait prendre quelque chose de salé.
Hij ... iets .... nemen.

❸ J'en ai l'eau à la bouche rien que d'y penser.
Als ik .. .. denk, loopt het water me in de .....

❹ Une aussi bonne bière, on n'[en] trouve qu'aux Pays-Bas.
.... lekker bier vind je ...... in Nederland.

❺ C'est l'heure [de prendre] un apéritif avec quelques *(petits)* morceaux de fromage.
Het is tijd voor een ...... met een paar ....

10 [Je suis sûr que] tu n'as jamais bu de si bonne bière !
11 – Ça, ça ne se refuse pas *(Y dis je pas non contre)* !
12 – Il y en a encore d'autres *(plus)* à la cave, tu sais.

***

Corrigé de l'exercice 1

❶ Tu sais de quoi je commence à avoir envie ? D'un verre de bière. ❷ Je n'ai jamais mangé de si bon fromage ! ❸ Ça, il ne le refuse pas ! ❹ Des merveilles ? C'est beaucoup trop sucré à cette heure-ci de la journée. ❺ Je ne saurais te le dire *(si rapidement)*.

Corrigé de l'exercice 2

❶ – staat – staan er drie – ❷ – wou – hartigs – ❸ – er al aan – mond ❹ Zulk – alleen – ❺ – borrel – stukjes kaas

Il n'y a pas qu'en Belgique qu'on boit de la bonne bière ! Il faut reconnaître que le nombre de brasseries aux Pays-Bas est en forte augmentation depuis les années 1980 ; à l'heure actuelle, elles proposent toutes sortes de bières, dont la bière traditionnelle néerlandaise **Grolsch**, *qui est très connue. Et ces fameuses petites crêpes épaisses que l'on appelle* **poffertjes** *ne sont pas néerlandaises, mais nous viennent de France ! Originaires des monastères français, elles nous seraient parvenues par l'intermédiaire des marchands qui suivaient l'armée de Napoléon. Leur nom* **broedertjes**, petits frères, *fut vite oublié au profit de* **poffertjes**, *car on les fait*

61 Eenenzestigste les

Op het politiebureau

1 – Goede**mor**gen, ik kom **aan**gifte doen ① van **dief**stal.
2 – Gaat u **zit**ten! Wat is uw naam, a**dres** en be**roep**?
3 – Mijn naam is **Her**man Haas ②, ik woon in de **Vos**straat en ik ben **kunst**handelaar ③.
4 – Ah, u woont in de **Vos**straat ④!
5 Er ge**beu**ren ⑤ daar **zul**ke **vreem**de **ding**en de **laat**ste tijd...
6 Wat is er ge**sto**len ⑥?

Prononciation
*… po:**Li:**tsi:bu:ro:* **1** *… **a:-n**χĭfte … **di:f**staL* **2** *… na:m a:**drèss** … be**roup*** **3** *… **Hèr**ma-n Ha:ss … **v'oss**tra:t … **kù-nst**Ha-ndeLa:r* **5** *… χe**beu**re^n … **v'rém**de **dĭŋ**e^n …* **6** *… χe**sto:**Le^n*

Notes

① Tout comme **maken**, *faire*, le verbe **doen**, *faire*, est utilisé dans de nombreuses expressions. Méfiez-vous : les deux verbes ne sont pas interchangeables !

② **de haas** signifie *le lièvre*. ▸

poffen, *c'est-à-dire* cuire en gonflant *sur une plaque de cuivre que vous pouvez facilement vous procurer aux Pays-Bas. La pâte est faite de farine de blé et de sarrasin, dans laquelle on ajoute de la levure, un œuf, et un peu de lait ou d'eau. À mi-cuisson, on les retourne, et c'est la raison pour laquelle elles restent moelleuses à l'intérieur.* **Eet smakelijk!**, Bon appétit ! *Et si vous voulez essayer un verre de genièvre :* **drink met mate**, *littéralement "buvez avec mesure".* 61

Deuxième vague : 11e leçon

Soixante et unième leçon 61

Au commissariat de police *(police-bureau)*

1 – Bonjour, je viens déclarer *(déclaration faire de)* [un] vol.
2 – Asseyez-vous ! *(Quel est votre)* Nom, adresse et profession ?
3 – Mon nom est Herman Haas, j'habite *(dans)* la Vosstraat et je suis marchand d'art.
4 – Ah, vous habitez *(dans)* la Vosstraat !
5 Il se passe*(nt)* là-bas des choses tellement bizarres *(telles bizarres choses)*, ces derniers temps...
6 Que vous a-t-on volé *(Que est il volé)* ?

▸ ③ **de handelaar**, *le marchand*, *le commerçant*, peut avoir le sens négatif de *trafiquant*.

④ **de vos** signifie *le renard*.

⑤ En néerlandais, l'accord se fait avec le sujet logique : **er gebeuren vreemde dingen**, *il se passe des choses bizarres* ; **er gebeurt iets vreemds**, *il se passe quelque chose de bizarre*.

⑥ **gestolen** est le participe passé du verbe fort **stelen**, *voler*.

7 – Een tele**vi**sie, zo goed als nieuw, met zo'n plat scherm en van die **ou**de **va**zen.
8 – Hm! Bent u er veel kwijt? ⑦
9 – Een stuk of vijf.
10 – Geen **an**dere **waar**devolle **spul**len, zo**als** geld?
11 – Nee, daar be**grijp** ik ook niets van!
12 – We **zul**len ons best doen om **de**ze zaak zo gauw **mo**gelijk op te **hel**deren.
13 Maar zei u niet dat u **kunst**handelaar bent en dat uw naam Haas is ⑧?
14 Ik denk dat ik iets op het spoor ben!
15 – Ik be**grijp** niet **he**lemaal ⑨ wat u daar**mee** be**doelt**, a**gent**!

7 *… téLev'****i:****z'i: … pLat sχèrm … v'****a:****z'e*^{n} ***8*** *… kwèyt* ***10*** *…* ***wa:****rdev'oLe* ***spùL****e*^{n} *… χèLt* ***12*** *… z'a:k …* ***HèL****dere*^{n} ***14*** *… spo:r …* ***15*** *… a:****χènt***

Notes

⑦ L'expression est **kwijt zijn**, *avoir perdu*.

⑧ Le policier fait ici allusion à l'expression "**Mijn naam is Haas**", qui signifie de façon figurée *Je n'ai rien à voir dans cette histoire, Je ne suis au courant de rien.*

⑨ Attention : **niet helemaal** signifie *pas tout à fait*, et **helemaal niet**, *pas du tout*.

***

Oefening 1 – Vertaal

❶ Hij komt aangifte doen van diefstal. ❷ We begrijpen helemaal niet wat u daarmee bedoelt. ❸ Er gebeuren daar dingen die hij niet begrijpt. ❹ Hoeveel oude vaasjes zijn er gestolen? ❺ Ik ben mijn paraplu kwijt.

7 – Une télévision comme neuve *(si bien comme neuf)*, avec un *(tel)* écran plat, et quelques vases anciens *(de ces vieux vases)*.
8 – Hum ! En avez-vous perdu beaucoup *(Êtes vous en beaucoup perdu)* ?
9 – [Quatre ou] cinq environ *(Un morceau de cinq)*.
10 – Pas d'autres objets de valeur *(valeur-plein affaires)*, comme de l'argent ?
11 – Non, je n'y comprends rien non plus !
12 – Nous ferons [de] notre mieux pour élucider au plus vite *(si rapidement possible)* cette affaire.
13 Mais ne disiez-vous pas que vous êtes marchand d'art et que votre nom est Haas ?
14 Je pense que je suis sur une piste *(la trace de quelque chose)* !
15 – Je ne comprends pas tout à fait ce que vous voulez dire par là, [monsieur l']agent !

***

Corrigé de l'exercice 1

❶ Il vient déclarer un vol. ❷ Nous ne comprenons pas du tout ce que vous voulez dire par là. ❸ Il se passe là des choses qu'il ne comprend pas. ❹ Combien de vases anciens ont été volés ? ❺ J'ai perdu mon parapluie.

Oefening 2 – Vul in

❶ Quels sont vos nom, adresse et profession ?
Wat is uw . . . . , ... en beroep?

❷ Cette télévision est comme neuve.
Deze televisie is . . goed . . . nieuw.

❸ Il fera de son mieux pour élucider cette affaire au plus vite.
Hij zal zijn best doen om die zaak . . gauw . . . . op te helderen.

❹ Vous a-t-on volé des choses de valeur, comme de l'argent ?
Zijn er waardevolle spullen . . . . gestolen?

❺ Elle pense qu'elle est sur une piste.
Ze . . . . . dat ze iets op het . . . . . is.

62 Tweeënzestigste les

Bij de dokter

1 – Dag **dok**ter, kunt u me wat **pijn**stillers **voor**schrijven?
2 – Waar heeft u die voor ① **no**dig?
3 – Voor de pijn, want ik heb **eer**gisteren **veer**tig **ki**lometer ge**fietst**.

Prononciation
1** … **pèyn**stĭLerss **v'o:r**sχrèyv'e^n **3** … pèyn … **é:r**χĭstère^n … **ki**:Lo:mé:te-r χe**fi:tsst

Remarque de prononciation
3 L'accent tonique de **eergisteren** est variable.

Corrigé de l'exercice 2

❶ – naam – adres – ❷ – zo – als – ❸ – zo – mogelijk – ❹ – zoals geld – ❺ – denkt – spoor –

*L'expression "***Mijn naam is Haas***" vient probablement d'un événement survenu en 1855, lorsqu'un étudiant allemand voulut fuir en France après avoir commis un crime. Pour passer la frontière, il présenta la pièce d'identité d'un autre étudiant : Victor von Hase. L'assassin perdit la carte, qui fut retrouvée en France. Victor von Hase dut ensuite comparaître devant le tribunal en Allemagne, où il déclara "Mon nom est Hase et je ne suis au courant de rien". Le nom Hase, altéré en néerlandais en* **Haas***, n'a donc rien à voir avec l'animal le lièvre.*

Deuxième vague : 12e leçon

Soixante-deuxième leçon 62

Chez le médecin

1 – Bonjour docteur, pouvez-vous me prescrire quelques antidouleurs ?

2 – Pour quelle raison en avez-vous besoin *(Où avez vous ceux-là pour besoin)* ?

3 – Contre *(Pour)* la douleur, car avant-hier j'ai fait quarante kilomètres à vélo.

Note

① L'adverbe pronominal interrogatif **waarvoor?**, *pour quelle raison ?*, est séparé pour rendre la phrase plus légère.

4 – Wilt u **daar**om een **pijn**stiller? Al**leen** maar om**dat** u zo**veel** ge**fietst** heeft?

5 – Ja ziet u: ik ben naar **U**trecht ge**fietst** met wind mee.

6 Maar daar**na** moest ik dat **he**le eind te**rug**rijden met wind **te**gen ②!

7 En toen ben ik zo moe ge**wor**den, dat ik van mijn fiets ge**val**len ben.

8 – Dat is heel ver**ve**lend!

9 Waar heeft u pijn? In uw **be**nen, uw **ar**men, uw rug, uw hoofd?

10 – **O**veral en ik kan sinds die tijd niet meer **zit**ten.

11 – Ah, ik denk dat u ge**woon flin**ke **spier**pijn en voor**al za**delpijn ③ heeft.

12 De **bes**te re**me**die is om voor**lo**pig maar **e**ven niet te **fiet**sen, dan gaat het van**zelf** **o**ver ④.

13 Daar heeft u echt geen **pijn**stillers voor **no**dig!

*4 … om**dat** … z'o:**v'é:L** … **5** … **u:**trèχt … wĭ-nt …*
*6 … **Hé:**Le èynt t^e**rùχ**rèyde^n … **7** … mou … fi:tss χe**v'aL**e^n …*
*9 … pèyn … **bé:**ne^n … **ar**me^n … rùχ … Ho:ft **10 o:**v'eraL …*
*11 … **fLĭŋ**ke **spi:**rpèyn … v'o:**raL** **z'a**:deLpèyn …*
*12 … re**mé**di: … v'o:r**Lo:**peχ … v'a-n**z'èLf** …*

Notes

② Vous pouvez avoir **wind tegen**, *le vent de face*, littéralement “contre”, ou **wind mee**, *le vent dans le dos*, litt. “avec”.

③ Notez bien ce nom typiquement néerlandais, **de zadelpijn**, *les courbatures aux fesses*, que l’on attrape en restant assis trop longtemps sur une *selle*, **het zadel**.

4 – Vous voulez un antidouleur pour ça ? Juste parce que vous avez fait autant de kilomètres à vélo ?

5 – Oui, figurez-vous *(voyez vous)* : je suis allé à vélo à Utrecht avec le vent dans le dos *(avec vent avec)*.

6 Mais après, j'ai dû parcourir tout ce chemin *(ce bout-là entier)* dans l'autre sens *(retour-rouler)*, avec le vent de face *(avec vent contre)* !

7 Et puis cela m'a tellement fatigué *(suis je si fatigué devenu)* que je suis tombé de *(mon)* vélo.

8 – C'est très ennuyeux !

9 Où avez-vous mal ? Aux *(Dans vos)* jambes, aux *(vos)* bras, au *(votre)* dos, à la *(votre)* tête ?

10 – Partout, et depuis *(ce temps)* je ne peux plus m'asseoir.

11 – Ah, je pense que vous avez tout simplement de bonnes courbatures, surtout aux fesses *(muscle-mal et avant-tout selle-mal)*.

12 Le meilleur remède est *(alors un-instant)* de ne pas faire de vélo pour le moment, et tout finira par passer *(puis passe il tout seul)*.

13 Vous n'avez vraiment pas besoin d'antidouleurs pour ça !

Remarque de prononciation
10 L'accent tonique de **overal** est variable.

▸ ④ **overgaan**, *passer*, s'emploie pour la douleur (*s'en aller*) ou pour indiquer qu'on passe dans une classe supérieure à l'école.

Oefening 1 – Vertaal

❶ Dokter, kunt u me een paar pijnstillers voorschrijven? ❷ Je zadelpijn gaat vanzelf over. ❸ Hij kreeg een lekke band en toen is hij van zijn fiets gevallen. ❹ Ze is moe omdat ze zoveel geschaatst heeft. ❺ Ze zijn eergisteren naar Utrecht gelopen.

Oefening 2 – Vul in

❶ Les enfants avaient d'abord le vent dans le dos et ensuite de face.
De kinderen hadden eerst . . . . en daarna . . . .

❷ Docteur, j'ai mal aux jambes et j'ai des courbatures partout.
Dokter, ik heb pijn in mijn . . . . . en ik heb overal . . . .

❸ Le meilleur remède est de ne pas fumer pour le moment.
De . . . . . remedie is . . . . maar even niet . . roken.

❹ De la si bonne glace, on en trouve seulement dans ce magasin !
. . . . lekker . . . vind je alleen in deze winkel!

❺ Pour quelle raison en avez-vous besoin ?
. . . . heeft u die . . . . nodig?

Corrigé de l'exercice 1

❶ Docteur, pouvez-vous me prescrire quelques antidouleurs ? ❷ Tes courbatures aux fesses finiront par passer toutes seules. ❸ Il a crevé et puis il est tombé de vélo. ❹ Elle est fatiguée d'avoir autant patiné *(parce qu'elle a autant patiné).* ❺ Avant-hier, ils/elles ont marché jusqu'à Utrecht.

Corrigé de l'exercice 2

❶ – wind mee – wind tegen ❷ – benen – spierpijn ❸ – beste – om voorlopig – te – ❹ Zulk – ijs – ❺ Waar – voor –

Aux Pays-Bas, on compte plus de vélos que d'habitants, et ce chiffre est en constante augmentation. Le nombre de kilomètres que les Néerlandais parcourent dans l'année est impressionnant : plus de treize milliards ! Le fait que le pays est assez plat favorise bien sûr ce phénomène. Mais gare au vent, qui peut souffler fort ! Les nombreuses pistes cyclables longent souvent les chaussées et ressemblent à de vraies routes, équipées de feux tricolores et de panneaux de direction. Mais ne vous y trompez pas : elles sont interdites aux voitures !

Deuxième vague : 13e leçon

63 Drieënzestigste les

Herhaling – Révision

1 Le passé composé, suite

1.1 Le passé composé des verbes de mouvement : l'auxiliaire *hebben* ou *zijn*

Le passé composé d'un verbe de mouvement se forme avec l'auxiliaire **hebben**, *avoir*, si l'on met l'accent sur la façon de se mouvoir :
Ze hebben gisteren in Friesland gefietst, *Ils/Elles ont fait du vélo hier en Frise.*
We hebben lang gelopen, *Nous avons marché longtemps.*
Par contre, on utilise **zijn**, *être*, dès qu'on indique un changement de lieu et qu'on exprime la destination. En français, on utilise la plupart du temps le verbe "aller" :
Ze zijn gisteren naar Amsterdam gefietst, *Ils/Elles sont allé(e)s en vélo à Amsterdam.*
We zijn naar het kasteel gelopen, *Nous sommes allé(e)s au château à pied.*

1.2 La place du participe passé dans les subordonnées

Dans la subordonnée, l'auxiliaire et le participe passé sont rejetés en fin de proposition, mais leur ordre est variable : d'abord l'auxiliaire et ensuite le participe passé ou l'inverse. Cela dépend de l'accentuation de la phrase, mais aussi de facteurs externes comme des préférences personnelles ou géographiques, du registre de langue ou encore du type de texte. En général, on opte plutôt pour l'ordre participe passé – auxiliaire en langage parlé, et pour l'ordre auxiliaire – participe passé en langage écrit, surtout dans les textes journalistiques. Beaucoup de Néerlandais ne sont pas conscients de ces tendances et optent intuitivement pour l'une ou pour l'autre. On vous invite à faire de même.
Je ziet toch dat de rondleiding al is begonnen!, *Tu vois bien que la visite guidée a déjà commencé !*
Ik ben zo moe geworden, dat ik van mijn fiets gevallen ben, *Cela m'a tellement fatigué que je suis tombé de vélo.*

2 *Zo'n* et *zulk(e)*

Zo'n, *un/e tel/le, pareil/le*, s'utilise avec les noms quantifiables au singulier :
Geef mij ook zo'n man!, *Tu as de la chance avec un mari pareil !*
Toen heb ik nog zo'n overheerlijke nasibal besteld, *Puis j'ai commandé encore une de ces si bonnes boulettes de riz à l'indonésienne.*

Zulk est utilisé avec les noms non quantifiables du genre neutre :
Zulk lekker bier heb je nog nooit gedronken!, *Tu n'as jamais bu de si bonne bière !*
Ze maakt altijd zulk heerlijk avondeten!, *Elle prépare toujours de si délicieux dîners !*

Et **zulke** avec les noms au pluriel :
Ik heb nog nooit zulke schattige molentjes gezien, *Je n'ai encore jamais vu de si jolis petits moulins.*
Er gebeuren daar zulke vreemde dingen!, *Il se passe des choses tellement bizarres là-bas !*

3 Le pronom et adverbe (pronominal) *er*

Er est très courant en néerlandais. Vous connaissez déjà les emplois suivants :

• **er is** (+ sing.) / **er zijn** (+ pl.), *il y a* :
Er zijn geen aardappels meer, *Il n'y a plus de pommes de terre.*
Er was eens een kapitein, *Il était une fois un capitaine.*

• **er** sujet d'un verbe de position :
Er ligt een dik pak sneeuw, *Il y a une épaisse couche de neige.*
Er staan in die straat veel bomen, *Il y a beaucoup d'arbres dans cette rue.*
Er hangt een mooi pakje in de etalage, *Il y a un joli tailleur dans la vitrine.*
Ou quand le sujet est impersonnel ou indéfini :
Wat is er gestolen?, *Que [vous] a-t-on volé ?*

63 **Er gebeuren daar vreemde dingen**, *Il se passe là des choses bizarres.*
Er stak een hevige storm op, *Une violente tempête se leva.*
Notez que l'accord du verbe se fait avec le sujet logique.

• **Er** s'utilise aussi avec un nombre ou une préposition pour remplacer le nom d'un objet ou d'un concept absent de la phrase. Dans ce cas, il se traduit la plupart du temps par un pronom personnel, un pronom démonstratif, ou par *y* ou *en* :
Ik ken er vijf, *J'en connais cinq.*
Als ik er al aan denk, krijg ik honger, *Rien que d'y penser, ça me donne faim.*
Parfois, il est même inutile de le traduire en français :
Ik keek ernaar, *Je regardais.*
Ik keek er niet naar, *Je ne regardais pas.*
Ik stond erbij, *J'étais à côté.*
Er peut être accolé à la préposition ou en être séparé (c'est considéré comme plus léger). En règle générale, **er** se place le plus près possible du verbe conjugué et la préposition est placée vers la fin de la phrase.

Herhalingsdialoog

1 – Heb je een fijn weekend gehad?
2 – Ja heerlijk, ik ben naar het strand gefietst.
3 Ik ben echt trots op mezelf, want ik heb twintig kilometer gefietst met wind mee.
4 Onderweg heb ik een pilsje gedronken en poffertjes gegeten in een eetcafé dat langs de route ligt.
5 Maar toen moest ik dat hele eind terugrijden met wind tegen!
6 Nu kan ik niet meer zitten.
7 – Wat is er dan gebeurd?
8 – Niets, ik heb gewoon zadelpijn!
9 – Nou, neem dan een borreltje tegen de pijn!

L'adverbe **er** est souvent remplacé par **daar** ou **hier** dans le langage parlé, alors que dans certains types de textes, des essais par exemple, on rencontrera **er** qui est plus neutre.
Par contre, **er** ne peut pas occuper la première place dans la phrase. Dans ce cas, il sera toujours remplacé par **daar** ou **hier**.
Daar zeg ik geen nee tegen, *Ça, je ne le refuse pas.*
Daar et **hier** étant les variantes accentuées de **er**, ils sont aussi systématiquement utilisés quand on veut mettre en valeur l'adverbe. **Daar** est plus fréquent que **hier**.
Ze doen daar een wortel voor het paard in, *Ils y mettent une carotte pour le cheval.*
Wat bedoel je daarmee?, *Que veux-tu dire par là ?*
Zeg, luisteren jullie hier eens naar!, *Dites, écoutez un peu ça !*

• **er**, *y/là*, peut aussi avoir un sens spatial :
Je vindt er de mooiste gebouwen uit allerlei steden, *On y trouve les plus beaux bâtiments de toutes sortes de villes.*
Hij zal er over een paar minuten zijn, *Il sera là dans quelques minutes.*

Vous découvrez en douceur les secrets des adverbes pronominaux. Ne vous affolez surtout pas si vous ne les comprenez pas d'emblée, car nous y reviendrons à plusieurs reprises. En fait, c'est comme un puzzle dont les différents morceaux trouvent leur place au fur et à mesure. Si besoin, relisez nos explications ou reportez-vous à l'index grammatical, mais avant tout laissez-vous guider sans vouloir tout contrôler !

Traduction

1 As-tu passé un bon week-end ? **2** Oui délicieux, je suis allée en vélo à la plage. **3** Je suis vraiment fière de moi car j'ai fait vingt kilomètres *(en vélo)* avec le vent dans le dos. **4** En cours de route, j'ai bu une bière blonde et j'ai mangé des merveilles dans un café-restaurant qui se trouve le long de l'itinéraire. **5** Mais ensuite, j'ai dû parcourir tout ce chemin dans l'autre sens, avec le vent de face ! **6** Maintenant je ne peux plus m'asseoir. **7** Qu'est-ce qui s'est passé ? **8** Rien, j'ai juste des courbatures aux fesses ! **9** Eh ben, mais prends donc un petit verre *(d'alcool)* contre la douleur !

Oefening – Vertaal
❶ Ze zijn naar het kasteel geweest. ❷ Zijn ze daarnaartoe geschaatst? ❸ Ze hebben twee uur geschaatst. ❹ Ben je naar Utrecht gelopen? ❺ Ik ben moe, want ik heb te veel gelopen. ❻ Ze houdt niet van zulke zoete thee. ❼ Zulk lekker brood heb ik nog nooit gegeten! ❽ Is zo'n oud vaasje heel duur? ❾ Er staat een biertje op tafel. ❿ Er staan er nog meer in de ijskast.

64 Vierenzestigste les

Verdwaalde ① boodschappen

1 – Van**a**vond **zou**den Guus en **Em**ma toch een **bor**reltje **ko**men **drin**ken?
2 – Dat is waar ook! **Heb**ben we nog wat in huis?
3 – Er staat nog één fles **jonge** je**ne**ver in de kast, en **ver**der niks ②!
4 – O jee, en het is **za**terdag en al **bij**na half zes!

Prononciation
*v'er**dwa:L**de … **3** … fLèss … ye**né:**v'e-r … kast … nĭkss*

Notes

① **verdwalen**, *s'égarer, se perdre*, s'emploie plus couramment pour des personnes : **Ik verdwaal altijd in die grote stad**, *Je me perds toujours dans cette grande ville* ; **De kinderen zijn in de duinen verdwaald**, *Les enfants se sont perdus dans les dunes.*

② En langage parlé, **niks**, *rien*, est souvent utilisé à la place de **niets**.

Corrigé de l'exercice

❶ Ils/Elles sont allé(e)s au château. ❷ Y sont-ils/elles allé(e)s en patin ? ❸ Ils/Elles ont fait du patin [pendant] deux heures. ❹ Es-tu allé(e) à Utrecht à pied ? ❺ Je suis fatiguée car j'ai trop marché. ❻ Elle n'aime pas le thé si sucré. ❼ Je n'ai jamais mangé de si bon pain ! ❽ Est-ce très cher, un petit vase aussi ancien ? ❾ Il y a une bière sur la table. ❿ Il y en a d'autres dans le frigidaire.

Deuxième vague : 14e leçon

Soixante-quatrième leçon 64

Des courses égarées

1 – Ce soir, Guus et Emma viennent *(viendraient)* bien prendre l'apéro, n'est-ce pas ?
2 – Ah oui, c'est vrai ! Nous reste-t-il encore quelque chose *(dans maison)* ?
3 – Il y a encore une bouteille de genièvre jeune dans le placard, et c'est tout *(puis rien)* !
4 – Oh mince, et nous sommes samedi et il est déjà presque cinq heures et demie !

5 – Nou, dan **moe**ten we snel **e**ven naar de **su**permarkt.

***

6 – Heb jij het **bood**schappenlijstje ③?
7 – Ja, dat moet **er**gens in m'n **jas**zak ④ **zit**ten.
8 Even **zoe**ken… Ah, hier heb ik het: **bor**relnootjes ⑤, chips, **os**senworst ⑥, **toast**jes ③, wijn en een **krat**je ③ bier.
9 – En **ou**de je**ne**ver ⑦, want die vind ik **lek**kerder dan **jon**ge.
10 Bij de **kas**sa:
11 – Spaart u **ze**gels?
12 – Nee, dank u.
13 – Wilt u er een **plas**tic **tas**je ④ bij?
14 – Ja graag.

***6** … **bo:tsχape**ⁿLèyche **7** … **yass**ak … **8** … **bore**Lno:tyess chĭpss **ose**ⁿworst **to:che**ss wèyn … **krat**ye … **11** spa:rt … **z'é:**χeLss **13** … **pLès**tĭk **ta**che …*

Notes

③ Le diminutif fait généralement allusion à la petite taille d'un objet : **het lijstje**, *la (petite) liste* ; **het toastje**, *le (petit) toast* ; **het tasje**, *le (petit) sac*. Il sert également à minimiser ou à exprimer une connotation positive : **een kratje bier**, *un cageot de bières*. On aurait pu dire : **een krat bier**.

④ **de zak**, *la poche* ou *le sac*. Un autre mot pour *le sac* est **de tas**. Les deux termes ne sont pas forcément interchangeables : le sens de **tas** est plus large et on le retrouve dans des mots composés comme **de handtas**, *le sac à main*, ou **de schooltas**, *le cartable*.

⑤ Les **borrelnootjes** sont des cacahuètes enrobées d'une couche croquante et aromatisée. Même s'il s'agit d'une *cacahuète*, **pinda**, on utilise le nom **de noot**, *la noix*, qu'on retrouve dans ▸

5 – Bon alors allons vite *(devons nous vite un-instant)* au supermarché.

***

6 – Tu as la *(petite)* liste des courses ?
7 – Oui, elle *(ça)* doit être quelque part dans ma poche de manteau.
8 Attends, je cherche… Ah, je l'ai : des cacahuètes enrobées *(apéritif-petites noix)*, des chips, du saucisson de bœuf, des *(petits)* toasts, du vin et une caisse *(petit-cageot)* de bière[s].
9 – Et du genièvre vieux, car je le préfère au *(celui-là trouve je meilleur que)* jeune.
10 À la caisse :
11 – Vous épargnez des bons *(timbres)* ?
12 – Non, merci.
13 – Voulez-vous un *(petit)* sac en plastique avec ?
14 – Oui, volontiers.

Remarques de prononciation

6 Le **t** de **boodschappenlijstje** ne se prononce pas.
7 Notez l'assimilation dans *[yassak]*.
8 toastjes : **oa** se prononce *[o:]* et le second **t** ne se prononce pas.

▸ des mots composés comme **de walnoot**, *la noix* ; **de hazelnoot**, *la noisette* ; **de nootmuskaat**, *la noix de muscade*.

⑥ Le **ossenworst** est une sorte de saucisson de viande de bœuf crue agrémentée d'épices : **kruidnagel**, *clou de girofle* ; **nootmuskaat**, *noix de muscade* ; **foelie**, *macis* ; et **peper**, *poivre*. Il se déguste en apéritif ou en tartine.

⑦ L'appellation **oud**, *vieux*, *âgé*, pour le genièvre désigne la boisson traditionnellement riche en **moutwijn**, *alcool de malt* : un mélange d'orge germé, de seigle, de maïs et de baies de genièvre. La variante plus récente, **jonge jenever**, *genièvre jeune*, est apparue vers 1900. Elle contient moins de **moutwijn** et a donc un goût plus neutre.

64 **15** Hé, wat zie ik nu? **Bo**ter, melk, **rog**gebrood, zout, **koek**jes, en **kren**tenbollen en **stroop**wafels!
16 Hoe kan dat nou? Waar zijn mijn **bood**schappen?
17 – Me**neer**, me**neer**, u hebt het ver**keer**de **bood**schappenkarretje ge**pakt**!

*15 ... **roχ**ebro:t ... **kouk**yes ... **krèn**te^{n}boLe^n ... **stro:p**wa:feLss*
*17 ... **bo:t**sχape^{n}karèche χe**pakt***

Oefening 1 – Vertaal

❶ We gaan morgenavond naar de film; zou jij niet op de kinderen komen passen? ❷ Deze supermarkt is zo groot, dat je erin kunt verdwalen. ❸ Ze vindt walnoten lekkerder dan hazelnoten. ❹ Waarom is haar handtas zo zwaar? Er zitten natuurlijk te veel spullen in! ❺ Je hebt nu alweer het verkeerde bankpasje gepakt: dit is dat van je vader!

Oefening 2 – Vul in

❶ Il y a encore une bouteille de vin, mais il ne nous reste plus de biscuits.
Er staat nog één ...., maar we hebben .... meer in huis.

❷ Où est la caisse de bières qui était dans mon chariot ?
Waar is dat ...... bier dat in m'n .... stond?

❸ Ma liste de courses doit être quelque part dans mon sac.
Mijn .... moet ...... in mijn ... zitten.

15 Hé, regarde-moi ça *(que vois je maintenant)* ! Du beurre, du lait, du pain de seigle, du sel, des biscuits et des pains aux raisins *(raisins-de-Corinthe-boules)*, et des gaufrettes à la mélasse !

16 Comment est-ce possible ? Où sont mes courses ?

17 – Monsieur, monsieur, vous vous êtes trompé de chariot *(vous avez le mauvais courses-chariot pris)* !

Corrigé de l'exercice 1

❶ Nous allons au cinéma demain soir ; tu ne viendrais pas garder les enfants ? ❷ Ce supermarché est si grand qu'on peut s'y égarer. ❸ Elle préfère les noix aux noisettes. ❹ Pourquoi son sac à main est-il si lourd ? Il y a trop d'affaires dedans, bien sûr ! ❺ Tu as encore pris la mauvaise carte bancaire : c'est celle de ton père !

❹ Voulez-vous un petit sac avec ?
Wilt u . . een tasje . . . ?

❺ Elle aime par-dessus tout les cacahuètes enrobées.
Ze vindt . . . . het . . . .

Corrigé de l'exercice 2

❶ – fles wijn – geen koekjes – ❷ – kratje – boodschappenkarretje – ❸ – boodschappenlijstje – ergens – tas – ❹ – er – bij ❺ – borrelnootjes – lekkerst

Si vous souhaitez goûter aux bons produits dont on parle dans ce dialogue, sachez que les **krentenbollen**, *malgré la traduction* pains aux raisins, *ne leur ressemblent pourtant pas du tout.*
Aux Pays-Bas, il est de coutume d'épargner des points ou des bons – qu'on appelle là-bas **zegels**, timbres – *figurant sur de nombreux produits. On vous les propose aussi à la caisse des supermarchés :*

65 Vijfenzestigste les

In de fietsenstalling ①

1 – Weet jij nog waar we **on**ze **fiet**sen **heb**ben **neer**gezet ②? Ik zie ze **ner**gens.
2 – **Vol**gens mij staan ze **voor**in ③, **vlak**bij de **uit**gang.
3 Daar, in de **eer**ste rij rechts, vlak voor die paal, zie je ze?
4 – Nee, dat zijn ze niet, want op de **mij**ne ④ zit een **mand**je.
5 – Kijk, die daar **ach**terin ③ lijkt er een **beet**je op.
6 – Maar het is hem niet, want er zit geen **mand**je voor**op** ③.
7 – Weet je **ze**ker dat de fiets, waar**mee** je hiernaar**toe** bent ge**ko**men wel een **mand**je had?
8 – Nu maak je me aan het **twij**felen!
9 Ik weet het niet meer en er zijn hier ook **zo**veel **fiet**sen!
10 – Ik heb een i**dee**!

Prononciation
… ***fi:t**se^{n}staLĭŋ* ***1*** … ***né:r**χez'èt* … ***nèr**χe-nss* ***2*** … ***v'o:r**ĭ-n* … ***3*** … *rèy* … *v'Lak* … *pa:L* … ***4*** … ***mèy**ne* … ***ma-nt**ye* ***5*** … ***aχ**terĭ-n* … ***6*** … *v'o:**rop*** ***7*** … *Hi:rna:r**tou*** … *χe**ko:**me^n* …

la plupart du temps, ils sont gratuits, mais parfois ils sont payants. En les collectionnant sur une **spaarkaart**, carte d'épargne, *on obtient des cadeaux ou des réductions. Ne confondez pas* **de zegel** *avec* **de (kassa)bon**, le ticket de caisse.

Deuxième vague : 15e leçon

Soixante-cinquième leçon 65

Au garage à vélos

1 – Tu te rappelles *(Sais tu encore)* où nous avons mis nos vélos ? Je ne les vois nulle part.
2 – Il me semble *(Selon moi)* [qu']ils sont à l'avant, tout près de la sortie.
3 Là-bas, au premier rang à droite, juste devant ce poteau, tu les vois ?
4 – Non, ce ne sont pas eux *(les)*, car sur le mien il y a un *(petit)* panier.
5 – Regarde, celui là-bas à l'arrière lui *(y)* ressemble un peu.
6 – Mais ce n'est pas lui, car il n'y a pas de panier devant *(devant-sur)*.
7 – Tu es sûre que le vélo avec lequel *(où-avec)* tu es venue *(vers)* ici avait bien un panier ?
8 – Maintenant tu me fais *(à le)* hésiter !
9 Je ne sais plus, et puis *(aussi)* il y a tellement de vélos ici !
10 – J'ai une idée !

Notes

① **de stalling**, *le garage (à vélos), la remise* ; **stallen**, *garer, être/mettre à l'écurie/l'étable*. Par contre, pour une voiture on utilise plutôt **de garage**, *le garage*, et **parkeren**, *(se) garer*.

② La particule **neer-**, *vers le bas*, est obligatoire lorsque le complément de lieu est absent.

③ Les prépositions peuvent se combiner entre elles pour faire des adverbes : **voor**, *avant* + **in**, *dans* → **voorin**, *à l'avant* ; **achterin**, *à l'arrière, au fond* ; **voorop**, *devant*.

11 We pro**be**ren ge**woon al**le **fiet**sen die op de **jou**we ④ **lijk**en,

12 en die waar**op** je **sleu**teltje past moet de **goe**de zijn: **mand**je of geen **mand**je! □

***11** … yaou**we … **12** … sLeu**teLtye …*

Note

④ **de mijne**, *le mien/la mienne/les mien/nes* ; **de jouwe**, *le tien/la tienne/les tien/nes*, etc. Remplacez **de** par **het** pour les noms neutres : **het glas**, *le verre* → **het mijne**, **het jouwe** etc. Seule exception : **jullie**, *votre, vos*, où l'appartenance ne peut s'exprimer qu'avec un pronom démonstratif : **die/dat van jullie**, (litt. "celui/celle à vous"). On peut dire aussi **die/dat van mij, van jou, van u**...

***

Oefening 1 – Vertaal

❶ Ze heeft haar fiets in de stalling gezet, en die van jou voor het huis. ❷ Gisteren vond ze haar sleutels nergens en vandaag is ze haar tas kwijt. ❸ Hij heeft me aan het twijfelen gemaakt en nu weet ik het niet meer. ❹ Zet het mandje met eieren maar achterin de kast! ❺ Waar kan je je auto hier parkeren?

Oefening 2 – Vul in

❶ Regarde ce beau garçon, là-bas, au deuxième rang à gauche !
Kijk eens . . . . die mooie . . . . . . , daar in de tweede . . . . !

❷ Ma voiture a un pneu crevé. Nous allons simplement prendre la tienne.
Mijn auto heeft . . . . We nemen . . . . . . de jouwe.

❸ Tu es sûre que tu ne te rappelles plus où tu as mis ton vélo ?
. . . . je . . . . . dat je niet meer . . . . waar je je fiets . . . . ?

11 Nous allons simplement *(normalement)* essayer tous les vélos qui ressemblent au tien,

12 et celui sur lequel *(où-sur)* va ta *(petite)* clé devrait *(doit)* être le bon, avec ou sans panier *(panier ou pas-de panier)* !

***

Corrigé de l'exercice 1

❶ Elle a mis son vélo au garage [à vélos], et le tien devant la maison. ❷ Hier, elle ne trouvait ses clés nulle part et aujourd'hui elle a perdu son sac. ❸ Il m'a fait hésiter et maintenant je ne sais plus. ❹ Pose le panier avec les œufs au fond du placard, je te prie ! ❺ Où peut-on garer sa voiture ici ?

❹ Il [me] reste quelques bonbons à la réglisse dans la poche. Tu en veux un ?
Er zitten nog ... . in m'n zak. Wil je .. ...?

❺ Est-ce que cette clé va bien sur votre vélo (*politesse*) ?
.... dit sleuteltje wel .. ..?

Corrigé de l'exercice 2

❶ – naar – jongen – rij links ❷ – een lekke band – gewoon – ❸ Weet – zeker – weet – hebt neergezet ❹ – wat dropjes – er één ❺ Past – op uw fiets

Le nombre important de vélos aux Pays-Bas nécessite évidemment beaucoup de places de "parking". En dehors des nombreux **fietsenrekken**, râteliers à vélos, *vous trouverez dans chaque ville des garages à vélos, parfois sur plusieurs niveaux. Dans les grandes villes, ils sont la plupart du temps couverts et gardés. Toutes les gares en possèdent d'ailleurs un et celui d'Amsterdam*

66 Zesenzestigste les

Verkeerd verbonden ①

1 De tele**foon rin**kelt ②: *Tring! Tring!*
2 – Ja, met Van **Bu**ren.
3 – Hal**lo**, met **Pe**ter. Weet u of Mar**lies** ook thuis is? ③
4 – Hier woont geen Mar**lies**, ik denk dat u ver**keerd** ver**bon**den bent.
5 – O, neemt u me niet **kwa**lijk!
Tring! Tring!
6 – Met Van **Bu**ren.
7 – Par**don**, met wie spreek ik?
8 – Van **Bu**ren!
9 – Hoe kan dat nou? Ik heb toch **num**mer 5053234 ge**draaid** ④?

Prononciation
*... v'er**bo-n**de^n* ***1*** *... té:Le**fo:-n rĭŋ**keLt* ***2*** *... v'a-n **bu**:re^n*
3 *... **pé**:te-r ... mar**Li:ss** ...* ***9*** *... χe**dra:yt***

Notes

① **verkeerd verbonden** est l'expression usuelle lorsqu'on se trompe de numéro. **Verbonden** est le participe passé de **verbinden**, *relier, connecter*.

② **rinkelen**, *sonner*, *tinter*, fait référence au son. Dans les autres cas, et notamment lorsqu'on avertit quelqu'un que le téléphone ▸

impressionne par sa taille. Si vous êtes amené à vous en servir, retenez bien l'emplacement de votre vélo ! Sinon, il ne vous reste qu'une solution...

Deuxième vague : 16e leçon

Soixante-sixième leçon 66

Faux numéro *(Mal connecté)*

1 Le téléphone sonne : *Dring ! Dring !*
2 – Oui, Van Buren à l'appareil.
3 – Salut, c'est Peter. Est-ce que Marlies est là *(Savez vous si Marlies aussi à-la-maison est)* ?
4 – Il n'y a pas de Marlies ici *(Ici habite pas-de Marlies)*, je pense que vous vous êtes trompé de numéro *(mal connecté)*.
5 – Oh, excusez-moi !
Dring ! Dring !
6 – Van Buren à l'appareil.
7 – Pardon, qui est à l'appareil *(avec qui parle je)* ?
8 – Van Buren !
9 – Comment est-ce possible ? J'ai bien composé *(tourné)* [le] *(numéro)* 5053234 ?

▸ sonne, on dira plutôt **de telefoon gaat**, *le téléphone sonne*. Et pour la porte : **de bel gaat!**, *on sonne !*

③ Cette question est fréquente dans le langage courant ; **ook** est ici idiomatique. **Of**, *si*, introduit les questions indirectes. Comme dans toutes les subordonnées, le verbe conjugué se place à la fin.

④ Bien qu'on ne compose plus de numéros en tournant, on utilise toujours le verbe **draaien**, *tourner*. **Intoetsen**, *taper*, serait plus correct.

10 – Ja, dat klopt: 035-5053234!
11 – O, **sor**ry, dan heb ik me ver**gist** in het **net**nummer ⑤.
Tring! Tring!
12 – Dit is het **ant**woordapparaat van Mar**lies**.
13 Ik ben momen**teel** niet thuis, maar spreek een **bood**schap in ⑥ na de piep. □

10 *... kLopt ...* ***11*** *...* ***nèt****nùme-r* ***12*** *...* ***a-nt****wo:rtapa:ra:t ...*
13 *... mo:me-n****té:L*** *... pi:p*

Notes

⑤ **het netnummer**, *l'indicatif* ; **het net**, *le réseau (Internet)* ; **het abonneenummer**, *le numéro d'abonné/e.* ▸

***

Oefening 1 – Vertaal

❶ Neem me niet kwalijk, ik ben verkeerd verbonden! ❷ Het netnummer van Utrecht is toch 030? – Ja, dat klopt. ❸ U kunt een boodschap inspreken na de piep. ❹ Weten jullie of het morgen mooi weer wordt? ❺ Ons antwoordapparaat is al een week stuk.

Oefening 2 – Vul in

❶ Ils se sont trompés de numéro d'abonné/e.
Ze hebben . . . . het abonneenummer.

❷ Je pense que vous avez composé un mauvais numéro.
Ik . . . . dat u een . . . . nummer heeft . . . .

❸ Les voisins ne sont pas là *(actuellement pas à-la-maison).*
De buren zijn . . . . niet . . . . . .

10 – Oui, c'est exact : 035-5053234 !
11 – Oh, désolé, *(alors)* je me suis trompé d'indicatif *(dans le réseau-numéro)*.
Dring ! Dring !
12 – Vous êtes bien sur *(Ceci est)* le répondeur de Marlies.
13 Je ne suis pas là pour l'instant *(actuellement pas à-la-maison)*, mais laissez[-moi] *(parlez)* un message *(dans)* après le bip.

▸ ⑥ La particule séparable du verbe **inspreken**, *parler (dans un appareil)*, *enregistrer*, se place devant le groupe final, car elle fait partie de l'expression **een boodschap inspreken**, *laisser un message*, que l'on préfère ne pas dissocier.

***

Corrigé de l'exercice 1

❶ Excuse-moi, je me suis trompé de numéro ! ❷ L'indicatif d'Utrecht est bien 030 ? – Oui, c'est exact. ❸ Vous pouvez laisser un message après le bip. ❹ Savez-vous s'il fera beau *(temps)* demain ? ❺ Ça fait déjà une semaine que notre répondeur est cassé.

❹ Pose les courses à l'arrière de la voiture, s'il te plaît !
Zet de . . . . maar . . . . de auto!

❺ Voici votre café ! Voulez-vous un biscuit avec ?
Hier is . . koffie! Wilt u . . een koekje . . . ?

Corrigé de l'exercice 2

❶ – zich vergist in – ❷ – denk – verkeerd – gedraaid ❸ – momenteel – thuis ❹ – boodschappen – achterin – ❺ – uw – er – bij

Ce dialogue vous a permis de découvrir quelques formules standard au téléphone. Ne confondez pas le allô ? français – qui est utilisé par la personne qui est appelée – avec le **hallo!** *néerlandais, utilisé par la personne qui appelle.*

Vos connaissances en néerlandais ont pris de l'envergure ! Continuez à répéter les phrases et si toutefois les mots ou les structures ne vous reviennent pas d'un coup, pas de souci : nous allons les revoir. Et rappelez-vous que vous pouvez toujours vous reporter aux annexes si nécessaire.

67 Zevenenzestigste les

De opschepper ①

1 – Weet u, de stoel waar**op** ② u nu zit is een **ech**te **Riet**veld!
2 Ah, ik zie u **kij**ken naar dat schilde**rij** daar.
3 Weet u dat dat een origi**ne**le Van Gogh is?
4 Dat schilde**rij** is goud waard ③!
5 En dan de **tui**nen niet te ver**ge**ten, waar u hiervan**daan** op **uit**kijkt ④:
6 die zijn **aan**gelegd door een zeer ⑤ be**ken**de **tuin**architect.

Prononciation

*… **op**sχèpe-r **1** … stouL … **è**χte **ri:t**v'èLt **2** … sχïLde**rèy** … **3** … orji:**né:**Le v'a-n χoχ … **4** … wa:rt **5** … **tœy**ne[n] … Hi:rv'a-n**da:-n** … **œyt**kèykt **6** … **a:-n**χeLèχt … z'é:r … **tœyn**arχi:tèkt*

Notes

① Dans la famille de **de opschepper**, on trouve aussi le verbe à particule séparable **opscheppen**, *se vanter*, et le nom **de opschepperij**, *la fanfaronnade, la vantardise* (ligne 12).

② On aurait pu scinder l'adverbe pronominal relatif en deux : **waar u nu op zit**.

Deuxième vague : 17e leçon

Soixante-septième leçon 67

Le vantard

1 – Savez-vous [que] la chaise sur laquelle *(où-sur)* vous êtes actuellement assis est un authentique Rietveld !
2 Ah, je vous vois regarder *(vers)* ce tableau là-bas.
3 Savez-vous que c'est un original [de] Van Gogh ?
4 Ce tableau vaut de l'or !
5 Et *(puis)* n'oublions pas les jardins *(pas à oublier)*, que vous voyez d'ici *(où vous d'ici sur avez-vue)* :
6 ils ont été *(ceux-là sont)* aménagés par un paysagiste *(jardin-architecte)* très connu.

Remarque de prononciation
3 En langage courant, le premier **i** de **origineel** ne se prononce pas et le **g** se prononce comme un *[j]* français.

③ **waard zijn**, *valoir* ; **de waarde**, *la valeur*. Vous connaissez déjà **waardevol**, *de valeur, précieux*.

④ C'est un verbe à particule séparable avec une préposition fixe : **uitkijken op**, *avoir vue sur*.

⑤ **zeer**, *très*, synonyme de **erg** et de **heel**, est toutefois considéré comme plus formel.

67 **7** En iets verder**op** rechts, ziet u op de **op**rijlaan de an**tie**ke Daf ⑥ staan,
8 waar de baas het liefst in rijdt, **tij**dens de **zon**dagse **uit**stapjes met de club.
9 En wat vindt u van de mu**ziek** waar u naar **luis**tert?
10 Dat is werk van de be**roem**de compo**nist**...
11 – Stop, stop!
12 Weet u, de man met wie ⑦ u nu spreekt, heeft er schoon ge**noeg** van ⑧, van al die opschepper**ij** ①! □

*7 … v'èrder**op** … **op**rèyLa:-n … a-n**ti:**ke daf … **8** … ba:ss … **tèy**dess … **z'o-n**da:χse **œyt**stapyess … kLùp **9** … mu:**z'i:k** … **10** … be**roum**de ko-mpo:**nĭst** **12** … sχo:-n χe**nouχ** … opsχèpe**rèy***

Notes

⑥ L'usine **DAF** – **van Doorne Automobiel Fabriek** – surtout connue pour sa fabrication de camions, a également produit de petites voitures.

⑦ Le pronom relatif **wie** renvoie à des personnes : **de man met wie je spreekt**, *l'homme à qui tu parles*. Mais **de auto waarmee je rijdt**, *la voiture avec laquelle tu roules*. ▸

***

Oefening 1 – Vertaal

❶ Ze hebben er genoeg van, van die oude caravan die op de oprijlaan staat geparkeerd. ❷ Weten jullie dat dat een erg beroemde componist is? ❸ Ze kijkt uit op de tuin, die door haarzelf is aangelegd. ❹ Tijdens onze zondagse uitstapjes vroeger, moesten we altijd onze mooiste kleren aantrekken. ❺ Mijn baas is een echte opschepper: hij zegt dat zijn woonboot in Amsterdam goud waard is.

7 Et un peu plus loin à droite, vous voyez *(debout)* dans l'allée l'ancienne *(antique)* Daf,
8 dans laquelle le patron préfère *(par-dessus tout)* rouler, lors des sorties dominicales avec le club.
9 Et que pensez *(trouvez)*-vous de la musique que vous entendez *(où vous vers écoutez)* ?
10 C'est l'œuvre du célèbre compositeur...
11 – Arrêtez, arrêtez !
12 Savez-vous [que] l'homme à *(avec)* qui vous parlez actuellement en a vraiment marre *(bien assez)* de toutes ces vantardises !

Remarque de prononciation
8 Le **n** de **tijdens** ne se prononce pas en langage courant.

▸ ⑧ Il s'agit de l'expression **(schoon) genoeg hebben van**, *avoir (vraiment) marre de*. **Schoon** a alors le sens de *tout à fait, complètement*. **Genoeg** signifie *assez, suffisamment* : **Heb je het warm genoeg?**, *As-tu suffisamment chaud ?* ; **Hij heeft genoeg geld**, *Il a suffisamment d'argent.*

***

Corrigé de l'exercice 1

❶ Ils/Elles en ont assez, de cette vieille caravane qui est stationnée dans l'allée. ❷ Savez-vous que c'est un compositeur très célèbre ? ❸ Elle a vue sur le jardin, qu'elle a aménagé elle-même *(qui est aménagé par elle-même)*. ❹ Autrefois, lors de nos sorties du dimanche, nous devions toujours mettre nos plus beaux habits. ❺ Mon patron est un véritable vantard : il dit que sa péniche à Amsterdam vaut de l'or.

Oefening 2 – Vul in

❶ Nous reste-t-il encore suffisamment de charcuterie ? – Non, plus rien !
Hebben we . . . . in huis?
– Nee, ... !

❷ Elle ne sait pas si ce tableau est un original de Van Gogh.
Ze weet niet . . dit . . . . een originele Van Gogh is.

❸ La Daf avec laquelle nous avons parcouru le monde a été volée !
De Daf, ... we de wereld . . . zijn rondgereisd, is gestolen!

❹ Que penses-tu de cette musique ? – Je ne l'aime pas tellement.
Wat . . . . je . . . deze muziek? – . . . . houd ik niet zo van.

❺ Depuis quand connais-tu l'œuvre de Mulisch ? – Depuis que ça a été traduit, bien sûr !
. . . . ken jij het werk van Mulisch?
– . . . . . het vertaald is natuurlijk!

En 1928, **Hub van Doorne** *commença un atelier de construction mécanique qui fut à l'origine de l'usine DAF. Il lança après la seconde guerre mondiale la production de ses fameux camions et cars DAF. À la fin des années 1950, il créa une petite voiture de tourisme appelée "***Variomatic***", qui connut un énorme succès aux Pays-Bas. Si vous souhaitez en savoir plus, on vous donne rendez-vous au* **DAF Museum** *à Eindhoven.*

Corrigé de l'exercice 2

❶ – nog genoeg vleeswaren – niks meer ❷ – of – schilderij – ❸ – waar – mee – ❹ – vind – van – Daar – ❺ Sinds wanneer – Sinds –

Gerrit Rietveld *(1888 – 1964) est un architecte et designer avant-gardiste néerlandais du XXe siècle. Sa création* **de Rood-blauwe stoel**, Fauteuil bleu et rouge, *dessinée en 1918, s'inscrit dans le style connu sous le nom de "néoplasticisme", prôné par* **De Stijl**, *un mouvement d'art abstrait où dominait l'emploi des formes géométriques et des couleurs fondamentales. En 1924,* **G. Rietveld** *construisit à Utrecht la maison Schröder, qui se caractérise par des formes géométriques asymétriques. La maison Schröder est reconnue comme l'un des premiers symboles du mouvement moderne en architecture et a été inscrite sur la liste du patrimoine mondial de l'Unesco en 2000. L'architecte fut également à l'origine de la construction du* **Van Gogh Museum**, *à Amsterdam, dans les années 1960. Le bâtiment principal du musée fut conçu d'après son projet.*

Deuxième vague : 18e leçon

68 Achtenzestigste les

Een moeilijk spel

1 – Ik heb een spel ver**zon**nen ①. Zal ik je het **le**ren?
2 – Ik ben niet zo dol op **spel**letjes, maar leg het maar uit ②!
3 – De **spel**regels zijn echt heel erg **sim**pel ③:
4 we **mo**gen el**kaar** steeds ④ iets **vra**gen **o**ver een van de pro**vin**ciehoofdsteden van **N**ederland.
5 **Tel**kens als je het **goe**de **ant**woord geeft, dan ⑤ krijg je een punt.
6 Maar als je fout **ant**woordt of als je het **ant**woord niet weet, dan ⑤ krijg je een **straf**punt.

Prononciation

*... **mouy**Lek spèL* **1** *... v'er**z'one**ⁿ* ... **2** *... doL ... **spèL**etchess ... Lèχ ... œyt* **3** *... **spèL**réχeLss ... **sĭ-m**peL* **4** *... stétss ... pro:**v'ĭ-n**ssi:Ho:ftstédeⁿ ...* **5** ***tèL**ke-nss ... **a-nt**wo:rt ... pù-nt* **6** *... faou-t... **straf**pù-nt*

Notes

① **verzonnen**, *inventé*, est le participe passé du verbe fort **verzinnen**, *inventer*, *imaginer* (des histoires, des jeux). Le verbe irrégulier **bedenken**, *inventer*, *imaginer*, s'emploie aussi dans le sens de *concevoir*. Son participe passé est **bedacht**, *conçu*.

② C'est le verbe à particule séparable **uitleggen**, *expliquer*. Rappelez-vous qu'avec un impératif, l'adverbe **maar** exprime une autorisation bienveillante (voir la 35e leçon). On peut le traduire par *allez* ou *vas-y*. ▸

Soixante-huitième leçon 68

Un jeu difficile

1 – J'ai inventé un jeu. Je te l'apprends ?
2 – Je n'aime pas tellement *(Je suis pas si folle sur)* [les] jeux mais allez, explique[-moi] !
3 – Les règles *(jeu-règles)* sont vraiment très *(fort)* très simples :
4 nous devons *(pouvons)* à chaque fois *(l'un-l'autre)* demander quelque chose sur [l']un des chefs-lieux de province *(province-chef-villes)* des Pays-Bas.
5 À chaque fois qu'on donne la bonne réponse, *(alors)* on obtient un point.
6 Mais si on répond mal *(faux)* ou si l'on ne connaît *(sait)* pas la réponse, *(alors)* on est pénalisé d'un point *(obtient un punition-point)*.

▸ ③ **heel**, *très*, *fort*, renforce ici **erg**, *très* : **simpel**, *simple* ; **erg simpel**, *très simple* ; **(echt) heel erg simpel**, *(vraiment) très très simple*. Notez aussi **niet genoeg**, *pas assez*, et **te veel**, *trop*. L'adverbe **te** suivi d'un adjectif se traduit également par *trop* : **te simpel**, *trop simple*, **te vroeg**, *trop tôt*, **te duur**, *trop cher*, etc.

④ **steeds**, *toujours*, *sans cesse*, *à chaque fois*, indique une certaine répétition.

⑤ Dans le langage courant, quand une phrase commence par **telkens als**, *à chaque fois que*, ou **als**, *si*, on trouve souvent **dan**, *alors*, dans la seconde partie.

7 – Goed, wie be**gint**?
8 – Ik. In **wel**ke stad werd in 1992 een Euro**pees** ver**drag** onder**te**kend?
9 – Dat is een **mak**kelijke ⑥ vraag: in Maas**tricht**.
10 – Ja, goed. Eén punt voor jou.
11 – **Oké**, ik mag.
12 **Wel**ke **ste**den **wa**ren ooit ⑦ ver**bon**den aan de **Han**ze?
13 – Hm, **moei**lijke vraag… Den Bosch en **Le**lystad?
14 – Fout! Het zijn **Ar**nhem, **Gro**ningen en **Zwol**le: drie **straf**punten!
15 – Dat is niet **eer**lijk! Dat zijn drie **ste**den, maar je zou maar ⑧ één **straf**punt **moe**ten **re**kenen!
16 Ik doe niet meer mee.
17 – Wat flauw ⑨! Je kunt ge**woon** niet **te**gen je ver**lies**! □

Notes

⑥ **makkelijk** ou **gemakkelijk**, *facile* ; **moeilijk**, *difficile* ; **ongemakkelijk**, *incommode*, *pénible*, *gênant/e*. Le préfixe **on-** exprime une valeur négative et est souvent traduit par *in-*, *mal-* : **onbekend**, *inconnu/e* ; **onbelangrijk**, *insignifiant/e* ; **onbewust**, *inconscient/e* ; **ongeluk**, *malheur*, *accident*.

⑦ **ooit**, *jamais*, *une fois*, *un jour*, est le pendant positif de **nooit**, *ne ... jamais*. Notez que le **n** exprime également la négation dans **niets**, *rien*, par rapport à **iets**, *quelque chose*.

⑧ L'adverbe **maar**, *seulement*, est utilisé en combinaison avec une quantité.

⑨ **flauw**, *insipide*, *fade*, *sans saveur* : **flauwe soep**, *soupe fade*.

7 – D'accord, qui commence ?
8 – Moi. Dans quelle ville fut signé un traité européen en 1992 ?
9 – C'est une question facile : à Maastricht.
10 – Oui, bien. Un point pour toi.
11 – D'accord, à moi *(je peux)*.
12 Quelles villes faisaient partie autrefois *(étaient un-jour relié à)* de la Hanse ?
13 – Heu, [c'est une] question difficile… Bois-le-Duc et Lelystad ?
14 – Faux ! Ce sont Arnhem, Groningue et Zwolle : trois points de pénalisation !
15 – Ce n'est pas juste ! Il y a trois villes, mais tu devrais compter un point seulement !
16 Je m'arrête *(Je ne participe plus)*.
17 – Ce n'est pas sympa *(Que insipide)* ! Tu es mauvais joueur *(Tu peux simplement pas contre ta perte)* !

8** … **né:**χe-nti:ntwé:èné:χe-nteχ … euro:**pé:ss** v'er**draχ** o-nder**té:**ke-nt **9** … **make**Leke … ma:**strïχt** **12** … **sté:**de^n … o:yt … **Ha-n**ze **13** … **mouy**Leke … dèn boss … **Lé:**Li:stat **14** … **ar**nèm **χro:-**nïŋe^n … **z'woL**e … **15** … **é:r**Lek … **ré:**kene^n **17** … fLaou … v'er**Li:ss

Oefening 1 – Vertaal

❶ Het eten is heel erg flauw; waar is het zout? ❷ Telkens als je hem iets vraagt, weet hij het antwoord niet. ❸ Ze kan nooit tegen haar verlies. ❹ Wat een moeilijke vragen: ik doe niet meer mee! ❺ De spelregels zijn gemakkelijk, maar ik moet ze steeds uitleggen.

Oefening 2 – Vul in

❶ Ils n'aiment pas tellement les enfants des voisins, car ils les trouvent trop agités.
Ze zijn niet zo . . . . . . de buurkinderen, want die vinden ze . . . .

❷ Si vous répondez mal, vous serez pénalisés d'un point.
. . . jullie . . . . , . . . krijgen jullie een strafpunt.

❸ Toutes sortes de villes faisaient autrefois partie de la Hanse.
. . . . waren vroeger verbonden . . . de Hanze.

Le traité sur l'Union européenne, aussi appelé traité de Maastricht, a été signé le 7 février 1992 à **Maastricht**, *située sur la Meuse. C'est la capitale du* **Limburg**, *une ancienne région minière à l'extrême sud des Pays-Bas.* **Lelystad**, *fondée en 1967 et nommée d'après l'ingénieur Lely (cf. la 50e leçon), est la capitale de la province du* **Flevoland**. *Cette province fut entièrement bâtie sur un polder.* **Den Bosch**, *une abréviation de* **'s-Hertogenbosch**, Bois-le-Duc, *est la capitale de* **Noord-Brabant**. **Zwolle**, *autrefois une ville puissante de la Hanse, est située au nord-est du pays, au bord de la rivière* **de IJssel**, *un des bras du Rhin. De nombreuses villes en bordure de la rivière furent ralliées entre le XIIe et le XVIe siècle à la ligue hanséatique, une association maritime protégeant les villes marchandes qui en faisaient partie. Vous retrouvez le nom de la*

Corrigé de l'exercice 1

❶ Le repas est vraiment très fade ; où est le sel ? ❷ À chaque fois qu'on lui demande quelque chose, il ne connaît pas la réponse. ❸ Elle est toujours mauvaise joueuse. ❹ Quelles questions difficiles, je m'arrête ! ❺ Les règles du jeu sont faciles, mais je dois sans cesse les expliquer.

❹ Te rappelles-tu quand ce traité fut signé ?
Weet je nog . . . . dat verdrag . . . .
. . . . ?

❺ Rietveld a conçu le musée Van Gogh.
Rietveld heeft het Van Gogh Museum . . . .

Corrigé de l'exercice 2

❶ – dol op – te druk ❷ Als – fout antwoorden – dan – ❸ Allerlei steden – aan – ❹ – wanneer – werd ondertekend ❺ – bedacht

rivière dans le nom de la province **Overijssel**. *La rivière traverse également la province* **Gelderland**, *dont* **Arnhem** *est la capitale. Cette ville est aujourd'hui connue pour sa prestigieuse école de mode.* **Groningen**, *capitale de la province* **Groningen**, *se trouve près des gisements de gaz naturel. C'est une ville étudiante, célèbre pour sa tour* **Martinitoren**. *Autres capitales :* **Leeuwarden** *pour la province de* **Friesland**, **Assen** *pour celle de* **Drenthe**, **Haarlem** *pour* **Noord-Holland**, **Den Haag** *pour* **Zuid-Holland**, **Utrecht** *pour la province...* **Utrecht** *et* **Middelburg** *pour* **Zeeland** *(voir la carte en annexes).*

Deuxième vague : 19e leçon

69 Negenenzestigste les

Stage lopen in Engeland

1 **Lie**ve **tan**te **Sa**ra en oom **Jas**per,
2 Ik schrijf **jul**lie om te ver**tel**len dat ik eind **ju**ni mijn **eind**examen heb ge**haald**.
3 Zo**dra** ik had ge**hoord** dat ik ge**slaagd** was, heb ik me**teen** de vlag **uit**gehangen met mijn **school**tas er**aan**. ①
4 Zo blij was ik!
5 Voor **wis**kunde had ik een zes ②: dat had **eer**lijk ge**zegd** wel wat **be**ter ge**kund**.
6 **Ver**der had ik een onvol**doen**de ③ voor ge**schie**denis, want daar had ik te **wei**nig aan ge**daan** ④.
7 Maar voor **Eng**els heb ik een **su**pergoed **cij**fer ge**kre**gen: een **ne**gen!
8 Daar ben ik echt **hart**stikke te**vre**den mee!

Prononciation
sta:*je ... e***ŋ***eLa-nt* ***1*** *... sa:ra: ... yas****spe-r*** **2** *... èynt ...* ***èynt****eksa:me*ⁿ *... χe****Ha:Lt*** ***3*** *z'o:****dra:*** *... χe****sLa:χt*** *... v'Laχ*

Notes

① Beaucoup de lycéens hissent un drapeau et y accrochent leur cartable le jour où ils apprennent leur réussite au bac.

② Toutes les matières sont notées sur dix aux Pays-Bas. 10 est donc **uitmuntend**, *excellent*, et 1 est **zeer slecht**, *très mauvais*. ▸

Faire un stage *(Stage marcher)* en Angleterre

1 Chère tante Sara et [cher] oncle Jasper,
2 Je vous écris pour vous dire *(raconter)* que fin juin, j'ai eu mon bac *(fin-examen)*.
3 Dès que j'ai eu appris *(avais entendu)* que j'étais reçue *(réussi étais)*, j'ai tout de suite hissé le drapeau et [j'] y [ai accroché] mon cartable.
4 J'étais tellement heureuse *(gai)* !
5 En *(Pour)* maths, j'ai eu *(avais)* un six : pour être honnête *(honnêtement dit)*, ça aurait *(avait)* pu être *(bien)* un peu mieux.
6 Et puis, j'ai eu *(avais)* une [note] insuffisante en *(pour)* histoire, car j'y avais consacré *(fait)* trop peu [de temps].
7 Mais en *(pour)* anglais, j'ai eu une super note *(chiffre)* : un neuf !
8 J'en suis *(vraiment)* rudement contente *(avec)* !

*œytχeHaŋe*ⁿ ... **4** ... *bLèy* ... **5** ... ***wĭss**kù-nde* ... *χ**ekù-nt** **6*** ... *o-nv'o**Ldoun**de* ... *χe**sχi:**denĭss* ... *χe**da:-n*** **7** ... ***èŋ**eLss* ... ***su:**perχout **sèy**fe-r χe**kré**χe*ⁿ ... **8** ... *tev**'ré:**de*ⁿ ...

③ **onvoldoende**, *insuffisant/e* ; **voldoende**, *suffisant/e* ; **de (on)voldoende** indique *la note (in)suffisante.*

④ Comme vous le savez, **want**, *car*, introduit une principale avec le verbe conjugué en 2e position. On aurait pu dire : **want ik had daar te weinig aan gedaan**, *car j'y avais consacré trop peu de temps.*

69 **9** Zou dat zijn ge**ko**men om**dat** ik als kind **al**tijd bij **jul**lie mocht **ko**men lo**ge**ren ⑤?
10 Nu doe ik een **stu**die, waar**voor** ik een **tijd**je **sta**ge moet **lo**pen bij een **En**gels be**drijf**.
11 Ik vroeg me dus af of ⑥ **jul**lie het erg **vin**den als ik een paar **maand**jes kom lo**ge**ren?
12 **Ei**genlijk moet ik be**ken**nen dat ik m'n **kaart**je al heb ge**kocht**:
13 ik kom over **veer**tien **da**gen aan.
14 Als er iets is wat ik voor **jul**lie kan **mee**nemen, drop, **ha**gelslag of ont**bijt**koek of zo, dan hoor ik het wel.
15 **Groet**jes en tot snel,
16 **Lot**te. □

*9 … om**dat** … moχt … Lo:**jé:**re^n **10** … **stu:**di: … **tèyt**ye **sta:**je … **èŋ**eLss be**drèyf** **11** … v'rouχ … **ma:-nt**yess … **12** … be**kè**ne^n … χe**koχt** **14** … o-nt**bèyt**kouk … **15** **χrout**yess … **16** **Lo**te*

Notes

⑤ **omdat**, *parce que*, est une conjonction de subordination ; le verbe conjugué se retrouve donc à la fin de la subordonnée, mais devant le double infinitif. ▸

***

Oefening 1 – Vertaal

❶ Ze vraagt zich af of ze haar eindexamen heeft gehaald. ❷ Zodra hij had gehoord dat hij geslaagd was, heeft hij zijn moeder opgebeld. ❸ Ik ga straks naar de markt; zal ik wat voor je meenemen? ❹ Als kind mocht hij altijd bij hen komen logeren. ❺ Vinden jullie het erg als ik een paar maanden stage ga lopen in Engeland?

9 Serait-ce le résultat de mes fréquents séjours chez vous lorsque j'étais enfant *(Serait ce arrivé parce-que je comme enfant toujours chez vous pouvais venir loger)* ?
10 Actuellement, je fais des études pour lesquelles *(une étude où-pour)* je dois suivre un stage pendant un certain temps dans une entreprise anglaise.
11 Je me demandais donc si vous ne verriez pas d'inconvénient à ce que *(le trouvez grave si)* je vienne loger [chez vous] quelques mois.
12 En fait, je dois avouer que j'ai déjà acheté mon billet :
13 j'arrive[rai] dans quinze *(quatorze)* jours.
14 S'il y a quelque chose que je puisse *(pour)* vous apporter, de la réglisse, des vermicelles de chocolat ou du pain d'épice *(petit-déjeuner-gâteau)* ou quelque chose dans ce genre, faites-le-moi savoir *(alors entends je le bien)*.
15 Salut et à bientôt *(vite)*,
16 Lotte.

▸ ⑥ **zich afvragen of**, *se demander si*. N'oubliez pas que **of** introduit les questions indirectes, à la différence de **als** qui exprime une hypothèse/un souhait.

***

Corrigé de l'exercice 1

❶ Elle se demande si elle a eu son bac. ❷ Dès qu'il a eu appris qu'il était reçu, il a appelé sa mère. ❸ Je vais au marché tout à l'heure ; je te rapporte quelque chose ? ❹ Enfant, il avait toujours la possibilité de séjourner chez eux. ❺ Voyez-vous un inconvénient à ce que j'aille *(si je vais)* faire un stage en Angleterre [pendant] quelques mois ?

Oefening 2 – Vul in

❶ Elle a déjà acheté son billet de train et elle arrive[ra] dans quinze jours.
Ze heeft . . . . treinkaartje . . . . en ze . . . . over veertien dagen . . . .

❷ Serait-ce arrivé parce qu'elles y ont consacré trop peu [de temps] ?
Zou dat zijn gekomen . . . . . ze daar . . . . aan gedaan hebben?

❸ Pour être honnête, cela aurait pu être mieux !
Dat had eerlijk gezegd wel wat beter . . . . . . !

❹ En fait, je dois avouer que j'ai oublié de laisser un message.
Eigenlijk moet ik . . . . dat ik vergeten ben om een boodschap . . te . . . .

❺ Pour [faire] des études aussi difficiles, il a besoin d'une très bonne note en maths.
Hij heeft voor zo'n moeilijke . . . . . . een heel goed . . . . . . voor . . . . nodig.

Aux Pays-Bas, l'enseignement n'est pas un monopole d'État et il n'existe pas de pédagogie nationale "officielle". Depuis 1848, le pays a instauré la liberté de l'enseignement, ce qui veut dire que chacun peut créer une école. Celles créées par les pouvoirs publics, la plupart du temps par les communes, s'appellent **openbare scholen**, écoles publiques *; celles créées par des particuliers* **privéscholen**, écoles privées. *Ces dernières peuvent avoir une vocation religieuse, pédagogique ou autre. Les deux types d'écoles sont financés par les pouvoirs publics, et les parents peuvent choisir ce qui leur convient le mieux. L'État intervient en ce qui concerne les matières à enseigner dans chaque filière et la réglementation des examens. Les écoles sont par contre libres dans leur organisation, au niveau du recrutement, et dans le choix des méthodes et du matériel d'enseignement.*

Corrigé de l'exercice 2

❶ – haar – al gekocht – komt – aan ❷ – omdat – te weinig – ❸ – gekund ❹ – bekennen – in – spreken ❺ – studie – cijfer – wiskunde –

*L'*enseignement primaire, **basisonderwijs**, *s'adresse aux enfants de 4 à 12 ans, l'*enseignement secondaire, **voortgezet onderwijs**, *aux élèves de 12 à 16/18 ans. Cet enseignement est dispensé par trois types d'établissements (***VWO**, **HAVO**, **VMBO***), qui offrent les deux premières années un tronc commun de matières. Le* **VWO**, *l'enseignement secondaire pré-universitaire, prépare à l'enseignement universitaire ou à l'enseignement professionnel supérieur. Le* **HAVO**, *l'enseignement général secondaire supérieur, dure 5 ans et peut déboucher sur des études dans l'enseignement professionnel supérieur ou moyen. Le* **VMBO**, *l'enseignement professionnel moyen préparatoire, dure 4 ans, et prépare les élèves à l'enseignement professionnel moyen. Ce diplôme peut également déboucher sur un travail. L'enseignement supérieur comprend le* **HBO**, *l'enseignement professionnel supérieur, et le* **WO**, *l'enseignement universitaire. Aux Pays-Bas, il n'existe pas de grandes écoles comme en France.*

Deuxième vague : 20e leçon

70 Zeventigste les

Herhaling – Révision

1 La proposition relative

• Vous connaissez les relatifs **die** et **dat**, qui s'emploient lorsque le verbe de la relative n'est pas accompagné d'une préposition. Rappelez-vous : **die** renvoie aux noms du genre commun, **dat** aux noms du genre neutre (petite astuce pour vous en souvenir : **het** et **dat** se terminent tous deux par **-t**) :
de neef die de halve wereld heeft rondgereisd, *le cousin qui a parcouru la moitié de la terre*
de tas die in de etalage ligt, *le sac qui est en vitrine*
het kasteel/het jongetje dat je daar ziet, *le château/le petit garçon que tu vois là.*

• Après un pronom comme **iets**, *quelque chose*, ou **alles**, *tout*, on utilise **wat**, *que* :
Als er iets is wat ik voor jullie kan meenemen, *S'il y a quelque chose que je puisse vous apporter.*
Dit is alles wat ik voor je kan doen, *C'est tout ce que je peux faire pour toi.*

• Lorsque le verbe de la relative est accompagné d'une préposition, on emploie la combinaison **waar** + préposition si on fait référence à des objets ou des concepts :
de fiets waarmee je hiernaartoe bent gekomen, *le vélo avec lequel tu es venu/e ici*
de stoel waarop u nu zit, *la chaise sur laquelle vous êtes actuellement assis/e*
Waar peut être accolé à la préposition ou en être séparé, ce qui est considéré comme plus léger :
de tuinen waar u hiervandaan op uitkijkt, *les jardins que vous voyez d'ici*
de Daf waar de baas het liefst in rijdt, *la Daf dans laquelle le patron préfère rouler*
de muziek waar u naar luistert, *la musique que vous entendez.*

• Lorsqu'on fait référence à des personnes, il faut employer la combinaison **wie** + préposition :
de man met wie je spreekt, *l'homme à qui tu parles*
het jongetje aan wie ik Engels wil leren, *le petit garçon à qui je veux enseigner l'anglais*
de Nederlandse schrijver aan wie ik moet denken, *l'écrivain néerlandais auquel je dois penser.*
En langage parlé, il arrive pourtant régulièrement que l'adverbe pronominal relatif soit utilisé : **de man waarmee je spreekt**, *l'homme à qui tu parles.*

Pour finir, n'oubliez pas que dans les propositions relatives, le verbe conjugué se place à la fin, devant les infinitifs s'il y en a.

2 La question indirecte

Elle peut se former avec :
– un interrogatif :
Weet jij nog waar we onze fietsen hebben neergezet?, *Est-ce que tu te rappelles où nous avons mis nos vélos ?*
Weten jullie hoe laat het is?, *Savez-vous quelle heure il est ?*
Heb je hem gevraagd wanneer hij thuiskomt?, *Lui as-tu demandé quand il rentre ?*
– la conjonction **dat**, *que* :
Weet je zeker dat je fiets wel een mandje had?, *Tu es sûr/e que ton vélo avait bien un panier ?*
Weet u dat dat een originele Van Gogh is?, *Savez-vous que c'est un original [de] Van Gogh ?*
– la conjonction **of**, *si* :
Weet u of Marlies thuis is?, *Savez-vous si Marlies est là ?*
Ik vraag me af of Marlies thuis is, *Je me demande si Marlies est là.*
Ne confondez pas **of**, *si*, avec **als**, *si*, qui introduit une conditionnelle :
Maar als je fout antwoordt, dan krijg je een strafpunt, *Mais si on répond mal, alors on est pénalisé d'un point.*

Les prépositions spatiales **in**, *dans*, et **op**, *sur*, peuvent se combiner pour faire des adverbes :
voorin, *à l'avant*
achterin, *à l'arrière, au fond*
voorop, *devant*
achteruit, *vers l'arrière*
binnenin, *en dedans*
bovenop, *sur le dessus (de)*
Vous connaissez aussi les adverbes **hiernaartoe**, *(vers) ici*, et **hiervandaan**, *d'ici*. Sur le même modèle : **hierheen**, *(vers) ici*. **Hiernaartoe** s'emploie uniquement lorsqu'il y a un déplacement ou un mouvement. Comparez :
Ik ben op de fiets hiernaartoe gekomen, *Je suis venu/e ici en vélo.*
Je fiets is hier, *Ton vélo est ici.*
Ces adverbes pronominaux doivent être scindés chaque fois que c'est possible, c'est-à-dire dès que d'autres compléments s'ajoutent :
Kom je hiernaartoe?, *Tu viens ici ?*
Kom je hier straks naartoe?, *Tu viendras ici tout à l'heure ?*

3.1 *Naar* et *in*

• **Naar**, *vers*, exprime une direction, une destination ou un déplacement, la plupart du temps avec **gaan** ou un verbe de mouvement (**lopen**, **fietsen**, **schaatsen**, etc.) :
Ze gaan naar het strand, *Ils/Elles vont à la plage.*
Hij gaat naar bed, *Il va au lit/se couche.*
Ze fietst naar de supermarkt, *Elle va au supermarché en vélo.*
Le verbe de mouvement peut être sous-entendu :
Ik moet naar die nieuwjaarsreceptie, *Je dois aller à cette réception de nouvel an.*

• Pour situer ou localiser quelque chose sans l'idée de déplacement, on emploie **in**, *dans* : **in een café zijn**, *être dans un café* ; **in het studentenhuis wonen**, *habiter au foyer d'étudiants* ; **in de boekwinkel werken**, *travailler à la librairie.*

In s'utilise donc quand on se réfère à l'endroit même : **in bad**, *dans le bain* ; **in de etalage zetten**, *poser dans la vitrine* ; **in het kanaal vissen**, *pêcher dans le canal* ; **in de zak stoppen**, *mettre dans le sac.*
Notez que le verbe **gaan** dans ce cas n'est pas suivi de la préposition **naar** :
Ze gaan iets drinken in een café, *Ils/Elles vont boire quelque chose dans un café.*
Mais : **Ze gaan naar het café**, *Ils/Elles vont au café.*

3.2 *Bij*

Bij, *chez, (au)près de*, indique une certaine proximité :
Hij blijft bij de kinderen, *Il reste auprès des enfants.*
Lies komt vanmiddag bij ons spelen, *Lies viendra jouer chez nous cette après-midi.*
Ik heb m'n rijbewijs niet bij me, *Je n'ai pas mon permis sur moi.*
Elle est utilisée devant les professions : **bij de groenteman**, *chez le marchand de légumes* ; **bij de slager**, *chez le boucher* ; **bij de dokter**, *chez le médecin*, et dans d'autres situations : **Ze heeft een goede baan bij een bank**, *Elle a un bon emploi dans une banque* ; **bij de post**, *au courrier* ; **bij het reisbureau**, *à l'agence de voyages.*

3.3 *Op*

Op, *sur, à*, indique souvent une présence sur (la surface de) l'endroit : **op het perron**, *sur le quai* ; **op het strand**, *sur la plage* ; **op tafel**, *sur la table* ; **op het terras**, *sur la terrasse* ; **op de oprijlaan**, *dans l'allée.*
Mais elle est également employée dans d'autres situations : **op school**, *à l'école* ; **op het politiebureau**, *au commissariat de police* ; **op/met vakantie**, *en vacances* ; **op het station**, *à la gare* ; **op nummer tien**, *au numéro dix.*
On ne peut pas toujours expliquer pourquoi on utilise telle ou telle préposition, le mieux c'est alors de retenir l'ensemble "préposition + nom".

70 Herhalingsdialoog

1 De telefoon gaat. Meneer van der Meer neemt op.
2 – Met van der Meer.
3 – Hallo, met Marlies. Weet u of Peter ook thuis is?
4 – Nee, die is er momenteel niet. Kan ik een boodschap doorgeven?
5 – Ja, kunt u hem zeggen dat het sleuteltje dat hij me heeft gegeven, niet op de auto past.
6 – Dat is heel erg vervelend! Zodra hij thuiskomt, zal ik het hem vertellen.
7 De telefoon rinkelt weer.
8 – Met van der Meer.
9 – Met Marlies nog een keer. Eh, het is niet meer nodig, dat van die boodschap.
10 Ik moet bekennen dat ik me vergist heb!
11 Ik had het verkeerde sleuteltje gepakt: dat van mijn fiets!

Oefening – Vertaal

❶ De kat gaat altijd het liefst bovenop de kast zitten. ❷ Het sleuteltje van de auto ligt in het mandje. ❸ De stoel waar hij op zit, was van mijn grootvader. ❹ Ze vraagt zich af waar dat schilderij hangt. ❺ Weten jullie of de winkels open zijn? ❻ Als je het goede antwoord raadt, dan krijg je een punt. ❼ Telkens als hij wil uitslapen, gaat de telefoon.

Traduction

1 Le téléphone sonne. Monsieur van der Meer décroche. **2** Van der Meer à l'appareil. **3** Bonjour, c'est Marlies. Est-ce que Peter est là ? **4** Non, il n'est pas là actuellement. Puis-je transmettre un message ? **5** Oui, pouvez-vous lui dire que la clé qu'il m'a donnée ne va pas sur la voiture. **6** C'est vraiment très ennuyeux ! Je le lui dirai *(raconterai)* dès qu'il rentre[ra]. **7** Le téléphone sonne de nouveau. **8** Van der Meer à l'appareil. **9** C'est encore *(une fois)* Marlies. Euh, ce n'est plus la peine *(nécessaire)* pour le message. **10** Je dois avouer que je me suis trompée ! **11** J'avais pris la mauvaise clé : celle de mon vélo !

Corrigé de l'exercice

❶ Le chat s'assoit toujours de préférence sur le dessus du placard. ❷ La *(petite)* clé de la voiture est dans le *(petit)* panier. ❸ La chaise sur laquelle il est assis était à mon grand-père. ❹ Elle se demande où se trouve ce tableau. ❺ Savez-vous si les magasins sont ouverts ? ❻ Si tu devines la bonne réponse, tu auras un point. ❼ À chaque fois qu'il veut faire la grasse matinée, le téléphone sonne.

Deuxième vague : 21e leçon

71 Eenenzeventigste les

Een echte smulpaap ①

1 – Zeg, ik ga een half **uur**tje weg; naar de **bin**nenstad.
2 Ik moet nog naar de apo**theek** en **daar**na had ik nog **e**ven naar de **bak**ker ge**wild**.
3 De **win**kels zijn nog niet dicht, toch?
4 – Nee, ik dacht van niet ②. Die **slui**ten ③ pas **o**ver een uur.
5 Je hebt nog **e**ven de tijd, maar blijf niet te lang weg!

***

6 Bij de **bak**ker is het erg druk en moet je in de rij staan.
7 – Ik heb ver**ge**ten een **num**mertje te **trek**ken;
8 mag ik er **e**ven langs alsje**blieft**? ④
9 – Na**tuur**lijk, ga je gang ④!
10 – **Num**mer **der**tien!

Prononciation

Vous vous êtes, à présent, familiarisé avec la prononciation du néerlandais. À partir d'aujourd'hui nous ne vous proposerons que les mots présentant une difficulté ou une particularité de prononciation.

Notes

① **de smulpaap**, *le gourmand/la gourmande* ; **smullen**, *se régaler.*

② **dacht** est le prétérit singulier du verbe irrégulier **denken**, *penser.* Le participe passé est **gedacht**, *pensé.* Rappelez-vous de **bedacht**, *conçu*, qui se conjugue de la même façon. On aurait pu dire : **ik denk van niet**, *je pense que non.* ▸

Un vrai gourmand

1 – Dis, je m'absente une petite demi-heure ; [je vais] en centre-ville.
2 Je dois passer à la pharmacie et ensuite j'aurais voulu faire un saut chez le boulanger.
3 Les magasins ne sont pas encore fermés, tout de même ?
4 – Non, je ne pense pas. Ils ne ferment que dans une heure.
5 Tu as encore le temps, mais ne tarde pas trop !

***

6 À la boulangerie, il y a beaucoup de monde et il faut faire la queue *(tu dois dans le rang être-debout)*.
7 – J'ai oublié de prendre un ticket *(tirer un numéro)* ;
8 excuse-moi, je voudrais passer *(puis je y un-instant le-long-de s'il-te-plaît)* !
9 – Bien sûr, vas-y !
10 – Numéro treize !

Remarque de prononciation
2 apotheek *[apo:**té:k**]* se prononce aussi avec un **a** long ; **h** ne se prononce pas.

▸ ③ Le verbe fort **sluiten**, *fermer*, est synonyme de **dichtgaan**.

④ L'expression **Mag ik er even langs?** s'utilise lorsqu'on veut passer devant quelqu'un sans le bousculer. La réponse appropriée est **ga je gang**, *vas-y*/**ga uw gang**, *allez-y*. Mais rappelez-vous que les Néerlandais se tutoient facilement, même s'ils ne se connaissent pas.

71 **11** – Ja, dat ben ik.

12 – Wat mag het zijn?

13 – Ik wil graag een ges**ne**den wit, een half vol**ko**ren en een heel meer**gra**nenbrood.

14 En doet u er ook maar een **tar**webrood bij en zo'n **Lim**burgse **ker**senvlaai ⑤.

15 En u heeft **zul**ke **lek**kere **slag**roomtaarten: daar neem ik er ook één van!

16 – **An**ders nog iets?

17 – Ja, nog twee choco**la**degebakjes ⑥ graag!

18 Zou u **al**les in een **tas**je **kun**nen doen, alstu**blieft** ⑦?

19 – Maar na**tuur**lijk. Alstu**blieft**.

20 U kunt bij mijn col**le**ga aan de **kas**sa daar links be**ta**len.

21 – Dank u wel. **Pret**tige **a**vond nog! ⑧

***

22 **Een**maal thuis:

23 – De **bak**ker was nog **o**pen en ik heb een **he**leboel **lek**kere **din**gen ge**kocht**.

24 – Oh, dat had niet ge**hoe**ven: ik heb een uur ge**le**den be**slo**ten om op di**eet** te gaan! □

Remarque de prononciation

23 L'accent tonique de **heleboel** est variable.

Notes

⑤ Cette tarte aux cerises est une spécialité de la province du Limbourg. Elle existe aussi aux **abrikozen**, *abricots*, aux **peren**, *poires*, aux **perziken**, *pêches*, ou d'autres fruits. Ne confondez pas **de vlaai**, *la tarte*, *la tourte*, avec **de vla**, une crème lactée à la vanille ou à d'autres parfums. ▸

11 – Oui, c'est moi.
12 – Vous désirez ?
13 – Je voudrais un [pain] de mie tranché *(coupé blanc)*, un demi-[pain] complet et un pain entier aux céréales *(plusieurs-graines-pain)*.
14 Et puis ajoutez-moi *(y)* un pain au froment et une tarte limbourgeoise comme ça *(telle cerises-tarte)*.
15 Et vous avez de si bonnes tartes à la crème chantilly : j'en prends une aussi !
16 – [Il vous faut] autre chose ?
17 – Oui, encore deux gâteaux au chocolat *(chocolat-pâtisseries)*, s'il vous plaît !
18 Pourriez-vous [me] mettre [le] tout dans un sac, s'il vous plaît ?
19 – Mais bien sûr. Tenez.
20 Vous pouvez payer à ma collègue à la caisse, là-bas à gauche.
21 – Merci. Bonne soirée !

***

22 Une fois rentré :
23 – Le boulanger était encore ouvert et j'ai acheté un tas de bonnes choses.
24 – Oh, ce n'était pas la peine : j'ai décidé il y a une heure de commencer un régime !

▸ ⑥ **het gebakje**, *la pâtisserie*, est le diminutif de **het gebak**, *la pâtisserie*, *les gâteaux* ; **bakken**, *(faire) cuire*.

⑦ Rappelez-vous de **alstublieft** et **alsjeblieft**, *voici*, *voilà*, lorsqu'on remet quelque chose en main propre.

⑧ Souhaiter une bonne (fin de) journée ou soirée en se quittant se fait en ajoutant **verder**, *puis*, ou **nog**, *encore*.

71 **Oefening 1 – Vertaal**

❶ Mag ik een half volkoren en een gesneden tarwebrood alsjeblieft? ❷ Hoe laat gaat de bakker dicht? – Die sluit om vijf uur. ❸ Het was erg druk: daarom trok hij een nummertje en ging in de rij staan. ❹ Zijn de winkels vanavond open? ❺ Mag ik er even langs alsjeblieft? Ik moet de deur opendoen.

Oefening 2 – Vul in

❶ Puis-je prendre un biscuit ? – Bien sûr, vas-y !
. . . . . een . . . . . . nemen? – Natuurlijk, ... !

❷ Avez-vous envie d'une bonne tarte à la crème chantilly comme celle-là ou préférez-vous de la crème-dessert ?
Hebben jullie . . . . . zo'n lekkere . . . . of willen jullie . . . . ?

❸ Je vois que tu as déjà fait les courses, mais ce n'était vraiment pas la peine !
Ik zie dat je . . boodschappen . . . . , maar dat had . . . . !

❹ Elle est au régime : elle a sûrement perdu dix kilos !
Zij . . . . : ze . . . . tien kilo . . . . !

❺ Il vous faut autre chose ? – Oui, une livre de pêches, s'il vous plaît.
. . . . . . nog iets? – Ja, een pond . . . .

Il existe aux Pays-Bas une énorme variété de pains à base de différentes céréales et de graines. Les Néerlandais ont l'habitude de manger du pain complet. Si toutefois vous préférez la baguette, demandez **een stokbrood**, *littéralement "un bâton-pain" !*

Corrigé de l'exercice 1

❶ Puis-je avoir un demi-pain complet et un pain au froment tranché, s'il te plaît ? ❷ À quelle heure ferme le boulanger ? – Il ferme à cinq heures. ❸ Il y avait beaucoup de monde : c'est pour cela qu'il prit un ticket et se mit dans la queue. ❹ Les magasins sont-ils ouverts ce soir ? ❺ Excuse-moi, je voudrais passer ! Je dois ouvrir la porte.

Corrigé de l'exercice 2

❶ Mag ik – koekje – ga je gang ❷ – zin in – slagroomtaart – liever vla ❸ – al – hebt gedaan – echt niet gehoeven ❹ – is op dieet – is zeker – afgevallen ❺ Anders – perziken graag

Il y a également de nombreuses pâtisseries et tartes. Pour fêter un anniversaire, les Néerlandais aiment boire un café le matin, accompagné d'une part de tarte. En espérant que vous n'êtes pas **op dieet**, *au régime, voici une recette simple de la tarte à la crème chantilly : mélangez 180 g de sucre, un sachet de sucre vanillé et six œufs, puis mixez l'ensemble pendant quinze minutes. Ajoutez-y délicatement 180 g de farine, et enfournez environ quinze minutes à 180° C. Laissez refroidir ce gâteau, puis coupez le haut et remplissez avec de la crème chantilly et des fruits coupés en petits morceaux. Reposez le couvercle et étalez sur le dessus une dernière couche de crème, fruits et amandes effilées.* **Smakelijk eten!**, Bon appétit !

Deuxième vague : 22e leçon

72 Tweeënzeventigste les

De nieuwe werkster ①

1 Er wordt ge**beld** ② en **Son**ja doet de deur **o**pen.
2 – Ah, u bent vast de **nieu**we **werk**ster: komt u **bin**nen!
3 Ik zal me**teen** maar met de deur in huis **val**len ③!
4 Van**daag** moet de **keu**kenvloer eerst ge**dweild wor**den ④.
5 Ter**wijl** de vloer droogt, kunt u be**gin**nen met het **stof**zuigen ⑤ van de **woon**kamer.
6 De **stof**zuiger vindt u in de **gang**kast.
7 Zo**dra** u **daar**mee klaar bent, kunt u in de **slaap**kamer de **bed**den gaan **op**maken.
8 **Daar**na kunt u de **te**gels in de **dou**che **af**nemen.

Prononciation
8 … douch …

Notes

① **de werkster**, *la femme de ménage*, ou *la travailleuse*. Le suffixe **-ster** indique le féminin ; au masculin, c'est **de werker**, *le travailleur*. Retenez par la même occasion **de werknemer**, *l'employé*, et **de werkneemster**, *l'employée*.

② En néerlandais on préfère utiliser ici la forme passive, que vous identifiez grâce au participe passé et à l'auxiliaire **worden**. N'oubliez pas que **worden** signifie aussi *devenir*, comme dans la phrase 10.

La nouvelle femme de ménage

1 On sonne et Sonja ouvre la porte.
2 – Ah, vous êtes certainement la nouvelle femme de ménage : entrez !
3 Je vous explique tout de suite !
4 Aujourd'hui, il faut d'abord passer la serpillière sur le sol de la cuisine *(doit le cuisine-sol d'abord passé-la-serpillière aux.-du-passif)*.
5 Pendant que le sol sèche, vous pouvez commencer à passer l'aspirateur *(poussière-aspirer)* dans le séjour.
6 Vous trouverez l'aspirateur dans le placard du couloir.
7 Dès que vous aurez fini *(Dès-que vous avec-cela prêt êtes)*, vous pouvez faire les lits dans la chambre.
8 Ensuite, vous pouvez nettoyer le carrelage *(les carreaux)* de la douche.

▸ ③ **met de deur in huis vallen**, litt. "tomber dans la maison avec la porte", se traduit souvent par *aller droit au but*, *ne pas y aller par quatre chemins* : **hij valt altijd met de deur in huis**, *il va toujours droit au but.*

④ Là encore, le néerlandais préfère utiliser une tournure passive. Le participe passé peut se placer indifféremment avant ou après **worden**. Il s'agit du verbe **dweilen**, *passer la serpillière*.

⑤ Le verbe à particule séparable **stofzuigen**, *aspirer*, est régulier. N'oubliez pas que le verbe conjugué de la principale (**kunt**) suit immédiatement la subordonnée pour rester en 2e position.

9 De WC ⑥ hoeft niet meer te **wor**den **schoon**gemaakt ⑦, want die heb ik zelf al ge**daan**.
10 Be**gint** u maar snel, zo**dat** het hier weer wat **toon**baarder wordt.
11 Ik ver**wacht na**melijk een **ma**kelaar die het huis komt be**zich**tigen van**we**ge de **ver**koop.
12 – Me**vrouw**, zal ik me eerst **e**ven aan u **voor**stellen?
13 Ik ben de **ma**kelaar!
14 – Oei, neemt u me niet **kwa**lijk en eh... **aan**genaam!

***9** … wé:**ssé:** … **11** … **vèr**ko:p*

Notes

⑥ On dit aussi **het toilet**, *les toilettes.*

⑦ Encore un passif. Il s'agit du verbe **schoonmaken**, *nettoyer.*

***

Oefening 1 – Vertaal

❶ Gaan jullie maar snel aan het werk, zodat jullie voor het eind van de dag klaar zijn! ❷ Komen jullie morgen ons nieuwe huis bekijken? ❸ Zodra ze klaar was met stofzuigen, ging ze de bedden opmaken. ❹ Maak de douche en de kast eens schoon, zodat het hier weer wat toonbaarder wordt! ❺ Kun je het bed opmaken, terwijl ik de badkamer schoonmaak?

9 Ce n’est pas la peine de nettoyer les toilettes, car je l’ai déjà fait [moi-]même.
10 Commencez sans tarder *(vite)*, je vous prie, de sorte que ça redevienne un peu plus présentable ici.
11 C’est que j’attends *(J’attends en effet)* un agent immobilier qui vient visiter la maison pour *(en raison de)* la vente.
12 – Madame, permettez-moi de me présenter d’abord *(et si je me présentais d’abord)* ?
13 Je suis l’agent immobilier !
14 – Ouille, excusez-moi et heu... enchantée !

***

Corrigé de l’exercice 1

❶ Mettez-vous donc vite au travail, pour avoir fini *(de sorte que vous êtes prêts)* avant la fin de la journée ! ❷ Est-ce que vous viendrez voir notre nouvelle maison demain ? ❸ Dès qu’elle avait fini de passer l’aspirateur, elle allait faire les lits. ❹ Nettoie la douche et le placard, pour que ça redevienne un peu plus présentable ici ! ❺ Peux-tu faire le lit pendant que je nettoie la salle de bains ?

Oefening 2 – Vul in

❶ Puis-je te présenter à madame Droog, notre nouvelle femme de ménage ?
Mag ik je even . . . . mevrouw Droog, ... ?

❷ J'irai déjeuner avec lui dès que j'aurai un peu plus de temps.
Ik zal met hem gaan . . . . , ... ik iets meer tijd . . . . .

❸ Tu sais bien qu'elle va toujours droit au but !
. . . . dat ze altijd meteen . . . . in huis . . . . !

❹ Est-ce que tu vois un inconvénient à ce qu'il passe à la maison ce soir ?
. . . . als hij vanavond langskomt?

73 Drieënzeventigste les

In de discotheek

1 **Te**gen drie uur 's nachts, bij het **uit**gaan van de disco**theek**:
2 – Rijd jij van**a**vond of ik?
3 – Ik moest **af**gelopen ① **week**end al **rij**den,
4 dus van**a**vond ben jij aan de beurt.
5 – Als je maar weet dat mijn **au**to ka**pot** ② is;

Remarques de prononciation
2, 3 En langage courant, le **d** de **rijd** ne se prononce pas lorsque le pronom **je/jij** suit le verbe conjugué : *[rèy ye]* et à l'infinitif, il se prononce *[y]* : **rijden** *[**rè**ye^n]* .

❺ Il doit souvent aller à l'étranger en raison de son nouveau métier.

. . . . zijn nieuwe . . . . . . , moet hij . . . . naar het buitenland.

Corrigé de l'exercice 2

❶ – voorstellen aan – onze nieuwe werkster ❷ – lunchen – zodra – heb ❸ Je weet toch – met de deur – valt ❹ Vind je het erg – ❺ Vanwege – beroep – vaak –

Dans cette leçon, vous avez rencontré des phrases plus complexes avec de nouvelles conjonctions de subordination et la voix passive. Faites attention à la place des verbes et laissez-vous guider. Nous vous donnerons des explications complémentaires très bientôt, **geen paniek!**, pas de panique !

Deuxième vague : 23e leçon

Soixante-treizième leçon 73

En discothèque

1 Autour de *(Contre)* 3 h du matin *(nuit)*, à la sortie *(chez le sortir)* de la discothèque :
2 – C'est toi qui conduis ce soir ou moi ?
3 – J'ai déjà dû conduire le week-end dernier,
4 donc ce soir c'est à ton tour.
5 – Note *(Sache bien)* que ma voiture est en panne *(cassé)* ;

Notes

① L'adjectif **afgelopen**, *dernier/-ière, passé/e*, a la même forme que le participe passé du verbe **aflopen**, *se terminer, expirer*.

② **kapot**, *cassé/e, en panne*, est synonyme de **stuk**.

6 ik heb hem naar de ga**ra**ge **moe**ten **bren**gen.
7 Maar ik heb die van m'n **va**der **mo**gen **le**nen ③ en daar ben ik mee **hier**naartoe ge**ko**men.
8 – Dat doet er niet toe. ④ Goed, **zul**len we gaan?
9 – Wie rijdt er ⑤ alle**maal** mee?
10 – Gijs, **Wou**ter, **Han**na's ⑥ zus, en ik.
11 – Zal ik eerst Gijs **thuis**brengen en dan **vi**a het **cen**trum naar **Wou**ters ⑥ huis **rij**den?
12 En na**dat** ik **Wou**ter heb **af**gezet, breng ik jou thuis.
13 – En **Han**na's zus dan? Die woont hier **vlak**bij!
14 – **Waa**rom gaat ze dan niet **lo**pend ⑦ naar huis, als het zo dicht**bij** is?
15 Dat kost mij boven**dien min**der benz**i**ne!
16 – Wat een heer ben je weer! ⑧
17 – Het is al goed! Ik rijd wel een paar keer heen en weer.

Notes

③ Le verbe **lenen** signifie *emprunter* ou *prêter*. Cela vous semble déroutant ? En fait, la préposition qui l'accompagne pourra souvent vous aider à choisir la bonne traduction : **iets lenen van iemand**, *emprunter quelque chose à quelqu'un*, **iets lenen aan iemand**, *prêter quelque chose à quelqu'un*. Pour des livres, on dira habituellement **uitlenen**, *prêter*.

④ C'est une expression idiomatique : **ertoe doen**, *être important, avoir de l'importance*.

6 j'ai dû la porter au garage.
7 Mais j'ai pu emprunter celle de mon père et je suis venu *(vers-ici)* avec.
8 – Ça n'a pas d'importance. Bon, on y va ?
9 – Qui vient *(tous avec)* ?
10 – Gijs, Wouter, la sœur de Hanna et moi.
11 – Et si je ramenais d'abord Gijs ? Et ensuite j'irai chez Wouter *(vers de-Wouter maison rouler)* en passant par le centre-ville ?
12 Et après avoir déposé Wouter, je te ramène.
13 – Et la sœur de Hanna alors ? Elle habite tout près d'ici !
14 – Pourquoi ne rentre-t-elle pas à pied alors, si c'est aussi près ?
15 Ça me coûte[ra] moins d'essence de surcroît !
16 – Quel gentleman *(Que un monsieur es tu de-nouveau)* !
17 – J'ai compris *(C'est déjà bon)* ! Je ferai quelques allers et retours *(vers et de-retour)*.

▸ ⑤ Après le sujet **wie**, *qui*, et devant un objet grammaticalement indéfini (ici **allemaal**, *tous*) on utilise **er** : **Wie heeft er een tas?**, *Qui a un sac ?* Quand l'objet est défini, on n'a pas besoin de **er** : **Wie heeft mijn tas?**, *Qui a mon sac ?*

⑥ **(')s** est utilisé après un nom propre pour indiquer la possession : **Hanna's zus**, *la sœur de Hanna* ; **Wouters huis**, *la maison de Wouter.*

⑦ *à pied* se dit **lopend** (litt. "marchant") ou **te voet** : **U kunt te voet/lopend gaan**, *Vous pouvez y aller à pied.*

⑧ Il s'agit ici d'une allusion à l'expression **Wees een heer in het verkeer**, *Soyez courtois sur la route*, litt. "Soyez un monsieur dans le trafic".

18 – Hoe**zo**?
19 – Ik ben toch met mijn **va**ders **wa**gen ⑨ ge**ko**men!
20 Heb je daar wel eens in ge**re**den?
21 Het is een **lek**kere **au**to, maar hij is erg klein.
22 En boven**dien** ver**bruikt** hij veel: één op tien!
23 Dat doet me er**aan** **den**ken dat ik eerst **e**ven moet gaan **tan**ken.
24 **Heb**ben **jul**lie wat geld bij je? □

Remarque de prononciation
23 Attention à la prononciation de **tanken** *[tèŋke*^{n}*]*.

Note
⑨ **de wagen**, *la voiture*, est moins courant que **de auto**. On utilise également **(')s** après les termes de parenté pour exprimer la possession.

***

Oefening 1 – Vertaal
❶ Als je maar weet dat ik niet lopend naar huis wil! ❷ Ik zet eerst jou af en dan breng ik mijn vriendin thuis. ❸ De bank wil geen geld meer lenen aan die oude man. ❹ Waarom is ze eigenlijk via het centrum naar de garage gereden? ❺ Dat doet me eraan denken dat de makelaar morgen de flat komt bezichtigen.

18 – Comment ça ?
19 – [Tu sais bien que] je suis venu avec la voiture de mon père !
20 Tu l'a déjà conduite *(y bien une-fois dans roulé)* ?
21 C'est une voiture agréable, mais elle est toute petite.
22 Et en plus elle consomme beaucoup : dix litres au cent *(1 sur 10)* !
23 Ça me fait penser que je dois d'abord aller prendre de l'essence.
24 Vous avez un peu d'argent sur vous ?

***

Corrigé de l'exercice 1

❶ Sache que je ne veux pas rentrer à pied ! ❷ Je te dépose d'abord et ensuite je ramène mon amie. ❸ La banque ne veut plus prêter d'argent à ce vieil homme. ❹ Au fait, pourquoi est-elle allée au garage en passant par le centre-ville ? ❺ Ça me fait penser que l'agent immobilier vient visiter l'appartement demain.

Oefening 2 – Vul in

❶ La discothèque est tout près ; c'est pour cela qu'elles y vont à pied.
De discotheek is . . . . ; ze gaan . . daarom . . . .

❷ J'ai pu emprunter le vélo de Paula, car le mien est cassé.
Ik heb Paula's fiets . . . ., want die . . . mij . . . .

❸ Ma voiture ne consomme pas beaucoup d'essence : 4 litres au 100.
Mijn auto . . . . niet veel . . . . : 1 . . 25.

74 Vierenzeventigste les

In de Keukenhof

1 – Wat is het een ver**ruk**kelijk zacht **voor**jaar!
2 De zon schijnt en de **tul**pen staan al **he**lemaal in bloei.
3 Ik vind het **heer**lijk om in de **Keu**kenhof te **wan**delen,
4 die is zo mooi in **de**ze tijd!
5 – We **heb**ben er goed aan ge**daan** hier van**daag** te **ko**men;
6 **mor**gen zal het wel koud zijn
7 en **o**vermorgen zou ① het mis**schien** gaan **re**genen.

Note

① Le conditionnel **zou** exprime ici une prévision faite dans le passé, dont on n'est pas sûr qu'elle se réalise : **het zou gaan** ▸

❹ L'oncle de Wim est un vrai gentleman !
. . . . is . . .   . !

❺ Je suis venue avec la grande voiture de mon père pour pouvoir tous vous ramener.
Ik . . . . . . die grote wagen . . . m'n vader . . . ., ... ik jullie allemaal . . . wegbrengen.

Corrigé de l'exercice 2

❶ – vlakbij – er – te voet naartoe ❷ – mogen lenen – van – is kapot ❸ – verbruikt – benzine – op – ❹ Wims oom – een echte heer ❺ – ben met – van – gekomen – zodat – kan –

Deuxième vague : 24e leçon

Soixante-quatorzième leçon 74

Au Keukenhof *(cuisine-jardin)*

1 – Quel *(Que c'est un)* printemps délicieusement doux !
2 Le soleil brille et les tulipes sont déjà tout à fait en fleurs *(dans floraison)*.
3 J'adore *(Je trouve ça délicieux de)* me promener au Keukenhof,
4 c'est tellement beau à cette époque !
5 – Nous avons bien fait de venir aujourd'hui ;
6 demain il doit faire froid
7 et après-demain, il va *(irait)* peut-être pleuvoir.

▸ **regenen**, *il devrait pleuvoir / il va peut-être pleuvoir*. On peut le nuancer avec **misschien**, *peut-être*, ou **waarschijnlijk**, *probablement*.

8 – Een **beet**je **re**gen is toch niet erg, dan neem je ge**woon** een **re**genjas mee.
9 Loop niet zo te **zeu**ren ② **o**ver het weer
10 en ge**niet lie**ver van onze **wan**deling!
11 Kijk daar, wat een **prach**tige **don**kerpaarse **tul**pen!
12 – Die zijn inder**daad** erg mooi,
13 ze **heb**ben **bij**na de**zelf**de kleur als ③ die bij ons in de tuin.
14 – Hé, zie je die ex**o**tische **wit**te bloem daar? Is dat geen ama**ryl**lis?
15 – Dat zou best **kun**nen, maar ik vind hem **min**der mooi dan ③ die **wit**te **le**lie van ons.
16 – Dat meen je niet! ④ Nou, ik ben het er niet mee eens ⑤!
17 Ama**ryl**lissen zijn een lust voor het oog en net zo mooi als ⑥ **le**lies.
18 Je zou me er best één **kun**nen **ge**ven, in plaats van een bos **ro**de **ro**zen bij**voor**beeld.

Notes

② Les verbes de position et de mouvement suivis de **te** et d'un infinitif peuvent globalement se traduire par *être en train de*, mais notez qu'à l'origine ils précisent la position dans laquelle on entreprend l'action exprimée par l'infinitif : **lopen te zeuren**, *être en train de rabâcher (en marchant)*, **staan te bellen**, *être en train de téléphoner (debout)* etc.

③ Après une comparaison d'égalité, on utilise **als**, *que* : **dezelfde kleur als**, *la même couleur que* ; **hetzelfde land als**, *le même pays que*. Petite astuce pour vous en rappeler : **als** signifie littéralement "comme". Après une comparaison d'infériorité ou de supériorité, on utilise **dan**. ▸

8 – Un peu de pluie n'est tout de même pas grave ; il suffit de prendre un imperméable *(alors amènes tu simplement un pluie-manteau)*.
9 Arrête de rabâcher à propos du temps
10 et savoure plutôt notre balade !
11 Regarde là-bas, quelles splendides tulipes violet foncé !
12 – En effet, elles sont très belles,
13 elles ont presque la même couleur que celles de notre jardin *(celles chez nous dans le jardin)*.
14 – Tiens, tu vois cette fleur exotique blanche, là-bas ? N'est-ce pas une amaryllis ?
15 – Ça se pourrait bien, mais je la trouve moins belle que notre lis blanc *(ce blanc lis à nous)*.
16 – Tu plaisantes ? Eh bien, je ne suis pas d'accord !
17 Les amaryllis sont un régal *(plaisir)* pour les yeux et je les trouve aussi jolies que les lis.
18 Tu pourrais bien m'en offrir *(donner)* une, au lieu d'un bouquet de roses rouges par exemple.

▸ ④ On aurait pu aussi traduire par *Tu ne parles pas sérieusement ?!* **Menen** signifie *vouloir dire*, *parler sérieusement*, ou *croire* (*penser*).

⑤ Voici une expression idiomatique dont la forme surprenante est à retenir telle quelle : **ik ben het ermee eens**, *je suis d'accord* / **ik ben het er niet mee eens**, *je ne suis pas d'accord*. Rappelez-vous qu'en remplaçant **er** par **daar** placé en tête de phrase, on crée une certaine insistance : **daar ben ik het (niet) mee eens**, *je (ne) suis (pas) d'accord avec cela*.

⑥ Ne confondez pas **net zo… als**, *aussi… que*, et **niet zo… als**, *pas aussi… que*. À une voyelle près, vous dites le contraire !

19 – Een bos **ro**de **ro**zen? Ah, ik ge**loof** dat ik iets ben ver**ge**ten ⑦!
20 Valt ⑧ er niet toe**val**lig iets te **vie**ren?
21 – Toe**val**lig wel ja!
22 – Dat kan al**leen** maar **on**ze **trouw**dag zijn...
23 Hoe kan ik dit weer **goed**maken?
24 – Wat dacht je van een **ro**de ama**ryl**lis en een di**ner** in een restau**rant**? □

Prononciation
24 *... rèsto:**ra-nt***

Notes

⑦ Le passé composé de **vergeten**, *oublier*, se forme avec **zijn** lorsque le sens est “ne plus se souvenir de” : **ik ben uw naam vergeten**, *j'ai oublié votre nom*, et avec **hebben** lorsque le sens est “ne pas avoir songé à (faire)” : **ik heb vergeten geld mee te nemen**, *j'ai oublié d'emporter de l'argent*. Les Néerlandais ne font pas toujours la distinction lorsque les deux sens sont proches, et dans ce cas les deux auxiliaires sont acceptés.

⑧ **vallen** suivi de **te** + infinitif signifie *y avoir à, pouvoir* : **Valt er nog iets te doen?**, *Y a-t-il encore quelque chose à faire ?* ; **Met hem valt niet te praten!**, *On ne peut pas discuter (parler) avec lui !*

***

Oefening 1 – Vertaal

❶ Ze heeft in hetzelfde huis gewoond als ik. ❷ Als ze ligt te lezen, denkt ze er niet aan te vragen of er nog wat te doen valt! ❸ Ik vind deze slagroomtaart niet zo lekker. ❹ Dat meen je niet? Ik heb hem bij de beste bakker van de stad gekocht! ❺ Ik dacht dat het zou gaan regenen, maar de zon schijnt.

19 – Un bouquet de roses rouges ? Ah, je crois que j'ai oublié quelque chose !
20 Il n'y a pas quelque chose à fêter par hasard ?
21 – Il se trouve que si *(Par-hasard bien oui)* !
22 – Ça ne peut être que notre anniversaire de mariage...
23 Comment puis-je me faire pardonner *(de-nouveau bien-faire)* ?
24 – Que penses-tu d'une amaryllis rouge et d'un dîner au restaurant ?

***

Corrigé de l'exercice 1

❶ Elle a habité dans la même maison que moi. ❷ Quand elle est en train de lire (couchée), elle ne pense pas à demander s'il y a encore quelque chose à faire ! ❸ Je trouve cette tarte à la crème chantilly pas tellement bonne. ❹ Tu plaisantes ?! Je l'ai achetée chez le meilleur boulanger de la ville ! ❺ Je pensais qu'il allait pleuvoir, mais le soleil brille.

 Oefening 2 – Vul in

❶ Mon frère n'est pas aussi beau que moi.
Mijn broer is . . . .   . . mooi . . .   . . .

❷ Il n'a que six ans ! On ne dirait pas, non ?
Hij is . . . zes! Dat . . . je niet . . . . . . , niet?

❸ Sais-tu que sa sœur *(à lui)* est plus âgée que la mienne ?
. . . .   . . dat zijn zus . . . . . is . . . de mijne?

❹ Il a oublié de fêter l'anniversaire de son fils.
Hij heeft . .   . .
vergeten te vieren.

❺ Et si on allait se promener une petite heure ?
. . . . . . we een uurtje . . . . ?

75 Vijfenzeventigste les

Een vreemde vent

1 – Hé, **heb**ben **jul**lie die **ra**re vent daar zien staan?
2 – Je be**doelt** daar verder**op** in het veld?
3 – Pre**cies**! **Heb**ben **jul**lie ge**zien** hoe die zich heeft **aan**gekleed ①?

Note

① **(zich) aankleden**, *(s')habiller*, s'emploie avec ou sans pronom réfléchi : **ik heb me aangekleed**, *je me suis habillé/e* ; **ik ben** ▸

Corrigé de l'exercice 2

❶ – niet zo – als ik ❷ – pas – zou – zeggen – ❸ Weet je – ouder – dan – ❹ – de verjaardag van zijn zoon – ❺ Zullen – gaan wandelen

Les premiers bulbes de tulipes – originaires de la Turquie – arrivèrent aux Pays-Bas vers la fin du XVIe siècle. À cette époque, il y avait un véritable engouement pour la nature, l'art et les natures mortes florales. Les bulbes de tulipes devinrent rapidement un symbole de richesse et source de spéculation. De nos jours, la tulipe représente encore la première exportation de bulbes des Pays-Bas. **De Keukenhof** *est un magnifique parc floral qui se trouve dans les environs de* **Lisse**, *en Hollande-Méridionale, connus pour leurs* **bollenvelden**, champs de bulbes en fleurs. *Au XVe siècle, c'était un domaine appartenant au château de Jacqueline de Bavière, où l'on cultivait des herbes pour les cuisines du château. Au fil du temps, le domaine devint un parc et en 1949 une exposition de fleurs y fut organisée pour la première fois. Par la suite, cette exposition est devenue un événement annuel attirant des visiteurs du monde entier et en avril/mai il y a souvent des embouteillages autour du* **Keukenhof**. *À part ses expositions florales et ses millions de bulbes en fleurs, il y a dans le parc de nombreuses sculptures.*

Deuxième vague : 25e leçon

Soixante-quinzième leçon 75

Un type étrange

1 – Hé, vous avez vu ce type bizarre là-bas ?
2 – Tu veux dire là, plus loin dans le champ ?
3 – Exactement ! Vous avez vu comment il s'est habillé ?

▸ **aangekleed**, *je suis habillé/e*. C'est aussi le cas pour **(zich) kleden**, *(s')habiller*, d'un registre plus formel.

75 **4** Hij heeft een ge**streep**te short **aan**gedaan en een **o**verhemd ②, met daarover**heen** een vest.

5 En dan die **strooi**en hoed! **Vre**selijk!

6 – Hij heeft zelfs een **strop**das omge**daan**: dat ont**brak** er nog maar aan ③!

7 Be**la**chelijk! Het is echt geen ge**zicht**!

8 – Het lijkt wel of hij ver**ge**ten heeft zijn py**ja**ma eerst uit te doen ④!

9 En zie ik het nu goed? Heeft hij **laar**zen ⑤ aan?

10 – Wat een **le**lijke combi**na**tie!

11 – Zeg dat wel!

12 En dan die **zwar**te **hand**schoenen er**bij**!

13 Iets **la**ter, als **moe**der de **dro**ge was van de lijn wil **ha**len ⑥:

14 – Heeft **ie**mand mijn **zij**den sjaal ge**zien**?

15 En **Lie**ke's **nieu**we vest, dat had ik toch ook ge**was**sen?

16 En Riks short is ook weg!

Notes

② **het overhemd**, littéralement "le sur-maillot", désigne *la chemise(tte)*, que l'on porte par-dessus **het hemd**, *le maillot de corps*. C'est bien raisonné, non ?

③ **ontbrak** est le prétérit singulier du verbe fort **ontbreken**, *manquer, faire défaut*. Remarquez le changement de voyelle **e/a** dans le radical. Ce verbe s'utilise avec la préposition fixe **aan**, d'où l'emploi de **er**.

④ **uitdoen**, *enlever un vêtement*, est le contraire de **aandoen**. Vous ne serez donc pas étonné d'apprendre que le contraire ▸

4 Il a mis un short à rayures *(rayé)* et [une] chemise, avec un gilet *(y)* par-dessus.
5 Et puis ce chapeau de paille ! Quelle horreur !
6 – Il a même mis une cravate : il ne manquait plus que ça !
7 Ridicule ! C'est vraiment affreux à voir *(pas visage)* !
8 – On dirait qu'il a oublié d'enlever *(d'abord)* son pyjama !
9 Et qu'est-ce que je vois *(Et vois je le maintenant bien)* ? Est-ce qu'il porte des bottes ?
10 – Comme c'est laid *(Quelle laide combinaison)* !
11 – Ça, on peut le dire !
12 Et puis ces gants *(main-chaussures)* noirs avec !
13 Un peu plus tard, lorsque la mère veut enlever le linge sec de la corde à linge *(fil)* :
14 – Quelqu'un a vu mon foulard en soie ?
15 Et le nouveau gilet de Lieke, je l'avais pourtant aussi lavé ?
16 Et le short de Rik a disparu *(parti)* aussi !

▸ de **(zich) aankleden**, *(s')habiller*, est… **(zich) uitkleden**, *(se) déshabiller*. C'est logique, non ?

⑤ **de laars**, *la botte*. Lorsque le nom se termine au singulier par **-s** après une voyelle double, le **s** se transforme en règle générale en **z** au pluriel : **een roos**, *une rose*, **twee rozen**, *deux roses*.

⑥ Dans une subordonnée, quand le verbe conjugué est un verbe de modalité, il ne se place pas à la fin de la phrase mais juste devant l'infinitif.

17 Al**leen** zijn **on**dergoed hangt er ⑦ nog!
18 Wat is hier ge**beurd**?
19 – Mam, **vol**gens mij heeft die **vreem**de vent daar op het land **Lie**ke d'r vest aan!
20 – Maar dat is een **vo**gelverschrikker ⑧!
21 Nou breekt m'n klomp! □

Notes

⑦ **het ondergoed**, *les sous-vêtements*, est un singulier, d'où l'accord au singulier du verbe **er hangt**.

⑧ La terminaison masculine **-er** indique la personne qui fait l'action : **verschrikken**, *effrayer* → **de vogelverschrikker**, ▸

***

Oefening 1 – Vertaal

❶ Hij ziet er belachelijk uit met dat vest en dat gestreepte overhemd. ❷ En dan die zijden handschoenen niet te vergeten! Het is geen gezicht. ❸ Het lijkt wel of hij nog nooit een stropdas heeft omgedaan! ❹ Ze gaat overmorgen naar de kapper want haar haar is te lang. ❺ Het ontbrak hem nooit aan geld.

Oefening 2 – Vul in

❶ Je trouve ce pull-over bleu plus beau que celui que tu portais hier.
Ik vind deze blauwe trui . . . . die je gisteren . . . .

❷ Des fleurs aussi exotiques, on n'en trouve qu'à l'étranger.
Zulke . . . . vind je alleen . . . .

❸ Vendredi, nous nous rendrons aux dunes en tram.
We gaan vrijdag . . . . de duinen.

17 Seuls ses sous-vêtements sont encore là !
18 Que s'est-il passé ici ?
19 – Maman, à mon avis, ce type étrange là-bas dans le champ porte le gilet de Lieke !
20 – Mais c'est un épouvantail !
21 Ben alors, les bras m'en tombent *(casse mon sabot)* !

▸ *l'épouvantail* ("celui qui effraie les oiseaux") ; **fietsen**, *faire du vélo*, **de fietser**, *le cycliste* ; **kappen**, *coiffer*, **de kapper**, *le coiffeur* ; **opscheppen**, *se vanter*, **de opschepper**, *le vantard.*

***

Corrigé de l'exercice 1

❶ Il a l'air ridicule avec ce gilet et cette chemise à rayures. ❷ Et puis n'oublions pas ces gants en soie ! C'est affreux *(à voir)*. ❸ On dirait qu'il n'a encore jamais mis une cravate ! ❹ Après-demain, elle va chez le coiffeur car ses cheveux sont trop longs. ❺ Il ne manqua jamais d'argent.

❹ Tu ferais mieux de mettre des bottes, car il va peut-être pleuvoir.
Je kunt . . . . . laarzen . . . . , want . . . . gaan regenen.

❺ Il ne manquait plus que ça !
Dat . . . . nog maar . . . !

Corrigé de l'exercice 2

❶ – mooier dan – aan had ❷ – exotische bloemen – in het buitenland ❸ – met de tram naar – ❹ – beter – aandoen – het zou misschien – ❺ – ontbrak er – aan

76 *Le néerlandais connaît un grand nombre de mots d'emprunt, notamment à l'anglais, surtout dans le domaine technique et commercial, par exemple* **e-mail** *et* **parttime**. *Dans le domaine vestimentaire, notez déjà* **de short**, **het T-shirt**, *et* **de slip**. *Le nombre de mots empruntés au français, principalement du* XIVe *au* XVIIIe *siècle, est également très élevé, et pour des francophones ils sont facilement reconnaissables. Vous en avez déjà rencontré, par exemple* **auteur**, **automobiel**, **beige**, **diner**, **kostuum**, **logeren** *ou encore* **pedaal**, **surprise** *ou* **paraplu**. *Pour certains l'orthographe a été adaptée, mais le sens est resté le même ; pour d'autres il y a eu glissement de sens, d'où l'existence de faux amis comme* **raar**, bizarre, **de bloes**, la chemise/le chemisier, **de etalage**, la vitrine, **het horloge**, la montre, **de karbonade**, la côtelette, **het perron**, le quai, *ou encore* **het vest**, le gilet.

76 Zesenzeventigste les

Een onaangename ① verrassing

1 – Heb je al ge**hoord** wat **Ju**lia en Daan **vo**rig **week**end is **o**verkomen?

2 – Ik heb geen i**dee**. Ver**tel** eens!

3 – Nou, je weet dat ze een **reis**je naar **Ita**lië **had**den ge**pland**?

4 – Nee, maar dat doet er niet toe.

5 – Ze **had**den een goed**koop** apparte**ment** gereser**veerd**, waar ze om twaalf uur 's nachts **aan**kwamen ②.

Notes

① Rappelez-vous que le préfixe **on-** a une valeur négative : **aangenaam**, *agréable* ; **onaangenaam**, *désagréable*.

② **aankwamen** est le prétérit pluriel de **aankomen**, *arriver*. Il suffit de connaître le prétérit et le participe passé du verbe de ▸

Deuxième vague : 26e leçon

Soixante-seizième leçon 76

Une surprise désagréable

1 – As-tu déjà appris *(entendu)* ce qui est arrivé à Julia et Daan le week-end dernier ?
2 – Je n'en ai aucune idée. Raconte !
3 – Bon, tu sais qu'ils avaient prévu un voyage en Italie ?
4 – Non, mais cela n'a pas d'importance.
5 – Ils avaient réservé un appartement bon marché, où ils arrivèrent à minuit.

Prononciation
*3 … χ**epLènt** 5 … aparte**me-nt** …*

▸ base (**komen**, *venir*, **kwam/kwamen**, **gekomen**) pour pouvoir conjuguer les verbes dérivés comme **aankomen**, *arriver*, **binnenkomen**, *entrer*, **langskomen**, *passer*, ou **thuiskomen**, *rentrer*.

6 Bij de re**cep**tie **wer**den ze ont**van**gen door een **da**me, die een heel ver**haal** in het Itali**aans** be**gon**, waar ze niets van be**gre**pen.

7 – Ik dacht dat Daan Itali**aans** sprak.

8 – Ja, hij heeft Itali**aans** ge**leerd** toen hij jong was,

9 maar hij is **bij**na **al**les ver**ge**ten!

10 **Kor**tom, **voor**dat ze haar **kon**den **vra**gen **lang**zamer te **pra**ten, kwam er een man op ze af ③.

11 Druk **pra**tend ④ **pak**te hij hun **kof**fers.

12 Ter**wijl** ze **bo**ven de deur **o**pendeden ⑤, zei hij nog iets wat ze niet **kon**den ver**staan** ⑥.

13 **Een**maal in het apparte**ment**, **wil**de **Ju**lia nog **e**ven **dou**chen.

14 In de **bad**kamer vond ze toen naast de **hand**doeken, een **tu**be **tand**pasta, een kam, en zelfs een paar **kou**sen.

15 – Wat een **ser**vice!

16 – Wacht **e**ven, het is nog niet **af**gelopen ⑦.

***14** … **Ha-n**douke^n … **ta-n**passta: … **15** … **sùr**v'ess*

Notes

③ **afkomen op**, *s'avancer vers*. **Er** s'emploie quand le sujet est indéfini : **er kwam een man op ze af**, *un homme s'avança vers eux*, mais **de man kwam op ze af**, *l'homme s'avança vers eux*.

④ Le participe présent se forme en ajoutant un **-d** à l'infinitif : **pratend**, *parlant*. On s'en sert moins qu'en français, car on préfère souvent une subordonnée introduite par **terwijl**, *pendant que*, *alors que*, comme dans la phrase 12, ou **toen**, *quand*, *lorsque*, comme dans la phrase 17. N'oubliez pas que **toen** s'utilise uniquement avec les temps du passé. ▸

6 À la réception, ils furent reçus par une dame qui commença toute une histoire en italien, dont ils ne comprirent rien.
7 – Je croyais que Daan parlait italien.
8 – Oui, il a appris l'italien quand il était jeune,
9 mais il a presque tout oublié !
10 Bref. Avant qu'ils aient pu lui demander de parler plus lentement, un homme s'avança vers eux.
11 Il prit leurs valises en parlant avec agitation *(agité)*.
12 Et à l'étage *(en haut)*, en ouvrant la porte de l'appartement, il dit encore quelque chose qu'ils n'ont pas pu *(pouvaient)* comprendre.
13 Une fois dans l'appartement, Julia a voulu prendre une douche.
14 Dans la salle de bains, elle a alors trouvé, à côté des serviettes, un tube de dentifrice, un peigne, et même une paire de bas.
15 – Quel service !
16 – Attends un peu, ce n'est pas encore fini.

Remarque de prononciation
10 L'accent tonique de **kortom** est variable.

⑤ **opendoen**, *ouvrir*, se conjugue au prétérit et au passé composé comme **doen**, *faire* : **deed/deden**, **gedaan**.

⑥ **verstaan**, *comprendre*, s'emploie, entre autres, pour une langue : **ik versta geen Italiaans**, *je ne comprends pas l'italien*. Cet emploi est très proche de **begrijpen**, *comprendre*, *saisir*. En néerlandais, les langues s'écrivent avec une majuscule.

⑦ Les formes du prétérit et du participe passé de **aflopen**, *se terminer*, *expirer*, sont identiques à celles de **lopen**, *marcher* : **liep/liepen, gelopen**. Il suffit d'y ajouter la particule.

17 Toen ze de deur van de **slaap**kamer **o**pendeden, **hoor**den ze iets vreemds
18 en **za**gen ze **plot**seling **ie**mand **on**der de **de**kens **lig**gen.
19 – Wat?
20 – Nou, het apparte**ment** bleek ⑧ ook aan **ie**mand **an**ders ver**huurd** te zijn,
21 en ze **heb**ben die nacht op de **slaap**bank **door**gebracht ⑨! □

***18** … **dé:**kess …*

Notes

⑧ C'est le prétérit du verbe **blijken**, *s'avérer, se trouver*. Le participe passé peut se placer avant ou après **te** + infinitif : **de kamer bleek verhuurd te zijn/te zijn verhuurd**.

⑨ **doorbrengen**, *passer*, s'utilise en général avec une notion de temps : **zijn tijd doorbrengen**, *passer son temps*, **de nacht doorbrengen**, *passer la nuit.*

***

Oefening 1 – Vertaal

❶ Bel me even op als je in Italië aankomt! ❷ Voordat hij zijn sleutel vond, had zij de deur al opengedaan. ❸ Ik begrijp niets van haar verhaal. ❹ Zit alles in je koffer? ❺ Handdoeken, tandpasta en een kam... ja, ik geloof dat alles erin zit.

17 En ouvrant la porte de la chambre, ils entendirent quelque chose d'étrange

18 et ils virent soudain quelqu'un couché sous les couvertures.

19 – Quoi ?

20 – Eh bien, il s'est avéré que l'appartement était aussi loué à quelqu'un d'autre,

21 et ils ont passé la nuit sur le canapé-lit !

***

Corrigé de l'exercice 1

❶ Téléphone-moi quand tu arriveras en Italie ! ❷ Avant qu'il [ne] trouve sa clé, elle avait déjà ouvert la porte. ❸ Je ne comprends rien à son histoire. ❹ Est-ce que tout est dans ta valise ? ❺ Des serviettes, du dentifrice et un peigne… oui, je crois que tout y est.

Oefening 2 – Vul in

❶ Je ne vous comprends pas. Pouvez-vous parler un peu plus lentement ?
Ik . . . . . . u niet. Kunt u iets . . . . ?

❷ Pourquoi est-ce que tu ne loues pas ta chambre à quelqu'un d'autre ?
Waarom . . . . je kamer niet . . . . ?

❸ Alors qu'elle enlevait le linge de la corde, on sonna [à la porte].
. . . . ze de was van de lijn . . . . . . , werd er gebeld.

77 Zevenenzeventigste les

Herhaling – Révision

1 Le plus-que-parfait

• Le plus-que-parfait est un temps composé de l'auxiliaire **hebben** ou **zijn** conjugué au prétérit et d'un participe passé : **Ze hadden een reisje naar Italië gepland**, *Ils avaient prévu un voyage en Italie.*
Le participe passé se trouve en règle générale à la fin de la phrase. Les phrases comportant des compléments commençant par une préposition échappent quelquefois à cette règle ; elles sont perçues comme plus légères :
Ze hadden een reisje gepland naar Italië, *Ils avaient prévu un voyage en Italie.*
Hij was gekleed in een blauw pak, *Il était habillé d'un costume bleu.*

• L'auxiliaire **hebben** est le plus courant et s'emploie avec presque tous les verbes, ainsi qu'avec les verbes de mouvement si l'on met

❹ Si tu es malade, tu ferais mieux de rester sous les couvertures.
Als je ...., kun je beter .... blijven liggen.

❺ Il n'ose pas prévoir un voyage en Angleterre, parce qu'il ne parle pas anglais.
Hij .... reis naar Engeland .. plannen, omdat hij ....

Corrigé de l'exercice 2

❶ – versta – langzamer praten ❷ – verhuur je – aan iemand anders ❸ Terwijl – haalde – ❹ – ziek bent – onder de dekens – ❺ – durft geen – te – geen Engels spreekt

Deuxième vague : 27e leçon

Soixante-dix-septième leçon 77

l'accent sur la façon de se mouvoir. Pour ces mêmes verbes, on utilise l'auxiliaire **zijn** dès qu'on indique un changement de lieu et qu'on exprime la destination. **Zijn** s'utilise aussi dans le cas où le verbe indique un changement d'état du sujet de la phrase, par exemple avec les verbes **beginnen**, *commencer*, **trouwen**, *se marier*, **vallen**, *tomber*, **vertrekken**, *partir*, **worden**, *devenir*, ou **zakken** *échouer*. Il s'emploie aussi avec les verbes suivants qui n'ont pas de complément direct : **blijken** *s'avérer*, *se trouver*, **blijven** *rester*, **gaan** *aller*, **gebeuren** *se passer*, **komen** *venir*, **slagen** *réussir*, et **zijn** *être*.

• Le plus-que-parfait permet d'exprimer l'antériorité par rapport à un fait dans le passé :

Zodra ik had gehoord/gehoord had dat ik geslaagd was/was geslaagd, heb ik meteen de vlag uitgehangen, *Dès que j'ai eu appris que j'étais reçu/e, j'ai tout de suite hissé le drapeau.*

Verder had ik een onvoldoende voor geschiedenis, want daar had ik te weinig aan gedaan , *Et puis, j'ai eu une note insuffisante en histoire, car j'y avais consacré trop peu de temps.*

77 • Après **nadat**, *après que*, le plus-que-parfait est obligatoire : **Je vergeet dat je eerst vijf kilo was aangekomen/aangekomen was, nadat je was gestopt/gestopt was met roken!**, *Tu oublies que tu as d'abord pris cinq kilos, après avoir arrêté de fumer !*

2 Les verbes forts et irréguliers

Leur radical se modifie au prétérit et aux temps composés.
• Les verbes forts se caractérisent par des changements de voyelle dans le radical ; le participe passé se termine par **-en**. Nous vous donnons une liste récapitulative en annexes mais voici quelques astuces pour faciliter votre apprentissage :

Infinitif	Prétérit	Participe passé
ij *[èy]* **begrijpen**	**e/ee** *[é:]* **begreep/begrepen**	**begrepen**
ui *[œy]* **besluiten**	**o/oo** *[o/o:]* **besloot/besloten**	**o** *[o:]* **besloten**
i *[ĭ]* **beginnen**	**o** *[o]* **begon/begonnen**	**begonnen**
i *[ĭ]* **zitten**	**a** *[a/a:]* **zat/zaten**	**e** *[é:]* **gezeten**
e *[é:]* **ontbreken**	**a** *[a/a:]* **ontbrak/ontbraken**	**o** *[o:]* **ontbroken**
e *[é:]* **geven**	**a** *[a/a:]* **gaf/gaven**	**e** *[é:]* **gegeven**

• Les verbes irréguliers se caractérisent par des changements de voyelle et/ou de consonne encore plus importants. Le participe passé se termine soit en **-en**, soit en **-t** ou **-d**. La règle est la même que pour les verbes réguliers : souvenez-vous de "**K**ung **F**u **p**rend **s**on **t**hé **ch**aud" (on ajoute **-t** lorsque le radical se termine par **-t**, **-k**, **-f**, **-s**, **-ch** ou **-p**, dans les autres cas on ajoute **-d**). Mais à l'oral, on entend *[t]* dans les deux cas.
Vous trouverez en annexes une liste récapitulative.

3 Le verbe *zullen*

• Conjugaison au présent : **ik/je/u/hij/ze/het zal** et **we/jullie/ze zullen**. Il existe également une forme en **-u** utilisée exclusivement à la 2e personne du singulier : **je zult/zul je, u zult**.

• Dans un langage plus formel uniquement, **zullen** exprime essentiellement le futur (proche) :
We zullen ons best doen om deze zaak zo gauw mogelijk op te helderen, *Nous ferons de notre mieux pour élucider au plus vite cette affaire.*
Ik zal meteen maar met de deur in huis vallen, *Je vous explique tout de suite.*

Zullen permet aussi de formuler :
• une proposition (dans une phrase interrogative, et uniquement avec les pronoms **ik** et **we/wij**) :
Zullen we naar de uitverkoop gaan?, *Et si nous faisions les soldes ?*
Zullen we de gids bestellen?, *Et si nous commandions le guide ?*
Zullen we gaan?, *On y va ?*
Zal ik eerst Gijs thuisbrengen?, *Et si je ramenais d'abord Gijs ?*
• une probabilité (accompagné de l'adverbe **wel**) :
Dat zal wel vloeken bij haar jas, *Ça doit jurer avec son manteau.*
Hij zal er over een paar minuten wel zijn, *Il sera certainement là dans quelques minutes.*
Morgen zal het wel koud zijn, *Demain il doit faire froid.*
• une volonté puissante, une nécessité :
Gij zult moeten zeilen tot in de eeuwigheid, *Tu navigueras pour l'éternité !*

Les formes au prétérit – **zou** au sing. et **zouden** au pl. – servent à :
• construire le conditionnel :
Je zou maar één strafpunt moeten rekenen!, *Tu devrais compter un point de pénalisation seulement !*
Dat zou ik niet zo gauw weten, *Je ne saurais te le dire.*
• exprimer un conseil, que l'on peut paraphraser en français par "si j'étais toi, je ferais telle ou telle chose" :
Ik zou dat mantelpakje aantrekken, *Si j'étais toi, je mettrais ce tailleur.*
• exprimer une possibilité (accompagnées de **best**) :
Dat zou best kunnen, *Ça se pourrait bien.*
Je zou er me best één kunnen geven, *Tu pourrais bien m'en offrir une.*
• exprimer une promesse ou une prévision faite dans le passé :
Vanavond zouden Guus en Emma toch een borreltje komen drinken?, *Ce soir, Guus et Emma viennent bien prendre l'apéro, n'est-ce pas ?*

77 **Overmorgen zou het misschien gaan regenen**, *Après-demain, il va peut-être pleuvoir.*

4 Les autres verbes de modalité

Vous les utilisez maintenant couramment.

• **kunnen**, *pouvoir, être possible, savoir, être capable de*, exprime une possibilité ou une capacité :
Dat kan wel, *C'est possible.* – **Dat kan niet**, *Ce n'est pas possible.*
Dat had wel wat beter gekund, *Cela aurait pu être un peu mieux.*
Die bijen konden breien, *Ces abeilles savaient tricoter.*
Kun je autorijden?, *Sais-tu conduire ?*

• **mogen**, *pouvoir, être autorisé/e à, avoir le droit de*, exprime une permission, une autorisation :
Mag ik bestellen?, *Puis-je commander ?*
Mag ik hier roken?, *Est-ce que je peux fumer ici ?*
Mag Bertien vanmiddag bij ons komen spelen?, *Est-ce que Bertien pourra venir jouer chez nous cette après-midi ?*
Dat mag, *Oui (d'accord, c'est possible).*

• **hoeven**, *avoir besoin*, + **niet** exprime que ce n'est pas la peine de faire telle ou telle chose, que ce n'est plus nécessaire :
U hoeft niet meer te komen, *Vous n'avez plus besoin de venir.*
De WC hoeft niet meer te worden schoongemaakt, *Ce n'est pas la peine de nettoyer les toilettes.*
Wil je een kop koffie? Nee, ik hoef geen koffie, *Veux-tu une tasse de café ? Non, ce n'est pas la peine (j'ai pas besoin de café).*
Dat had niet gehoeven, *Ce n'était pas la peine.*
Employez **nodig hebben** si vous avez besoin de quelque chose :
Ik heb nieuwe kleren nodig, *J'ai besoin de vêtements neufs.*
Heb je iets uit de supermarkt nodig?, *As-tu besoin de quelque chose au supermarché ?*

• **moeten**, *devoir, être nécessaire, être obligé/e de*, exprime une obligation, une nécessité, un devoir :
Maar het zal wel moeten, *Mais je serai bien obligé/e.*

Dus moest ik eerst naar de dokter, *Donc j'ai dû d'abord passer chez le médecin.*
Ik moet naar de apotheek, *Je dois me rendre à la pharmacie.*

• **willen**, *vouloir*, exprime un souhait, un désir, une volonté :
Wil je naar de film?, *Veux-tu aller au cinéma ?*
Ik had nog even naar de bakker gewild, *J'aurais voulu faire un saut chez le boulanger.*
Ik wil zo graag een hond!, *J'aimerais tellement avoir un chien !*
Maar mijn ouders wilden dat ik arts zou worden, *Mais mes parents voulaient que je devienne médecin.*
Pour faire une demande polie, **graag willen** au présent suffit amplement. Si vous voulez rendre votre demande vraiment très polie, utilisez le conditionnel.
Ik wil graag een gesneden wit, *Je voudrais un pain de mie tranché.*
Zou u alles in een tasje kunnen doen, alstublieft?, *Pourriez-vous me mettre le tout dans un sac, s'il vous plaît ?*

Récapitulons ici le prétérit et le participe passé des verbes de modalité :

Infinitif	*Prétérit sing./pl.*	*Participe passé*
hoeven	**hoefde/hoefden**	**gehoeven**
kunnen	**kon/konden**	**gekund**
mogen	**mocht/mochten**	**gemogen**
moeten	**moest/moesten**	**gemoeten**
willen	**wil/wilden**	**gewild**
	wou/wouden	-

Notez que **wou/wouden** est plus utilisé en langage parlé.

5 Exprimer la possession

• Nous allons récapituler aujourd'hui les formes du pronom possessif :

de/het mijne	*le mien, la mienne, les mien(ne)s*
de/het jouwe	*le tien, la tienne, les tien(ne)s*
de/het uwe	*le, la, les vôtre(s)*
de/het zijne	*le sien, la sienne, les sien(ne)s (à lui)*
de/het hare	*le sien, la sienne, les sien(ne)s (à elle)*

de/het onze *le, la, les nôtre(s)*

-[1]

de/het hunne *le, la, les leur(s)*

[1] Avec **jullie**, l'appartenance ne peut s'exprimer qu'avec un pronom démonstratif du type **die/dat van jullie**.
N'oubliez pas qu'en néerlandais, on dit aussi de façon tout à fait correcte : **die/dat van mij**, **die/dat van jou**, **die/dat van u**, **die/dat van hem**, **die/dat van haar**, etc.

• Le complément du nom est introduit par la préposition **van**, *de* : **de auto van mijn vader**, *la voiture de mon père*, **de fiets van Emma**, *le vélo d'Emma*.
En langage parlé, on utilise souvent une construction avec la forme non accentuée de l'adjectif possessif :
het nieuwe huis van Mieke, *la nouvelle maison de Mieke* → **Mieke d'r nieuwe huis**

Herhalingsdialoog

1 – Hebben jullie al gehoord wat me afgelopen weekend is overkomen?
2 – Nee, we hebben geen idee. Maar we zijn er benieuwd naar.
3 – Nou, ik had besloten om naar de tulpenvelden te gaan vanwege het zachte weer.
4 Terwijl ik liep, zag ik een eind verderop een vreemde vent liggen.
5 Ik vroeg me af wat er aan de hand was en ben er naartoe gelopen.
6 Zodra ik dichterbij kwam, zag ik dat hij in zijn pyjama op een handdoek lag.
7 Hij had zelfs een strooien hoed op zijn hoofd!
8 Hij zag er zo raar uit dat ik dacht dat de man ziek was.

de oude jas van de dokter, *le vieux manteau du docteur* → **de dokter z'n oude jas**.
Mais attention, cette construction ne peut être utilisée qu'avec un nom propre ou un nom commun défini (c'est-à-dire précédé d'un article défini ou d'un adjectif possessif ou démonstratif).

• On trouve aussi **(')s** après un nom propre ou un terme de parenté pour indiquer la possession.
– Après les voyelles longues **a**, **i**, **o**, et **y**, on ajoute une apostrophe devant le **s**, pour garder une prononciation longue de la voyelle : **Hanna's zus**, *la sœur de Hanna*.
– Après un **s** ou un **x**, on ajoute uniquement une apostrophe : **Rubens' schilderijen**, *les tableaux de Rubens*, **Max' vest**, *le gilet de Max*.
– Dans les autres cas, on ajoute un **-s** : **Wouters huis**, *la maison de Wouter*, **mijn vaders fiets**, *le vélo de mon père*, **je tantes sjaal**, *l'écharpe de ta tante*.

9 Ik heb meteen de dokter gebeld!
10 – Ja, natuurlijk!
11 – Toen de dokter was aangekomen, bleek de man een omgewaaide vogelverschrikker te zijn!
12 – Dat meen je niet!

Traduction

1 Avez-vous déjà entendu ce qui m'est arrivé le week-end dernier ? **2** Non, nous n'en avons aucune idée. Mais nous sommes curieux de le savoir. **3** Bon, j'avais décidé d'aller [voir] les champs de tulipes puisqu'il faisait doux *(en raison du temps doux)*. **4** En marchant, j'ai vu au loin un type étrange couché [sur le sol]. **5** Je me demandais ce qui se passait et je suis allé [voir]. **6** En m'approchant, j'ai vu qu'il était étendu en pyjama sur une serviette. **7** Il avait même un chapeau de paille sur la *(sa)* tête ! **8** Il avait l'air si bizarre que je pensais qu'il *(l'homme)* était malade. **9** J'ai tout de suite appelé le médecin ! **10** Oui, bien sûr ! **11** Quand le médecin est arrivé, il s'est avéré que l'homme était un épouvantail soufflé par le vent ! **12** Tu plaisantes ?!

 Oefening – Vertaal

❶ Ze vroeg of ze wat later thuis mocht komen. ❷ Emma's broer kon al schaatsen toen hij heel klein was. ❸ Dat had niet gehoeven! ❹ Dat had ik zelf kunnen doen! ❺ Toen ik klein was, wilde ik bakker worden.

78 Achtenzeventigste les

De sollicitatiebrief

1 Amster**dam**, 2 a**pril**

2 Gea**ch**te heer ① Kroon ②,

3 Naar **aan**leiding van uw adver**ten**tie in de **Volks**krant van 1 a**pril**,

4 sollici**teer** ik **hier**bij naar ③ de **func**tie van **tan**dartsassistente ④.

5 Mijn naam is Ca**ri**na Kaak ②

6 en ik denk dat ik de **jon**ge, **blon**de, **knap**pe ⑤ **da**me ben die u zoekt.

Notes

① **heer**, *Monsieur*, est utilisé comme titre. Dans les autres cas, on utilise **meneer**, perçu comme moins formel et parfois écrit **mijnheer**. *Madame*, **mevrouw**, est employé dans tous les cas. Pour s'adresser à un public : **Dames en heren…**, *Mesdames et messieurs…*

② Les noms propres **Kroon**, *couronne*, et **Kaak**, *mâchoire*, sont un petit jeu de mots par rapport au métier de **tandarts**, *dentiste*.

③ La préposition dépend du complément : **solliciteren naar een functie**, *postuler (à) un emploi, prétendre à la fonction*, ▸

Corrigé de l'exercice

❶ Elle a demandé si elle pouvait rentrer un peu plus tard. ❷ Le frère d'Emma savait patiner tout petit déjà. ❸ Ce n'était pas la peine ! ❹ J'aurais pu le faire moi-même ! ❺ Quand j'étais petit, je voulais devenir boulanger.

Deuxième vague : 28e leçon

Soixante-dix-huitième leçon 78

La lettre de candidature

1 Amsterdam, [le] 2 avril

2 *(Estimé)* Monsieur *(Kroon)*,

3 Suite à *(Vers occasion de)* votre annonce dans le Volkskrant *(journal du peuple)* du 1er avril,

4 je postule par la présente *(vers)* au poste d'assistante dentaire.

5 Mon nom est Carina Kaak

6 et je pense que je suis la jeune femme blonde et maligne que vous cherchez.

▸ **solliciteren op een vacature**, *postuler un poste vacant*, **solliciteren bij een bedrijf**, *postuler auprès d'une entreprise.*

④ Le suffixe **-e** indique le féminin pour les noms d'origine étrangère, avec l'accent tonique sur la dernière syllabe : **de assistent**, *l'assistant* / **de assistente**, *l'assistante* ; **de architecte**, *l'architecte* (f.) ; **de studente**, *l'étudiante* ; **de kampioene**, *la championne* ; **de componiste**, *la compositrice* ; **de agente**, *l'agent* (f.) etc.

⑤ **knap**, *joli/e, beau/belle*, mais aussi *malin/maligne, intelligent/e.*

7 Ik ben ge**bo**ren in ⑥ 1978 ⑦ en men zegt dat ik erg intelli**gent** ben.

8 Hoe**wel** ik geen er**va**ring heb, spreekt **de**ze **func**tie me om di**ver**se **re**denen aan ⑧.

9 Ten **eer**ste sluit hij pre**cies** aan bij mijn **op**leiding.

10 Ten **twee**de ben ik ge**wend** hard te **wer**ken, om**dat** ik de **oud**ste in een ge**zin** van zes ben.

11 Ik hoop daar**om** snel **uit**genodigd te **wor**den voor een ge**sprek**.

12 **Hoog**achtend,

13 Ca**ri**na Kaak □

Notes

⑥ La préposition change en fonction du complément : **in** + année/mois/lieu ; **op** + date. Dans un registre formel, on trouve aussi **geboren te**, *né à* + lieu. Notez aussi **mijn geboortedatum is 1 april 1980**, *ma date de naissance est le 1er avril 1980.*

⑦ L'année 1978 se prononce habituellement *[né:χe-nti-:n aχtènz'é:v'e-nteχ]*, litt. “dix-neuf soixante-dix-huit”. Jusqu'à 2000, les années se coupent en deux à l'oral, mais on peut aussi insérer **honderd**, *cent*, et dire *[né:χe-nti:-n Ho-ndert aχtènz'é:v'e-nteχ].*

⑧ **aanspreken**, *plaire à, être au goût de*, a aussi le sens de *s'adresser à.*

***

Oefening 1 – Vertaal

❶ Ik kwam te laat op mijn werk, vanwege een omgewaaide boom op de weg. ❷ Men zegt dat die blonde studente heel intelligent is. ❸ Waarom wil je graag bij een tandarts werken? Dat lijkt me vreselijk! ❹ Waarom nodig je haar uit voor je verjaardag? ❺ Dames en heren, vandaag ga ik u iets vertellen over de Waddeneilanden.

7 Je suis née en 1978 et on dit que je suis très intelligente.
8 Bien que je n'aie pas d'expérience, cette fonction me plaît pour diverses raisons.
9 Premièrement, elle correspond exactement à ma formation.
10 Deuxièmement, je suis habituée à travailler dur, parce que je suis l'aînée d'une famille de six [enfants].
11 C'est pour cela que j'espère être rapidement convoquée *(invité)* pour un entretien.
12 Veuillez agréer, Monsieur, mes sentiments distingués *(Estimant)*,
13 Carina Kaak

***

Corrigé de l'exercice 1

❶ Je suis arrivé en retard au travail à cause d'un arbre arraché par le vent [qui bloquait] la route. ❷ On dit que cette étudiante blonde est très intelligente. ❸ Pourquoi veux-tu *(volontiers)* travailler chez un dentiste ? Ça me paraît horrible ! ❹ Pourquoi l'invites-tu à ton anniversaire ? ❺ Mesdames, messieurs, aujourd'hui je vais vous parler *(raconter quelque chose)* des îles des Wadden.

Oefening 2 – Vul in

❶ Suite à votre lettre de candidature, je voudrais vous convoquer à un entretien.
. . . . uw sollicitatiebrief, zou ik u graag . . . . voor een . . . .

❷ Il est né le 3 avril à Rotterdam.
Hij is . . . . 3 april, . . Rotterdam.

❸ Cet emploi comme paysagiste n'est pas du tout à son goût.
Die baan . . . tuinarchitecte . . . . haar . . . . niet . . . .

❹ Le travail ne correspond pas à sa formation.
Het werk . . . . . niet . . . . . . haar opleiding.

❺ Puis-je me présenter : je suis la nouvelle assistante de monsieur Kroon.
. . . ik me even . . . . : ik ben . . . . van . . . . . . Kroon.

79 Negenenzeventigste les

Op het postkantoor ①

1 – Goede**mid**dag, kan ik u **hel**pen?
2 – Ik ben ver**huisd** ② en ik wil graag een ver**huis**bericht ver**stu**ren.

Notes

① Autres mots composés qui se forment avec **post** : **posten**, *poster* ; **de postcode**, *le code postal* ; **het postpapier**, *le papier à lettres* ; **de postorder**, *la commande par la poste* ; **het postadres**, *l'adresse postale.* ▸

Corrigé de l'exercice 2

❶ Naar aanleiding van – uitnodigen – gesprek ❷ – geboren op – in – ❸ – als – spreekt – helemaal – aan ❹ – sluit – aan bij – ❺ Mag – voorstellen – de nieuwe assistente – meneer –

Dans une lettre officielle, on se sert en règle générale de la formule d'introduction **Geachte heer (...) / mevrouw (...)**, (Chère) Madame / (Cher) Monsieur, *de préférence suivie du nom de famille. Si on ne sait pas si son interlocuteur est un homme ou une femme, on écrit* **Geachte heer, mevrouw**, Madame, Monsieur. *Notez que le terme d'adresse* **(me)juffrouw**, mademoiselle, *n'est pas très courant. La formule finale* **Hoogachtend** *correspond en français à toutes les différentes possibilités du type* Veuillez agréer Madame, Monsieur, *etc. Elle est d'ailleurs régulièrement remplacée par* **Met vriendelijke groet(en)**, Amicalement. *Vous pouvez aussi terminer par* **Hartelijke groeten**, Cordialement *(chaleureusement). Si vous attendez une réponse, vous pouvez préciser* **In afwachting van uw brief/antwoord**, Dans l'attente de vous lire/de votre réponse...

Deuxième vague : 29e leçon

Soixante-dix-neuvième leçon 79

Au bureau de poste

1 – Bonjour, puis-je vous aider ?
2 – J'ai déménagé et je voudrais envoyer un avis de changement d'adresse *(déménage-avis)*.

② **verhuizen**, *déménager*, est régulier ; **ik ben verhuisd**, *j'ai déménagé*. Notez l'emploi de l'auxiliaire **zijn**, *être*, du fait que le verbe indique un changement d'état.

3 – Dat kan, dan mag u dit formu**lier e**ven **in**vullen:
4 hier heeft u een pen.
5 – En dit **pak**je moet **aan**getekend ver**zon**den **wor**den.
6 **Hoe**veel kost dat?
7 – **15 eu**ro.
8 – Dat valt mee ③, ik dacht dat het **duur**der zou zijn!
9 – Wilt u dit pa**pier** dan **e**ven **te**kenen ④?
10 – Ik heb u niet goed ver**staan** ⑤: wat zei u?
11 – Kunt u hier **e**ven uw **hand**tekening **zet**ten?
12 – Na**tuur**lijk! **Hoe**veel is het in het to**taal**?
13 – **15** plus **2**,50: dat is 17,50 bij el**kaar**.
14 – Kan ik **pin**nen ⑥?
15 – Gaat uw gang: u kunt uw pas **door**halen en uw **pin**code ⑥ **in**tikken.
16 Lukt het?
17 – Nee, ziet u niet dat ik aan het **na**denken ben?
18 Ik heb al twee maal de ver**keer**de **co**de **in**getikt! □

Notes

③ Avec **meevallen**, *être mieux que prévu*, on exprime une agréable surprise par rapport à ses attentes. Le contraire est **tegenvallen**, *être pire que prévu, décevoir*.

④ Ici **tekenen**, qui signifie *dessiner*, est synonyme de **ondertekenen**, *signer*.

⑤ **ik versta u niet**, *je ne vous entends pas* ou *je ne vous comprends pas* (*je ne comprends pas votre langue*).

⑥ Le verbe **pinnen**, *payer par carte bancaire* ou *retirer de l'argent au distributeur*, est dérivé de l'acronyme **PIN**, **Persoonlijk Identificatie Nummer**, *numéro personnel d'identification*. ▸

3 – C'est possible, veuillez remplir ce formulaire :
4 voici un stylo.
5 – Et ce colis *(petit paquet)* doit être expédié en recommandé.
6 Combien ça coûte ?
7 – 15 euros.
8 – Ça va, je pensais que ça serait plus cher !
9 – Voulez-vous bien signer ce papier ?
10 – Je ne vous ai pas bien entendu, que disiez-vous ?
11 – Pourriez-vous mettre votre signature ici ?
12 – Bien entendu ! Combien ça fait au total ?
13 – 15 plus 2,50 : ça fait *(c'est)* 17,50 en tout.
14 – Puis-je payer par carte bancaire ?
15 – Allez-y : vous pouvez passer votre carte et taper votre code confidentiel.
16 Vous y arrivez ?
17 – Non, vous ne voyez pas que je suis en train de réfléchir ?
18 J'ai déjà tapé deux fois le mauvais code !

▸ On le retrouve dans **de pincode**, *le code confidentiel*, et **de pinautomaat**, *le distributeur de billets*.

79 **Oefening 1 – Vertaal**

❶ Wilt u dit formulier hier dan even ondertekenen? ❷ Ze is haar pincode vergeten, zodat ze niet kan pinnen. ❸ Wat een dure televisie: dat valt me tegen! ❹ Hij is al uren aan het tekenen. ❺ Wat zegt u? Ik heb u niet goed verstaan.

Oefening 2 – Vul in

❶ Vous y arrivez ? – Non, cet examen est vraiment difficile !
. . . . het? – Nee, dit examen is . . . . !

❷ Il a déménagé trois fois cette année, et il n'a jamais envoyé d'avis de changement d'adresse.
Hij . . drie maal . . . . dit jaar, en hij heeft . . . . . een . . . . verstuurd.

❸ Pourriez-vous expédier cette lettre en recommandé ?
. . . . deze brief . . . . kunnen . . . . ?

❹ Qu'est-ce qu'elle est en train de faire ?
. . . . . ze . . . . . . doen?

❺ N'oublie pas d'apporter [un] stylo et [du] papier !
. . . . niet . . . . mee te nemen!

Corrigé de l'exercice 1

❶ Veuillez signer ce formulaire ici. ❷ Elle a oublié son code confidentiel, si bien qu'elle ne peut pas retirer d'argent/payer par carte. ❸ Qu'elle est chère, cette télévision : c'est plus que prévu ! ❹ Ça fait des heures qu'il est en train de dessiner. ❺ Que dites-vous ? Je ne vous ai pas bien entendu.

Corrigé de l'exercice 2

❶ Lukt – echt moeilijk ❷ – is – verhuisd – nooit – verhuisbericht – ❸ Zou u – aangetekend – verzenden ❹ Wat is – aan het – ❺ Vergeet – pen en papier –

Lorsque vous retirez de l'argent à un distributeur automatique, le message **Voer uw pas in** *signifie* Introduisez votre carte. *Vous pouvez choisir la langue avec* **Kies uw taal**, Choisissez votre langue. *Si vous continuez en néerlandais, il y aura ensuite marqué* **Voer het bedrag in**, Indiquez le montant. *Mais méfiez-vous du message* **ongeldige pincode**, code confidentiel non valable...

Deuxième vague : 30e leçon

80 Tachtigste les

Koninginnedag

1 – Ik ben blij dat we zo vroeg naar de **vrij**markt ① zijn ge**gaan**, zo**dat** niet **al**le **mooi**e **spul**letjes al weg zijn!
2 – Kijk, een **cd** ② met **lied**jes van die **Frie**se ③ zange**res** ④:
3 daar is m'n zus gek op!
4 – En een **goud**viskom, dat is leuk voor je **klein**dochter!
5 – O, en dat ko**nij**nenhok daar, dat is echt iets voor m'n **klein**zoon!
6 – En zie je die lamp uit de **ja**ren **zes**tig staan: dat schijnt weer **he**lemaal ín te zijn.
7 – Waar zie je die staan?
8 – Daar **ach**ter die **ra**dio.
9 – O ja, nu zie ik 'm! Zou die het nog doen, denk je?
10 Ze ver**ko**pen toch ook de **gek**ste **ding**en op zo'n dag, hè!

Prononciation

*2 … sé:**dé:** …*

Remarque de prononciation

6 ín : N'oubliez pas qu'à l'écrit, les accents aigus indiquent une accentuation renforcée.

Notes

① Le jour de la reine (le 30 avril) est le seul où les Néerlandais ont le droit de vendre librement leurs objets d'occasion lors d'une braderie. En fait, c'est le jour de l'anniversaire de Juliana, la mère de Beatrix, car la date se prête plus facilement aux festivités ▸

Quatre-vingtième leçon 80

Le jour [de la fête] de la reine

1 – Je suis contente que nous soyons venues si tôt à la braderie, comme ça toutes les jolies choses *(affaires)* ne sont pas déjà parties !
2 – Regarde, un CD avec des chansons de cette chanteuse frisonne,
3 ma sœur l'adore *(en est folle)* !
4 – Et un bocal à poissons rouges, ça serait amusant pour ta petite-fille !
5 – Oh, et cette cage à lapins là-bas, ça serait bien *(vraiment quelque chose)* pour mon petit-fils !
6 – Et tu vois cette lampe des années soixante : il paraît que c'est de nouveau très à la mode.
7 – Où la vois-tu ?
8 – Là, derrière cette radio.
9 – Ah oui, je la vois maintenant ! Tu penses qu'elle fonctionne encore ?
10 Ils vendent quand même *(aussi)* les trucs les plus fous, un jour comme aujourd'hui *(ça)* !

▸ organisées en plein air en son honneur, que le 31 janvier, jour de l'anniversaire de Beatrix.

② Parmi les nombreux mots empruntés à l'anglais, notez également **de dvd**, *le DVD*, **de computer**, *l'ordinateur*, ou encore **de laptop**, *l'ordinateur portable.*

③ **het Fries**, *le frison*, n'est pas un dialecte, mais une langue officielle des Pays-Bas, de la province **Friesland**, *Frise*. N'oubliez pas que les nationalités, tout comme les langues, prennent une capitale en néerlandais.

④ Comme **-in**, le suffixe **-es** indique le féminin : **de koning**, *le roi* / **de koningin**, *la reine* ; **de zanger**, *le chanteur* / **de zangeres**, *la chanteuse* ; **de onderwijzer**, *l'instituteur* / **de onderwijzeres**, *l'institutrice.*

11 – Een hoop **rom**mel be**doel** je!
12 – Hé, dat **kleed**je hier kun je mooi **on**der je **nieu**we **kan**delaar **neer**leggen ⑤.
13 En die **spie**gel past pre**cies** bij dat schilde**rij** dat je laatst in je sa**lon** hebt **op**gehangen.
14 – Ja, dat is zo! **E**ven de prijs **vra**gen!
15 Wat kost die **spie**gel daar?
16 – Neem het **he**le **zaak**je maar mee voor vijf **eu**ro!
17 **Ner**gens **an**ders vind je die in zo'n per**fec**te staat!
18 – Nou graag, be**dankt** zeg! **Heb**ben wij **e**ven ge**luk**!
19 – Zal ik **e**ven **hel**pen **al**les in je tas te **stop**pen? □

13 *... sa:****Lo-n*** *...*

Note

⑤ Rappel : la particule **neer-** est obligatoire seulement lorsque le complément de lieu est absent. Dans les autres cas, elle est facultative.

***

Oefening 1 – Vertaal

❶ Leg dat horloge hier maar neer! ❷ Die jurken uit de jaren zeventig schijnen weer in de mode te zijn. ❸ Vergeet niet je regenjas aan te doen, want het regent buiten. ❹ Waar heeft hij die lamp opgehangen die hij laatst heeft gekocht? ❺ Het zou leuk zijn om naar Friese liedjes te luisteren.

11 – Beaucoup de bric-à-brac tu veux dire !
12 – Tiens, ce napperon, là, irait bien *(peux-tu bien ... poser)* sous ton nouveau chandelier.
13 Et ce miroir s'accorde parfaitement *(exactement)* avec le tableau que tu as accroché dernièrement dans ton salon.
14 – Oui, c'est vrai *(ainsi)* ! Je vais demander le prix !
15 Combien coûte ce miroir là-bas ?
16 – [Tu peux] prendre tout le bazar pour cinq euros !
17 Nulle part ailleurs tu ne les trouveras en si parfait état !
18 – Eh bien volontiers, merci *(dis)* ! Nous avons de la chance !
19 – Veux-tu un coup de main pour tout mettre dans ton sac ?

***

Corrigé de l'exercice 1

❶ Pose cette montre ici, je te prie ! ❷ Il paraît que ces robes des années soixante-dix sont de nouveau à la mode. ❸ N'oublie pas de mettre ton imperméable, car il pleut dehors. ❹ Où a-t-il accroché cette suspension qu'il a achetée dernièrement ? ❺ Ce serait amusant d'écouter des chansons frisonnes.

Oefening 2 – Vul in

❶ On pouvait prendre tout le bazar pour dix euros seulement.
We mochten . . . . voor . . . . tien euro.

❷ Ce chandelier irait bien sur ce napperon.
. . . . kun je mooi . . . . zetten.

❸ Il n'ose pas naviguer avec ce mauvais temps.
Hij . . . . . met dat . . . . niet . . gaan varen.

Après avoir été une république – république des Provinces-Unies (1648-1795) et République batave (1795-1806) – les Pays-Bas furent pendant une courte période occupés par les troupes napoléoniennes (1806-1810) et annexés à l'Empire (1810-1813), avant de devenir en 1815 le royaume des Pays-Bas, une monarchie constituée des Pays-Bas du Nord et des Pays-Bas du Sud, avec Guillaume Ier, **Willem Frederik van Oranje-Nassau**, *comme souverain. En 1830, lorsque les Pays-Bas du Sud se séparèrent pour former la Belgique, les Pays-Bas prirent leur forme actuelle. Ce n'est qu'en 1839 que Guillaume Ier reconnut l'indépendance de la Belgique et il renonça au trône en 1840. Après le règne de Guillaume II (1840-1849) puis celui de Guillaume III (1849-1890) et à la mort de ce dernier, la succession masculine en ligne directe prit fin. De 1890 à 1898, la régence fut assurée par la reine* **Emma**, *épouse de Guillaume III, jusqu'au moment où sa fille* **Wilhelmina** *atteignit sa majorité et accéda au trône.* **Juliana** *lui succéda en 1948. Depuis le 30 avril 1980,* **Beatrix** *gouverne les Pays-Bas. Avec le prince-héritier Prince d'Orange* **Willem-Alexander**, *né en 1967, les Pays-Bas auront de nouveau un roi.*

❹ Dès qu'elle a eu fini de faire ses courses, elle mit tout dans un sac. 80

. . . . . ze klaar was . . . boodschappen doen, ... alles in een . . . .

❺ J'adore le nouveau CD de cette chanteuse.

Ik . . . . de nieuwe cd . . . .

Corrigé de l'exercice 2

❶ – het hele zaakje meenemen – maar – ❷ Die kandelaar – op dat kleedje – ❸ – durft – slechte weer – te – ❹ Zodra – met – stopte ze – tas ❺ – ben gek op – van deze zangeres

Le nom **Oranje-Nassau** *fait référence au lien entre la Maison Nassau et la principauté d'Orange en France, lorsqu'en 1515 le comte* **Hendrik III van Nassau** *se maria avec Claude de Châlon. À la mort de leur fils René, c'est son neveu* **Willem van Nassau** *qui hérita de la principauté et du titre* **Prins van Oranje**, Prince d'Orange. **Willem van Nassau**, *mieux connu sous le nom* **Willem van Oranje**, *appelé* **De Zwijger**, le Taciturne, *est considéré comme l'ancêtre de la Maison Orange-Nassau. Vous savez maintenant pourquoi l'orange est la couleur nationale aux Pays-Bas.*

Deuxième vague : 31e leçon

81 Eenentachtigste les

In het restaurant

1 – **Ne**men **jul**lie een **voor**gerecht?
2 Ze **heb**ben hier **heer**lijke champi**gnon**soep ①.
3 – Goed i**dee**, ik neem eerst soep en als **hoofd**gerecht zalm.
4 – **La**ten we eerst **e**ven de me**nu**kaart **vra**gen!
5 **O**ber ②, **zou**den we de kaart mis**schien** **e**ven **mo**gen?
6 – Na**tuur**lijk! Ik kan u van**daag** ons **dag**menu **aan**bevelen:
7 kip met ge**bak**ken **aar**dappeltjes en prei ③.
8 – Ik lust ④ geen kip, dan neem ik **lie**ver zalm.
9 – En ik neem **sper**ziebonen met **bief**stuk.
10 – Hoe wilt u hem **heb**ben?
11 – Goed door**bak**ken ⑤ graag, met wat **sam**bal ⑥ er**bij**.
12 – En voor mij friet ③ met **mos**selen en sla.
13 – En wat neemt u als **na**gerecht ⑦?

Notes

① Dans le domaine culinaire, on se sert de **champignon** *[champi:ŋo-n]*, au lieu de **paddenstoel**, *champignon*.

② **de ober** est *le serveur*, *le garçon de café* ; le féminin est **de serveerster**, *la serveuse*, mais pour l'appeler, dites plutôt **mevrouw**, *madame*.

③ **de prei**, comme **de friet** ou **de patat**, *les frites*, s'utilise en général au singulier.

④ **lusten**, *aimer*, *trouver bon*, s'emploie essentiellement pour la nourriture et les boissons, contrairement à **houden van**, *aimer*. ▸

Au restaurant

1 – Vous prenez une entrée ?
2 Ils ont une délicieuse soupe aux champignons ici.
3 – Bonne idée, je prends d'abord de la soupe et comme plat principal du saumon.
4 – Demandons d'abord la carte *(menu-carte)* !
5 Garçon, pourrions-nous [avoir] la carte ?
6 – Bien sûr ! Aujourd'hui je peux vous recommander notre plat du jour :
7 du poulet avec des pommes de terre sautées et des poireaux.
8 – Je n'aime pas le poulet, je préfère *(alors)* prendre du saumon.
9 – Et moi, je prends des haricots verts avec du bifteck.
10 – Quelle cuisson *(Comment voulez-vous l'avoir)* ?
11 – Bien cuit s'il vous plaît, avec un peu de pâte de piment.
12 – Et pour moi des frites avec des moules et de la salade.
13 – Et que prendrez-vous comme dessert ?

⑤ Notez aussi les cuissons **medium**, *à point*, et **rood**, *saignant*, litt. "rouge".

⑥ **de sambal**, *la pâte de piment*, nous est parvenue par l'intermédiaire de la cuisine indonésienne. Si ça ne vous dit rien, demandez simplement de la *moutarde*, **mosterd**.

⑦ Vous trouvez aussi **het dessert**. En famille, on dit habituellement **het toetje**.

14 We hebben **pan**nenkoeken met **sui**ker.
15 – **La**ten we eerst maar eens zien of we ons bord leeg **krij**gen!
16 – Me**neer**, ik zie dat uw bord nog vol is; heeft het **e**ten niet ge**smaakt**?
17 – Dat weet ik niet, want ik zit nu al een uur te **wach**ten op mijn be**stek** ⑧!
18 – O **sor**ry, wat dom van me! □

Note

⑧ **het bestek**, *le couvert*, comprend **de vork**, *la fourchette*, **het mes**, *le couteau*, et **de lepel**, *la cuillère*.

***

Oefening 1 – Vertaal

❶ Wat kun je ons als toetje aanbevelen? – De abrikozenvlaai is hier erg lekker. ❷ Hij zit al een uur te wachten op zijn voorgerecht! ❸ Zou ik de menukaart even mogen? ❹ Ze lust geen champignons, maar dat heeft ze niet durven zeggen. – Wat dom van haar! ❺ Uw glas is nog vol! Heeft het niet gesmaakt?

Oefening 2 – Vul in

❶ Garçon, puis-je commander ? Je voudrais du saumon avec des frites.
Ober, ... ? Ik wil graag . . . .

❷ Les verres sont dans le placard, à côté des assiettes.
De glazen . . . . . in de kast, ...

❸ Je raffole des haricots verts, mais je n'aime pas du tout les poireaux.
Ik ben gek op . . . . , maar ik . . . . helemaal . . . .

14 Nous avons des crêpes au sucre.
15 – Voyons d'abord si nous mangerons tout *(si nous obtenons notre assiette vide)* !
16 – Monsieur, je vois que vous n'avez rien mangé *(votre assiette est encore pleine)* ; le repas ne vous a pas plu *(n'eut pas du goût)* ?
17 – Je ne sais pas, car ça fait maintenant une heure que j'attends *(sur)* mon couvert !
18 – Oh excusez-moi, que c'est bête de ma part !

***

Corrigé de l'exercice 1

❶ Que peux-tu nous recommander comme dessert ? – La tarte aux abricots est très bonne ici. ❷ Cela fait une heure qu'il attend son entrée ! ❸ Puis-je avoir la carte ? ❹ Elle n'aime pas les champignons, mais elle n'a pas osé le dire. – Que c'est bête de sa part ! ❺ Vous n'avez pas bu *(Votre verre est encore plein)* ! Ça ne vous a pas plu ?

❹ Ce bifteck est saignant ! J'avais demandé à point.
Deze biefstuk is . . . . ! Ik had medium . . . .

❺ Attendons d'abord notre plat principal, avant de prendre autre chose !
. . . . . we eerst maar even . . . . ons hoofdgerecht, ... we iets anders nemen!

Corrigé de l'exercice 2

❶ – kan ik bestellen – zalm met friet ❷ – staan – naast de borden ❸ – sperziebonen – lust – geen prei ❹ – rood – gevraagd ❺ Laten – wachten op – voordat –

En règle générale, les nombreux restaurants que connaissent les Pays-Bas proposent une cuisine "d'ailleurs" : indonésien, chinois, espagnol, mexicain etc. Les restaurants de luxe sont plutôt orientés vers la cuisine française classique. Les spécialités néerlandaises comme **de stamppot**, *une purée de pommes de terre et de légumes verts (choux ou scarole) ou encore* **de hutspot**, *une purée de pommes de terre, de carottes et d'oignons, servie avec du lard ou de la* **rookworst**, *se trouvent rarement sur la carte des restaurants ; ce sont plutôt des plats qui se mangent à la maison, en famille. Mais, en cherchant bien, on peut les trouver dans des restaurants qui affichent* **Hollandse keuken/pot**, cuisine/marmite hollandaise, *ou* **moeders pot**, *littéralement "marmite de la mère".*

82 Tweeëntachtigste les

De elfstedentocht ①

1 – Wat een ge**luk** dat het al een week flink hard ge**vro**ren ② heeft!

2 – Ja, het ijs is nu dik ③ ge**noeg** voor de Elf**ste**dentocht.

3 – Kun je je die tocht nog her**in**neren van tien jaar ge**le**den?

4 – Nou, mijn **te**nen **wa**ren toen **bij**na be**vro**ren ②, door**dat** het was gaan **ij**zelen.

5 – Zie je hoe be**lang**rijk het is **wol**len **sok**ken aan te doen.

6 Je moet je echt goed warm **aan**kleden!

Notes

① **tocht**, *tour*, *course*, *randonnée*, *excursion* ou encore *voyage*, se retrouve dans des mots composés : **de fietstocht**, *la randonnée à vélo*, **de wandeltocht**, *la randonnée à pied*.

② Les verbes irréguliers **vriezen** et **bevriezen**, *geler*, se conjuguent de la même façon. Le premier s'emploie uniquement ▸

Deuxième vague : 32e leçon

Quatre-vingt-deuxième leçon 82

Le marathon des onze villes *(onze-villes-tour)*

1 – Quelle chance, *(que)* ça fait déjà une semaine qu'il gèle fortement *(bien fort a gelé)* !
2 – Oui, la glace est maintenant suffisamment épaisse pour le marathon des onze villes.
3 – Te souviens-tu encore de ce marathon il y a dix ans ?
4 – Eh bien, mes orteils furent presque gelés, car *(du fait que)* il s'était mis à verglacer.
5 – Tu vois comme c'est important de mettre des chaussettes en laine.
6 Il faut vraiment s'habiller chaudement !

▸ pour le temps (météorologique). Notez aussi **invriezen**, *surgeler*, et **de diepvriesmaaltijd**, *le plat cuisiné surgelé*.

③ **dik**, *gros/se*, *épais/se* ; **1 centimeter dik**, *1 cm d'épaisseur*.

7 Het helpt ook wan**neer** ④ je een krant **on**der je trui stopt.

8 En na**tuur**lijk nooit **zon**der muts ver**trek**ken, anders be**vrie**zen je **o**ren!

9 – Weet je, ik was **in**geschreven ⑤ door m'n **va**der;

10 hij heeft me toen een paar **schaat**sen ge**leend** ⑥ en daar ging ik!

11 Maar ik kon nog niet zo heel goed **schaat**sen en had geen i**dee** wat me te **wach**ten stond ⑦.

12 Ik dacht dat ik dood zou gaan; ik ben de **eind**streep **hui**lend **o**vergegaan.

13 – Tja, het is een **zwa**re tocht en veel **men**sen **ha**len de **eind**streep niet voor het **don**ker.

14 Er **moe**ten **mees**tal heel wat be**vro**ren **neu**zen **wor**den ver**zorgd**!

15 – Ach, ieder**een** heeft wel **er**gens pijn, maar dat ben je snel weer ver**ge**ten!

16 – Dat is waar, voor**al** wan**neer** ④ je daar**na** een kop **war**me **erw**tensoep kreeg!

17 – Of een paar **glaas**jes **be**renburg: daar werd ⑧ je weer **lek**ker warm van!

Remarques de prononciation

7, 16 L'accent tonique de **wanneer** est variable.
16 Le **w** de **erwtensoep** ne se prononce pas.

Notes

④ La conjonction **wanneer**, *si*, est synonyme de **als**, *si*, mais moins courante. Avec un temps du passé, elle signifie *quand, lorsque*, comme dans la phrase 16.

7 Ça aide aussi si on met un journal sous son pull-over.

8 Et [il ne faut] bien sûr jamais partir sans bonnet, sinon les oreilles gèlent !

9 – Tu sais, c'est mon père qui m'avait inscrit *(j'avais été inscrit par mon père)* ;

10 il m'a ensuite prêté une paire de patins et me voilà parti *(là allais je)* !

11 Mais je ne savais pas encore très bien patiner et je n'avais aucune idée de ce à quoi m'attendre *(à attendre se-trouvait)*.

12 Je pensais que j'allais mourir ; j'ai passé la ligne d'arrivée en pleurant.

13 – Eh oui, c'est un tour pénible et beaucoup de gens n'atteignent pas l'arrivée avant la nuit *(obscurité)*.

14 La plupart du temps, on doit soigner pas mal de nez gelés !

15 – Oh, tout le monde *(chacun)* a mal *(bien)* quelque part, mais on oublie vite *(de nouveau)* !

16 – C'est vrai, surtout après avoir pris *(quand après tu... obtenais)* une tasse de soupe chaude aux pois !

17 – Ou quelques verres de bitter frison : ça réchauffait bien *(y devenais tu de-nouveau bien chaud de)* !

▸ ⑤ Les temps composés du passif se forment avec l'auxiliaire **zijn**, sans **worden** : **ik word/werd ingeschreven**, *je suis/étais inscrit* ; **ik ben/was ingeschreven**, *j'ai/avais été inscrit*.

⑥ **aan**, *à*, n'accompagne pas toujours le verbe **lenen**, *prêter, emprunter*, cela allège la structure. C'est notamment le cas avec un pronom : **ik leen een pen aan hem / ik leen hem een pen**, *je lui prête un stylo*.

⑦ C'est l'expression **te wachten staan**, *s'attendre à*.

⑧ Ici **worden** n'indique pas un passif, mais un changement d'état : **warm worden**, *se réchauffer* (litt. "devenir chaud").

82 **Oefening 1 – Vertaal**

❶ Wanneer schrijft ze zich in voor die wandeltocht van tien kilometer? ❷ Hij heeft nog nooit zulk slecht weer gehad tijdens een Elfstedentocht. ❸ Vergeet niet dat dit kasteel in de dertiende eeuw gebouwd is! ❹ Toen ze aan het examen begon, wist ze niet wat haar te wachten stond. ❺ Je mag trots op jezelf zijn, wanneer je de eindstreep voor het donker haalt.

Oefening 2 – Vul in

❶ Elle lui prêta un épais bonnet de laine.
Ze . . . . een dikke . . . . . . muts.

❷ Quelle chance que son orteil gelé ait pu être soigné tout de suite par le médecin.
. . .   . dat haar bevroren . . . . meteen . . . . kon worden verzorgd.

❸ *(Du fait que)* Il pleuvait si fort [que] je suis tombée de ma bicyclette.
. . . . het . .   . . . . regende, ben ik . . .   .

❹ Quand il faisait froid, on buvait une tasse de soupe bien chaude.
. . . . het koud . . . , dronken we een lekkere . . . .

❺ Pourquoi pleures-tu ?
Waarom . . . .   . . ?

Corrigé de l'exercice 1

❶ Quand s'inscrit-elle pour cette randonnée pédestre de dix kilomètres ? ❷ Il n'a encore jamais eu si mauvais temps lors d'un marathon des onze villes. ❸ N'oublie pas que ce château a été construit au treizième siècle ! ❹ Quand elle commença l'examen, elle ne savait pas à quoi s'attendre. ❺ Tu peux être fier de toi si tu atteins l'arrivée avant la nuit.

Corrigé de l'exercice 2

❶ – leende hem – wollen – ❷ Wat een geluk – teen – door de arts – ❸ Doordat – zo hard – van mijn fiets gevallen ❹ Wanneer – was – warme kop soep ❺ – huil je

83 *Le marathon le plus attendu chaque hiver est* **de Elfstedentocht**, *lors duquel des milliers de patineurs, professionnels et amateurs, parcourent 200 kilomètres pour relier onze villes frisonnes. La glace n'atteint l'épaisseur requise sur toute la distance que lors des hivers très rigoureux, ce qui n'arrive finalement pas si souvent que ça : on peut attendre le marathon pendant plusieurs années ! Lorsqu'il a enfin lieu, des millions de téléspectateurs le suivent en direct à la télé et les patineurs sont encouragés par des centaines de milliers de spectateurs le long du parcours. Le vainqueur du* **Elfstedentocht** *est considéré comme un héros national, comparable à quelqu'un qui gagne une médaille d'or aux Jeux Olympiques. En cas de vent fort, les circonstances peuvent être extrêmement*

83 Drieëntachtigste les

Man zoekt vrouw

1 – Hoe gaat het nu met je?
2 – Nou het gaat wel, maar ik heb nog steeds last van ① m'n maag.
3 En ik heb ook regel**ma**tig **kies**pijn ②.
4 – Dat is niet zo best!
5 Zeg, maar waar**om lig**gen al die adver**ten**ties naast je op de bank?
6 Zoek je een **tand**arts hier in de buurt ③?
7 – Ja en nee! Hoe zal ik het **zeg**gen?
8 Ik ben op zoek naar een **part**ner die in de ge**zond**heidszorg ④ werkt.

Notes

① **last hebben van**, *souffrir de* ; **de last**, *la gêne, la charge, le fardeau.* **Heeft u er last van?**, *Ça vous gêne ?*

② On indique *le mal de dents* par **de kiespijn**, mais **de kies** signifie *la molaire* et **de tand**, *la dent.*

③ **de buurt**, *le quartier, le voisinage, les environs.* Avez-vous fait le rapprochement avec **de buren**, *les voisins* ?

rudes. Vous comprenez certainement mieux pourquoi les boissons et aliments réconfortants sont autant appréciés des participants et spectateurs. **De berenburg**, *une boisson alcoolisée amère de couleur brune, obtenue par macération de plantes et d'herbes, très populaire en Frise, et* **de erwtensoep**, *une nourrissante soupe de pois cassés avec de la saucisse fumée, en font partie, mais aussi* **de kruidkoek**, *un pain d'épices plus épicé que* **de ontbijtkoek**, *ou sa variante au gingembre :* **de gemberkoek**. *Et rassurez-vous, on peut heureusement aussi les déguster sans qu'il y ait de marathon !*

Deuxième vague : 33e leçon

Quatre-vingt-troisième leçon 83

Homme cherche femme

1 – Comment vas-tu maintenant ?
2 – Bof, ça peut aller, mais je souffre toujours de mon estomac.
3 Et j'ai aussi régulièrement mal aux dents.
4 – Ce n'est pas fameux !
5 Mais dis[-moi], pourquoi y a-t-il toutes ces annonces à côté de toi sur la banquette ?
6 Tu cherches un dentiste *(ici)* dans les environs ?
7 – Oui et non ! Comment dois-je le dire ?
8 Je suis à la recherche d'une compagne *(partenaire)* qui travaille dans [le domaine de] la santé publique.

▸ ④ **de gezondheid**, *la santé* ; **de zorg**, *le(s) soin(s)*, du verbe **zorgen (voor)**, *prendre soin (de)*, *s'occuper (de)*. On trouve aussi **de zorgsector**, *le secteur de la santé / de l'assistance sociale*. Utilisez le terme **sector** pour parler d'un secteur professionnel : **Ik zoek een baan in de automatiseringssector / de bouwsector**, *Je cherche un emploi dans le secteur de l'informatique / le bâtiment.*

83

9 – Hm, slim be**dacht**!

10 **Luis**ter, mis**schien** is dit iets:

11 "Al**leen**staande vrouw, **don**kerbruin haar, ge**voel** voor **hu**mor, **hob**by's: cul**tuur**, m.n. the**a**ter en dans, zoekt spor**tie**ve man.

12 Bel 06 12 34 56, na 20u00 a.u.b."

13 – **Jam**mer ge**noeg** ben ik niet zo spor**tief**!

14 – **Vol**gens mij lukt het zo nooit!

15 **Waar**om stel je zelf geen adver**ten**tie op?

16 Bij**voor**beeld: "**Slim**me man zoekt **leu**ke vrouw in de ge**zond**heidszorg."

17 Of nog een **be**ter i**dee**: een van mijn **schoon**zussen ⑤ is **tand**arts.

18 Zal ik een **af**spraak met haar voor je **ma**ken?

19 – Mij best, als ze maar **sin**gle ⑥ is! □

Notes

⑤ Sur ce modèle : **de schoonmoeder**, *la belle-mère*, **de schoonvader**, *le beau-père* et **de schoonbroer**, *le beau-frère*, avec son synonyme **de zwager**. En cas de remariage, on utilisera **de stiefvader**, *le beau-père*, **de stiefmoeder**, *la belle-mère*, également *marâtre*, d'où sa connotation négative.

⑥ Vous pouvez aussi rencontrer **vrijgezel**, *célibataire* (homme ou femme).

***

Oefening 1 – Vertaal

❶ Jonge vrijgezel zoekt knappe, blonde vrouw. ❷ Hoewel ze regelmatig naar de tandarts gaat, heeft ze altijd kiespijn. ❸ Leg die advertenties hier maar neer! ❹ Zodra ze op de bank ging zitten, begon hij te praten. ❺ Ik ben op zoek naar een boek over Friese cultuur.

9 – Hum, c'est ingénieux *(malin imaginé)* !
10 Écoute, j'ai *(c'est)* peut-être quelque chose [pour toi] :
11 "Femme seule, cheveux brun foncé, sens de l'humour, hobbys : culture, notamment théâtre et danse, cherche homme sportif.
12 Appelez le 06 12 34 56, après 20 h s.v.p."
13 – Malheureusement je ne suis pas tellement sportif !
14 – À mon avis, tu ne vas jamais y arriver comme ça !
15 Pourquoi tu ne rédiges pas toi-même une annonce ?
16 Par exemple : "Homme malin cherche jolie femme dans le secteur de la santé publique."
17 Ou encore une meilleure idée : une de mes belles-sœurs est dentiste.
18 Tu veux que je prenne *(un)* rendez-vous pour toi ?
19 – D'accord, du moment qu'elle est célibataire !

***

Corrigé de l'exercice 1

❶ Jeune célibataire cherche femme blonde intelligente / jolie blonde. ❷ Bien qu'elle aille régulièrement chez le dentiste, elle a toujours mal aux dents. ❸ Pose ces annonces ici, je te prie ! ❹ Dès qu'elle s'assit sur la banquette, il commença à parler. ❺ Je suis à la recherche d'un livre sur la culture frisonne.

Oefening 2 – Vul in

❶ Ma belle-sœur a travaillé dans le secteur de la santé publique, jusqu'à ce qu'elle se marie *(allait se marier)*.
Mijn . . . . heeft . . . . gewerkt, ... ze ging trouwen.

❷ Pourquoi as-tu posé cette lampe à côté de la banquette ?
Waarom . . . . . die lamp naast de bank . . . . ?

❸ Quels sont tes hobbys ? – J'aime me promener et lire.
Wat zijn je . . . . ? – Ik . . . . wandelen en lezen.

Les nombreuses abréviations dans les annonces ne sont, la plupart du temps, pas standardisées, ce qui peut entraîner quelques difficultés de compréhension. Ce n'est pas le cas pour **m.n.**, **met name**, notamment, *une abréviation officielle, ou encore :* **alstublieft**,

84 Vierentachtigste les

Herhaling – Révision

1 Les conjonctions de subordination

Vous connaissez maintenant un grand nombre de conjonctions ; vous en trouverez une liste récapitulative en annexes. N'oubliez pas que ces conjonctions introduisent une subordonnée : faites attention à la place du verbe conjugué.

Retenez également les différences d'emploi suivantes :

• **Toen** renvoie à un moment précis du passé et s'utilise uniquement avec un verbe au passé ; bien qu'elle ait un sens temporel, on la traduit souvent par *comme* ou par un participe présent.

❹ Peux-tu accrocher ce tableau pour moi ?
. . .   . . dat schilderij even . . . . ?

❺ Malgré une *(sa)* mauvaise santé, elle s'occupe encore de sa vieille mère.
. . . . haar slechte gezondheid . . . . nog . . . . haar oude moeder.

Corrigé de l'exercice 2

❶ – schoonzus – in de gezondheidszorg – totdat – ❷ – heb je – neergezet ❸ – hobby's – houd van – ❹ Kun je – voor me ophangen ❺ Ondanks – zorgt ze – voor –

a.u.b., s.v.p. ; **enzovoort**, **enz.**, etc. ; **onder andere**, **o.a.**, entre autres ; **tot en met**, **t/m**, jusqu'à inclus : **maandag t/m vrijdag**, lundi à vendredi (inclus).

Deuxième vague : 34e leçon

Quatre-vingt-quatrième leçon 84

Toen ze wat rust wilde, is ze naar één van de Waddeneilanden gegaan, *Comme elle voulait un peu de repos, elle est allée sur une des îles des Wadden.*
Hij heeft Italiaans geleerd toen hij jong was, *Il a appris l'italien quand il était jeune.*
Toen ze de deur van de slaapkamer opendeden, hoorden ze iets vreemds, *En ouvrant la porte de la chambre, ils entendirent quelque chose d'étrange.*

• **Wanneer** et **als** s'utilisent au présent et au futur. Au passé, elles expriment une action qui se répète. Pour faire ressortir la répétition, on peut ajouter **telkens** devant **als** : **Telkens als het regende, mochten we niet naar buiten**, *À chaque fois qu'il pleuvait, nous n'avions pas le droit de sortir* (voir aussi la 70e leçon). **Wanneer** est considérée comme un peu plus formelle que **als** et elle est par conséquent moins courante.

84 **Als** et **wanneer** peuvent aussi exprimer une condition :
Als hij er over tien minuten niet is, dan wacht ik niet langer, *S'il n'est pas là dans dix minutes, je n'attends pas plus longtemps.*

• La concordance des temps dans les subordonnées temporelles est très facile. En règle générale, on trouve après un verbe principal au passé également un verbe au passé dans la subordonnée. Sauf en cas d'antériorité, où il convient d'utiliser dans la subordonnée un plus-que-parfait (nous avons vu l'exemple de **nadat**).

2 La voix passive (temps simples)

Aux temps simples, la voix passive se forme avec l'auxiliaire **worden**.
Présent : **ik word** ; **je, u, hij, ze, het wordt** et **we, jullie, ze worden**
Prétérit : **ik, je, u, hij, ze, het werd** et **we, jullie, ze werden**
Sinterklaas wordt gewaardeerd door kinderen, *Saint Nicolas est apprécié des enfants.*
De fiets werd schoongemaakt, *Le vélo était/fut nettoyé.*
In welke stad werd in 1992 een Europees verdrag ondertekend?, *Dans quelle ville fut signé un traité européen en 1992 ?*
Quand on utilise un verbe de modalité, l'infinitif **worden** se trouve indifféremment avant ou après le participe passé :
De keukenvloer moet worden gedweild/gedweild worden, *Il faut passer la serpillière sur le sol de la cuisine.*
Mag er hier worden gerookt/gerookt worden?, *Peut-on fumer ici ?*
Le complément, introduit par **door**, *par*, est uniquement mentionné s'il est suffisamment important :
Het verdrag werd getekend door de koning, *Le traité fut signé par le roi.*
Mais la voix passive est très souvent employée sans complément, dans des constructions impersonnelles que l'on traduira en français par *on* :
Er wordt gezegd dat..., *On dit que...*
Er wordt gebeld, *On sonne.*
Hier wordt Frans gesproken, *On parle français ici.*
Het kasteel wordt gerestaureerd, *On restaure le château.*

3 Les causatifs

Aux verbes de position **staan**, **liggen**, **hangen** et **zitten** correspondent les causatifs **(neer)zetten**, *poser (debout)*, **(neer)leggen**,

poser (couché), **(op)hangen**, *accrocher, suspendre*, et **doen** ou **stoppen**, *mettre*.
Les particules **neer-** et **op-** sont obligatoires lorsque le complément de lieu est absent :
Zet je glas maar neer!, *Pose ton verre, si tu veux !*
Wil je dat schilderij even ophangen?, *Veux-tu accrocher ce tableau ?*
Sinon, elles sont facultatives :
Dat kleedje kun je mooi onder je nieuwe kandelaar (neer) leggen, *Ce napperon irait bien sous ton nouveau chandelier.*
Dat schilderij kun je hier (op)hangen, *Tu peux accrocher ce tableau ici.*
On emploie **stoppen (in)** ou **doen (in)**, *mettre (dans)*, quand on ne connaît pas la position finale de l'objet déplacé.
Vaak doen ze daar een wortel of wat hooi voor het paard in, *Souvent, ils y mettent une carotte ou un peu de foin pour le cheval.*
Zal ik even helpen alles in je tas te stoppen?, *Veux-tu un coup de main pour tout mettre dans ton sac ?*

4 Exprimer ses préférences

• On peut très facilement exprimer ses préférences à l'aide des adverbes **graag**, *volontiers*, **liever**, *de préférence*, et **het liefst**, *par-dessus tout* :
Hij drinkt graag wijn, *Il aime le vin.*
Zij drinkt liever bier, *Elle préfère (de) la bière.*
Maar ze drinken het liefst thee, *Mais ils préfèrent par-dessus tout le/du thé.*
On les emploie avec toutes sortes de verbes pour indiquer sa préférence :
Ik ga graag naar de film, *J'aime aller au cinéma.*
Hij wil liever naar het strand, *Il préfère aller à la plage. / Il aime mieux aller à la plage.*
Ik heb liever koffie, *Je préfère prendre du café.*

• Associé à **graag**, **willen** exprime un souhait rendu par le conditionnel en français : **ik wil zo graag een hond!**, *j'aimerais tellement [avoir] un chien !*

• On a aussi recours à **houden van**, *aimer*, dont le sens est plus large que **lusten**, *aimer, trouver bon*, qui s'emploie essentiellement pour la nourriture et les boissons.

84 **Ik houd van jou**, *Je t'aime.*
Ze houdt veel van rozen, *Elle aime beaucoup les roses.*
Ik lust geen kip, dan neem ik liever zalm, *Je n'aime pas le poulet, (alors) je préfère prendre du saumon.*

• **zin hebben om te** + infinitif (ou **in** + nom), *avoir envie de* :
Hebben jullie zin in een biertje?, *Avez-vous envie d'une bière ?*
Ik heb zin om vanavond uit te gaan, *J'ai envie de sortir ce soir.*
Hebben jullie daar geen zin in?, *Ça ne vous dit pas ?*

***

Herhalingsdialoog

1 Beste Lieke,

2 Ik schrijf je naar aanleiding van je advertentie, waarin staat dat je op zoek bent naar een knappe man met gevoel voor humor.
3 Ik zal me eerst even aan je voorstellen:
4 ik ben lang en ik heb blond haar en blauwe ogen.
5 Mijn hobby's zijn tekenen en lezen en ik kan goed schaatsen.
6 Verder ben ik dol op de jaren zestig.
7 Ik woon momenteel bij mijn moeder, maar ik wil graag verhuizen.
8 In welke buurt woon je?
9 Je hebt trouwens geluk, want ik ben nog vrijgezel!

Oefening – Vertaal

❶ Als er wordt gebeld, doe je de deur dan even open! ❷ Als het hard vriest, kan er geschaatst worden. ❸ Ik was 28 toen mijn zoon werd geboren. ❹ Zodra we verhuisd zijn, mag je vriendin bij ons komen logeren. ❺ Terwijl hij het formulier invulde, ging zij pinnen.

• **dol/gek zijn op**, *être fou de, raffoler de, adorer* :
Ik ben niet zo dol op spelletjes, *Je n'aime pas tellement les jeux.*
Mijn zus is gek op die zangeres!, *Ma sœur adore cette chanteuse !*

***

10 Ik hoop daarom dat je mij snel uitnodigt.

11 Met vriendelijke groet,
12 Willem.

Traduction

1 Chère Lieke, **2** Je t'écris suite à ton annonce, dans laquelle est noté que tu es à la recherche d'un bel homme avec le sens de l'humour. **3** Permets-moi d'abord de me présenter : **4** je suis grand et j'ai des cheveux blonds et des yeux bleus. **5** Mes hobbys sont dessiner et lire, et je sais bien patiner. **6** Et puis, j'adore les années soixante. **7** J'habite actuellement chez ma mère, mais je déménagerais volontiers. **8** Dans quel quartier habites-tu ? **9** Au fait, tu as de la chance, car je suis encore célibataire ! **10** C'est pour cela que j'espère que tu m'inviteras rapidement. **11** Amicalement, **12** Willem.

Corrigé de l'exercice

❶ Si on sonne, tu pourras ouvrir ! ❷ Quand il gèle fort, on peut faire du patin à glace. ❸ J'avais 28 ans quand mon fils est né. ❹ Dès que nous aurons déménagé, ton amie pourra venir loger chez nous. ❺ Pendant qu'il remplissait le formulaire, elle est allée retirer de l'argent.

Deuxième vague : 35e leçon

85 Vijfentachtigste les

Hoe ver is het daarnaartoe ①?

1 – Goede**mor**gen, kunt u mij wat **in**lichtingen **ge**ven **o**ver de **o**peningstijden van het **Phi**lips Mus**e**um in **Eind**hoven?

2 – Ja hoor! Dat is ge**o**pend van **maan**dag tot en met **woens**dag en ge**slo**ten op de **an**dere **da**gen van de week.

3 – En **hoe**veel kost een **toe**gangskaartje?

4 – De **toe**gangsprijs is vier **eu**ro per per**soon**, **in**clusief de **rond**leiding door de ten**toon**stelling over de ont**wik**keling van het e**lek**trisch licht ②.

5 – Kan ik daar **mak**kelijk met het **o**penbaar ver**voer** ② naar**toe**?

6 – Er gaat een bus heen van**af** het Cen**traal** Sta**tion** ②

7 en dan moet u **uit**stappen ③ bij de één na **laat**ste **hal**te.

8 Nee, u kunt **be**ter bij het **eind**punt **uit**stappen, dat is het dichtst**bij**.

9 – Dank u wel. En ik wil ook graag de **Dom**kerk van **U**trecht be**zoe**ken; wat zijn daar de **o**peningstijden van?

Notes

① Les adverbes pronominaux s'écrivent en un seul mot s'il n'y a pas d'autres éléments de phrase pour les séparer : **daarnaartoe**, **daarheen**, *y, par là*, **hiernaartoe**, **hierheen**, *y, par ici*, **waarnaartoe?**, **waarheen?**, *où ?, de quel côté ?* ▸

Quatre-vingt-cinquième leçon 85

C'est loin d'ici ?

1 – Bonjour, pouvez-vous me donner quelques renseignements sur les heures d'ouverture du musée Philips à Eindhoven ?

2 – Mais bien sûr ! Il est ouvert du lundi au mercredi *(inclus)* et fermé les autres jours de la semaine.

3 – Et combien coûte un billet d'entrée ?

4 – Le tarif d'entrée est [de] 4 euros par personne, la visite guidée de *(à travers)* l'exposition sur le développement de la lumière électrique incluse.

5 – Est-ce facile d'y [aller] en transports en commun *(publics)* ?

6 – Il y a un bus qui y va *(Il va un bus là-bas à-partir)* de la gare centrale

7 et *(alors)* vous devez descendre à l'avant-dernier *(un près dernier)* arrêt.

8 Non, descendez plutôt au terminus, c'est le plus près.

9 – Merci. Et je voudrais aussi visiter la cathédrale *(dôme-église)* d'Utrecht ; quels en sont les horaires d'ouverture ?

▸ ② L'adjectif épithète est invariable quand il forme une expression figée avec le nom.

③ Avez-vous deviné quel verbe s'utilise pour *monter (dans)* ? C'est **instappen**, facile non ? Par contre, pour un vélo ou *une moto*, **de motor**, on dit **opstappen**, *monter (sur)*.

10 – Die is **ie**dere dag **o**pen van elf tot vier uur ④.

11 – Hoe kan ik daar **ko**men?

12 – Er gaat om het half uur een trein naar **U**trecht;

13 u hoeft niet **o**ver te **stap**pen, dus dat duurt niet erg lang.

14 – En kan ik hier in de buurt **in**ternetten?

15 – Er is een **in**ternetcafé hier **vlak**bij.

16 – Dank u wel, want vol**gens** mij gaat een virtu**eel** be**zoek** aan een **web**site ⑤ een stuk **snel**ler! □

Notes

④ À l'écrit, vous trouvez la plupart du temps **11u00 t/m 16u00**, *11 h 00 à 16 h 00*.

⑤ Bien que le néerlandais ait emprunté beaucoup de mots anglais dans le domaine informatique, il existe un mot néerlandais pour le signe @ : **het apenstaartje**, *l'arobase* (litt. "petite queue de singe").

***

Oefening 1 – Vertaal

❶ Wat is je e-mailadres? – Dat is mdejong apenstaartje net punt nl. ❷ Ik wil graag naar Arnhem. – Waarnaartoe? Naar Haarlem? ❸ Kijk, hier staan de openingstijden van de tentoonstelling: iedere dag open van 9u00 t/m 18u00. ❹ Je kunt beter de trein naar Amsterdam nemen; dat gaat een stuk sneller. ❺ Hoe ver is het naar het Centraal Station?

10 – Elle est ouverte tous les jours *(chaque jour)* de onze [heures] à quatre heures.
11 – Comment fait-on pour s'y rendre ?
12 – Il y a un train pour Utrecht toutes les demi-heures ;
13 vous n'avez pas besoin de changer, donc ce n'est *(dure)* pas très long.
14 – Et est-ce que je peux surfer sur Internet par ici ?
15 – Il y a un cybercafé près d'ici.
16 – Merci, car à mon avis une visite virtuelle sur un site web va beaucoup plus vite !

***

Corrigé de l'exercice 1

❶ Quelle est ton adresse e-mail ? – C'est mdejong arobase net point nl. ❷ Je voudrais aller à Arnhem. – Où ? À Haarlem ? ❸ Regarde, les heures d'ouverture de l'exposition sont marquées ici : ouvert tous les jours de 9h00 à 18h00. ❹ Il vaut mieux prendre le train pour Amsterdam ; ça va beaucoup plus vite. ❺ À quelle distance se trouve la gare centrale ?

Oefening 2 – Vul in

❶ Il y a un bus qui va à la cathédrale d'Utrecht toutes les heures ; tu dois descendre au terminus.
Er gaat . . . . een bus . . . . de Domkerk van Utrecht; je moet bij . . . .

❷ Combien coûte un billet d'entrée ?
. . . . kost een . . . . ?

❸ Tu peux me déposer à la gare en moto ?
Kun je me . . . . bij het station . . . . ?

Deux noms sont indissociables de la ville d'Eindhoven, située dans la province du Brabant-Septentrional : le premier, que vous connaissez déjà, est l'usine automobile DAF, le second est la compagnie Philips. Elle a été fondée en 1891 par les frères Gerard et Anton Philips à Eindhoven. Les premiers produits furent des ampoules électriques et d'autres produits électrotechniques. Au XX*e siècle, Philips a considérablement contribué à l'expansion de la ville et*

86 Zesentachtigste les

Een vervelende ochtend op kantoor

1 – **San**ne, kun je zo**dra** je tijd hebt **de**ze docu**men**ten voor me kopiëren ①?
2 Leg ze maar op m'n bu**reau**, wan**neer** je er**mee** klaar bent.

Prononciation
2 *... bu:**ro:** ...*

Remarque de prononciation
1 Rappelez-vous que le **ë** de **kopiëren** se prononce *[ye]*.

❹ À côté de l'église, il y a un café où tu pourras surfer sur Internet.
. .   . . een café waar je kan . . . . , ... de kerk.

❺ Je trouve [qu']une visite guidée virtuelle [est] moins amusante qu'une visite réelle dans un musée.
Ik vind een . . . . leuk . . . een echt bezoek . . . een museum.

Corrigé de l'exercice 2

❶ – om het uur – naar – het eindpunt uitstappen ❷ Hoeveel – toegangskaartje ❸ – met de motor – afzetten ❹ Er is – internetten – naast – ❺ – virtuele rondleiding minder – dan – aan –

laissé ses marques, non seulement par la construction de grands complexes industriels, mais aussi par son investissement dans les infrastructures pour ses employés, comme la construction de logements. La première manufacture de l'époque sert aujourd'hui de musée.

Deuxième vague : 36e leçon

Quatre-vingt-sixième leçon 86

Une matinée désagréable au bureau

1 – Sanne, peux-tu me faire une copie de ces documents dès que tu auras le temps ?
2 Pose-les sur mon bureau, je te prie, quand tu auras fini *(avec)*.

Note

① **kopiëren** est la forme abrégée de **fotokopiëren**, *photocopier*. Notez aussi **de (foto)kopie**, *la photocopie*, avec son pluriel **de kopieën**.

3 En ver**geet** niet die fax naar ons fili**aal** ② in **Duits**land te **stu**ren ③!

4 – Maar ik was van plan eerst de no**tu**len ④ van de ver**ga**dering uit te **ty**pen.

5 – Dat maakt niet uit, als het van**o**chtend maar ge**daan** wordt.

6 – **San**ne! Kun je me niet eerst **e**ven **ko**men **hel**pen?

7 Het lukt me niet die vlucht die ik ge**boekt** heb ⑤ op **in**ternet, uit te **prin**ten ⑥.

8 M'n **prin**ter doet het niet!

9 En hoe werkt dat anti-**vi**rusprogramma ook al weer?

10 – Zeg, **waar**om roep je mij nou **al**tijd zo**dra** je vast komt te **zit**ten?

11 Vraag het **lie**ver aan de **nieu**we sys**teem**beheerder.

12 – Een **nieu**we sys**teem**beheerder?

13 – Ja, was je daar niet van op de **hoog**te?

14 Dat is die **knap**pe vent daar met dat **brui**ne haar en dat **klei**ne **snor**retje.

15 Het schijnt een **aar**dige vent te zijn!

16 – **San**ne, ik ge**loof** dat m'n **har**de schijf ook op het punt van **cra**shen staat!

17 Daar kan ik nu **be**ter me**teen** de sys**teem**beheerder bij **ha**len! □

***4** … **ti**:peⁿ **8** … **prĭ**-nte-r **16** … **krè**cheⁿ …*

Notes

② **het filiaal**, *la succursale*, est un faux ami : *filiale* se traduit par **dochtermaatschappij**.

③ La préposition fixe **naar** accompagne **sturen**, *envoyer*. Vous connaissez déjà **opsturen** et **versturen**, que nous avons aussi ▶

3 Et n'oublie pas d'envoyer ce fax à notre succursale en Allemagne !
4 – Mais je comptais *(envisageais)* d'abord saisir *(taper)* le compte rendu de la réunion.
5 – Ça n'a pas d'importance, du moment que c'est fait dans la matinée.
6 – Sanne! Tu ne peux pas venir m'aider d'abord ?
7 Je n'arrive pas à imprimer le billet d'avion que j'ai réservé sur Internet.
8 Mon imprimante ne marche pas !
9 Et comment fonctionne ce programme anti-virus déjà ?
10 – Dis, pourquoi tu m'appelles toujours dès que tu coinces *(dès que tu viens à coincer)* ?
11 Demande plutôt au nouvel administrateur-système.
12 – Un nouvel administrateur-système ?
13 – Oui, tu n'étais pas au courant ?
14 C'est ce beau type là-bas, avec les *(ces)* cheveux bruns et la petite moustache.
15 Il paraît qu'il est sympathique !
16 – Sanne, je crois que mon disque dur est également sur le point de planter !
17 Il vaut mieux que *(j'y peux venir chercher)* j'appelle tout de suite l'administrateur-système !

▸ traduits par *envoyer*. La différence de sens se situe dans la particule, où se cachent des précisions supplémentaires : **op-** renvoie à l'idée de **op de post doen**, *mettre à la poste*, et **ver-** inclut l'idée d'une distance.

④ **de notulen**, *le compte rendu*, *le procès-verbal*, ne s'utilise qu'au pluriel. Vous pouvez également dire **het verslag**.

⑤ **boeken**, *réserver*, *retenir*, s'utilise dans le domaine des voyages, notamment pour un *vol d'avion*, **de vlucht**.

⑥ L'emploi du verbe à particule **uitprinten**, *imprimer*, au lieu de **printen**, est de plus en plus courant.

86 **Oefening 1 – Vertaal**

❶ Kun je een vlucht voor morgenochtend elf uur voor me boeken? ❷ Ik zal het vanochtend doen. ❸ Hoe ziet hij eruit? – Hij heeft donker haar, een bril en een snor. ❹ Het schijnt dat het een vervelende man is. ❺ Wanneer kun je het verslag maken van de vergadering die heeft plaatsgevonden op het filiaal?

Oefening 2 – Vul in

❶ Elle appelle toujours son assistante quand elle coince avec l'imprimante.
Ze . . . . . altijd haar assistente als ze . . . .
. . . . met de . . . .

❷ Elle n'arrive pas à photocopier le compte rendu.
. . . . de notulen te kopiëren.

❸ Maria n'est pas au bureau cette semaine, car elle travaille dans notre succursale en Allemagne.
Maria is . . . . niet . . . . , want ze werkt op . . . . in . . . .

❹ Il a envoyé les certificats par la poste.
Hij heeft . . . . per . . . . verstuurd.

❺ Qui tape le compte rendu ? – Ça n'a pas d'importance.
. . . . de notulen uit? – . . . .

Corrigé de l'exercice 1

❶ Peux-tu me réserver un vol pour demain matin onze heures ? ❷ Je le ferai dans la matinée. ❸ Comment est-il *(il a l'air)* ? – Il a les cheveux foncés, des lunettes et une moustache. ❹ Il paraît que c'est un homme désagréable. ❺ Quand pourras-tu faire le compte rendu de la réunion qui a eu lieu à la succursale ?

Corrigé de l'exercice 2

❶ – roept – vast komt te zitten – printer ❷ Het lukt haar niet – ❸ – deze week – op kantoor – ons filiaal – Duitsland ❹ – de getuigschriften – post – ❺ Wie typt – Dat maakt niet uit

Deuxième vague : 37e leçon

87 Zevenentachtigste les

Geluidsoverlast ①

1 – Doe het licht eens aan ②, want het be**gint** me nu echt te ver**ve**len!
2 – We **lig**gen net in bed, wat is er aan de hand?
3 – Hoor je dat la**waai** niet dan?
4 Het lijkt wel als**of** er **ie**mand een boom aan het **om**zagen is!
5 – Nee, ik hoor niets bij**zon**ders.
6 – Je bent **ze**ker doof aan het **wor**den, want ík hoor het toch goed!
7 – Mis**schien** zijn we ver**ge**ten de TV uit te doen ②?
8 Of zou de mu**ziek** hier**naast** weer zo hard ③ staan?
9 – Wat is het tele**foon**nummer van de **bu**ren?
10 Ik ga ze **bel**len om te **vra**gen of ze hun mu**ziek** **zach**ter ③ **kun**nen **zet**ten!
11 – Wacht daar nou **e**ven mee! Het is rond **twaal**ven ④ en mis**schien** is dat het hele**maal** niet!
12 – Dat kan me niets **sche**len!
13 Boven**dien** is het zo wel ge**noeg** ge**weest**; ik wil nu **e**ventjes **stil**te om me heen!

Notes

① **de overlast**, *la nuisance*, *la gêne*, *le dérangement*, évoque plus l'idée de nuisance que **de last**, *la gêne*.

② **aandoen** ou **aanzetten**, *allumer* ; **uitdoen** ou **uitzetten**, *éteindre*. N'oubliez pas que **doen** seul peut signifier *marcher*, *fonctionner* : ▸

Quatre-vingt-septième leçon 87

Nuisance sonore *(Bruit-gêne)*

1 – Allume la lumière s'il te plaît, car maintenant ça commence vraiment à m'agacer !
2 – Nous venons de nous coucher, que se passe-t-il ?
3 – Allons, tu n'entends pas ce bruit ?
4 On dirait que *(comme si)* quelqu'un est en train de scier un arbre !
5 – Non, je n'entends rien de spécial.
6 – Tu deviens sûrement sourde, car moi, j'entends pourtant bien quelque chose !
7 – Peut-être avons-nous oublié d'éteindre la télé ?
8 Ou est-ce que la musique d'à côté serait encore si forte ?
9 – Quel est le numéro de téléphone des voisins ?
10 Je vais les appeler pour demander s'ils peuvent baisser *(mettre plus bas)* leur musique !
11 – Attends *(avec ça)* ! Il est près de minuit et ce n'est peut-être pas ça du tout !
12 – Je m'en fiche !
13 Et puis ça suffit comme ça ; maintenant je veux un *(petit)* moment de silence *(autour de moi)* !

▸ **Mijn printer doet het (niet)**, *Mon imprimante (ne) marche (pas).*

③ **hard**, *fort*, et **zacht**, *bas*, sont utilisés pour indiquer le niveau de réglage du son, en combinaison avec **staan** et **zetten**.

④ Dans les constructions avec **rond**, *vers*, *autour de*, ou **tegen**, le chiffre indiquant l'heure est au pluriel : **tegen drieën, rond elven, rond twaalven**. On dit aussi **middernacht**, *minuit.*

14 – Maar **waar**om ben je nu zo kwaad? Het is stil!

15 **La**ten we pro**be**ren weer te gaan **sla**pen! **Wel**terusten.

16 – Goed, slaap **lek**ker!

17 **Luis**ter! Daar be**gint** het weer.

18 – Maar dat ben je zelf! Je wordt **wak**ker van je **ei**gen ge**snurk**!

19 Als je niet **op**past gaan de **bu**ren straks nog ⑤ **kla**gen, dat ze uit hun slaap **wor**den ge**hou**den ⑥ door dat ge**snurk** van je! □

Notes

⑤ **straks nog** est idiomatique ici.

⑥ **iemand uit zijn slaap houden** signifie *empêcher quelqu'un de dormir* (litt. "tenir quelqu'un hors de son sommeil").

***

Oefening 1 – Vertaal

❶ Je hoeft toch niet kwaad te worden! ❷ Het is rond middernacht, zet de radio toch zachter! ❸ Dat kan haar niets schelen! ❹ Vergeet niet de televisie uit te doen voordat je naar bed gaat! ❺ Wat een lawaai! Het lijkt wel alsof je er geen last van hebt.

14 – Mais pourquoi es-tu si fâché *(maintenant)* ? C'est calme *(silencieux)* !
15 Essayons de nous rendormir ! Bonne nuit *(Bien-de-reposer)*.
16 – D'accord, dors bien !
17 Écoute ! Ça recommence.
18 – Mais c'est toi-même ! Tu te réveilles avec *(Tu deviens éveillé de)* tes propres ronflements !
19 Si tu ne fais pas attention, les voisins vont finir par *(tout à l'heure encore)* se plaindre que tes ronflements les empêchent de dormir !

***

Corrigé de l'exercice 1

❶ Tu n'as tout de même pas besoin de te fâcher *(de devenir fâché)* ! ❷ Il est près de minuit, baisse donc la radio ! ❸ Elle s'en fiche ! ❹ N'oublie pas d'éteindre la télévision avant d'aller au lit ! ❺ Quel bruit ! On dirait que ça ne te gêne pas *(que tu n'en as pas de gêne)*.

Oefening 2 – Vul in

❶ Les ronflements de son mari l'empêchent de dormir.
Ze wordt vaak ... . door het .... van haar man.

❷ Si tu mets ta musique aussi fort, les voisins vont finir par se plaindre !
Als je je muziek zo ...., gaan de buren straks nog ...... !

❸ Ça commence à l'agacer.
... . hem .. ..

88 Achtentachtigste les

De Alkmaarse kaasmarkt

1 – Heeft u de **Alk**maarse **kaas**markt op het **Waag**plein wel eens ① be**zocht**?
2 Dat is de **e**nige plek ② waar de kaas nog op traditio**ne**le **wij**ze wordt ver**han**deld;
3 uit **al**le **wind**streken ③, zelfs van ver **o**ver de grens **ko**men be**zoe**kers naar **de**ze markt **kij**ken.
4 Het **we**gen van de kaas wordt ver**zorgd** door het **Kaas**dragersgilde, dat **op**gericht is in 1593.

Notes

① **wel eens**, *déjà*, *parfois*, est idiomatique.

② Au lieu de **de plek**, *l'endroit*, vous pouvez dire **de plaats**, qui signifie aussi *la ville* : **een grote plaats**, *une ville (localité) importante*. Mais on dit : **de stad Rotterdam**, *la ville de Rotterdam* (**stad** est plus précis et se réfère aux privilèges communaux accordés aux villes). ▸

❹ Peux-tu monter le son de la télé s'il te plaît, je n'entends rien.
Kun je de TV . . . . . . zetten alsjeblieft, ik kan . . . .

❺ Tu arrêtes avec ça maintenant, *(car)* ça suffit comme ça !
. . . . ermee, want zo is het . . . . !

Corrigé de l'exercice 2

❶ – uit haar slaap gehouden – gesnurk – ❷ – hard aanzet – klagen ❸ Het begint – te vervelen ❹ – harder – niets verstaan ❺ Nu stop je – wel genoeg geweest

Deuxième vague : 38e leçon

Quatre-vingt-huitième leçon 88

Le marché au fromage d'Alkmaar

1 – Avez-vous déjà visité le marché au fromage d'Alkmaar sur la place du Poids Public ?
2 C'est le seul endroit où le fromage est encore vendu *(négocié)* de manière traditionnelle ;
3 les visiteurs viennent des quatre coins du monde *(de tous aires-de-vent)*, même bien au-delà des frontières, [pour] voir ce marché.
4 La pesée du fromage est le travail de *(entretenu par)* la corporation des porteurs de fromage *(fromage-porteurs-guilde)*, qui a été constituée en 1593.

▸ ③ **de windstreek** signifie *le point cardinal* : **het noorden**, *le nord* ; **het zuiden**, *le sud* ; **het oosten**, *l'est*, et **het westen**, *l'ouest*. On dira : **de wind komt uit het noorden**, *le vent vient du nord*, mais : **een noordenwind**, *un vent du nord* ; **een noordoostenwind**, *un vent du nord-est*, etc. *Au nord/sud/est/ouest de...* se dit **ten noorden/zuiden/oosten/westen van...**

5 Het **gil**de be**staat** uit vier **groe**pen van **ze**ven **kaas**dragers en **ie**dere groep heeft zijn **ei**gen kleur: geel, rood, groen en blauw.

6 Voor ④ het **gil**de kan be**gin**nen met **we**gen, **wor**den eerst zo'n **twee**duizend **ka**zen in **lange rij**en **neer**gezet.

7 **Tij**dens het **neer**zetten ⑤ van al die **ka**zen, wordt door de **han**delaren ⑥ ge**ke**ken of ze er goed uit zien.

8 **O**ver de prijs per **ki**lo wordt onder**han**deld door el**kaar** op de hand te slaan en een prijs te **roe**pen.

9 Zo**dra** de koop is ge**slo**ten ⑦, wordt de ver**koch**te kaas door de **kaas**dragers op **spe**ciale **draag**baren naar de Waag ge**bracht** en ge**wo**gen.

10 **Ie**dereen is het er**o**ver eens dat **de**ze **vro**lijke at**trac**tie niet ge**mist** ⑧ mag **wor**den.

11 We zien u dus vast en **ze**ker te**rug** op het **Waag**plein.

12 En na een be**zoek** aan het **Kaas**museum, ver**geet** u dan niet nog **e**ven bij de **kaas**boer **bin**nen te **lo**pen! □

Notes

④ La conjonction **voordat** est parfois réduite à **voor**, *avant de/que*.

⑤ Le verbe substantivé **het neerzetten** comporte ici une notion de durée, de processus en cours de déroulement.

⑥ **handelaar**, *marchand*, *commerçant*, *négociant*, a un sens plus large que **winkelier**, *commerçant* (celui qui tient un *magasin*, **winkel**). Notez aussi **de groothandelaar**, *le grossiste*. ▶

5 La corporation consiste en quatre groupes de sept porteurs de fromage et chaque groupe a sa propre couleur : jaune, rouge, vert et bleu.
6 Avant que la corporation puisse commencer *(avec)* la pesée, on dépose d'abord quelque deux mille fromages en longues files.
7 Pendant que tous ces fromages sont empilés, leur qualité est inspectée *([il] est regardé s'ils ont bonne mine)* par les marchands.
8 On négocie le prix du kilo en se tapant sur la main en prononçant *(appelant)* un prix.
9 Dès que le marché *(achat)* a été conclu, le fromage vendu est porté sur des brancards spéciaux vers la Balance par les porteurs de fromage et [il est] pesé.
10 Tout le monde s'accorde [à dire] que cette attraction animée *(gai)* est incontournable *(ne peut être manqué)*.
11 Nous vous reverrons donc sans aucun doute *(assurément et sûr)* sur la place du Poids Public.
12 Et après la *(une)* visite du musée du fromage, n'oubliez pas d'entrer *(intérieur-marcher)* encore un moment chez le fromager *(fromage-paysan)* !

⑦ **de koop**, *l'achat*, est utilisé dans les constructions **een koop sluiten**, *conclure un marché*, et **te koop**, *à vendre*. Dans cette phrase, repérez bien la proposition subordonnée : **Zodra de koop is gesloten**, et la principale : **wordt de verkochte kaas (...) gebracht en gewogen**. Le verbe conjugué de la principale est placé après la subordonnée pour conserver la deuxième place dans la phrase.

⑧ **missen**, *manquer, se passer de, rater* ; **ik mis je**, *tu me manques*. Vous pouvez changer le pronom personnel objet : **hij mist haar**, *elle lui manque*, **we missen jullie**, *vous nous manquez*, etc.

88 **Oefening 1 – Vertaal**

❶ Deze domkerk is opgericht in 1593. ❷ Iedereen is het erover eens dat deze noordoostenwind erg koud is. ❸ Sinds hij in Portugal woont, mist ze hem nog meer. ❹ Alkmaar is een bekende plaats vanwege zijn kaasmarkt op het Waagplein. ❺ Schiphol ligt ten zuidwesten van de stad Amsterdam.

Oefening 2 – Vul in

❶ Les commerçants négocient le prix au kilo.
De . . . . onderhandelen over de . . . .

❷ Samedi, je voudrais aller sur la place du Poids Public pour visiter le musée du fromage.
. . . . graag naar het Waagplein om . . . . te . . . .

❸ Avant de pouvoir commencer la pesée, il faut d'abord déposer deux mille fromages.
. . . . ze kunnen beginnen met wegen, ... eerst tweeduizend kazen . . . .

Savez-vous comment procèdent les négociants au contrôle de la teneur en matières grasses et en humidité du fromage ? Nous vous le laissons découvrir chaque vendredi matin d'avril à septembre lors de la vente aux fromages à Alkmaar, ville de la Hollande-Septentrionale. À l'intérieur de la Balance publique, vous trouvez aussi un musée. À l'origine, c'était une chapelle que l'on a transformée au XVI*e siècle pour la pesée du fromage. Au fil du temps, le marché est devenu très important : au* XVIII*e siècle, il se tenait quatre jours par semaine jusque tard dans la soirée. Par jour, environ 300 tonnes de fromage étaient débitées en moyenne. Depuis 1939, Alkmaar est la seule ville qui négocie encore le fromage de cette manière traditionnelle, attirant ainsi de nombreux touristes.*

Corrigé de l'exercice 1

❶ Cette cathédrale a été érigée en 1593. ❷ Tout le monde s'accorde [sur le fait] que ce vent du nord-est est très froid. ❸ Il lui manque encore plus depuis qu'il habite au Portugal. ❹ Alkmaar est une ville connue pour son marché au fromage sur la place du Poids Public. ❺ Schiphol est situé au sud-ouest de la ville d'Amsterdam.

❹ C'est le seul endroit où le pain est encore cuit de manière traditionnelle.
Dat is .. .. waar het brood nog .. .. gebakken ......

❺ Autrefois on n'achetait pas autant de vin que maintenant.
.... werd er .... wijn ... nu gekocht.

Corrigé de l'exercice 2

❶ –winkeliers–prijs per kilo ❷ Zaterdag wil ik – het Kaasmuseum – bezoeken ❸ Voor – moeten – worden neergezet ❹ – de enige plek – op traditionele wijze – wordt ❺ Vroeger – niet zo veel – als –

Deuxième vague : 39e leçon

89 Negenentachtigste les

Bij de kaasboer ①

1 – **La**ten we **e**ven bij **de**ze **kaas**boer **bin**nengaan; die heeft **al**tijd **zul**ke **lek**kere kaas!
2 – Wat mag het zijn?
3 – Ik wil graag een klein **stuk**je **gei**tenkaas.
4 – **An**ders nog iets?
5 – Heeft u **bies**lookkaas?
6 – Ja**ze**ker! Hoe veel ② mag het zijn? Is dit **stuk**je groot ge**noeg**?
7 – Nee, dat is niet ge**noeg**: doet u maar **iets**je meer.
8 **Ver**der graag wat **Leid**se kaas alstu**blieft**.
9 – Hoe zwaar ② mag dat zijn?
10 – Doet u maar ruim **an**derhalf pond.
11 En ik zie dat daar "**gras**kaas" staat. Wat is dat voor een soort kaas?
12 – Die term ③ da**teert** nog uit de tijd dat **al**le kaas op boerde**rij**en werd ge**maakt**.

Notes

① **boer**, *paysan*, *fermier*, *agriculteur*, se retrouve dans d'autres métiers : **de visboer**, *le poissonnier* ; **de groenteboer**, *le marchand de légumes* ; **de melkboer**, *le laitier*, etc.

② Rappelez-vous que les questions pour quantifier quelque chose commencent toujours par **hoe** suivi d'un adjectif : **hoe groot?**, ▸

Chez le marchand de fromages

1 – Entrons un instant chez ce marchand de fromages ; il a toujours de si bon[s] fromage[s] !
2 – Vous désirez ?
3 – Je voudrais un petit morceau de fromage de chèvre.
4 – Autre chose ?
5 – Avez-vous du fromage à la ciboulette ?
6 – Bien sûr ! Je vous en mets combien *(Comment beaucoup ça peut être)* ? Ce morceau est-il suffisamment gros ?
7 – Non, ça ne suffit pas *(ce n'est pas assez)* : mettez-en un peu plus.
8 Et puis un peu de fromage au cumin *(de Leyde)* s'il vous plaît.
9 – Quelle quantité *(Comment lourd ça peut être)* ?
10 – Donnez-m'en une bonne livre et demie, je vous prie.
11 Et je vois là qu'[il] est écrit "fromage de mai" *(herbe-fromage)*. Qu'est-ce que c'est, comme sorte de fromage ?
12 – Cette appellation *(terme)* date *(encore)* du temps où *(que)* tous le[s] fromage[s] étaient fabriqués à la ferme *(dans des fermes)*.

▸ **hoe laat?, hoe lang?, hoe oud?, hoe ver?, hoe zwaar?, hoe veel?** Ce dernier s'écrit aussi en un seul mot : **hoeveel weegt deze kaas?**, *combien pèse ce fromage ?*

③ Retenez par la même occasion **het woord**, *le mot*.

89 **13** ’s **Win**ters **a**ten de **koei**en hooi; de melk en de kaas was **daar**door **min**der **lek**ker.
14 Zo**dra** het **len**te werd ④ en de **koei**en weer naar het **wei**land **kon**den, werd van de **eer**ste **ver**se melk kaas ge**maakt**.
15 **De**ze kaas was na vier **we**ken **rij**pen klaar voor con**sump**tie en werd **gras**kaas ge**noemd**.
16 Tegen**woor**dig is de kwali**teit** van de kaas het **he**le jaar **bij**na ge**lijk**, maar de smaak van **gras**kaas blijf je **proe**ven ⑤;
17 die is bij**zon**der fris en zacht.
18 – Dus **gras**kaas be**te**kent **ei**genlijk ge**woon** **voor**jaarskaas?
19 – Pre**cies**!
20 – Nou, mag ik daar een **plak**je ⑥ van **proe**ven? □

Prononciation
*13 … kouye*ⁿ*…*

Notes

④ **worden** n’est pas lié au passif ici, mais il indique un changement d’état : **het wordt lente**, *le printemps arrive* ; **het wordt licht**, *il commence à faire clair/jour* ; **het wordt koud**, *le froid arrive / il commence à faire froid.* ▶

***

Oefening 1 – Vertaal
❶ Waar heb je de kaasschaaf neergelegd? ❷ Hoeveel Leidse kaas wilt u? ❸ Het woord “graskaas” betekent voorjaarskaas. ❹ Deze karnemelk is op de boerderij gemaakt. ❺ Die term dateert uit de zeventiende eeuw.

13 En hiver, les vaches mangeaient du foin ; le lait et le fromage étaient pour cette raison moins bons. 89
14 Dès que le printemps arrivait et que les vaches pouvaient à nouveau [sortir] dans le[s] pré[s], on faisait du fromage à partir du premier lait frais.
15 Après quatre semaines d'affinage, ce fromage était prêt à être consommé *(pour consommation)* et on l'appelait fromage de mai.
16 À présent, la qualité du fromage est presque constante *(égale)* toute l'année, mais le goût du fromage de mai perdure *(restes tu [à] goûter)* ;
17 il est particulièrement frais et doux.
18 – Donc fromage de mai veut en fait simplement dire fromage de printemps ?
19 – Exactement !
20 – Eh bien, puis-je goûter une tranche ?

▸ ⑤ L'auxiliaire **blijven** se traduit par *rester, continuer à être/d'être* : **het blijft regenen**, *il continue à pleuvoir*. Le sujet **je** se traduit ici par *on* (on continue à retrouver le goût du fromage de mai).

⑥ L'ustensile qui sert à couper de fines tranches de fromage, **de kaasschaaf**, *le rabot à fromage (à pâte dure)*, ne manque dans aucun ménage néerlandais.

***

Corrigé de l'exercice 1

❶ Où as-tu posé le rabot à fromage ? ❷ Quelle quantité de fromage au cumin désirez-vous ? ❸ Le mot "fromage de mai" signifie fromage de printemps. ❹ Ce lait fermenté a été fait à la ferme. ❺ Cette appellation date du dix-septième siècle.

Oefening 2 – Vul in

❶ La qualité de ces vêtements en laine est aussi bonne qu'autrefois.
De . . . . van deze wollen kleding is . . .
. . . . vroeger.

❷ En mangeant beaucoup de légumes, on ne grossit pas.
Door veel . . . . te eten, ... je . . . .

❸ Combien pèse ta valise ? Ouille, elle est très lourde !
Hoe . . . . . is je koffer? Oei, hij is . . . . !

❹ Le lait frais, c'est le meilleur *(au goût)*.
. . . . . melk . . . . . . het lekkerst.

❺ Ce captivant jeu sur ordinateur a été inventé par un administrateur-système [bien] malin.
Dit spannende computerspel . . . .
een slimme . . . .

Le néerlandais dispose de plusieurs adjectifs pour évaluer la maturation du fromage. Vous avez déjà rencontré **jong** *(pour une maturation de quatre semaines),* **belegen** *(quatre mois) et* **oud** *(dix mois). Pour les stades intermédiaires, on utilise les termes* **jong belegen** *(huit semaines),* **extra belegen** *(sept mois) et* **overjarig** *(un an ou plus).*
Le fromage le plus courant aux Pays-Bas est le **Goudse kaas***, nommé d'après la ville de* **Gouda***. Ce fromage rond et plat pèse environ 12 kilos. L'***Edammer***, originaire de la ville d'***Edam***,*

Corrigé de l'exercice 2

❶ – kwaliteit – net zo goed als – ❷ – groente – word – niet dik ❸ – zwaar – erg zwaar ❹ Verse – smaakt – ❺ – is verzonnen door – systeembeheerder

est une petite boule ronde d'environ 1,7 kilo, qui se reconnaît à la couche de paraffine rouge dont il est enveloppé. Il ressemble à de la mimolette ; cette dernière est d'ailleurs quasi inconnue aux Pays-Bas. Le **Leidse kaas***, de la ville de* **Leiden***, également appelé* **komijnekaas** *à cause des graines de cumin que l'on a ajoutées, est aussi très connu. Le* **Maaslander** *et le* **Leerdammer** *sont des fromages ronds et bombés, à trous. Il existe aussi de nombreux fromages aux épices et aux herbes, comme le* **Friese nagelkaas** *avec des clous de girofle, et le* **brandnetelkaas***, à l'ortie.*

Deuxième vague : 40ᵉ leçon

90 Negentigste les

Het nieuws ①

1 – Zet het nieuws eens aan!
2 Het schijnt dat de **dij**ken van de **pol**der van**nacht** door mi**lieu**activisten zijn **door**gestoken ②.
3 – Zo, ze **heb**ben het dus echt **dur**ven doen! Wat een ge**vaar**lijke **ac**tie!
4 – Zeg dat wel! Dat doet me **den**ken aan de **wa**tersnoodramp van 1953 toen de **dij**ken **wa**ren **door**gebroken.
5 – Dat is niet hele**maal** verge**lijk**baar ③, want toen **wa**ren ④ de **dij**ken niet be**wust** **door**gestoken, maar doorge**bro**ken van**we**ge het **nood**weer.
6 Boven**dien** **wa**ren er toen heel veel **slacht**offers.
7 In **ie**der ge**val** is er een poli**tie**ke ten**dens** om het land weer aan het **wa**ter te**rug** te **ge**ven.
8 – Ook al be**staat** die ten**dens**, dan is dat geen **re**den om de **dij**ken maar vast door te gaan **ste**ken.
9 – Het ging ze waar**schijn**lijk niet snel ge**noeg**!

Notes

① **het nieuws**, *les nouvelles*, *les actualités*, *le journal*, est un singulier. Il peut être utilisé pour la télévision, la radio et la presse écrite. On rencontre aussi **het nieuwsbericht**, *le bulletin d'information*, et **het journaal**, *le journal (parlé)*. ▸

Quatre-vingt-dixième leçon 90

Les infos

1 – Tu peux mettre les infos *(Allume un peu les nouvelles)* ?
2 Il paraît que les digues du polder ont été percées cette nuit par des écologistes *(environnement-militants)*.
3 – Eh bien, ils ont donc réellement osé le faire ! Quelle action dangereuse !
4 – Comme tu dis ! Ça me fait penser aux grandes inondations *(eau-péril-désastre)* de 1953, quand les digues avaient cédé *(étaient rompu)*.
5 – Ce n'est pas tout à fait comparable, car à cette époque les digues n'avaient pas été percées consciemment mais [elles avaient] cédé en raison de la tourmente *(péril-temps)*.
6 En plus, à l'époque, il y a eu de très nombreuses victimes.
7 En tout cas, il y a une intention *(tendance)* politique de rendre la terre à l'eau.
8 – Même si cette intention existe, *(alors)* ce n'est pas une raison pour commencer *(déjà aller)* à percer les digues.
9 – Ça n'allait probablement pas assez vite [pour] eux !

② Il s'agit du verbe à particule **doorsteken**, *percer* (litt. "piquer à travers").

③ Le suffixe **-baar** correspond à *-able/-ible* en français : **toonbaar**, *présentable* ; **eetbaar**, *mangeable, comestible* ; **leesbaar**, *lisible* etc.

④ Au plus-que-parfait, la voix passive se forme avec le prétérit de **zijn**.

90 **10** Er wordt **trou**wens internatio**naal** veel **o**ver dit **on**derwerp ge**schre**ven.

11 Je moet dat ar**ti**kel in Vrij **Ne**derland eens **le**zen **o**ver de posi**tie**ve ge**vol**gen van zo'n be**sluit** voor de na**tuur**.

12 – Je zult wel ge**lijk heb**ben, maar ik vind toch dat ze nu te ver zijn ge**gaan**.

13 – Ja, hoe **lan**ger ⑤ de poli**tiek aar**zelt, hoe ge**vaar**lijker ⑤ de **ac**ties **wor**den!

14 – Nou, dit is **ze**ker niet de meest ge**schik**te **op**lossing voor het pro**bleem**.

15 En nu heb ik ook nog het nieuws ge**mist** door al dat ge**klets** van je! □

Note

⑤ Notez l'emploi du comparatif dans la construction **hoe…, hoe…**, *plus… (et) plus…*

***

Oefening 1 – Vertaal

❶ Ik voel me niet lekker; zijn deze paddenstoelen wel eetbaar? ❷ Ik vind dat een gevaarlijke tendens. ❸ Hoe kouder het 's winters is, hoe warmer je je moet aankleden. ❹ Dat is waar: hij aarzelt vaak en kan nooit een besluit nemen. ❺ De meest praktische oplossing bestaat uit het doorsteken van de dijken.

10 On écrit d'ailleurs beaucoup sur ce sujet [à l'échelle] internationale.
11 Tu devrais lire un peu cet article dans *Vrij Nederland (Pays-Bas Libres)* sur les effets *(conséquences)* positifs d'une telle décision pour la nature.
12 – Tu as certainement raison, mais tout de même, je trouve que cette fois *(maintenant)* ils sont allés trop loin.
13 – Oui, plus longtemps la politique hésite, plus dangereuses deviennent les actions !
14 – Eh ben, ce n'est certainement pas la solution la plus appropriée pour [résoudre] le problème.
15 Et en plus maintenant j'ai raté les informations à cause de tout ton bavardage !

DAT IS WAAR: HIJ AARZELT VAAK EN KAN NOOIT EEN BESLUIT NEMEN.

***

Corrigé de l'exercice 1

❶ Je ne me sens pas bien ; ces champignons sont-ils bien comestibles ? ❷ Je trouve [que c'est] une tendance dangereuse. ❸ Plus il fait froid en hiver, plus il faut s'habiller chaudement. ❹ C'est vrai : il hésite souvent et n'arrive jamais à prendre une décision. ❺ La solution la plus pratique consiste à percer les digues.

Oefening 2 – Vul in

❶ Au nord-ouest d'Amsterdam se trouve un petit polder.
Ten . . . . van Amsterdam . . . . een . . . .

❷ Quelle est la meilleure façon de s'y *(m'y)* rendre ?
. . . . daar het beste . . . . gaan?

❸ Vous prenez d'abord le bus 172 et puis vous changez pour le 171.
Eerst . . . . . . bus 172 en dan . . . . op bus 171.

❹ Ils ont lu un article important sur ce sujet dans un journal anglais.
Ze hebben over . . . . een . . . . in een . . . . gelezen.

❺ Il lui donna le livre sur les grandes inondations et leurs conséquences *(les conséquences de cela)* pour l'environnement.
Hij gaf haar / hem het boek . . . . en de . . . . daarvan . . . .

Corrigé de l'exercice 2

❶ – noordwesten – ligt – kleine polder ❷ Hoe kan ik – naartoe – ❸ – neemt u – stapt u over – ❹ – dit onderwerp – belangrijk artikel – Engelse krant – ❺ – over de watersnoodramp – gevolgen – voor het milieu

Lors de la création des polders, les différents **waterschappen**, Administrations des Eaux, *des organismes d'État chargés de la surveillance des eaux de surface dans une région donnée, ont joué un rôle essentiel de coopération. Dans la nuit du 31 janvier 1953, l'importance d'une vigilance constante s'est encore une fois avérée : une grande partie de la province de la Zélande fut inondée suite à une grande marée et une violente tempête. L'inondation coûta la vie à plus de 1 800 personnes et 10 000 têtes de bétail. Elle provoqua l'évacuation d'environ 100 000 personnes. Pour éviter qu'une telle catastrophe ne se reproduise,* **het Deltaplan**, *également appelé* **de Deltawerken**, le plan Delta, *fut imaginé et mis en œuvre. Les dunes furent d'abord relevées et les îles de la Zélande furent ensuite reliées par des digues et d'énormes* barrages, **waterkeringen**, *dont l'***Oosterscheldekering** *est le plus sophistiqué. Il peut être ouvert ou fermé en fonction du temps, ce qui permet de conserver la salinité de l'eau et de protéger la faune et la pêche. Il a été inauguré le 4 octobre 1986 par la reine* **Beatrix**. *La lutte contre l'eau inspira à l'écrivain Mary Mapes Dodge l'histoire de* **Hansje Brinker**, *qui sauva tout un village de l'inondation en bouchant un trou dans la digue en y plaçant son doigt ! Bien que cette histoire ait été inventée de toutes pièces, elle a valu plusieurs statues de* **Hansje** *aux Pays-Bas.*

Deuxième vague : 41e leçon

91 Eenennegentigste les

Herhaling – Révision

1 Le comparatif et le superlatif (suite)

En règle générale, le comparatif se forme en ajoutant **-er** à l'adjectif, et le superlatif en ajoutant **-st** à l'adjectif.
Il y a toutefois quelques exceptions et des formes irrégulières :

dichtbij, *(tout) près*	**dichterbij**	**dichtstbij**
goed, *bon*	**beter**	**best**
graag, *volontiers*	**liever**	**liefst**
veel, *beaucoup*	**meer**	**meest**
weinig, *peu (de)*	**minder**	**minst**

Le comparatif et le superlatif de **veel** et **weinig** sont utilisés devant un participe passé ou, pour le dernier, dans des comparaisons négatives :
Hij wordt het meest/het minst gewaardeerd door kinderen, *Ce sont les enfants qui l'apprécient le plus/le moins.*
Deze jurk staat je minder goed dan die andere, *Cette robe te va moins bien que l'autre.*
het minst leuke moment, *le moment le moins agréable.*

Meest + adjectif est utilisé la plupart du temps pour des adjectifs se terminant par *[s]* ou *[st]* ou par une suite de consonnes difficile à prononcer : **de meest geschikte oplossing**, *la solution la plus appropriée* ; **de meest praktische route**, *l'itinéraire le plus pratique.*

Après une comparaison d'égalité, on utilise **als** : **dezelfde kleur als**, *la même couleur que* ; **hetzelfde land als**, *le même pays que.*
Après une comparaison d'infériorité ou de supériorité, on utilise **dan** : **minder groot dan**, *moins grand/e que* ; **groter dan**, *plus grand/e que.*

Ne confondez pas **net zo... als**, *aussi... que*, et **niet zo... als**, *pas aussi... que.*

2 La voix passive (suite)

Au passé composé et au plus-que-parfait, la voix passive se forme avec l'auxiliaire **zijn** + participe passé (sans **geworden**, le participe passé de l'auxiliaire du passif, qui reste sous-entendu) :
Het Kaasdragersgilde is opgericht in 1593, *La corporation des porteurs de fromage a été constituée en 1593.*
Zodra de koop gesloten is/is gesloten, wordt de kaas gewogen, *Dès que la vente a été conclue, le fromage est pesé.*
Ik was ingeschreven door m'n vader, *C'est mon père qui m'avait inscrit (J'avais été inscrit par mon père).*
Toen waren de dijken niet bewust doorgestoken, *À cette époque, les digues n'avaient pas été percées consciemment.*

Er s'emploie quand le sujet est impersonnel ou indéfini :
Mag er hier worden gerookt/gerookt worden?, *Peut-on fumer ici ?*
Er moeten meestal heel wat bevroren neuzen worden verzorgd/verzorgd worden!, *La plupart du temps, on doit soigner pas mal de nez gelés !*

3 Le diminutif

Le diminutif est très courant en néerlandais ; on s'en sert pour faire référence à la petite taille d'un objet, pour minimiser les choses ou pour exprimer une affinité. Il peut être précédé de **klein** pour renforcer l'idée de petitesse. Par l'intermédiaire du diminutif, on peut rendre une demande plus modeste : **Mag ik een stukje kaas?**, *Puis-je avoir un morceau de fromage ?* ; **Wil je een klein beetje wijn?**, *Veux-tu un petit peu de vin ?*
Le diminutif sert aussi à quantifier certains noms de matière : **een biertje alstublieft**, *une bière s'il vous plaît !* ; **ik heb zin in een ijsje**, *j'ai envie d'une glace.* Mais vous direz **een glas bier**, *un verre de bière* ; **je mag niet op het ijs**, *tu n'as pas le droit d'aller sur la glace.*
Pour le former, il suffit la plupart du temps d'ajouter la terminaison **-je** au nom.

91 On ajoute la terminaison **-tje** quand le nom se termine par une voyelle, une diphtongue, un **w** : **dametje**, **koetje**, **buitje**, **nieuwtje**. On ajoute également la terminaison **-tje** après une voyelle longue, une diphtongue ou **e** suivies de **l**, **n**, ou **r** : **weertje**, **retourtje**, **tafeltje**.
On trouve aussi la terminaison :
– **-etje** après **-(i)ng**, ou une voyelle brève suivie de **l**, **n**, **r**, ou **m** : **gangetje**, **wandelingetje**, **snorretje**, **zonnetje** (attention, après une voyelle brève, la consonne doit être doublée pour des raisons de prononciation).
– **-kje** après une syllabe accentuée suivie de **-ing** : **koninkje** (attention le **g** disparaît).

Herhalingsdialoog

1 – Weet je dat er nog een paar traditionele kaasmarkten in Nederland zijn?
2 – Nee, dat wist ik niet; ik ken alleen die van Alkmaar.
3 – Ja, die kent iedereen, maar er zijn ook markten in Edam, Hoorn, Gouda en Woerden.
4 Die van Woerden lieten ze gisteren op het journaal zien.
5 Daar wordt al meer dan honderd jaar kaasmarkt gehouden.
6 Het is één van de minst bekende, maar het is een echte markt voor groothandelaren.
7 En die van Edam is een van de meest bezochte.
8 – Ik ben dol op Edammer kaas en Edam is vast een leuke plaats; zullen we ernaartoe gaan?
9 – Laten we eerst even op internet kijken of het ver hiervandaan is.

– **-pje** après une consonne ou une voyelle non brève suivies de **m** : **filmpje**.
jongetje, le diminutif de **jongen**, est un cas particulier.
Certains diminutifs ne sont plus ressentis comme tels, par exemple **koopje**, **liedje** ou **kaartje**.
Les diminutifs **meisje** et **beetje** n'existent que sous cette forme-là.
N'oubliez pas que tous les diminutifs s'utilisent au singulier avec l'article **het**.
Parfois on rencontre un adverbe sous forme de diminutif : **eventjes**, *un (petit) moment* ; **netjes** *convenablement, proprement* ; **stilletjes**, *doucement, secrètement*.

10 – Kijk, het is niet ver en we kunnen er makkelijk met het openbaar vervoer heen.
11 – Ja, met bus 110 vanaf Amsterdam Centraal hoef je niet eens over te stappen!

Traduction

1 Sais-tu qu'il y a encore quelques marchés au fromage traditionnels aux Pays-Bas ? **2** Non, je ne le savais pas ; je connais seulement celui d'Alkmaar. **3** Oui, celui-là tout le monde le connaît, mais il y a aussi des marchés à Edam, Hoorn, Gouda et Woerden. **4** Hier, il montrait celui de Woerden aux infos. **5** Là-bas, le marché au fromage existe *(est tenu)* depuis plus de cent ans. **6** C'est un des marchés les moins connus, mais c'est un vrai marché pour les grossistes. **7** Et celui d'Edam est un des plus visités. **8** J'adore le fromage d'Edam et ça doit être une jolie ville ; et si nous y allions ? **9** Regardons d'abord sur Internet si c'est loin d'ici. **10** Regarde, ce n'est pas loin et [c'est] facile d'y aller en transports en commun. **11** Oui, avec le bus 110 de la gare centrale d'Amsterdam, on n'a même pas besoin de prendre de correspondance !

Oefening – Vertaal

❶ Hij wordt uitgenodigd voor een feestje. ❷ Hij werd uitgenodigd. ❸ Zij is uitgenodigd voor een belangrijke vergadering. ❹ Ik was ook uitgenodigd. ❺ Er mag niet op kantoor gerookt worden. ❻ We hebben niet in het restaurant kunnen roken. ❼ Ze zijn goed verzorgd door de assistente. ❽ De bomen werden omgezaagd.

92 Tweeënnegentigste les

À présent, vous connaissez bien les règles de l'accent tonique ; il ne sera donc plus indiqué dans les dialogues. Vous allez constater que vous vous débrouillez très bien sans cette aide. C'est un nouveau pas en avant vers la maîtrise de la langue. Bravo !

De professor is de weg kwijtgeraakt

1 – Weet je nog dat ① professor Zonnebloem de weg kwijt was geraakt?

2 – Je bedoelt toen die keer dat hij naar de universiteit heeft getelefoneerd, om te waarschuwen dat hij daar een kwartier geleden al had moeten ② zijn?

3 Nou, dat weet ik nog goed!

4 Ik stond toen naast de telefoniste, die zijn achternaam heeft genoteerd;

Notes

① La question **Weet je nog wanneer...?** suppose une réponse plus exacte, indiquant une date ou une époque, que **Weet je nog dat...?** On préfère donc ici **dat** ou, éventuellement, **toen**. ▸

Corrigé de l'exercice
❶ Il est invité à une fête. ❷ Il fut invité. ❸ Elle a été invitée à une importante réunion. ❹ J'avais été invité aussi. ❺ On ne peut pas fumer au bureau. ❻ Nous n'avons pas pu fumer au restaurant. ❼ Ils/Elles ont été bien soigné(e)s par l'assistante. ❽ Les arbres furent sciés.

Deuxième vague : 42e leçon

Quatre-vingt-douzième leçon 92

Le professeur s'est perdu *(est le chemin perdu)*

1 – Tu te rappelles quand *(que)* [le] professeur Tournesol s'est *(était)* perdu ?
2 – Tu veux dire la fois où il a appelé l'université pour avertir qu'il aurait un quart d'heure de retard *(qu'il aurait dû être là il y a un quart d'heure déjà)* ?
3 Eh oui, je m'en souviens bien !
4 À ce moment-là, j'étais à côté de la standardiste qui a noté son nom de famille ;

▸ ② Aux temps composés, le participe passé des verbes de modalité comme **moeten** est remplacé par un infinitif.

5 ze heeft beloofd door te zullen geven dat hij wat later zou komen.
6 Op haar vraag waar hij zich bevond, antwoordde hij dat hij aan het begin van een kanaal stond,
7 vlakbij een groot gebouw met een bord “te huur ③” erop.
8 – Hij was de weg totaal kwijt!
9 – Zeg dat wel! Ze zei hem dat hij terug moest richting viaduct
10 en waarschuwde hem dat hij goed op moest letten ④,
11 aangezien hij daar onder de brug door ⑤ moest.
12 Tegenover het fietspad zou hij dan de universiteit zien.
13 Toen de professor vroeg hoe lang het zou duren voor hij daar kon zijn, antwoordde ze dat hij er over tien minuten wel zou zijn.
14 – Maar hij deed zijn naam eer aan, want hij kwam pas een uur later aan!
15 – Ja, hoe vaak is dat met hem niet het geval! □

Remarque de prononciation
11 L'accent tonique de **aangezien** est variable.

Notes

③ **huren**, *louer, prendre en location*, à ne pas confondre avec **verhuren**, *louer, donner en location*.

④ **opletten**, *faire attention, être attentif (à)*, est synonyme de **letten op** : **Je moet zelf opletten of het ijs dik genoeg is** / ▸

5 elle a promis de prévenir *(transmettre)* qu'il arriverait un peu plus tard.
6 À sa question où il se trouvait, il a répondu qu'il était au début d'un canal,
7 tout près d'un grand bâtiment avec un écriteau “à louer” sur la façade *(dessus)*.
8 – Il était complètement perdu !
9 – Ça oui ! Elle lui a dit de faire demi-tour *(qu'il de retour doit)*, [en] direction [du] viaduc,
10 et l'a averti de faire bien attention
11 car à cet endroit *(étant donné que là)* il devait [passer] sous le pont.
12 En face de la piste cyclable, il verrait *(alors)* l'université.
13 Quand [le] professeur a demandé combien de temps ça prendrait pour arriver *(comment longtemps il durerait avant qu'il pouvait être là)*, elle a répondu qu'il serait probablement là dans dix minutes.
14 – Mais il a été fidèle à sa réputation *(il a fait honneur à son nom)*, car il est arrivé une heure plus tard seulement !
15 – Oui, [et] combien de fois n'est-ce pas le cas avec lui !

▸ **Je moet zelf letten op de dikte van het ijs**, *Tu dois toi-même faire attention à l'épaisseur de la glace.*

⑤ À l'aide d'une postposition (la préposition est placée derrière le nom), on précise le mouvement. **Je gaat de brug over**, *Tu passes sur le pont.*

92

Oefening 1 – Vertaal

❶ Wat was uw achternaam ook al weer? ❷ U gaat onder het viaduct door en dan gaat u rechtsaf. ❸ Weet je nog toen die keer dat de dijken door milieuactivisten waren doorgestoken? ❹ Hij doet alsof hij hier de baas is. ❺ Waar is de WC alstublieft? – Daar de trap op.

Oefening 2 – Vul in

❶ Aux feux de signalisation, vous passez sur le pont qui traverse le canal.
Bij . . . . gaat u . . . . . . over . . . . over.

❷ Elles venaient de rentrer quand on sonna.
Ze waren . . . . , toen er werd . . . .

❸ Même s'il a raison, il n'a pas besoin d'être si désagréable !
. . . . . . heeft hij gelijk, dan . . . . nog niet . . . . te doen!

❹ À quelle heure commence la séance et combien de temps dure le film ?
. . . . de voorstelling en . . . . de film?

❺ J'aurais dû être au bureau il y a une heure déjà.
Ik had . . . . op . . . . moeten zijn.

Corrigé de l'exercice 1

❶ Quel est *(était)* votre nom de famille déjà ? ❷ Vous passez sous le viaduc et puis vous tournez à droite. ❸ Est-ce que tu te rappelles la fois où les digues avaient été percées par des écologistes ? ❹ Il fait comme s'il était *(est)* le patron ici. ❺ Où sont les toilettes s'il vous plaît ? – En haut de l'escalier là-bas.

Corrigé de l'exercice 2

❶ – de stoplichten – de brug – het kanaal – ❷ – net thuis – gebeld ❸ Ook al – hoeft hij – zo vervelend – ❹ Hoe laat begint – hoe lang duurt – ❺ – een uur geleden al – kantoor –

Deuxième vague : 43e leçon

93 Drieënnegentigste les

De Nederlandse taal

1 – Vaak denkt men in het buitenland dat de voertaal van Nederland Engels is, ①
2 wat echter ② niet juist is!
3 Waarschijnlijk denkt men dit omdat Nederlanders graag vreemde talen spreken.
4 En de meeste mensen spreken vrij goed Engels.
5 Maar de officiële taal in Nederland is toch echt Nederlands!
6 Daarnaast wordt het Fries ③ erkend als de tweede taal van Nederland.
7 U vraagt zich misschien af wat het verschil is tussen het Nederlands dat in Nederland wordt gesproken en het Nederlands – ook wel Vlaams genoemd – dat in België wordt gesproken?
8 – Nu, soms wijkt de werkwoordsvolgorde wat af en enkele woorden zijn anders.

Remarques de prononciation
6 L'accent tonique de **daarnaast** est variable.
8 werkwoordsvolgorde se prononce *[**wèrk**wo:rtss-v'oLχorde]* où le **s** fonctionne comme liaison entre les deux mots. Nous faisons intervenir ici une locutrice flamande.

Notes

① On pense aussi parfois que c'est le hollandais. Mais **het Hollands** désigne en réalité le dialecte parlé autrefois en Hollande (région qui regroupe actuellement les deux provinces ▸

Quatre-vingt-treizième leçon 93

La langue néerlandaise

1 – À l'étranger, on pense souvent que la langue véhiculaire des Pays-Bas est [l']anglais,
2 ce qui n'est toutefois pas correct !
3 On pense probablement cela parce que les Néerlandais aiment bien parler les langues étrangères.
4 Et que la plupart *(des gens)* parlent correctement [l']anglais.
5 Mais la langue officielle des Pays-Bas est pourtant bien *(vraiment)* [le] néerlandais !
6 En outre, le frison est reconnu comme la deuxième langue des Pays-Bas.
7 Vous vous demandez peut-être quelle est la différence entre le néerlandais qu'on parle aux Pays-Bas et le néerlandais – aussi appelé [le] flamand – qu'on parle en Belgique ?
8 – Eh bien, parfois l'ordre des verbes s'écarte un peu [de celui du néerlandais], et quelques mots sont différents *(autre)*.

▸ côtières de l'ouest du pays). Rappelez-vous que les langues (tout comme les noms et les adjectifs de nationalité) portent une majuscule.

② **echter**, *toutefois*, *cependant*, *mais*, *pourtant*, ne se place jamais en tête de phrase.

③ Toutes les langues sont du genre neutre et elles se terminent en *[ss]* : **het Chinees**, *le chinois* ; **het Arabisch**, *l'arabe* ; **het Spaans**, *l'espagnol* ; **het Indonesisch**, *l'indonésien*. (Reportez-vous aux annexes pour plus de précisions sur l'emploi de l'article défini devant le nom d'une langue.)

9 Maar het grootste verschil betreft ④ de uitspraak.
10 Ook wordt er in Nederland in het algemeen wat vlugger gesproken.
11 Maar dat betekent nog niet dat men elkaar in beide landen niet verstaat,
12 behalve natuurlijk als er dialect wordt gesproken, maar dat is een ander verhaal…
13 – Wist u trouwens dat het Nederlands ook gesproken wordt in Suriname, en op de Antillen?
14 Zelfs in Indonesië zijn er nog mensen die de Nederlandse taal beheersen! □

Remarque de prononciation
10 L'accent tonique de **algemeen** est variable.

Note

④ Retenez par la même occasion : **wat mij/jou betreft**, *en ce qui me/te concerne*, etc.

***

Oefening 1 – Vertaal

❶ We moesten vroeger Nederlands spreken op school. ❷ We mochten geen dialect spreken. ❸ Italiaans is een heel mooie taal. ❹ In het algemeen zal de uitspraak van het Vlaams wat afwijken van het Nederlands. ❺ Wat haar betreft: ze heeft nooit Fries willen spreken.

9 Mais la plus grande différence concerne la prononciation.
10 De plus, aux Pays-Bas, on parle en général un peu plus vite.
11 Mais cela ne veut pas *(encore)* dire qu'on ne se comprend pas dans les deux pays,
12 sauf, bien entendu, si l'on parle le dialecte, mais ça c'est une autre histoire…
13 – Saviez-vous d'ailleurs qu'on parle aussi le néerlandais au Suriname et aux Antilles ?
14 Même en Indonésie, il y a encore des gens qui maîtrisent la langue néerlandaise !

***

Corrigé de l'exercice 1

❶ Autrefois, on était obligé de parler néerlandais à l'école. ❷ On n'avait pas le droit de parler [en] dialecte. ❸ L'italien est une très belle langue. ❹ En général, la prononciation du flamand diffère un peu [de celle] du néerlandais. ❺ En ce qui la concerne, elle n'a jamais voulu parler frison.

Oefening 2 – Vul in

❶ Elle maîtrisait six langues étrangères !
Ze . . . . zes . . . . !

❷ Il n'y a pas de grosses *(grandes)* différences entre les deux pays.
Er zijn . . . . tussen . . . .

❸ Vous vous demandez peut-être pourquoi beaucoup de Néerlandais travaillent à mi-temps.
. . . . waarom . . . . parttime werken.

❹ Savais-tu que ma mère avait peur de l'eau parce qu'elle ne savait pas nager ?
Wist je dat mijn moeder . . . . , ... ze niet . . . . ?

❺ Comme *(étant donné que)* il ne voulait pas montrer son titre de transport, le train restait arrêté.
. . . . hij zijn plaatsbewijs . . . . , bleef de trein . . . .

Corrigé de l'exercice 2

❶ – beheerste – vreemde talen ❷ – geen grote verschillen – beide landen ❸ U vraagt zich misschien af – veel Nederlanders – ❹ – bang voor water was – omdat – kon zwemmen ❺ Aangezien – niet wilde tonen – stilstaan

*Le néerlandais est une langue germanique. Trois groupes de Germains peuplaient autrefois le nord de l'Europe ; lorsque les Francs ont commencé leur conquête des Pays-Bas, à l'époque de Clovis (466 – 511), les Saxons occupaient le nord-est et les Frisons le nord et le nord-ouest. Les langues parlées par les Saxons, les Frisons et surtout les Francs sont à l'origine du néerlandais futur. Dans ce qu'on appelle "l'ancien néerlandais" (800 – 1150), on retrouve donc les caractéristiques d'un idiome issu surtout de la langue francique. L'ancien néerlandais était la langue du peuple, alors que le latin était utilisé par le clergé et la science. Au Moyen Âge, lorsque la voyelle finale de la syllabe non accentuée s'est estompée en e muet (***hebben** *au lieu de* **hebban***), apparaît le "moyen néerlandais" (1150 – 1500), une dénomination commune pour un ensemble de dialectes. Au* XVI*e siècle, l'intérêt pour la langue du peuple augmente, bien que le latin soit encore considéré comme supérieur pour s'exprimer dans certains domaines. Cet intérêt grandissant annonce, avec d'autres modifications comme celle de la prononciation du* **ij** *(à l'origine un [i:]), le début du nouveau néerlandais (1500 – 1900), où un certain nombre de règles de la langue écrite se met en place au fur et à mesure. Au* XIX*e siècle, le néerlandais écrit se normalise de plus en plus suite à des réformes d'orthographe et se modernise en même temps grâce, entre autres, au mouvement des* **Tachtigers** *(cf. 96e leçon). Au* XX*e siècle, le processus de standardisation du néerlandais parlé progresse rapidement.*
*Aujourd'hui, le néerlandais compte environ 23 millions de locuteurs natifs et 4 millions de locuteurs non natifs. Le frison est parlé en Frise, où il compte environ 440 000 locuteurs. Et n'oublions pas l'***Afrikaans***, parlé par plus de six millions d'habitants d'Afrique du Sud, et qui ressemble à un néerlandais de l'époque du* XVII*e siècle.*

Deuxième vague : 44e leçon

94 Vierennegentigste les

Een ontmoeting ① met een Vlaamse

1 – Dag, heb je misschien een vuurtje voor me?
2 – Eh sorry, ik kan m'n aansteker ② niet vinden.
3 – Dat geeft niet hoor! Ben jij al vaker hier geweest?
4 – Nee, meestal ga ik ergens anders eten.
5 – Wacht je allang ③ hier? Kan ik je in de tussentijd een drankje aanbieden?
6 Ze hebben hier geweldig lekkere cocktails.
7 – Oké, één met rum en appelsiensap ④ dan graag!
8 – Sorry, je bedoelt sinaasappelsap?
9 – Excuseer ④?
10 – Je wilt rum met vruchtensap, toch?
11 – Ja, rum met fruitsap ④ graag.
12 – Je komt niet hiervandaan, neem ik aan?
13 – Nee, ik kom uit België, uit Gent om precies te zijn. Maar hoe weet je dat?
14 – Dat hoor ik aan je manier van praten en je accent: typisch Vlaams!

Notes

① L'infinitif est **ontmoeten**, *rencontrer* (de façon fortuite ou programmée).

② Notez aussi **de lucifer**, *l'allumette* : **Heb je lucifers om de kaarsen aan te steken?**, *As-tu des allumettes pour allumer les bougies ?*

③ On le trouve aussi orthographié en deux mots.

④ Ce sont des termes plutôt utilisés dans la partie néerlandophone de la Belgique.

Rencontre avec une Flamande

1 – Bonjour, aurais-tu du feu par hasard *(as-tu peut-être un feu pour moi)* ?
2 – Euh désolée, je ne trouve pas mon briquet.
3 – Ce n'est pas grave ! Tu viens souvent ici *(Es-tu déjà été plus souvent ici)* ?
4 – Non, la plupart du temps je vais manger ailleurs *(quelque part d'autre)*.
5 – [Ça fait] longtemps [que] tu attends ici ? Puis-je t'offrir un verre pour patienter *(entre-temps)* ?
6 Ils ont d'excellents *(terriblement bon)* cocktails ici.
7 – D'accord, *(un)* avec du rhum et du jus d'*appelsien* alors s'il te plaît !
8 – Excuse-moi, tu veux dire du jus d'orange ?
9 – Pardon *(Excuse)* ?
10 – Tu veux du rhum avec du jus de fruits, c'est bien ça ?
11 – Oui, du rhum avec du jus de fruits s'il te plaît.
12 – Tu n'es pas d'ici, je suppose ?
13 – Non, je viens de Belgique, de Gand pour être [très] précise. Mais comment sais-tu cela ?
14 – Je l'entends à ta façon de parler et à ton accent : typiquement flamands !

15 Hier is je drankje! Proost ⑤ dan hè!
16 – Ja, gezondheid! O, ik zie dat het al negen uur is: ik moet weg.
17 – Jammer, maar ík reken af!
18 – Geen sprake van! Ik betaal mijn deel wel.
19 – O jee, ik ben vergeten geld te trekken ⑥.
20 Even een geldautomaat zoeken. Doeg! □

Notes

⑤ **Proost!** et **Gezondheid!** s'utilisent à la fois pour trinquer (*tchin-tchin !*, *à ta/votre santé !*) et lorsqu'on éternue (*à tes/vos souhaits !*).

***

Oefening 1 – Vertaal

❶ Bent u allang hier? – Nee, ik kom net aan. ❷ Ik wilde hem nog bedanken voor het drankje, maar hij was al weg. ❸ Hoe vaak ga je naar het restaurant? ❹ Ze kon haar aansteker niet vinden, dus heb ik haar maar een lucifer gegeven. ❺ Ik neem aan dat je jouw deel wilt betalen.

Oefening 2 – Vul in

❶ Pendant les vacances, j'ai rencontré un tas de gens sympathiques.
Tijdens . . . . heb ik . . . . ontmoet.

❷ Mon frère a rencontré sa femme l'année dernière en France et *(maintenant)* il est allé y vivre.
Mijn broeder heeft . . . . ontmoet en nu . . hij daar . . . .

❸ Si j'avais su qu'il voulait régler, j'aurais commandé quelque chose de cher !
. . . . dat hij zou willen . . . ., had ik . . . . !

15 Tiens, ta boisson ! Tchin-tchin, alors !
16 – Oui, tchin-tchin ! Oh, je vois qu'il est déjà neuf heures : il faut que je parte.
17 – Dommage, mais l'addition, c'est pour moi *(moi, je règle)* !
18 – Pas question ! Je paie mon verre *(ma part)*.
19 – Mince, j'ai oublié de retirer de l'argent.
20 Je vais chercher un distributeur de billets. Ciao !

▸ ⑥ On dit **geld opnemen** lorsqu'on retire de l'argent à la banque.

***

Corrigé de l'exercice 1

❶ Est-ce que cela fait longtemps que vous êtes ici ? – Non, je viens d'arriver. ❷ Je voulais encore le remercier pour le verre, mais il était déjà parti. ❸ À quelle fréquence *(Combien de fois)* vas-tu au restaurant ? ❹ Elle ne trouvait pas son briquet alors je lui ai donné une allumette. ❺ Je suppose que tu veux payer ta part.

❹ Elle a dû penser : quel type étrange !
Ze . . . wel . . . . : wat een vreemde vent!

❺ S'il avait fait beau, nous serions allés prendre un cocktail à la plage.
. . . het mooi weer . . . . , waren we . . . . gaan drinken.

Corrigé de l'exercice 2

❶ – de vakantie – een heleboel aardige mensen – ❷ – zijn vrouw vorig jaar in Frankrijk – is – gaan wonen ❸ Als ik had geweten – afrekenen – iets duurs besteld ❹ – zal – gedacht hebben – ❺ Als – was geweest – een cocktail op het strand –

Deuxième vague : 45e leçon

95 Vijfennegentigste les

Als ik de lotto zou winnen, dan...

1 – Hebben jullie gehoord van die man die 5 miljoen euro heeft gewonnen?

2 – Wat heeft die een geluk! Het schijnt dat hij alles heeft opgegeven om een wereldreis te gaan maken.

3 Wat zouden júllie doen als jullie de lotto wonnen ①?

4 – Hm, ik kocht een helikopter, zodat ik nooit meer in de file hoef te staan.

5 – Nou, en als ik de lotto won, zou ik stoppen met werken en in een warm land gaan wonen.

6 – Als ik opeens rijk werd, dan schonk ② ik alles aan de medische wetenschap.

7 Het zou fantastisch zijn, als ze medicijnen vonden voor alle erge ziektes.

8 – Als je dat deed, zou je meteen weer arm zijn…

9 – Ach, een goede gezondheid is toch veel belangrijker dan geld!

Notes

① Jusqu'à présent, vous avez vu que le conditionnel se forme avec **zouden**. Il est également possible de le former avec le prétérit. C'est une question de style ; la forme avec **zouden** est un peu plus soutenue. ▸

Quatre-vingt-quinzième leçon 95

Si je gagnais au loto, alors...

1 – Avez-vous entendu parler de ce type *(homme)* qui a gagné 5 millions d'euros ?

2 – Quelle chance il a ! Il paraît qu'il a tout quitté *(abandonné)* pour *(aller)* faire le tour du monde.

3 Et vous, que feriez-vous si vous gagniez au loto ?

4 – Hum, j'achèterais un hélicoptère, pour ne plus jamais me retrouver [coincée] dans les embouteillages *(de sorte que je n'ai plus besoin d'être dans l'embouteillage)*.

5 – Eh bien, *(et)* moi, si je gagnais au loto, je m'arrêterais de travailler et [j]'irais habiter dans un pays chaud.

6 – Si je devenais riche tout à coup, *(alors)* je ferais don de tout à la recherche *(science)* médicale.

7 Ça serait fantastique, s'ils trouvaient des médicaments pour toutes les maladies graves.

8 – Si tu faisais ça, tu redeviendrais pauvre très vite…

9 – Oh, une bonne santé, [c']est tout de même bien plus important que de l'argent !

▸ ② C'est le verbe fort **schenken (aan iemand)**, *offrir, donner, faire don de (à qqn).*

10 Stel je eens voor ③ dat je zonder ziektes kon leven ④!
11 – Wat utopisch!
12 – Mag dat niet dan? ⑤ Mag je niet meer dromen?
13 – Jawel, maar ík droom ervan om door een bekende filmster uitgenodigd te worden in haar villa met zwembad ⑥.
14 – Ach, laat me niet lachen:
15 je zou dan toch eerst eens een moderne zwembroek moeten kopen! □

Notes

③ **zich voorstellen** a ici le sens de *s'imaginer*, *se figurer*, *se représenter*.

④ Ne confondez pas **leven**, *vivre*, avec **wonen**, *habiter*. En néerlandais, **leven** ne peut pas avoir le sens d'*habiter* : *je vis à Alkmaar* se traduit par conséquent par **ik woon in Alkmaar**.

⑤ **Dat mag niet**, *Ce n'est pas permis*, *C'est interdit*. **Het is verboden** est d'un registre plus formel (infinitif : **verbieden**).

⑥ Rappelez-vous que les compléments introduits par une préposition peuvent se trouver après l'infinitif. Cette structure est considérée comme plus légère.

***

Oefening 1 – Vertaal

❶ Wat zou je doen als je veel geld had? ❷ Toen mijn opa nog leefde, gingen we vaak vissen. ❸ Ze droomt er vaak van dat ze de lotto wint; maar dat is nooit gebeurd. ❹ Hoe lang woon je al in Nederland? ❺ Hij schonk alles wat hij had aan de medische wetenschap.

10 Imagine*(-toi)* qu'on puisse *(pouvait)* vivre sans maladies !
11 – Que [c'est] utopique !
12 – Et alors, ce n'est pas permis ? On ne peut plus rêver ?
13 – Si, mais moi je rêve *(j'en rêve)* d'être invité par une vedette de cinéma connue dans sa villa avec piscine.
14 – Oh, ne me fais pas rire :
15 tu devrais commencer par t'acheter un maillot de bain à la mode *(tu devrais alors d'abord un moderne nage-pantalon acheter)* !

***

Corrigé de l'exercice 1

❶ Que ferais-tu si tu avais beaucoup d'argent ? ❷ Quand mon papi était encore vivant, nous allions souvent à la pêche. ❸ Elle rêve souvent de gagner au loto, mais ça n'est jamais arrivé. ❹ Depuis combien de temps vis-tu *(déjà)* aux Pays-Bas ? ❺ Il faisait don de tout ce qu'il avait à la recherche médicale.

Oefening 2 – Vul in

❶ Si tout le monde était riche, il n'y aurait plus de faim dans le monde.
Als . . . . was, zou . . . .
. . . . in . . . . zijn.

❷ J'imagine très bien la chose.
Ik . . . . . dat heel goed . . . .

❸ Cette vedette de cinéma trouve [que] l'argent [est] plus important qu'une bonne santé.
. . . . vindt geld . . . .
. . . .

96 Zesennegentigste les

Zie ik hou van je
(Gedicht van Herman Gorter)

1 Zie ik hou ① van je,
2 ik vin ① je zo lief en zo licht ② –
3 je ogen zijn zo vol licht,
4 ik hou van je, ik hou van je.
5 En je neus en je mond en je haar
6 en je ogen en je hals waar
7 je kraagje zit en je oor

Notes

① Le langage écrit est ici le reflet du langage parlé, où l'on n'entend pas le **-d**.

❹ Ça serait fantastique si je n'avais plus besoin de travailler !

... ..., als ik niet meer ....!

❺ Elle en avait marre d'être obligée de rester dans les embouteillages tous les matins.

.. ..om elke ochtend .. .. te moeten ......

Corrigé de l'exercice 2

❶ – iedereen rijk – er geen honger meer – de wereld – ❷ – kan me – voorstellen ❸ Die filmster – belangrijker dan een goede gezondheid ❹ Het zou fantastisch zijn – hoefde te werken ❺ Ze had er genoeg van – in de file – staan

Deuxième vague : 46e leçon

Quatre-vingt-seizième leçon 96

Regarde je t'aime (Poème de Herman Gorter)

1 Regarde je t'aime,
2 Je te trouve si adorable et si lumineuse –
3 Tes yeux sont tellement pleins de lumière,
4 Je t'aime, je t'aime.
5 Et ton nez et ta bouche et tes cheveux
6 Et tes yeux et ton cou là où
7 Il y a ta collerette, et ton oreille

▸ ② **licht** veut dire *clair/e* ou *léger/-ère* : **ze heeft een licht accent**, *elle a un léger accent*. On privilégie ici l'idée de la lumière, mais c'est une interprétation.

8 met je haar er voor.
9 Zie je ik wou graag zijn
10 jou, maar het kan niet zijn,
11 het licht is om je, je bent
12 nu toch wat je eenmaal ③ bent.
13 O ja, ik hou van je,
14 ik hou zo vrees'lijk ④ van je,
15 ik wou het helemaal zeggen –
16 Maar ik kan het toch niet zeggen. □

Remarque de prononciation
15 L'accent tonique de **helemaal** est variable.

Notes

③ **nu eenmaal** peut se traduire par *il en est ainsi*, *le fait est là*, *c'est comme ça*.

④ **vreselijk**, *terriblement*, dans le sens négatif de *terrible*, *épouvantable* ou dans le sens quantitatif de *fort*, *extrême*, mais jamais dans le sens positif de *génial* : *ce film était terrible (formidable)*, **die film was geweldig**.

***

Oefening 1 – Vertaal

❶ Ze houdt echt van me; dat is toch genoeg? ❷ Aan wie denk je? ❸ Waar denk je aan? ❹ Welke kleur ogen heeft hij? ❺ Hij wilde het niet vertellen, maar hij moest het toch zeggen.

8 Avec tes cheveux *(devant)*.
9 Regarde j'aurais voulu être
10 Toi, mais cela ne se peut pas *(cela ne peut pas être)*,
11 Tu es entourée de lumière *(la lumière est autour de toi)*, tu es
12 De toute façon ce que tu es.
13 Ô oui, je t'aime,
14 Je t'aime si fort,
15 J'aurais voulu le dire complètement –
16 Mais je ne peux pourtant pas le dire.

***

Corrigé de l'exercice 1

❶ Elle m'aime vraiment ; ça suffit, n'est-ce pas ? ❷ À qui penses-tu ? ❸ À quoi penses-tu ? ❹ De quelle couleur sont ses yeux ? ❺ Il ne voulait pas le raconter, mais il dut quand même le dire.

Oefening 2 – Vul in

❶ À chaque fois que j'étais malade, je devais rester au lit.
. . . . ik . . . . , ... ik in bed blijven.

❷ Demain, il va en ville acheter un nouveau maillot de bain.
Hij gaat . . . . kopen.

❸ Elle a acheté cette robe en soldes hier.
Ze heeft . . . . gekocht.

❹ Parfois, j'aurais voulu être quelqu'un d'autre, mais ce n'est pas possible, c'est comme ça.
. . . . wou ik graag . . . . , maar dat kan . . . . niet.

❺ Les enfants ont terriblement soif car *(étant donné que)* il fait très chaud.
De kinderen hebben . . . . , ... het . . . .

Corrigé de l'exercice 2

❶ Telkens als – ziek was – moest – ❷ – morgen in de stad een nieuwe zwembroek – ❸ – die jurk gisteren in de uitverkoop – ❹ Soms – iemand anders zijn – nu eenmaal – ❺ – vreselijke dorst – aangezien – erg warm is

Ce poème de Herman Gorter (1864 – 1927) a été publié en 1890 dans le recueil **Verzen**, Poèmes. *L'orthographe a été adaptée ici à l'époque moderne. Un autre poème de la main de Gorter,* **Mei**, *publié en 1889, est considéré comme le chef-d'œuvre des poètes de la "génération de quatre-vingt". Dans ce mouvement, appelé* **de Tachtigers** *(1880 – 1894), on trouve encore des caractéristiques du Romantisme, où l'individualisme, le caractère rebelle et la nature jouaient un rôle important. Toutefois dans ce nouveau mouvement, l'esthétique (l'art pour l'art) fut mise sur le devant de la scène, au détriment d'un message édifiant, comme c'était le cas dans la poésie auparavant. Les* **Tachtigers** *considéraient l'art comme "l'expression archi-individuelle de l'émotion archi-individuelle" et cherchaient à réunir dans leur poésie la forme et le fond. Dans le poème* **Zie ik hou van je**, *le rythme des strophes et le flot de mots semblent en effet correspondre aux pensées personnelles du moment de l'auteur.*

Deuxième vague : 47e leçon

97 Zevenennegentigste les

Het gaat toch om ① de gezelligheid?

1 – Zeg, ze hebben me gevraagd om te komen helpen bij de jeugdvoetbalwedstrijden ②;
2 de club heeft niemand anders gevonden die dit op zondag wilde doen.
3 – Gratis en voor niks? ③ Dat verbaast me van je!
4 – Ja, je weet dat ik niet vies van ④ geld ben, maar dit is wat anders:
5 ze zochten iemand met geduld voor kinderen.
6 Bovendien is het m'n vroegere club! Ik ken de voorzitter al jaren.
7 Dus heb ik het aanbod aangenomen.
8 – Nou, fijn voor je.
9 Je organisatietalent zal het elftal ⑤ zeker van pas komen ⑥.
10 – Wat wil je, leiding geven, dat vind ik fijn!

Notes

① C'est la locution **gaan om**, *s'agir de.*

② **de jeugd**, *la jeunesse* ; **de jongere**, *le jeune*, souvent utilisé au pluriel : **de jongeren**, *les jeunes (gens).*

③ **Gratis en voor niks** est une expression toute faite.

④ L'expression **niet vies zijn van iets** indique qu'on aime bien quelque chose qu'en principe on n'est pas censé aimer de trop : **ze is niet vies van flink wat glazen berenburg**, *elle n'a rien* ▸

Quatre-vingt-dix-septième leçon 97

C'est la convivialité qui compte, n'est-ce pas ?

1 – Dis, on m'a demandé de venir aider lors *(chez)* des matchs de foot des benjamins ;
2 le club n'a trouvé personne d'autre qui voulait le faire le dimanche.
3 – Gratuitement et pour rien ? Ça m'étonne de ta part !
4 – Oui, tu sais que l'argent ne me dégoûte pas *(je ne suis pas sale d'argent)*, mais [là], c'est différent *(quelque chose d'autre)* :
5 ils cherchaient quelqu'un ayant de la patience avec *(pour)* les enfants.
6 De plus, c'est mon ancien club ! Je connais le président depuis des années.
7 J'ai donc accepté l'offre.
8 – Eh bien, je suis contente pour toi.
9 Ton sens de l'organisation sera certainement utile à l'équipe *(onze)*.
10 – Que veux-tu, prendre les choses en main *(diriger)*, c'est ce qui me plaît !

▸ *contre quelques bons verres de bitter frison.* **Vies**, ou **vuil**, signifie *sale* ; **schoon**, *propre*.

⑤ Pour le football, on utilise **het elftal**, *l'équipe de onze personnes*. Notez aussi **het team**, *l'équipe*.

⑥ **van pas komen** signifie *rendre service, être utile, faire l'affaire*.

11 – Mij gaat het eerder om de gezelligheid na afloop ⑦: fijn met z'n allen ⑧ na de wedstrijd naar de snackbar of de visboer!

12 – Over vis gesproken! Wat dacht je van een haring aan het staartje?

13 Er staat een kraampje in de buurt van de haven. □

Notes

⑦ **na afloop van**, *à l'issue de.*

***

Oefening 1 – Vertaal

❶ Hij houdt ervan om leiding te geven. ❷ Je werkt het hele weekend gratis? Dat verbaast me van je. ❸ Zullen we in de haven gaan vissen? – Nee, dat mag niet. ❹ Ze heeft het aanbod aangenomen om te komen helpen bij haar vroegere club. ❺ Hij is niet vies van geld.

Oefening 2 – Vul in

❶ Si nous avions su que tu étais malade, nous t'aurions certainement aidé.
Als . . . . dat . . . . ,
hadden we je . . . . . geholpen.

❷ C'est la convivialité à l'issue du match qui compte.
. . . . de gezelligheid . . . . van de wedstrijd.

❸ Son sens de l'organisation lui est bien utile *(à elle)*.
Haar . . . . haar goed . . . .

11 – Pour moi, c'est plutôt la convivialité [de la 3e mi-temps] *(après la fin)* qui compte : [c'est] agréable [d'aller] tous ensemble au snack-bar ou [chez] le poissonnier après les matchs !

12 – En parlant de poisson, que dirais-tu d'[aller manger] un hareng *(par la queue)* ?

13 Il y a un étal près *(dans les environs)* du port.

⑧ Dans ce type d'expressions, on utilise le possessif **ons** ou **zijn** : **met ons allen**, *nous tous, tous ensemble* ; **met zijn tweeën**, *nous deux, tous les deux*, etc.

***

Corrigé de l'exercice 1

❶ Il aime prendre les choses en main. ❷ Tu travailles tout le week-end gratuitement ? Ça m'étonne de ta part. ❸ Et si nous allions pêcher dans le port ? – Non, c'est interdit. ❹ Elle a accepté l'offre de venir aider son ancien club. ❺ L'argent ne le dégoûte pas.

❹ Le président du club n'a jamais pu faire ce qu'il voulait.
.. .. van de club .... wat ... .

❺ Le poissonnier n'a trouvé personne pour cet emploi le dimanche.
De visboer heeft .... gevonden ....

Corrigé de l'exercice 2

❶ – we geweten hadden – je ziek was – zeker – ❷ Het gaat om – na afloop – ❸ – organisatietalent komt – van pas ❹ De voorzitter – heeft nooit kunnen doen – hij wilde ❺ – niemand – voor die baan op zondag

98 *La pêche au hareng a toujours joué un rôle important aux Pays-Bas. À la fin du* XIV*e siècle, les Néerlandais commencèrent à* encaquer des harengs, **haring kaken**, *ce qui consiste à enlever une partie des boyaux, suivi d'un salage. Cela permettait de conserver les harengs plus longtemps. Vers 1400, l'utilisation de bateaux plus grands rendait également possible de traiter les harengs à bord. Au* XVI*e et au* XVII*e siècle, cette pêche, en grande partie destinée à l'exportation, fut l'un des piliers du Siècle d'or néerlandais.*
Aujourd'hui encore, les Néerlandais sont très friands de hareng, surtout au moment de la pêche au **maatjesharing**, hareng franc, *entre mai et juillet, lorsque le hareng atteint un pourcentage de graisse d'au moins 16 %. On peut déguster les harengs dans la rue aux étals de poissons ou quelquefois directement à la poissonnerie ; on les mange coupés en petits bouts ou bien entiers en les tenant par la queue, tels quels ou accompagnés de petits morceaux d'oignons et de cornichons. Les harengs pêchés durant cette période reçoivent l'appellation de* **Hollandse Nieuwe**, hareng nouveau.

98 Achtennegentigste les

Herhaling – Révision

1 Le double infinitif

En règle générale, les verbes suivis d'un infinitif sans **te** au présent se forment avec un double infinitif aux temps composés. C'est le cas pour **blijven**, *rester* ; **gaan**, *aller* ; **horen**, *entendre* ; **komen**, *venir* ; **laten**, *laisser*, et **zien**, *voir* :
Je ouders hebben hun paraplu hier laten staan, *Tes parents ont laissé leur parapluie ici.*
Hebben jullie die rare vent zien staan?, *Vous avez vu ce type bizarre là-bas ?*
Cela vaut aussi pour **durven**, *oser*, les verbes de modalité et les verbes de position.
Dans les cas où **te** accompagne l'infinitif au présent, il disparaît au passé composé :
Ik heb hem naar de garage moeten brengen, *J'ai dû la porter au garage.*

Deuxième vague : 48e leçon

Quatre-vingt-dix-huitième leçon 98

We hebben lang op de bus staan wachten, *Nous avons attendu le bus longtemps.*
Ze hebben het dus echt durven doen!, *Ils ont donc réellement osé le faire !*
L'emploi de **te** reste facultatif après **hoeven** seulement : **Hij heeft niet hoeven (te) wachten**, *Il n'a pas eu besoin d'attendre.*

2 La proposition infinitive introduite par *om*

Dans le langage courant, l'emploi de la conjonction **om** est plus fréquent qu'à l'écrit :
Ze hebben me gevraagd (om) te komen helpen bij de jeugdvoetbalwedstrijden, *On m'a demandé de venir aider lors des matchs de football des benjamins.*
Ik droom ervan (om) door een filmster uitgenodigd te worden, *Je rêve d'être invité(e) par une vedette de cinéma.*
Après les verbes **hoeven**, *avoir besoin*, **durven**, *oser*, et **denken**, *penser (envisager)*, l'emploi de **om** est exclu.
La proposition infinitive introduite par **om** est annoncée par un adverbe pronominal en **er-** lorsque dans la principale figure

un verbe avec préposition fixe : **Ik droom ervan om door een bekende filmster uitgenodigd te worden**, *Je rêve d'être invité par une vedette de cinéma connue* ; **Ze houdt ervan om leiding te geven**, *Elle aime prendre les choses en main.*

3 Le conditionnel (suite)

On utilise le conditionnel pour exprimer une situation qui ne se réalisera probablement jamais dans le futur. Il se forme avec **zou/ zouden** ou avec le prétérit ; c'est une question de style.
On peut par conséquent rencontrer les quatre possibilités suivantes pour la phrase *Si j'étais riche, (alors) j'achèterais une voiture* :
Als ik rijk was, (dan) kocht ik een auto.
Als ik rijk was, (dan) zou ik een auto kopen.
Als ik rijk zou zijn, (dan) kocht ik een auto.
Als ik rijk zou zijn, (dan) zou ik een auto kopen.

Pour exprimer quelque chose qui ne s'est pas réalisé dans le passé, on a recours à **zou/zouden** ou au plus-que-parfait, ce qui nous donne aussi quatre possibilités :
Si je l'avais su, (alors) je serais venu(e) aussitôt.
Als ik dat geweten had/had geweten, (dan) was ik meteen gekomen.
Als ik dat geweten had/had geweten, (dan) zou ik meteen gekomen zijn/zijn gekomen.
Als ik dat geweten zou hebben/zou hebben geweten, (dan) was ik meteen gekomen.
Als ik dat geweten zou hebben/zou hebben geweten, (dan) zou ik meteen gekomen zijn/zijn gekomen.

4 L'ordre des compléments

En règle générale, le complément d'objet direct est placé après le complément de lieu s'il est indéfini, mais avant s'il est défini :
We gaan in de stad een nieuwe stofzuiger kopen, *Nous irons en ville acheter un nouvel aspirateur.*

We gaan die moderne stofzuiger in de stad kopen, *Nous irons acheter cet aspirateur moderne en ville.*
Le complément de lieu suit le complément de temps, et si on ajoute un complément de locomotion (moyen/manière), il est placé entre les deux :
We gaan die moderne stofzuiger morgen in de stad kopen, *Demain, nous irons en ville acheter cet aspirateur moderne.*
We gaan morgen op de fiets naar de stad, *Demain, nous irons en ville à vélo.*

Le complément d'objet second sans préposition se place devant le complément d'objet direct :
Kan ik je een drankje aanbieden?, *Puis-je t'offrir un verre ?*
Par contre, le complément second avec préposition se place après le complément d'objet direct :
Ik zou alles aan de medische wetenschap schenken, *Je ferais don de tout à la recherche médicale.*
Laten we een mooi cadeau voor hen kopen!, *Achetons-leur un beau cadeau !*
Notez l'emploi fréquent de **voor** + pronom en néerlandais, là où le français utilise un pronom indirect.
Si les compléments d'objet direct et second sont des pronoms, le pronom non accentué se place devant le pronom accentué :
Hij heeft hem dat gegeven, *Il lui a donné cela.*
Hij heeft hen daar gezien, *Il les a vu(e)s là-bas.*
Par contre, dans le cas où il n'y a pas de différence d'accentuation, le pronom d'objet direct précède le pronom d'objet second :
Hij heeft het hem gegeven, *Il le lui a donné.*
Hij heeft het haar verkocht, *Il le lui a vendu.*
Notez que dans le cas de deux pronoms identiques ("**hem hem**", "**haar haar**", "**haar hem**", "**hem haar**"), le pronom d'objet direct sera remplacé par **die** :
Ze heeft de fiets aan Jan gegeven → Ze heeft hem die gegeven, *Elle le lui a donné.*

98 Herhalingsdialoog

1 – Ik hoop echt dat we dit keer de lotto winnen!
2 – Hoe bedoel je?
3 – Nou, het zou toch fantastisch zijn, als we opeens veel geld hadden!
4 Dan zouden we een verre reis kunnen maken.
5 Of we zouden kunnen stoppen met werken.
6 Of je zou eindelijk een nieuwe auto kunnen kopen.
7 Stel je eens voor dat je net zo rijk was als filmster Carina van Houden!
8 – Dan zou ik onmiddellijk verhuizen, en een villa laten bouwen met een groot zwembad, precies naast dat van haar!

Oefening – Vertaal

❶ Ze vraagt of ze een nieuwe zwembroek voor hem moet kopen. ❷ De telefoniste zei hem dat hij haar op moest bellen, zodra hij aankwam. ❸ De voorzitter vroeg wat hij voor de club kon doen. ❹ De filmster antwoordde dat geld niet gelukkig maakt.

Traduction

1 J'espère vraiment que ce coup-ci nous gagnerons au loto ! **2** Que veux-tu dire ? **3** Eh bien, ça serait fantastique si nous avions soudain beaucoup d'argent ! **4** Nous pourrions faire un voyage lointain. **5** Ou nous pourrions arrêter de travailler. **6** Ou [bien] tu pourrais enfin [t'] acheter une nouvelle voiture. **7** Imagine-toi aussi riche que [la] vedette de cinéma Carina van Houden ! **8** Dans ce cas *(Alors)*, je déménagerais immédiatement, et je ferais construire une villa avec une grande piscine, juste à côté de la sienne !

Corrigé de l'exercice

❶ Elle demande si elle doit lui acheter un nouveau maillot de bain. ❷ La standardiste lui disait de lui téléphoner dès qu'il arriverait. ❸ Le président demanda ce qu'il pouvait faire pour le club. ❹ La vedette de cinéma répondit que l'argent ne rendait pas heureux.

Deuxième vague : 49ᵉ leçon

99 Negenennegentigste les

Tot ziens in Nederland!

1 – U bent binnenkort aan het einde van deze methode gekomen,

2 en we hopen dat u uw kennis van de taal in Nederland gaat toepassen.

3 Dat vlakke land, met als hoogste natuurlijke punt 322 meter boven NAP ① bij de Vaalserberg.

4 Een land van polders, waar ② het water een grote rol speelt,

5 maar waar u ook bos ③ en heide treft ④,

6 en waar u zelfs nog molens en tulpenvelden kunt bewonderen!

7 En als u de volgende regels van een bekend gedicht van Marsman hoort:

8 – "Denkend aan Holland
zie ik brede rivieren ③
traag door oneindig
laagland gaan",

Notes

① **NAP** est l'abréviation de **Normaal Amsterdams Peil**, littéralement "niveau normal d'Amsterdam" : la hauteur de référence aux Pays-Bas. Il est considéré comme équivalent au niveau moyen de la mer.

② Lorsqu'on renvoie à un lieu géographique, on préfère la forme courte **waar** à **waarin**. ▸

Au revoir aux Pays-Bas !

1 – Vous êtes bientôt arrivé à la fin de cette méthode,
2 et nous espérons que vous mettrez en pratique vos connaissances *(votre connaissance)* de la langue aux Pays-Bas.
3 Ce plat *(lisse)* pays, dont le point culminant s'élève à *(avec comme point naturel le plus haut)* 322 mètres au-dessus du niveau de la mer, près du Vaalserberg.
4 Un pays de polders, où l'eau joue un rôle important,
5 mais où vous trouvez *(rencontrez)* aussi des forêts et de la bruyère,
6 et où vous pouvez même encore admirer des moulins et des champs de tulipes !
7 Et si vous entendez les lignes suivantes d'un poème connu de Marsman :
8 – "[En] pensant à [la] Hollande,
je vois de larges rivières
aller lentement à travers
les basses terres *(bas-pays)* infinies",

▸ ③ Quelquefois, deux noms différents en français se traduisent par un seul en néerlandais : **het bos**, *la forêt* ou *le bois* ; **de rivier**, *la rivière* ou *le fleuve*.

④ Le verbe **treffen**, *rencontrer*, *trouver*, est d'un registre assez formel.

99 9 – dan zult u weten: dit land en deze literatuur wil ik ⑤ beter leren kennen.

10 Misschien doet u ooit nog eens mee aan de verkiezing tot ⑥ Dichter des Vaderlands !

11 We zeggen dan ook liever geen adieu, maar tot ziens in Nederland! □

Notes

⑤ **graag** reste sous-entendu.

⑥ **(ver)kiezen tot** signifie *élire (en tant que, comme).*

***

Oefening 1 – Vertaal

❶ Nederland is een vlak land, waar het water altijd een grote rol heeft gespeeld. ❷ Het gedicht “Herinnering aan Holland” is gekozen tot gedicht van de 20ste eeuw. ❸ Hij wandelde elke dag een uur met zijn hond in het bos. ❹ We hopen dat u uw kennis van de Nederlandse taal snel toepast. ❺ Als je bij een brede rivier komt, ga je de brug over.

Oefening 2 – Vul in

❶ Le point culminant se trouve à 322 mètres au-dessus du niveau de la mer.

. . . . punt ligt 322 . . . . NAP.

❷ Tu n’y trouves pas seulement des forêts et de la bruyère, mais aussi des bâtiments modernes.

. . . . bos en hei, ... moderne gebouwen.

❸ Elle voudrait mieux connaître ce pays de polders.

Ze wil . . . . van polders . . . .

9 – alors vous réaliserez *(saurez)* : je voudrais mieux connaître ce pays et cette littérature.
10 Peut-être participerez-vous un jour *(encore une fois)* à l'élection du Poète national *(de la patrie)* !
11 Nous ne disons *(nous préférons dire)* donc pas adieu, mais au revoir aux Pays-Bas !

***

Corrigé de l'exercice 1

❶ Les Pays-Bas sont un pays plat, où l'eau a toujours joué un rôle important. ❷ Le poème *Souvenir de la Hollande* a été choisi poème du XXe siècle. ❸ Chaque jour, il se promenait une heure dans le bois avec son chien. ❹ Nous espérons que vous mettrez rapidement en pratique vos connaissances de la langue néerlandaise. ❺ Quand tu arrives au fleuve, tu traverses le pont.

❹ Ne lui dis pas adieu, mais au revoir !
. . . hem . . . . . . niet adieu, ... !

❺ Je rêve de traduire ce poème connu.
Ik . . . . om . . . . te . . . .

Corrigé de l'exercice 2

❶ Het hoogste natuurlijke – meter boven – ❷ Je treft er niet alleen – maar ook – ❸ – dat land – beter leren kennen ❹ Zeg – liever – maar tot ziens ❺ – droom ervan – dat bekende gedicht – vertalen

100 *Le* **Vaalserberg**, *littéralement "le mont de* **Vaals**"*, se trouve dans la province du Limbourg, près du village de* **Vaals**. *Son sommet est appelé* **Drielandenpunt**, point des trois pays, *car les frontières entre les Pays-Bas, la Belgique et l'Allemagne s'y rejoignent. Ces frontières sont encore visibles à cause des restes d'un mur de terre, édifié autrefois autour d'Aix-la-Chapelle.*
Le style du poète **Hendrik Marsman** *(1899 – 1940) est expressionniste, mais il a aussi été influencé par le futurisme. Dans les années 1930, sa poésie devint plus réaliste, comme dans le poème* **Herinnering aan Holland** *(1936),* Souvenir de la Hollande, *élu par les Néerlandais à la fin du XXe siècle comme "poème néerlandais du siècle" et dont les premières lignes citées dans le dialogue sont très connues. Depuis 2000, les Néerlandais élisent tous les quatre ans leur Poète national, un titre d'honneur qui remonte en fait à l'antiquité romaine, où le "***poeta laureatus***" était couronné de lauriers. On demande à ce poète national néerlandais d'écrire environ quatre fois par an un poème sur un sujet (inter)national culturel, politique, sportif ou social de son choix.*

100 Honderdste les

Gefeliciteerd!

1 – Van harte gefeliciteerd!
2 Door hard te werken en regelmatig de lessen te herhalen ①, heeft u inmiddels een grote woordenschat opgebouwd.
3 U heeft veel geduld nodig gehad,
4 maar zo zegt men: "Voor niets gaat de zon op"!
5 Onze raad is dan ook dit boek niet onderin een la te leggen.

Note

① Le préfixe **her-** indique la répétition et se traduit par *re-* : **herhalen**, *répéter* ; **herlezen**, *relire* ; **herbouwen**, ▸

Deuxième vague : 50e leçon

Centième leçon 100

Félicitations !

1 – Toutes *(De tout cœur)* nos félicitations !
2 En travaillant dur et en répétant régulièrement les leçons, vous vous êtes constitué un lexique conséquent *(vous avez entre-temps construit un vocabulaire important)*.
3 Vous avez eu besoin de beaucoup de patience,
4 mais ne dit-on pas *(ainsi dit-on)* : “On n’a rien sans rien *(Le soleil se lève pour rien)* !” ?
5 Notre conseil est donc de ne pas mettre ce livre au fond d’un tiroir.

▸ *reconstruire* etc. Pour les verbes avec lesquels ce préfixe ne peut pas se combiner, on utilise **nog eens** (voir phrase 6).

100 **6** Probeert u elke dag nog eens ① naar een les te luisteren en let u goed op de uitspraak!
7 Of leest u eens een authentieke Nederlandse tekst, bijvoorbeeld via een website.
8 Elke dag een kwartiertje oefenen is beter dan één keer per week één uur!
9 We hopen dat u van de Nederlandse taal bent gaan houden,
10 en dat u er ② plezier in krijgt, een Nederlandstalige roman te gaan lezen of een film te bekijken.
11 Oefening baart kunst, wordt wel gezegd!
12 We wensen u veel succes en vertrouwen erop ② dat u op de ingeslagen weg doorgaat.
13 Nogmaals, bravo! □

Note

② Souvenez-vous que l'adverbe pronominal **er** + préposition peut avoir la fonction d'annoncer une proposition infinitive ou une subordonnée introduite plus loin.

***

Oefening 1 – Vertaal

❶ We vertrouwen erop dat u de lessen regelmatig herhaalt. ❷ Door elke dag een authentieke tekst te lezen, heeft ze een grote woordenschat opgebouwd. ❸ Hij heeft er plezier in gekregen om een boek in het Nederlands te lezen. ❹ Ze hebben geduld nodig gehad om aan het einde van de methode te komen. ❺ Er wordt wel gezegd: "Voor niets gaat de zon op".

6 Essayez de réécouter une leçon chaque jour et faites bien attention à la prononciation !
7 Ou lisez un texte authentique [en] néerlandais, par exemple par le biais d'un site Internet.
8 Mieux vaut s'exercer un quart d'heure chaque jour qu'une heure une fois par semaine !
9 Nous espérons que vous avez commencé à aimer la langue néerlandaise,
10 et que vous prendrez *(y trouverez)* plaisir à lire un roman ou regarder un film en néerlandais.
11 C'est en forgeant qu'on devient forgeron *(L'exercice cause l'art)*, dit-on *(bien)* !
12 Nous vous souhaitons beaucoup de succès et nous [vous] faisons confiance pour continuer sur la voie engagée *(le chemin pris)*.
13 Encore une fois, bravo [à vous] !

***

Corrigé de l'exercice 1

❶ Nous vous faisons confiance pour répéter régulièrement les leçons. ❷ En lisant chaque jour un texte authentique, elle s'est constitué un vocabulaire important. ❸ Il a pris plaisir à lire un livre en néerlandais. ❹ Ils/Elles ont eu besoin de patience pour arriver à la fin de la méthode. ❺ On dit bien : “On n'a rien sans rien”.

100 Oefening 2 – Vul in

❶ Ne mets donc pas ce livre au fond d'un tiroir !
. . . dit boek dan ook niet . . . . !

❷ Nous espérons que vous continuerez sur la voie engagée.
. . . . dat u . . . .

❸ Nous vous souhaitons beaucoup de succès !
. . . . u . . . . succes!

❹ Essayez de regarder un film en néerlandais !
. . . . een . . . . film . . . . !

❺ Le professeur *(de faculté)* leur demandait encore une fois de bien écouter la prononciation.
De professor . . . . om goed . . . . te . . . .

Corrigé de l'exercice 2

❶ Leg – onderin een la ❷ We hopen – op de ingeslagen weg doorgaat ❸ We wensen – veel – ❹ Probeert u eens – Nederlandstalige – te bekijken ❺ – vroeg ze nogmaals – naar de uitspraak – luisteren

HIJ HEEFT ER PLEZIER IN GEKREGEN OM EEN BOEK IN HET NEDERLANDS TE LEZEN.

Deuxième vague : 51ᵉ leçon

> *Vous voilà arrivé à la fin de cette méthode. Nous vous en félicitons et nous vous invitons à terminer la deuxième vague : traduire, de la 52ᵉ à la 100ᵉ leçon, les textes des dialogues et de l'exercice de traduction du français vers le néerlandais. Vos acquis s'en trouveront renforcés !* **Ga zo door!**

Appendice grammatical

Cet appendice reprend et complète un certain nombre de points fondamentaux de la grammaire néerlandaise. Pour retrouver les différentes explications dans le contexte des leçons, reportez-vous à l'index grammatical et lexical proposé après l'appendice.

Sommaire

1 Le genre

Il n'y a pas de règles strictes permettant de déterminer le genre d'un nom, excepté dans les cas qui suivent.

• Sont du genre commun les noms indiquant :
– les personnes : **de man**, *l'homme*, **de vrouw**, *la femme* (mais attention : **het meisje**, *la fille*, **het kind**, *l'enfant*) ;
– les fruits, légumes, arbres, et plantes : **de sinaasappel**, *l'orange*, **de boerenkool**, *le chou frisé*, **de appelboom**, *le pommier*, **de tulp**, *la tulipe* ;
– les lettres et les chiffres : **de a**, *le a*, **de twee**, *le deux* ;
– les saisons : **de zomer**, *l'été*, **de herfst**, *l'automne*, **de winter**, *l'hiver*, **de lente**, *le printemps* ;
– presque tous les noms se terminant en **-heid**, en **-ing** ou en **-ie** : **de eeuwigheid**, *l'éternité*, **de ervaring**, *l'expérience*, **de politie**, *la police* ;
– tous les pluriels.

• Sont du genre neutre :
– les verbes ou adjectifs substantivés : **het eten**, *la nourriture*, **het kwaad**, *le mal* ;
– les noms des langues : **het Nederlands**, *le néerlandais*, **het Frans**, *le français* ;
– les noms des pays : **het Nederland**, *les Pays-Bas*, **het Canada**, *le Canada* ;
– les noms des métaux : **het goud**, *l'or*, **het zilver**, *l'argent* ;
– les noms des matières : **het water**, *l'eau*, **het zout**, *le sel* ;
– les points cardinaux : **het noorden**, *le nord*, **het oosten**, *l'est*, **het zuiden**, *le sud*, **het westen**, *l'ouest* ;
– les noms des collectifs : **het nieuws**, *les nouvelles*, **het fruit**, *les fruits* ;
– presque tous les noms se terminant en **-isme**, en **-sel** ou en **-ment** : **het idealisme**, *l'idéalisme*, **het kapsel**, *la coupe de cheveux*, **het moment**, *le moment* ;
– tous les diminutifs.

Dans le doute, optez pour l'article **de**, car la majorité des noms sont du genre commun.

1.1 Suffixes indiquant le féminin

Les suffixes suivants servent à former le féminin :
– **-ster** : **de werkster**, *la travailleuse*, **de werkneemster**, *l'employée* ;
– **-e** : **de assistente**, *l'assistante*, **de studente**, *l'étudiante*, **de kampioene**, *la championne*, **de componiste**, *la compositrice*, **de agente**, *l'agent* ;
– **-es** : **de zangeres**, *la chanteuse*, **de onderwijzeres**, *l'institutrice* ;
– **-in** : **de koningin**, *la reine*, **de vriendin**, *l'amie*, **de boerin**, *la fermière.*

Retenez que les deux derniers suffixes portent l'accent tonique.

2 Emploi de l'article avec les noms de langue

En référence à une langue en général, l'emploi de l'article est facultatif :
(Het) Nederlands lijkt op (het) Duits, *Le néerlandais ressemble à l'allemand.*

Après, entre autres, les verbes **zeggen** et **vertalen uit/in**, *traduire de/vers*, **het** est obligatoire :
Vertaal in het Frans!, *Traduis en français !*
Hoe zeg je dat in het Italiaans?, *Comment dit-on cela en italien ?*

En règle générale, **het** ne s'emploie pas après **spreken**, **verstaan**, **begrijpen**, **lezen** et est exclu après **studeren** :
Ik studeer Nederlands, *J'étudie le Néerlandais.*
Verstaat u Spaans?, *Comprenez-vous l'espagnol ?*

3 Quantités et mesures

Les unités de mesure (sauf **graad**, *degré*) et les monnaies ainsi que les noms **keer** et **maal**, *fois*, sont invariables quand ils sont précédés d'un nombre, de **hoeveel**, ou de **een paar** dans le sens de *quelques* : **drie kilometer**, *trois kilomètres* ; **twintig gram**, *vingt grammes* ; **vijftig euro**, *cinquante euros* ; **vijftig cent**, *cinquante centimes* ; **hoeveel euro?**, *combien d'euros ?*, **een paar keer/maal**, *quelques fois.*

Mesure du temps : **uur** et **jaar** restent également invariables lorsqu'ils sont précédés d'un nombre, de **een paar** ou de **hoeveel** : **zes uur**, *six heures* ; **honderd jaar**, *cent ans*.

Les compléments du nom indiquant une quantité ou une mesure sont en général formés sans préposition : **40 graden koorts**, *40 degrés [de] fièvre*, **een kilo pruimen**, *un kilo [de] prunes*, **een flesje bier**, *une bouteille [de] bière*, **een glas wijn**, *un verre [de] vin*, **een bos bloemen**, *un bouquet [de] fleurs*, **een liter benzine**, *un litre [d']essence*, **de maand maart**, *le mois [de] mars*.

4 Les verbes à particule séparable

Certains verbes sont composés d'une particule associée à un infinitif. La particule se détache de celui-ci lors de la conjugaison au présent, au prétérit et à l'impératif, et elle se retrouve à la fin de la principale : **thuiskomen**, *rentrer* → **Hij komt thuis**, *Il rentre.* ; **Kom je morgen thuis?**, *Est-ce que tu rentres demain ?*

Participe passé : le préfixe **ge-** se place toujours entre la particule et la partie verbale : **opsturen**, *envoyer* → **opgestuurd**, *envoyé*.

Dans les propositions infinitives, **te** se place entre la particule et la partie verbale sans s'y rattacher : **Vergeet niet je riem om te doen**, *N'oublie pas d'attacher ta ceinture* (infinitif : **omdoen**).

La particule séparable peut être séparée de la partie verbale par un verbe de modalité ou par un auxiliaire :
Ze zei dat ik haar moest opbellen / Ze zei dat ik haar op moest bellen, *Elle a dit que je devais l'appeler.*

Avec les causatifs **(neer)zetten**, *poser (debout)*, **(neer)leggen**, *poser (couché)*, **(op)hangen**, *accrocher*, *suspendre*, les particules **neer-** et **op-** sont obligatoires lorsque le complément de lieu est absent :
Wil je dat schilderij even ophangen?, *Veux-tu accrocher ce tableau ?*
Sinon, elles sont facultatives :
Dat schilderij kun je hier (op)hangen, *Tu peux accrocher ce tableau ici.*

5 Les prépositions (proposées dans la méthode)

aan (emploi spatial, figuré)	*à*
achter	*derrière*
bij	*chez, auprès de, à*
binnen	*dans, en (à l'intérieur de)*
boven	*au-dessus de*
door	*par, à travers*
in (emploi spatial, temporel)	*dans, en*
langs	*le long de*
met	*avec*
na	*après*
naar + mouvement	*à, vers*
naast	*à côté de*
om	*autour de*
om + heure	*à*
om + indication de temps	*tous/toutes les*
onder	*sous*
op	*à, sur*
over	*par-dessus*
over + durée	*dans*
over + minutes (indication de l'heure)	*et*
rond	*autour de, vers*
sinds	*depuis*
te	*à* (+ lieu)
tegen	*contre*
tegenover	*en face de*
tot	*jusque, jusqu'à, à*
uit	*de* (provenance)
van	*de*
vanaf	*de, à partir de*
vanwege	*en raison de, pour*
via	*via, par*
volgens	*selon*
voor	*pour ; avant ; devant*
voor + minutes (indication de l'heure)	*moins*
zonder	*sans*

6 Les interrogatifs

hoe?	*comment ?*
hoe veel? / hoeveel?	*combien (de) ?*
waar?	*où ?*
waarheen? / waarnaartoe? *	*où ?* (avec déplacement)
waarom?	*pourquoi ?*
waarvandaan? *	*d'où ?*
waarvoor *	*pour quelle raison ?*
wanneer?	*quand ?*
wat?	*que ?, qu'est-ce que ?*
wat voor?	*quelle sorte de ?*
welk/e? **	*quel(s), quelle(s) ? / le(s)quel(s), laquelle (lesquelles) ?*
wie?	*qui ?*

* Scindé en deux mots, chaque fois que c'est possible, c.-à-d. dès que d'autres compléments se rajoutent.
** **welk** devant un nom du genre neutre et **welke** devant un nom du genre commun.

Les questions pour quantifier quelque chose commencent par **hoe** suivi d'un adjectif : **hoe groot?**, *quelle surface ?*, **hoe laat?**, *quelle heure ?*, **hoe lang?**, *depuis combien de temps ?*, **hoe oud?**, *quel âge ?*, **hoe ver?**, *à quelle distance ?*, **hoe zwaar?**, *quelle quantité ?/ de quel poids ?*

7 Les conjonctions

Conjonctions de coordination	
dus	*donc*
en	*et*
maar	*mais*
of	*ou*
want	*car*

Conjonctions de subordination	
als	*quand, lorsque* ; *si* (condition)
als… maar	*pourvu que, pour peu que*
dat	*que*
doordat	*du fait que, comme*
hoewel	*bien que, quoique*
nadat	*après que*
omdat	*parce que*
sinds	*depuis que*
telkens als	*(à) chaque fois que* (indique une action répétée)
terwijl	*pendant que, tandis que* (souvent traduit par un participe présent en français)
toen	*quand, lorsque, alors que, comme*
voor, voordat	*avant que*
wanneer	*quand, lorsque* ; *si* (condition)
zodat	*de sorte que*
zodra	*dès que*

Attention : les conjonctions de subordination introduisent une subordonnée dans laquelle le verbe conjugué occupe la dernière place.

8 Les nombres cardinaux et ordinaux

Rappelez-vous que vous trouvez écrits en toutes lettres les nombres ordinaux jusqu'à 100e en début de leçon, et les nombres cardinaux en bas de page.

8.1 Les nombres cardinaux

Les centaines se forment avec **honderd**, de la façon suivante :
200 tweehonderd
300 driehonderd
400 vierhonderd etc.

Les milliers se forment de la même façon. En principe, on n'utilise pas d'espace ni de point pour les nombres de quatre chiffres :
1000 duizend
2000 tweeduizend
3000 drieduizend etc.

Pour les nombres de plus de quatre chiffres, on utilise une espace ou un point :
10 000 / 10.000 tienduizend
100 000 / 100.000 honderdduizend
1 000 000 / 1.000.000 een miljoen
1 000 000 000 / 1.000.000.000 een miljard

Au-delà de **1000**, on continue la plupart du temps à compter par centaine : **1100 elfhonderd** ("onze cent"), mais pas après **10 000** : **15 000 vijftienduizend**.

Les nombres cardinaux s'écrivent en un seul mot jusqu'au mot **duizend** : **550 000 vijfhonderdvijftigduizend**, **4029 vierduizend negenentwintig**.

Pour les nombres composés, les unités se placent avant les dizaines :
25 783 vijfentwintigduizend zevenhonderddrieëntachtig

Pour traduire *et demi*, il suffit d'ajouter **-enhalf** après le nombre cardinal : **tweeënhalf**, *deux et demi*, **drieënhalf**, *trois et demi*, **vierenhalf**, *quatre et demi*, **twaalfenhalf**, *douze et demi*, etc., excepté pour *un et demi* qui est irrégulier : **anderhalf**. On trouve aussi à côté de la forme **twaalfeneenhalfjarig**, *douze ans et demi*, la forme **twaalfenhalfjarig**.

Lorsque plusieurs **-e** se suivent, un tréma indique le début d'une nouvelle syllabe et par conséquent une coupure dans la prononciation.

8.2 Les nombres ordinaux

Pour faire un ordinal, il suffit d'ajouter la terminaison **-de** ou **-ste** au nombre cardinal correspondant. Jusqu'à 19e, la terminaison est **-de**, sauf pour 1er (**eerste**) et 8e (**achtste**). À partir de 20e, la terminaison est **-ste**. Attention à l'orthographe de **eerste** et **derde** !

9 Quelques noms de pays et adjectifs de nationalité

Les adjectifs de nationalité prennent une capitale en néerlandais.

Pays	Adjectif	Habitant (homme/femme)
België, *Belgique*	**Belgisch**	**Belg / Belgische**
Canada, *Canada*	**Canadees**	**Canadees / Canadese**
China, *Chine*	**Chinees**	**Chinees / Chinese**
Duitsland, *Allemagne*	**Duits**	**Duitser / Duitse**
Engeland, *Angleterre*	**Engels**	**Engelsman / Engelse**
Frankrijk, *France*	**Frans**	**Fransman / Franse**, *Française*
Indonesië, *Indonésie*	**Indonesisch**	**Indonesiër / Indonesische**
Italië, *Italie*	**Italiaans**	**Italiaan / Italiaanse**
Japan, *Japon*	**Japans**	**Japanner / Japanse**
Luxemburg, *Luxembourg*	**Luxemburgs**	**Luxemburger / Luxemburgse**
Nederland, *Pays-Bas*	**Nederlands**	**Nederlander / Nederlandse**
Noorwegen, *Norvège*	**Noors**	**Noor / Noorse**
Oostenrijk, *Autriche*	**Oostenrijks**	**Oostenrijker / Oostenrijkse**
Polen, *Pologne*	**Pools**	**Pool / Poolse**
Portugal, *Portugal*	**Portugees**	**Portugees / Portugese**
Spanje, *Espagne*	**Spaans**	**Spanjaard / Spaanse**
Verenigde Staten, *États-Unis*	**Amerikaans**	**Amerikaan / Amerikaanse**

Zuid-Afrika, *Afrique du Sud*	**Zuid-Afrikaans**	**Zuid-Afrikaan / Zuid-Afrikaanse**
Zweden, *Suède*	**Zweeds**	**Zweed / Zweedse**
Zwitserland, *Suisse*	**Zwitsers**	**Zwitser / Zwitserse**

10 Traduction des principales villes et provinces néerlandaises

Les douze provinces néerlandaises :

Drenthe (het) *province de Drenthe*
Flevoland (het) *province du Flevoland*
Friesland (het) *Frise*
Gelderland (het) *Gueldre*
Groningen (het) *Groningue*
Limburg (het) *Limbourg*
Noord-Brabant (het) *Brabant-Septentrional*
Noord-Holland (het) *Hollande-Septentrionale*
Overijssel (het) *province d'Overijssel*
Utrecht (het) *province d'Utrecht*
Zeeland (het) *Zélande*
Zuid-Holland (het) *Hollande-Méridionale*

Et parfois les noms de ville traduits ne ressemblent pas tout à fait aux noms d'origine :

Den Bosch ('s-Hertogenbosch) *Bois-le-Duc*
Den Haag ('s-Gravenhage) *La Haye*
Leiden *Leyde*
Maastricht *Maastricht, Maëstricht*
Nijmegen *Nimègue*

L'adjectif qui se rapporte à un nom de ville se forme avec **-s** dans la plupart des cas : **Alkmaars**, *d'Alkmaar* ; **Gouds**, *de Gouda* ; **Haags**, *de la Haye* ; **Leids**, *de Leyde* ; **Limburgs**, *limbourgeois/e* ; **Rotterdams**, *rotterdamois/e*. Attention, il conserve la majuscule.

11 Liste des verbes forts et irréguliers (proposés dans la méthode)

On distingue en néerlandais les verbes dits “forts”, et un petit groupe de verbes vraiment irréguliers. Il faut les apprendre par cœur !

11. 1 Verbes forts

- Le prétérit d’un verbe fort se caractérise par des changements de voyelle dans le radical. Dans le tableau, vous trouverez la forme du singulier, suivie du pluriel uniquement si ce dernier est irrégulier.
- Le participe passé d’un verbe fort se caractérise par le préfixe **ge-** et la terminaison **-en**. Les participes passés suivis de * s’emploient avec l’auxiliaire **zijn**.

Infinitif	Prétérit	Participe passé
aanbieden, *offrir*	**bood aan**	**aangeboden**
afwijken, *diverger, différer*	**week af**	**afgeweken***
beginnen, *commencer*	**begon**	**begonnen***
begrijpen, *comprendre*	**begreep**	**begrepen**
besluiten, *décider*	**besloot**	**besloten**
bevelen, *commander*	**beval, bevalen**	**bevolen**
bewegen, *bouger*	**bewoog**	**bewogen**
blijken, *s'avérer*	**bleek**	**gebleken***
blijven, *rester*	**bleef**	**gebleven***
breken, *casser*	**brak, braken**	**gebroken**
dragen, *porter*	**droeg**	**gedragen**
drijven, *flotter*	**dreef**	**gedreven**
drinken, *boire*	**dronk**	**gedronken**
eten, *manger*	**at, aten**	**gegeten**
geven, *donner*	**gaf, gaven**	**gegeven**
hangen, *pendre*	**hing**	**gehangen**
helpen, *aider*	**hielp**	**geholpen**
kiezen, *choisir*	**koos**	**gekozen**
kijken, *regarder*	**keek**	**gekeken**
krijgen, *obtenir*	**kreeg**	**gekregen**
laten, *laisser*	**liet**	**gelaten**
lezen, *lire*	**las, lazen**	**gelezen**
liggen, *être couché(e)*	**lag, lagen**	**gelegen**
lijken, *sembler, ressembler*	**leek**	**geleken**
lopen, *marcher*	**liep**	**gelopen**
nemen, *prendre*	**nam, namen**	**genomen**
ontvangen, *recevoir*	**ontving**	**ontvangen**

raden, *deviner*	**ried/raadde**	**geraden**
rijden, *rouler*	**reed**	**gereden**
roepen, *crier*	**riep**	**geroepen**
schenken, *faire don de, offrir*	**schonk**	**geschonken**
schieten, *tirer*	**schoot**	**geschoten**
schijnen, *briller, paraître*	**scheen**	**geschenen**
schrijven, *écrire*	**schreef**	**geschreven**
schrikken, *prendre peur*	**schrok**	**geschrokken***
slapen, *dormir*	**sliep**	**geslapen**
sluiten, *fermer*	**sloot**	**gesloten**
snijden, *trancher*	**sneed**	**gesneden**
spijten, *regretter*	**speet**	**gespeten**
spreken, *parler*	**sprak, spraken**	**gesproken**
springen, *sauter*	**sprong**	**gesprongen**
steken, *piquer*	**stak, staken**	**gestoken**
stelen, *voler*	**stal, stalen**	**gestolen**
treffen, *rencontrer*	**trof**	**getroffen**
trekken, *tirer*	**trok**	**getrokken**
vallen, *tomber*	**viel**	**gevallen***
verbinden, *relier*	**verbond**	**verbonden**
vergeten, *oublier*	**vergat, vergaten**	**vergeten**
verzinnen, *inventer*	**verzon**	**verzonnen**
vinden, *trouver*	**vond**	**gevonden**
vliegen, *voler*	**vloog**	**gevlogen**
wegen, *peser*	**woog**	**gewogen**
worden, *devenir*	**werd**	**geworden***
zenden, *envoyer*	**zond**	**gezonden**
zitten, *être assis(e)*	**zat, zaten**	**gezeten**
zwemmen, *nager*	**zwom**	**gezwommen**

11.2 Verbes irréguliers

Le participe passé d'un verbe irrégulier se caractérise par des changements de voyelles ou de consonnes, et se termine en **-en**, **-t** ou **-d**. Si vous hésitez entre la terminaison **-t** ou **-d**, pensez à la phrase "**K**ung **F**u **p**rend **s**on **t**hé **ch**aud".

Infinitif	Prétérit	Participe passé
bakken, *frire, faire cuire*	**bakte**	**gebakken**
brengen, *(ap)porter*	**bracht**	**gebracht**
denken, *penser*	**dacht**	**gedacht**
doen, *faire*	**deed**	**gedaan**
gaan, *aller*	**ging**	**gegaan***
hebben, *avoir*	**had**	**gehad**
heten, *s'appeler*	**heette**	**geheten**
hoeven, *avoir besoin*	**hoefde**	**gehoeven**
houden, *tenir*	**hield**	**gehouden**
komen, *venir*	**kwam**	**gekomen***
kopen, *acheter*	**kocht**	**gekocht**
kunnen, *pouvoir*	**kon**	**gekund**
lachen, *rire*	**lachte**	**gelachen**
moeten, *devoir*	**moest**	**gemoeten**
mogen, *pouvoir*	**mocht**	**gemogen**
slaan, *battre*	**sloeg**	**geslagen**
staan, *être debout*	**stond**	**gestaan**
vragen, *demander*	**vroeg**	**gevraagd**
vriezen, *geler*	**vroor**	**gevroren**
wassen, *laver*	**waste**	**gewassen**
weten, *savoir*	**wist**	**geweten**
willen, *vouloir*	**wou**, **wilde**	**gewild**

zeggen, *dire*	**zei**	**gezegd**
zien, *voir*	**zag**	**gezien**
zijn, *être*	**was, waren**	**geweest***
zoeken, *chercher*	**zocht**	**gezocht**
zullen, aux. du futur	**zou**	-

***

Index grammatical et lexical

Le premier chiffre renvoie au numéro de la leçon, le second à la note ou au paragraphe s'il s'agit d'une leçon de révision. Les leçons de révision sont signalées en gras. Les lettres PR renvoient aux rubriques prononciation, NC aux notes culturelles, et AG à l'appendice grammatical.

Bibliographie

Voici une sélection d'ouvrages pour compléter votre apprentissage du néerlandais.

Dictionnaires

Le Robert & van Dale, Dictionnaire français-néerlandais et néerlandais-français, éd. Le Robert, Paris, Van Dale Lexicografie, Utrecht/Antwerpen, 2007.
Dictionnaire bilingue très complet qui fait partie des références incontournables. Il existe également une version de poche.

DE KLEIJN (P.) & NIEUWBORG (E.), *Basiswoordenboek Nederlands*, éd. Wolters Leuven, 2001, EAN 9789001470715.
Ce dictionnaire unilingue néerlandais contient 2 044 entrées de base. Après une explication en contexte, les différentes fonctions sont indiquées si nécessaire, ainsi que les combinaisons fréquentes avec prépositions ou verbes.

THEISSEN (S.), HILIGSMANN (Ph.) & LOUSBERG (R.), *Nouveau Dictionnaire contrastif des prépositions français-néerlandais*, éd. De Boeck, Bruxelles, 2003, ISBN 2804141276.
Ce dictionnaire présente une liste de plus de 8 500 cas d'emploi contrastif des prépositions en français et en néerlandais. Même si cet ouvrage s'adresse en premier lieu aux étudiants et professeurs en langue, sa consultation peut vous guider dans l'acquisition parfois difficile des prépositions.

Grammaires

VAN DER TOORN-SCHUTTE (J.), *Klare taal ! Uitgebreide basisgrammatica NT2*, éd. Boom, Amsterdam, 2006, EAN 978908506285.
Grammaire pour apprenants allant du niveau A1 à C1. Un grand nombre de sujets grammaticaux sont abordés, accompagnés d'exemples, d'illustrations et d'exercices.

VANDEVYVERE (G.), *Grammaire pratique du néerlandais*, éd. De Boeck, Bruxelles, 2005, ISBN 2804148262.
Une grammaire simple et pratique, accompagnée d'exercices corrigés.

Histoire de la langue et du pays

de Voogd (Chr.), *Histoire des Pays-Bas*, éd. Fayard, Paris, 2003, ISBN 2213615667.
Le livre de référence sur l'histoire des Pays-Bas.

Brassac (P.-J.), *Le Royaume qui porte l'eau à la mer. Cinq saisons aux Pays-Bas*, éd. Autrement, Paris, 2003, ISBN 274670353 X.
Suivez les traces de ce journaliste qui a parcouru les Pays-Bas à bicyclette pour dresser une cartographie intime du pays aujourd'hui.

Kossmann-Putto (J. A.) & Kossmann (E.H.), *Les Pays-Bas, Histoire des Pays-Bas du Nord et du Sud*, édité par la fondation flamando-néerlandaise Stichting Ons Erfdeel vzw, ISBN 9075862059.

Claus (H.), *Le Chagrin des Belges*, éd. du Seuil, coll. "Points", Paris, 2003, ISBN 202057926 X.
Ce roman vous fait découvrir la société flamande pendant la seconde guerre mondiale. Hugo Claus, également peintre, poète, metteur en scène et scénariste, fut l'un des romanciers belges les plus talentueux de son époque.

Vandeputte (O.), Fermaut (J.), *Le Néerlandais, Langue de vingt millions de Néerlandais et de Flamands*, édité par la fondation flamando-néerlandaise Stichting Ons Erfdeel vzw, Rekkem, 1997, ISBN 9075862040.

Réguer (L. Ph.), *Si loin, si proche..., Une Langue européenne à découvrir : le néerlandais*, PU Sorbonne Nouvelle, 2004, EAN 9782910212308.

Daniëls (W.), *Vous avez dit néerlandais ?*, édité par la fondation Ons Erfdeel vzw, Rekkem, 2005, ISBN 9075862725.

Histoire de l'art et de la littérature

Beheydt (L.), *Eén en toch apart. Kunst en Cultuur van de Nederlanden*, éd. Waanders, Zwolle, en collaboration avec le Davidsfonds, Louvain, 2002, ISBN 9040087229.
Ce livre, superbement illustré, s'adresse aux apprenants chevronnés.

DA COSTA KAUFMANN (TH.), collectif, *L'Art flamand et hollandais. Belgique et Pays-Bas, 1520-1914*, éd. Citadelles et Mazenod, coll. "L'Art et les grandes civilisations", Paris, 2002, EAN 9782850884320.

STOUTEN (H.), GOEDEGEBUURE (J.) & VAN OOSTROM (F.), *Histoire de la littérature néerlandaise (Pays-Bas et Flandre)*, éd. Fayard, Paris, 1999, EAN 9782213601427.

Revue

Septentrion, Arts, Lettres et Culture de Flandre et des Pays-Bas
La revue, éditée par l'association flamando-néerlandaise Ons Erfdeel vzw, paraît depuis 1972 et a pour objectif d'informer sur la vie littéraire, culturelle et sociale en Flandre et aux Pays-Bas. Vous trouverez d'autres informations sur le site http://septentrionblog.onserfdeel.be

Littérature

BERNLEF (J.), *Chimères*, 1988, roman traduit par Ph. Noble (*Hersenschimmen*, 1994).
Nous assistons à travers un hallucinant monologue intérieur à la dégradation d'un homme atteint de la maladie d'Alzheimer. Ce roman a connu un immense succès aux Pays-Bas et a été adapté à l'écran en 1988 par Heddy Honigmann.

ENQUIST (A.), *Le Secret*, 2005, traduit par I. Rosselin (*Het Geheim*, 1997).
Dix nouvelles tragiques, habitées de personnages maudits par le sort.

GRUNBERG (A.), *Tirza*, 2009, roman traduit par I. Rosselin (*Tirza*, 2006).
Ce roman révèle de façon impressionnante et inquiétante les failles et les vices de la civilisation moderne. L'auteur, l'un des plus talentueux de la littérature néerlandaise contemporaine, vit à New York.

HAASSE (H.), *En la forêt de longue attente. Le roman de Charles d'Orléans 1394-1465*, 1991, traduit par A-M. de Both-Diez (*Het woud der verwachting. Het leven van Charles d'Orleans*, 1949).
Dans ses livres, Hella Haasse décrit les événements dans leur contexte historique tout en prenant soin de dévoiler les conflits politiques sous-jacents. Après le succès de la traduction française de ce livre, les poèmes de Charles d'Orléans ont été réédités.

L'auteur a habité en France de 1981 à 1990 et elle y situe plusieurs de ses romans et récits historiques, dont pas moins de vingt ont été traduits en français. Vous trouverez plus d'informations sur cette grande dame de la littérature néerlandaise dans son musée virtuel : www.hellahaassemuseum.nl.

HERMANS (W. F.), *Ne plus jamais dormir*, 2009, roman traduit par D. Cunin (*Nooit meer slapen*, 1966).
Ce roman relate l'histoire dramatique d'un jeune géologue néerlandais qui part en expédition dans le nord aride et marécageux de la Norvège. L'écrivain, qui fut également scientifique, a écrit une œuvre dense où l'homme solitaire ne semble pas avoir de prise sur l'univers chaotique qui l'entoure.

LUCEBERT, *Apocryphe*, 2005, traduit par K. Andringa et H. Deluy.
Poète et peintre de renom, considéré comme l'empereur des poètes expérimentaux, il fut un proche du groupe CoBrA (Copenhague – Bruxelles – Amsterdam).

MAK (G.), *Voyage d'un Européen à travers le XXe siècle,* 2007, traduit par B. Abraham (*In Europa. Reizen door de twintigste eeuw*, 2004).
Ce récit de voyage dans l'histoire européenne relève à la fois de l'enquête journalistique, de la recherche historique et de la littérature, tout en restant accessible à tous.
Plusieurs ouvrages de ce type ont fait de ce journaliste l'un des auteurs de littérature non fictionnelle les plus populaires.

MULISCH, (H.), *La Découverte du ciel*, 1999, traduit par I. Rosselin, avec la collaboration de Ph. Noble (*De ontdekking van de hemel*, 1992).
Chef d'œuvre de la littérature moderne, où sont réunis éléments métaphysiques, philosophiques, psychologiques et historiques.
Dans ce roman, dont l'histoire est racontée par des anges, l'élu de Dieu vient apporter un message divin.
Plusieurs réalisateurs ont trouvé dans les romans de H. Mulisch source d'inspiration pour une adaptation cinématographique.

Multatuli, *Max Havelaar ou les ventes de café de la Compagnie Commerciale des Pays-Bas*, Arles, 1991, roman traduit par Ph. Noble (*Max Havelaar of de koffieveilingen der Nederlandsche handelmaatschappij*, 1860).
Ce grand classique, encore très lisible de nos jours, est le premier roman à dénoncer l'oppression des paysans javanais des Indes, l'actuelle Indonésie et colonie des Pays-Bas à l'époque. Fons Rademakers l'a adapté à l'écran en 1976.

Nooteboom (C.), *Mes Détours vers Santiago*, 1993, roman traduit par A-M. de Both-Diez (*De omweg naar Santiago*, 1992).
L'auteur, quand il ne voyage pas, partage son temps entre les Pays-Bas, l'Allemagne et l'Espagne. Il a écrit de nombreux romans, récits de voyages, nouvelles et poèmes. Son œuvre a été traduite dans plus de 30 langues.

Reve (G.), *Le Quatrième Homme*, 1995, roman traduit par Marnix Vincent (*De vierde man*, 1981).
Dans ce livre, Gerard, un écrivain quadragénaire et homosexuel, cède aux avances d'une jeune et jolie femme. Après avoir découvert que ses trois précédents amants ont tous disparu de façon mystérieuse, il se demande qui sera le quatrième.
Lorsque l'auteur, qui est un des premiers à admettre ouvertement son homosexualité, se convertit en 1967 au catholicisme, il provoque un scandale au sein de la communauté catholique des Pays-Bas. Il est considéré maintenant comme l'un des plus grands écrivains néerlandais. Ce roman a été adapté au cinéma par Paul Verhoeven en 1983.

Locutions et expressions néerlandaises

Les chiffres qui suivent la traduction française renvoient au numéro de leçon.

Dag! / Goedendag!	*Bonjour !*	1
Goedemorgen!	*Bonjour !* (le matin)	25, 36
Goedemiddag!	*Bonjour !* (l'après-midi)	24
Hallo!	*Salut !* (en arrivant)	25, 53
Hoi!	*Salut !, Bonjour !*	1, 25
Tot ziens! / Dag!	*Au revoir !*	20, 25
Doeg!	*Ciao !*	94
Doei!	*Salut !*	25
Goedenavond!	*Bonsoir !*	3
Prettige avond!	*Bonne soirée !*	25
Goedenacht! / Welterusten!	*Bonne nuit !*	28, 87
Tot snel!	*À bientôt !*	69
Tot later!	*À plus tard !*	25
Tot straks!	*À tout à l'heure !*	25
Tot zo!	*À tout de suite !*	25
Alles goed?	*Ça va ?*	1
Gaat alles goed?	*Tout va bien ?*	1
Het gaat wel.	*Ça peut aller.*	31
Wat is er met jou aan de hand?	*Que se passe-t-il ?, Qu'est-ce que tu as (qui ne va pas) ?*	52
Je ziet er niet uit!	*Tu ne payes pas de mine !*	52
groetjes	*salut* (à l'écrit)	69
Hartelijke groeten	*Cordialement* (correspondance)	43, 78
Liefs + prénom	*Ton, ta, tes, votre* (correspondance)	43
Met vriendelijke groet(en) + prénom	*Amicalement* (correspondance)	43, 78
Excuseer?	*Pardon ?*	94
Pardon/Sorry	*Excuse(z)-moi, Pardon*	46
Neem/Neemt u me niet kwalijk	*Excuse(z)-moi*	46
Mag ik er even langs?	*Excuse(z)-moi.* (pour passer)	71
Het spijt me.	*Je suis désolé(e)., Je regrette.*	38
Wie is er aan de beurt?	*C'est à qui le tour ?* (commerces)	10
Wat zal 't zijn?	*Qu'est-ce que ce sera ?* (commerces)	34
Zegt u het maar!	*Je vous écoute !* (commerces)	2
Wat mag het zijn?	*Vous désirez ?* (commerces)	71

Lexique néerlandais – français

Vous trouverez dans les lexiques l'ensemble des mots de la méthode. Chaque mot est accompagné de sa traduction et du numéro de la leçon où il apparaît pour la première fois. Certains mots peuvent se traduire de différentes façons ; si un mot est apparu avec plusieurs traductions au fil des leçons, vous trouverez logiquement la référence de plusieurs numéros de leçon.

Nous indiquons derrière chaque nom néerlandais l'article qui l'accompagne.

Les particules verbales séparables sont signalées à l'aide d'une apostrophe ('), par exemple : aan'komen, arriver.

Abréviations utilisées dans les lexiques	
adj.	adjectif
adv.	adverbe
aux.	auxiliaire
conj.	conjonction
pr.	pronom
prép.	préposition

A

a.u.b.	s.v.p. 83
aan	à/au 10, 12
aan'bevelen	recommander 81
aan'bieden	offrir 94
aanbieding (de)	promotion (offre promotionnelle) 34
aanbod (het)	offre 97
aan'doen	mettre (vêtement) 54 ; allumer 87
aangenaam	enchanté/e 72 ; agréable 76
aangetekend	en recommandé 79
aangezien	car/étant donné que 92
aangifte (de)	déclaration (déposition) 61
aan'hebben	porter (être vêtu/e de) 30
aan'kleden (zich ~)	s'habiller 75

aan'komen	grossir/prendre du poids 54 ; arriver 69, 76
aan'leggen	aménager 67
aanleiding (de)	occasion 78
aanleiding (naar ~ van)	suite à 78
aan'nemen	supposer 94 ; accepter 97
aan'raden	conseiller 45
aanslag (de)	attentat 45
aan'sluiten bij	correspondre à 78
aan'spreken	s'adresser à 78 ; plaire 78
aan'steken	allumer 94
aansteker (de)	briquet 94
aantal (het)	nombre 59
aan'trekken	mettre (vêtement) 54
aanwezig	présent/e 43
aan'zetten	allumer 87
aardappel (de)	pomme de terre 39, 81
aardbei (de)	fraise 10
aarde (de)	terre 39
aardig	sympathique 86
aarzelen	hésiter 90
abonneenummer (het)	numéro d'abonné/e 66
abrikoos (de)	abricot 71
accent (het)	accent 94
achter	derrière 80
achterin	à l' arrière 65 ; au fond 65
achterkleinkind (het)	"arrière-petit-enfant" 44
achterlicht (het)	feu arrière 37
achternaam (de)	nom de famille 92
achteruit	vers l'arrière 70
achteruitkijkspiegel (de)	rétroviseur 37
actie (de)	action 90
adieu (het)	adieu 99
adres (het)	adresse 61
advertentie (de)	annonce 78, 83
af en toe	de temps à autre 40
afgelopen	dernier/-ière (passé) 73
af'komen op	s'avancer vers 76

af'leggen	parcourir 59 ; terminer 59
afloop (na ~ van)	à l'issue de 97
af'lopen	expirer 73 ; se terminer 76
af'nemen	nettoyer 72
af'rekenen	régler 94
Afrika (het)	Afrique 44
Afrikaans (het)	afrikaans 93
Afsluitdijk (de)	digue de fermeture 50
afspraak (de)	rendez-vous 38, 53
afspraak (een ~ maken)	prendre rendez-vous 83
af'spreken	convenir de/donner/prendre rendez-vous 53
af'vallen	maigrir/perdre du poids 54
af'vragen (zich ~ of)	se demander si 69
af'wachten	attendre (la fin) 47
afwachting (in ~ van)	dans l'attente de 78
af'wijken	s'écarter (diverger) 93
af'zetten	déposer 73
agent (de)	agent 61
agente (de)	agent (femme) 78
al	déjà 36 ; tous 38 ; même si 47
algemeen (in het ~)	en général 93
allang	longtemps 94
alle	tous/toutes les 27
alleen	seulement 18
alleen (maar)	seulement 52 ; ne... que 53 ; juste 62
alleenstaand	seul/e (célibataire) 83
allemaal	tout/tous/toute(s) 22, 45
allen (met ons ~)	nous tous 97 ; tous ensemble 97
allen (met zijn ~)	tous ensemble 97
allereerst	avant tout 37 ; tout d'abord 37
allerlei	toutes sortes de 51
alles	tout 1
als	comme 19, 30 ; si 36 ; quand (lorsque) 50, 55, 59
als… maar	du moment que 83
alsjeblieft	s'il te plaît 36 ; voici 71
alsof	comme si 87

alstublieft	s'il vous plaît 2 ; tenez 16 ; voici 34
altijd	toujours 41
alweer	déjà 30
amaryllis (de)	amaryllis 74
Amerika (het)	Amérique 44
ander *(adj.)*	autre 41
anderhalf	un et demi 34
anderhalf ons	150 g 34
anders	autrement 41 ; sinon 82
antiek	ancien/ne 67 ; antique 67
Antillen (de)	Antilles 93
anti-virusprogramma (het)	programme anti-virus 86
antwoord (het)	réponse 68
antwoordapparaat (het)	répondeur 66
antwoorden	répondre 68
apenstaartje (het)	arobase 85
apotheek (de)	pharmacie 71
appartement (het)	appartement 76
appel (de)	pomme 2, 39
appelsiensap (het)	jus d'orange 94
appeltaart (de)	tarte(lette) aux pommes 2
april (de)	avril 27, 28
Arabisch (het)	arabe (langue) 93
architecte (de)	architecte (femme) 78
Argentinië (het)	Argentine 4
arm	pauvre 95
arm (de)	bras 62
artikel (het)	article 90
arts (de)	médecin 24
Aruba (het)	Aruba 93
assistent/e (de)	assistant/e 78
attractie	attraction 88
augustus (de)	août 27, 28
auteur (de)	auteur 45
authentiek	authentique 100
auto (de)	voiture 37
automatiseringssector (de)	secteur de l'informatique 83
autorijles (de)	cours de conduite 37

bekend	connu/e 18
bekennen	apercevoir 40 ; avouer 69
bekijken	regarder 100
bel (de)	sonnette 36
belachelijk	ridicule 75
belangrijk	important/e 82
belegen	fait (fromage) 60
België (het)	Belgique 4
bellen	sonner/appeler 17, 20, 72
belonen	récompenser 55
beloven	promettre 92
beneden	en bas 17
benieuwd (naar)	curieux/-euse (de) 44
benieuwen	exciter la curiosité 44 ; intriguer 44
benzine (de)	essence 73
berenburg (de)	bitter frison 82
beroemd	célèbre 67
beroep (het)	profession 61
beschuit (het)	toast brioché 36
beslist	absolument (certainement) 48
besluit (het)	décision 90
besluiten	décider 71
best	mieux 20
best (zijn ~ doen)	faire de son mieux 61
best(e)	cher/chère *(dans les correspondances)* 43
bestaan	exister 90
bestaan uit	consister en 88
bestek (het)	couvert *(nom)* 81
bestellen	commander 2, 52, 59
betalen	payer 71
betekenen	vouloir dire (signifier) 89
beter *(adj.)*	meilleur/e 15
beter *(adv.)*	mieux 69
betreffen	concerner 93
beurt (de)	tour *(m.)* 10
bevalling (de)	accouchement 36
bevinden (zich ~)	se trouver 92
bevriezen	geler 82

bewegen	bouger 18
bewegend	animé/e 18
bewijs (het)	certificat 16, 38
bewonderen	admirer 48
bewust	consciemment 90
bezichtigen	visiter 72
bezig	occupé/e 12
bezoek (het)	visite 36
bezoeken	visiter 85
bezoeker (de)	visiteur 88
bezorgen	procurer 45
biefstuk (de)	bifteck 81
bier (het)	bière 53
biertje (het)	bière 52
bieslookkaas (de)	fromage à la ciboulette 89
bij	chez 10 ; auprès de 15 ; dans 19 ; à/au 29 ; avec 32 ; près de 36
bij (de)	abeille 57
bij elkaar	en tout 79
bijna	presque 13
bijvoorbeeld	par exemple 59, 100
bijzonder	spécial 48 ; particulièrement 89
binnen *(prép.)*	en 18
binnen'gaan	entrer 89
binnenin	en dedans 70
binnen'komen	entrer 25
binnenkort	bientôt 99
binnenland (het)	arrière-pays 18 ; intérieur (d'un pays) 18
binnen'lopen	entrer 88
binnenstad (de)	centre-ville 71
blank	blanc/blanche 17
blank staan	être inondé/e 17
blauw	bleu 30
blij	gai/e 69 ; content/e 80
blijken te *(+ infinitif)*	s'avérer 76
blijven	rester 7, 15, 52 ; être 53 ; continuer à 89
bloei (de)	floraison 74
bloei (in ~ staan)	être en fleurs 74

bloem (de)	fleur 74
bloes (de)	chemisier 32
blond	blond/e 8
boek (het)	livre 45
boeken	réserver 86
boekwinkel (de)	librairie 45
boer (de)	fermier 26, 89 ; agriculteur 89 ; paysan 89
boerderij (de)	ferme 89
boerenkool (de)	chou frisé 26
bollenveld (het)	champ de bulbes 74
boodschap (de)	course (achat) 6 ; message 24
boodschap (een ~ inspreken)	laisser un message 66
boodschappen doen	faire des courses 6
boodschappenkar (de)	chariot (de courses) 64
boodschappenlijst (de)	liste des courses 64
boom (de)	arbre 39
boord (het/de)	bord 47
boot (de)	bateau 44
bord (het)	panneau 29 ; assiette 81
borrel (de)	apéritif 60, 64
borrelnootje (het)	cacahuète enrobée 64
borreltijd (de)	heure de l'apéritif 60
bos (de)	bouquet 74
bos (het)	bois 99 ; forêt 99
boter (de)	beurre 31
bouwen	construire 43
bouwsector (de)	secteur du bâtiment 83
boven	en haut 17 ; au-dessus de 57 ; à l'étage 76
boven (naar ~ lopen)	monter (un étage) 17
bovendien	en plus 54 ; de surcroît 73
bovenop	sur le dessus de 70
box (de)	box 9
brandnetelkaas (de)	fromage à l'ortie 89
bravo	bravo 100
breed	large 99
breien	tricoter 57
breken	casser 75

China (het)	Chine 39
Chinees (het)	chinois (langue) 93
chip (de)	puce (électronique) 16
chips (de)	chips 64
chocoladegebakje (het)	gâteau au chocolat 71
cijfer (het)	chiffre 69 ; note 69
club (de)	club 67, 97
cocktail (de)	cocktail 94
code (de)	code 79
collega (de)	collègue 71
combinatie (de)	combinaison 75
componist (de)	compositeur 67
componiste (de)	compositrice 78
computer (de)	ordinateur 80
consumptie (de)	consommation 89
controle (de)	contrôle 16
crashen	planter (ordinateur) 86
cultuur (de)	culture 83

D

d'r	son/sa/ses (à elle) 33, 35
daar	là-bas 13, 25 ; y 48, 55
daar(…)naartoe	y (vers) 48, 85 ; par là 85
daardoor	pour cette raison 89
daarheen	par là 85 ; y 85
daarin	dedans 55
daarmee	avec cela 54
daarna	après *(adv.)* 23
daarnaast	en outre 93
daarom	c'est pour cela 50, 78
daaroverheen	par-dessus 75
dag (de)	jour/journée 1
dagmenu (het)	plat du jour 81
dak (het)	toit 55
dam (de)	barrage 51 ; digue 51
dame (de)	dame 76 ; femme 78
dames en heren	mesdames et messieurs 78
dan	alors 10, 19, 24 ; que *(comparatif)* 15 ; puis 25 ; dans ce cas 48

dank je (wel)	merci (à toi) 40
dank u (wel)	merci (à vous) 26, 45
dans (de)	danse 83
dat *(adj. démonstratif)*	ce/cet/cette…-là 19, 21
dat *(pr. démonstratif)*	cela 5, 8, 49 ; ça 23 ; voilà 49
dat *(pr. relatif)*	qui 43
dat *(conj.)*	que 18
dateren	dater 89
datum (de)	date 78
de	le/la/les 3, 7
december (de)	décembre 27, 28
deel (het)	part 94
degene(n)	celui/ceux 43
deken (de)	couverture 76
denken	penser (envisager) 41
denken (aan)	penser (à) 60
dessert (het)	dessert 81
detective (de)	détective 45 ; polar 45
detectiveroman (de)	roman policier 45
deur (de)	porte 36
deze	ce/cet/cette…-ci 18, 21
dezelfde (… als)	le/la/les même/s (… que) 41
dialect (het)	dialecte 93
dicht	fermé/e 71
dichtbij	près 55, 91 ; tout près 91
dichter (de)	poète 99
dichterbij komen	approcher 55
dicht'gaan	fermer 71
dichtstbij	le plus près 85
die *(adj. démonstratif)*	ce/cet/cette…-là 19, 21
die *(pr. démonstratif)*	celui-là/ceux-là/celle(s)-là 9, 14, 24, 33, 38
die *(pr. relatif)*	que 43 ; qui 18, 44, 47
die/dat van jullie	le/s vôtre/s 65
dieet (het)	régime 71
diefstal (de)	vol 61
dienst (de)	service 29
diepvriesmaaltijd (de)	plat cuisiné surgelé 82
diepvriezer (de)	congélateur 31

dijk (de)	digue 90
dik	épais/se 39, 82 ; gros/se 54
dik (minder ~ maken)	mincir (amincir) 54
dikte (de)	épaisseur 92
diner (het)	dîner *(nom)* 23
dineren	dîner *(verbe)* 23
ding (het)	chose 61 ; truc 80
dinsdag (de)	mardi 15, 21
diploma (het)	diplôme 38
discotheek (de)	discothèque 73
dit *(adj. démonstratif)*	ce/cet/cette…-ci 16, 21
dit *(pr. démonstratif)*	ceci 49 ; voici 49
divers	divers/e 59
dochter (de)	fille 32
dochtermaatschappij (de)	filiale 86
document (het)	document 86
doen	faire 6, 27, 29, 40 ; donner 34 ; marcher (fonctionner) ; 58 ; mettre 55, 84 ; fonctionner 80
doen aan	consacrer du temps à 69
doen (er goed aan ~)	bien faire de 74
dokter (de)	médecin 20
doktersrecept (het)	ordonnance (médicale) 24
dol zijn op	être fou/folle de (raffoler) 68
dom	bête (idiot) 81
domkerk (de)	cathédrale 85
donderdag (de)	jeudi 15, 21
donker (het)	obscurité 82
donker-	foncé (couleur) 74
donkerbruin	brun foncé 83
dood'gaan	mourir 82
doof	sourd/e 87
doopnaam (de)	nom de baptême 44
door	à travers 24 ; tout à fait 29 ; par *(dans les tournures passives)* 55 ; à cause de 90
doorbakken	cuit 81
door'breken	céder (se rompre) 90

door'brengen	passer *(+ temps)* 48, 76
doordat	car/du fait que 82
door'gaan	continuer 100
door'geven	transmettre (faire passer) 24
door'halen	passer 79
door'steken	percer 90
dorp (het)	village 46
dorst (de)	soif 9
douche (de)	douche 72
douchen	prendre une douche 76
draagbaar (de)	brancard 88
draaien	composer (numéro) 66 ; tourner 66
dragen	porter (vêtement) 33
drank (de)	boisson 94
drankje (het)	verre (d'alcool) 94
drinken	boire 52
drogen	sécher 72
dromen	rêver 95
droog	sec/sèche 75
drop (de)	réglisse 52
dropje (het)	bonbon à la réglisse 52
druk *(adj.)*	agité/e 36 ; animé/e 36
duin (de)	dune 48
Duitsland (het)	Allemagne 86
duren	durer 40
durven	oser 37
dus	donc 29
duur	cher/chère (coûteux) 10
dvd (de)	DVD 80
dweilen	passer la serpillière 72

E

echt *(adj.)*	authentique (véritable) 67
echt *(adv.)*	vraiment 32
echter	cependant 93 ; mais 93 ; pourtant 93 ; toutefois 93
Edammer (de)	fromage d'Edam 89
een	un/e 2, 7

één na laatste	avant-dernier/-ière 85
eenmaal	une fois 71
eens	donc 13 ; une fois 13 ; un peu 30, 32
eens (het ~ zijn met)	être d'accord avec qqch. 74
eens (het ~ zijn over)	s'accorder 88
eerder	plutôt 97
eergisteren	avant-hier 62
eerlijk	juste 68 ; honnêtement 69
eerst	d'abord 38
eetbaar	mangeable, comestible 90
eetcafé (het)	café-restaurant 53
eeuw (de)	siècle 43
eeuwigheid (de)	éternité 47
ei (het)	œuf 27
ei (een ~ leggen)	pondre un œuf 27
eigen	propre 87
eigenlijk	en fait/au juste 12
eiland (het)	île 48
eind (het)	bout 62 ; fin 69
einde (het)	fin 99
eindelijk	enfin 23
eindexamen (het)	baccalauréat 69
eindpunt (het)	terminus 85
eindstreep (de)	arrivée 82
elektrisch	électrique 85
elfstedentocht (de)	marathon des onze villes 82
elftal (het)	équipe de onze personnes 97
elk	chaque 22
elkaar	se (l'un l'autre/les uns les autres) 27
e-mail (de)	e-mail 43
en	et 1, 8
Engeland (het)	Angleterre 69
Engels	anglais/e 69
Engels (het)	anglais (langue) 69
enig	seul/e (unique) 88
enkele	quelques 93
enzovoort (enz.)	et cetera (etc.) 83
er *(pr.)*	en 58, 63

er *(pr.)*	il *(sujet impersonnel)* 10, 39
er *(adv. de lieu)*	y 51 ; là 53
erbij	avec 64, 75, 81
erg *(adj.)*	grave 74, 95
erg *(adv.)*	très 8
erg (het ~ vinden)	trouver grave 69
ergens	quelque part 59
ergens anders	ailleurs 94
erkennen	reconnaître 93
erop	dessus 92
ertoe doen	être important (avoir de l'importance) 73
eruit zien	avoir l'air 15, 52
ervaring (de)	expérience 78
erwt (de)	pois 82
etalage (de)	vitrine 32
etappe (de)	étape 59
eten	manger 23, 52
eten (het)	repas 81
euro (de)	euro 34
Europa (het)	Europe 18
Europees	européen/ne 68
even *(adv.)*	un instant 12
eventjes *(adv.)*	un (petit) moment/instant 91
examen (het)	examen 38
excuseer?	pardon ? 94
exotisch	exotique 74

F

fabriek (de)	usine 67
familie (de)	famille (sens large) 43
familiefoto (de)	photo de famille 44
familiereünie (de)	réunion de famille 43
fantastisch	fantastique 95
fax (de)	fax 86
februari (de)	février 27, 28
feest (het)	fête 11
feliciteren met	féliciter pour 28
fiets (de)	vélo 62

fietsen	faire du vélo 6
fietsenrek (het)	râtelier à vélos 65
fietsenstalling (de)	garage à vélos 65
fietser (de)	cycliste 75
fietspad (het)	piste cyclable 92
fietstocht (de)	randonnée à vélo 82
fijn	bon/ne (agréable) 51 ; fin/e (aliment) 51 ; plaisant/e 51
file (de)	embouteillage 95
file (in de ~ staan)	être dans les embouteillages 95
filiaal (het)	succursale 86
film (de)	cinéma 5 ; film 5
filmster (de)	vedette de cinéma 95
flat (de)	appartement 46
flauw	fade (sans saveur) 68 ; insipide 68
fles (de)	bouteille 64
flink	bon/ne (solide) 62 ; bien 82
foelie (de)	macis 64
formulier (het)	formulaire 79
foto (de)	photo 43
fotograferen	photographier 43
fotokopie (de)	photocopie 86
fotokopiëren	photocopier 86
fout	faux 68
Frankrijk (het)	France 41
Frans (het)	français (langue) 84
Fries	frison/ne 80
Fries (het)	frison (langue) 80
friet (de)	frites 81
fris	frais/fraîche 89
fruitsap (het)	jus de fruits 94
functie (de)	fonction 78 ; poste 78

G

gaan	aller 1, 5, 19, 23, 47, 50, 51
gaan (telefoon, bel)	sonner (téléphone, sonnette) 66
gaan om	s'agir de 97

gaan zitten	s'asseoir 58
gang (de)	couloir 29
garage (de)	garage 65
gaspedaal (het)	accélérateur (pédale) 37
gauw	rapidement 60
geachte	estimé/e *(formule d'introduction de lettre)* 78
gebak (het)	pâtisserie (gâteaux) 71
gebakje (het)	pâtisserie (gâteaux) 71
gebeuren	se passer (advenir) 47, 61
geboortedatum (de)	date de naissance 78
geboren	né/e 78
gebouw (het)	bâtiment 51
gedicht (het)	poème 99
geduld (het)	patience 97
geel	jaune 30, 33
geen	(ne…) pas de 9, 14, 17
gehakt (het)	bifteck haché 34
geitenkaas (de)	fromage de chèvre 89
gek	fou/folle 80
gek zijn op	adorer 80
geklets (het)	bavardage 90
geld (het)	argent 61
geldautomaat (de)	distributeur de billets 94
geleden	passé 15, 30 ; il y a 82
gelijk	égal/e (constant) 89
gelijk hebben	avoir raison 90
geloven	croire 36, 51
geluidsoverlast (de)	nuisance sonore 87
geluk (het)	bonheur 44 ; chance 80
gelukkig	heureux/-euse 8
gemakkelijk	facile 68
gemberkoek (de)	pain d'épice au gingembre 82
genieten	savourer 74
genoeg	assez 67, 89 ; suffisamment 67, 82
genoeg hebben van	en avoir marre de 67
geopend	ouvert/e 85
geschieden	advenir (survenir) 47

geschiedenis (de)	histoire 69
geschikt	approprié/e 54
gesloten	fermé/e 85
gesnurk (het)	ronflement 87
gesprek (het)	entretien 78
gestreept	rayé/e (à rayures) 75
getsie!	beurk ! 26
getuigschrift (het)	certificat 38
gevaarlijk	dangereux/-euse 90
geval (het)	cas 52, 92
geven	donner 10
gevoel (het)	sens 83
gevolg (het)	conséquence 90
geweldig	terriblement 94 ; formidable 96 ; génial 96 ;
gewend zijn	être habitué/e 78
gewoon *(adj.)*	normal/e 18
gewoon *(adv.)*	simplement 6
gezellig	convivial/e (ambiance) 23
gezelligheid (de)	convivialité 97
gezelschap (het)	compagnie 22
gezelschap houden	tenir compagnie 22
gezicht (het)	visage 75
gezien *(+ nom)*	vu... (étant donné...) 40
gezin (het)	famille (ménage) 44, 78
gezondheid (de)	santé 83, 95
gezondheidszorg (de)	secteur de la santé publique 83
gids (de)	guide 48, 59
gij	tu *(forme biblique)* 47
gilde (het/de)	guilde 88
gisteren	hier 16, 28
gisterenavond	hier soir 28
glad	glissant/e 39 ; lisse 39
glas (het)	verre 60, 82
goed	bien 1, 10 ; bon/ne 19, 91
goedkoop	bon marché 76
goed'maken	se faire pardonner 74
gooien	jeter 47

goud (het)	or 44
gouden	doré/e 44 ; d'or/en or 44
goudviskom (de)	bocal à poissons rouges 80
goudzoeker (de)	chercheur d'or 44
graad (de)	degré 9
graag	s'il vous plaît 2, 34 ; volontiers 2, 18, 19, 26, 84, 91
graag gedaan	avec plaisir 29 ; je vous en prie 29
graag willen	aimer au conditionnel (souhait) 22 ; vouloir au conditionnel (souhait) 22
gram (de)	gramme 18
gras (het)	herbe 89
graskaas (de)	fromage de mai 89
gratis	gratuit 97
grens (de)	frontière 88
griep (de)	grippe 20
grijs	gris 32
groen	vert 29
groente (de)	légume 10
groenteboer (de)	marchand de légumes 89
groenteman (de)	marchand de légumes 10
groep (de)	groupe 88
groet (de)	salutation 40
groot	grand/e 8 ; gros/se 39
groothandelaar (de)	grossiste 88
grootouder (de)	grand-parent 49
grootmoeder (de)	grand-mère 43
grootvader (de)	grand-père 43

H

ha	ah 15
haar	la 26
haar *(possessif)*	son/sa/ses (à elle) 32, 35
haar (het)	chevelure 33 ; cheveux 33
haas (de)	lièvre 61
haast (de)	hâte 13
haast hebben	être pressé/e 13
hagel (de)	grêle 31, 39

hagelslag (de)	vermicelles de chocolat 31
hagelsteen (de)	grêlon 39
halen	attraper 13 ; venir chercher 24 ; obtenir 38 ; avoir (examen) 69 ; atteindre 82
halen (erbij ~)	appeler 86
halen (uit)	sortir (de) 22
halen (van)	enlever 75
half	et demi/e 23, 30 ; demi- 34 ; la moitié de 44
half-om-half (het)	*bifteck mi-porc, mi-bœuf* 34
hals (de)	cou 96
halte (de)	arrêt (station) 85
ham (de)	jambon 34
hand (de)	main 52
handdoek (de)	serviette 76
handelaar (de)	commerçant 61 ; marchand 61, 88 ; trafiquant 61 ; négociant 88
handig	pratique 22
handschoen (de)	gant 75
handtas (de)	sac à main 64
handtekening (de)	signature 79
hangen	pendre 32, 35 ; accrocher 84 ; suspendre 84
Hanze (de)	Hanse 68
hard	dur/e 78 ; fort/e 82
harder zetten	monter (son) 87
haring (de)	hareng 97
haring kaken	encaquer des harengs 97
hart (het)	cœur 11
hartelijk	chaleureux/-euse 40
hartig	relevé/e 60 ; salé/e 60
hartje *(+ nom)*	au centre de 39 ; au cœur de 39 ; en plein 39
hartstikke	rudement 52
haven (de)	port 97
havengebied (het)	ensemble portuaire 51
hazelnoot (de)	noisette 64
hè?	hein ? 9 ; n'est-ce pas ? 25

hé	tiens 13
hebben	avoir 4, 50, 51
hebben (bij zich ~)	avoir sur soi 32
hebben (terug ~ van)	avoir la monnaie sur 34
heel *(adj.)*	tout/e 43 ; entier/-ière 62
heel *(adv.)*	très 40
heen en weer	aller et retour 73
heer (de)	gentleman 73 ; monsieur 73, 78
heerlijk	délicieux/-euse 10
hei (de)	bruyère 99
heimwee (de)	mal du pays 50 ; nostalgie 50
heimwee hebben naar	avoir la nostalgie de 50
heleboel (een ~)	un tas de (plein de) 71
helemaal	tout à fait 74, 80 ; complètement 96
helemaal niet	pas du tout 23
helicopter (de)	hélicoptère 95
helpen	aider 12, 79
hem *(pr. complément)*	le/la/lui *(masc. et genre commun)* 22, 24
hemd (het)	maillot de corps 75
hen *(pr. complément)*	eux 30, 49 ; leur 30 ; les 49
herbouwen	reconstruire 100
herberg (de)	auberge 53
herfst (de)	automne 27
herhalen	répéter 100
herinneren (zich ~)	se rappeler 30 ; se souvenir 82
herinnering (de)	souvenir 99
herlezen	relire 100
het *(article)*	le/la 4
het *(pr. complément)*	le *(genre neutre)* 2 ; lui *(genre neutre)* 49
het *(pr. sujet)*	ça 17 ; il *(sujet impersonnel)* 9, 14, 20, 38, 39
het liefst	par-dessus tout (préférence) 50, 84
heten	s'appeler (se nommer) 8
hetzelfde	la même chose 41 ; le/la même 41
hevig	violent/e 47
hier	ici 3, 16, 29, 40 ; voici 79
hierbij	par la présente 78
hierheen	ici 70 ; par ici 85 ; y 85

hoor!	écoute ! 1 ; hein ! 1 ; mais ! 1 ; allons ! 18 ; tu sais 36
hopen	espérer 78
horen	entendre 13 ; apprendre 69
horen van	entendre (avoir des nouvelles) 44 ; entendre parler de 51
horloge (het)	montre 58
houden	tenir 22 ; tenir (garder) 87
houden van	aimer 34
huilen	pleurer 82
huis (het)	maison 4, 24
huis (in ~ hebben)	rester 64
huis (naar ~ gaan)	rentrer 26
huisartsenpraktijk (de)	cabinet médical 24
huisbezoek (het)	visite à domicile 24
huiskamercafé (het)	café d'intérieur 53
huiswerk (het)	devoirs (d'école) 58
hulpje (het)	aide (personne) 55
humeur (het)	humeur 31
humor (de)	humour 83
hun *(adj. possessif)*	leur/s 13, 35
hun *(pr.)*	leur 40, 49
huren	louer (prendre en location) 92
huur (te ~)	à louer 92
huwelijk (het)	mariage/noces/union 30
huwen	épouser/se marier 30

I

idee (het)	idée 5
ieder	chaque 85
iedereen	chacun 82
iemand	quelqu'un 73
iemand anders	quelqu'un d'autre 76
iets	quelque chose 29 ; un peu 67
ijs (het)	glace 52, 82
ijskast (de)	réfrigérateur 31
ijskoud	très froid/e 39

IJsselmeer (het)	IJsselmeer 50
ijzelen	verglacer 82
ik	je 2, 14 ; moi 10
in	à/au 4 ; dans 2 ; en 27, 34, 78
in plaats van	au lieu de 74
in zijn	être à la mode 80
inclusief	inclus/e 85
inderdaad	en effet 16
Indonesië (het)	Indonésie 93
Indonesisch (het)	indonésien (langue) 93
in'duwen	appuyer/enfoncer 37
ineens	tout à coup 60
informatie (de)	information 59
ingang (de)	entrée 29
inlichting (de)	renseignement 85
inmiddels	entre-temps 100
in'schrijven	inscrire 82
in'slaan	emmagasiner/faire provision de 39 ; prendre (s'engager dans) 100
in'spreken	enregistrer/parler (dans un appareil) 66
in'stappen	monter (dans) 85
instituut (het)	institut 40
instructeur (de)	instructeur 37
instructie (de)	instruction 37
intelligent	intelligent/e 78
internationaal	international/e 90
internet	Internet 86
internetcafé (het)	cybercafé 85
internetten	surfer sur Internet 85
in'tikken	taper (sur un clavier) 79
in'toetsen	taper 66
in'voeren	introduire 79
in'vriezen	surgeler 82
in'vullen	remplir 79
Italiaans (het)	italien (langue) 76
Italië (het)	Italie 76

J

ja	oui 1
jaar (het)	an 11, 28 ; année 11, 28, 80
jam (de)	confiture 31
jammer	dommage 11
jammer genoeg	malheureusement 83
januari (de)	janvier 27, 28
jarig zijn	avoir son anniversaire 11
jarige (de)	celui/celle qui fête son anniversaire 11
jas (de)	manteau 33
jawel	si *(affirmation)* 9
jazeker	bien sûr 89
je *(pr. sujet)*	tu 4, 14 ; on 27
je *(pr. complément)*	te 49 ; toi 15, 49
je *(pr. réfléchi)*	te 13
je *(adj. possessif)*	ton/ta/tes 4, 35
jenever (de)	genièvre 60
jeugd (de)	jeunesse 97
jezelf	toi-même 37
jij	toi 4 ; tu 14
joggen	faire du jogging 22
jong	jeune 50
jonge!	eh bien/ben ! ; ça alors ! 39
jongen (de)	garçon 36
jongere (de)	jeune 97
jongeren (de)	jeunes (jeunes gens) 97
jongetje (het)	petit garçon 36
jou	toi 1, 49 ; te 49
journaal (het)	journal (parlé) 90
jouw	ton/ta/tes 31, 35
jouwe (de/het ~)	le/la/les tien/ne/s 65
juffrouw (de)	mademoiselle 78
juist *(adj.)*	correct/e 93
juist *(adv.)*	justement 29
juli (de)	juillet 27, 28
jullie *(pr. personnel)*	vous *(tutoiement collectif)* 9, 12, 14, 26, 49

jullie *(adj. possessif)*	votre/vos 35
juni (de)	juin 27, 28
jurk (de)	robe 11

K

kaak (de)	mâchoire 78
kaap (de)	cap 47
kaars (de)	bougie 94
kaart (de)	carte 16, 81
kaartje (het)	billet 16 ; carton (d'invitation) 30
kaartjescontrole (de)	contrôle de billets 16
kaas (de)	fromage 31
kaasboer (de)	fromager 88
kaasdrager (de)	porteur de fromage 88
Kaasdragersgilde (het)	corporation des porteurs de fromage 88
kaasmarkt (de)	marché au fromage 88
kaasschaaf (de)	rabot à fromage 89
kalf (het)	veau 40
kam (de)	peigne 76
kamer (de)	chambre 4 ; pièce 46
kampioen (de)	champion 18
kampioene (de)	championne 78
kanaal (het)	canal 50
kandelaar (de)	chandelier 80
kantoor (het)	bureau (pièce) 86
kapitein (de)	capitaine 47
kapot	cassé/e 73 ; en panne 73
kappen	coiffer 33
kapper (de)	coiffeur 75
kapsel (het)	coupe de cheveux 33
karnemelk (de)	lait fermenté 31
kassa (de)	caisse 29
kassabon (de)	ticket de caisse 64
kast (de)	armoire 31 ; placard 64
kasteel (het)	château 43
kat (de)	chat/te 51, 57
keer (de)	fois 8
kelder (de)	cave 17

kennen	connaître 18, 58
kennis (de)	connaissance 99
kers (de)	cerise 71
keuken (de)	cuisine (pièce) 17
kies (de)	molaire 83
kiespijn (de)	mal de dents 83
kiezen (voor)	choisir 59
kiezen tot	élire en tant que/comme 99
kijken (naar)	regarder (vers) 30, 44, 57
kilo (de)	kilo 10
kilometer (de)	kilomètre 62
kind (het)	enfant 15
kinderversje (het)	poème d'enfant 57
kip (de)	poulet 81
kippenvel (het)	chair de poule 45
klaar zijn	être prêt/e 12 ; avoir fini 72
klaar'leggen	préparer (poser) 24
klaar'maken	préparer 36
klagen	se plaindre 87
kleden	habiller 30
kleden (zich ~)	s'habiller 75, 82
kleding (de, *sing.*)	vêtements 54
kleedje (het)	napperon 80
klein	petit 50
kleindochter (de)	petite-fille 49, 80
kleinkind (het)	petit-enfant 49
kleintje (het)	petit (enfant) 55
kleinzoon (de)	petit-fils 49, 80
kleren (de, *pl.*)	vêtements 32
kleur (de)	couleur 74
klikken	cliquer 43
klok (de)	pendule 58
klomp (de)	sabot 75
kloppen	être exact 66
knallen	éclater 27
knap	intelligent/e 78 ; joli/e 78 ; malin/maligne 78
knop (de)	bouton 37

koe (de)	vache 40, 89
koekje (het)	biscuit 64
koel	frais/fraîche 9
koelbox (de)	glacière 9
koelkast (de)	réfrigérateur 31
koffer (de)	valise 76
koffie (de)	café (boisson) 2
komen	venir 4, 17, 25, 65
komijnekaas (de)	fromage au cumin 89
konijnenhok (het)	cage à lapins 80
koning (de)	roi 3
koningin (de)	reine 80
koninginnedag (de)	jour de la reine 80
koninklijk	royal 40
kool (de)	chou 26
koop (de)	achat 19, 88
koop (een ~ sluiten)	conclure un marché 88
koop (te ~)	à vendre 88
koopavond (de)	nocturne 19
koopje (het)	bonne affaire 32
koorts (de)	fièvre 20
kop (de)	tasse 53, 59
kopen	acheter 19, 69
kopie (de)	(photo)copie 86
kopiëren	faire une copie 86
kort	bref/brève 43
kortom	bref *(adv.)* 76
kosten	coûter 73
kostuum (het)	costume 30
koud	froid/e 39 ; frais/fraîche 52
kous (de)	bas (collant) 76
kraagje (het)	collerette 96
kraam (de)	étal 97
kraambed (het)	lit d'accouchement 36
kraamhulp (de)	assistante accoucheuse 36
kraamvisite (de)	visite à l'occasion d'une naissance 36
kraan (de)	robinet 17
kraken	craquer 39

laptop (de)	ordinateur portable 80
last (de)	charge 83 ; fardeau 83 ; gêne 83
last hebben van	souffrir de 83
laten	laisser 30, 40, 53, 58 ; faire 95
laten zien	montrer 16
lawaai (het)	bruit 87
leeftijd (de)	âge 40
leeg	vide 81
Leerdammer (de)	fromage de Leerdam 89
leerling (de)	élève 37
leesbaar	lisible 90
leggen	poser (couché) 27, 80, 84
leiding (de)	conduite (direction) 48
leiding (onder ~ van)	sous la conduite de 48
leiding geven	diriger (prendre les choses en main) 97
Leidse kaas (de)	fromage au cumin 89
lek (het)	fuite (liquides) 17
lek	qui fuit 58 ; percé/e 58
lekken	fuir (liquides) 17
lekker *(adj.)*	bon/ne (au goût) 10 ; agréable 40
lekker *(adv.)*	agréablement 23 ; bien 31
lekker zitten	être confortable (vêtement) 54
lelie (de)	lis 74
lelijk	laid/e 75
lenen (aan)	prêter (à) 73, 82
lenen (van)	emprunter (à) 73
lente (de)	printemps 27
lepel (de)	cuillère 81
leren	apprendre 41, 76 ; apprendre (enseigner) 50
leren kennen	découvrir 41 ; rencontrer 41
les (de)	leçon 37
letten op	faire attention à 38
leuk	amusant/e 5 ; chouette 5 ; joli/e 32
leven	vivre 95
leverworst (de)	saucisson de pâté de foie 34
lezen	lire 25, 45, 59
licht (het)	lumière 37, 85

licht	clair/e 96 ; léger/-ère 96
licht- *(+ couleur)*	clair 30
lied(je) (het)	chanson 80
lief, lieve	cher/chère 8, 43 ; gentil/le 8 ; mignon/ne 8
liefst (het ~)	par-dessus tout 50, 67
liever	de préférence 19, 84 ; plutôt 74
liggen	être couché/e 31, 35, 39, 52
lijken	sembler 22
lijken op	ressembler (à) 65
lijn (de)	corde à linge 75 ; fil 75
link (de)	lien 43
links	gauche 29
links (naar ~)	à gauche 29
linksaf	à gauche 29
literatuur (de)	littérature 99
logeren	loger 69
loketbediende (de)	guichetier/-tière 19
loodgieter (de)	plombier 17
lopen	marcher 13, 50, 59, 74 ; couler (liquides) 17
lopen te	être en train de 74
lopend	à pied 73
lotto (de)	loto 95
lucifer (de)	allumette 94
luisteren (naar)	écouter 59
lukken	arriver (réussir) 79
lunch (de)	déjeuner *(nom)* 23
lunchen	déjeuner *(verbe)* 23
lust (de)	plaisir 74
lusten	aimer (trouver bon) 81

M

'm	*voir* hem 22, 25
m.n.	*voir* met name 83
maag (de)	estomac 83
maal (de)	fois 58
maan (de)	lune 20
maand (de)	mois 15, 27, 28, 69

maandag (de) lundi 15, 21
maar *(conj.)* mais 8
maar *(adv.)* donc 2, 26 ; plutôt 10 ; je vous prie 34 ; vas-y 68 ; seulement 68
maart (de) mars 27, 28
Maaslander (de) *fromage de Huizen, de type Gouda* 89
maatjesharing (de) hareng franc 97
makelaar (de) agent immobilier 72
maken rendre 33 ; faire 44, 58
maken aan het *(+ inf.)* faire *(+ inf.)* 65
makkelijk facile 68
mama (de) maman 26
man (de) homme 10, 20 ; mari 15
mand (de) panier 65
manier (de) façon 94
mannelijk masculin/e 3
mantelpakje (het) tailleur (vêtement) 54
markt (de) marché 39
mate (de) mesure (modération) 60
mayonaise (de) mayonnaise 52
me me 12, 49 ; moi 49
medicijn (het) médicament 95
medisch médical/e 95
medische wetenschap (de) recherche médicale 95
medium à point (cuisson) 81
mee'doen participer 68
mee'gaan accompagner 19
mee'nemen apporter 36 ; prendre 80
mee'rijden venir 73
meer (het) lac 50
meer plus 89
meer (nog ~) d'autres 58
meergranenbrood (het) pain aux céréales 71
meest plus 90
meest (het ~) le plus 55
meestal la plupart du temps 82
mee'vallen être mieux que prévu 79
mei (de) mai 27, 28

meisje (het)	(petite) fille 36
mejuffrouw (de)	mademoiselle 78
melk (de)	lait 31
melkboer (de)	laitier 89
men	on 27, 78
meneer (de)	monsieur 3, 78
menen	croire (penser) 74 ; parler sérieusement 74 ; vouloir dire 74
mensen (de, *pl.)*	gens 82
menukaart (de)	carte 81
merken	remarquer 55, 58
mes (het)	couteau 81
met	avec 1, 2, 24 ; en *(+ moyen de transport)* 44
met name	notamment 83
meteen	tout de suite 26 ; aussitôt 40
meteorologisch	météorologique 40
meter (de)	mètre 46
methode (de)	méthode 99
mevrouw (de)	madame 3, 78
middag (de)	après-midi 19, 28
middageten (het)	déjeuner 23 ; repas de midi 23
middernacht (de)	minuit 87
mij	me 13, 49 ; moi 15, 49
mij best	d'accord 83
mijn (m'n)	mon/ma/mes 15, 20, 35
mijne (de/het ~)	le/la/les mien/ne/s 65
mijnheer (de)	*voir* meneer 78
milieu (het)	environnement 90
milieuactivist (de)	écologiste 90
miljoen (de)	million 95
min	moins *(pour une température)* 39
minder	moins 54
minder… dan	moins… que 74
miniatuurstad (de)	ville miniature 51
minst	le moins 55
minuut (de)	minute 12
misdaadroman (de)	roman policier 45

mis'gaan	rater (échouer) 50
misschien	peut-être 41
misselijk	écœuré/e (nauséeux) 52
misselijkheid (de)	nausée 52
missen	manquer 88 ; rater 88
mobiel (de)	téléphone portable 53
modern	moderne 45
moe	fatigué/e 62
moeder (de)	mère 49, 75
moeilijk	difficile 68
moeite (de)	peine 45
moeten	devoir 3, 39, 58, 65
mogen	pouvoir 2, 69
molen (de)	moulin 51
moment (het)	instant 12
momenteel	actuellement 66
mond (de)	bouche 60
monnik (de)	moine 48
mooi	beau/belle 11 ; joli/e 80 ; bien 80
morgen (de)	matin 23, 28
morgen *(adv.)*	demain 19, 28
morgenavond	demain soir 19, 28
morgenmiddag	demain après-midi 19, 28
morgenochtend	demain matin 23, 28
mossel (de)	moule *(f.)* 81
mosterd (de)	moutarde 81
motor (de)	moteur 37 ; moto 85
moutwijn (de)	alcool de malt 64
muis (de)	souris 36
museum (het)	musée 67
muts (de)	bonnet 82
muziek (de)	musique 67

N

na	après *(prép.)* 53
naam (de)	nom 61
naam (zijn ~ eer aan'doen)	être fidèle à sa réputation 92
naar *(+ mouvement)*	à/au 5 ; vers 5, 17, 25 ; dans 41

naast	à côté de 31, 44
nacht (de)	nuit 19, 28
nachtwaker (de)	veilleur de nuit 19
nadat	après que 54
na'denken	réfléchir 79
nagelkaas (de) (Friese ~)	fromage aux clous de girofle 89
nagerecht (het)	dessert 81
namelijk	c'est que (en effet) 72
NAP (het)	niveau normal d'Amsterdam 99
nasi (de) *(indonésien)*	riz 52
nasibal (de)	boulette de riz à l'indonésienne 52
nat	mouillé/e 17
natuur (de)	nature 90
natuurlijk *(adj.)*	naturel/le 99
natuurlijk *(adv.)*	bien sûr 41 ; naturellement 41 ; bien entendu 79
Nederland (het)	Pays-Bas 18
Nederlander (de)	Néerlandais 93
Nederlands *(adj.)*	néerlandais/e 45
Nederlandstalig	en néerlandais 100
nee	non 3
neef (de)	cousin 44 ; neveu 44
neer'leggen	poser (couché) 80, 84
neer'zetten	poser (debout) 65, 84
nemen	prendre 10, 51
nergens	nulle part 65
nergens anders	nulle part ailleurs 80
net	habillé (soigné) 54 ; tout juste *(permet de traduire un passé récent)* 87
net (het)	réseau (Internet) 66
net zo … als	aussi … que 74
netnummer (het)	indicatif 66
neus (de)	nez 82
nicht (de)	cousine 44 ; nièce 44
niemand anders	personne d'autre 97
niet	ne… pas 10
niet helemaal	pas tout à fait 61
niet meer	ne… plus 17
niet zo … als	pas aussi … que 74

niet zo best	pas tellement bien 20
niets	ne… rien 32, 33, 41
nieuw	neuf/neuve 32 ; nouveau/nouvelle 37
nieuwjaar (het)	nouvel an 27
nieuws (het, *sing.*)	actualités 90 ; infos 90 ; journal (d'informations) 90 ; nouvelles 90
nieuwsbericht (het)	bulletin d'informations 90
nieuwsgierig	curieux/-ieuse 33
niks	rien 64
nodig hebben	avoir besoin 32
noemen	appeler (nommer) 89
nog	encore 9, 13, 25, 30, 71
nog niet	pas encore 33
nogmaals	encore une fois 100
noodweer (het)	tourmente 90
nooit	ne... jamais 48
Noord-	du nord 59
noorden (het)	nord 88
noorden (ten ~ van)	au nord de 88
noordkust (de)	côte nord 48
noot (de)	noix 64
nootmuskaat (de)	noix de muscade 64
noteren	noter 92
notulen (de, *pl.*)	compte rendu 86 ; procès-verbal 86
nou	donc 8, 9 ; alors 9 ; tiens 9 ; eh ben 9, 22 ; bon 26
november (de)	novembre 27, 28
nu	maintenant 15 ; eh bien 93
nu eenmaal	de toute façon/le fait est là 96
nummer (het)	numéro 3

O

o.a.	*voir* onder andere 83
ober (de)	garçon de café/serveur 81
och gut!	oh mon Dieu ! 36
ochtend (de)	matin 28
oefenen	s'exercer 100
oei!	ouille ! 72

of *(conj. de coor.)*	ou 2
of *(conj. de sub.)*	si *(interrogation)* 66
of anders	ou sinon 41
officieel	officiel/le 93
of zo	ou quelque chose dans ce genre 60, 69
oké	d'accord 5
oktober (de)	octobre 27, 28
om	à *(+ heure)* 23 ; pour 78 ; tous/toutes les *(+ indication de temps)* 85 ; autour de 96
om… te *(+ infinitif)*	de 5 ; pour 48 ; afin de 48
oma (de)	mamie 39, 43
omdat	parce que 62, 69
om'doen	attacher 37 ; mettre 75
om'waaien	arracher (par le vent) 39
om'zagen	scier 87
onaangenaam	désagréable 76
onbekend	inconnu/e 68
onbelangrijk	insignifiant/e 68
onbewust	inconscient/e 68
ondanks	malgré 55
onder	sous 76, 80
onder andere	entre autres 83
ondergoed (het)	sous-vêtements 75
onderhandelen	négocier 88
onderin	au fond de 100
ondertekenen	signer 68, 79
onderweg	en route 58
onderwerp (het)	sujet (thème) 90
onderwijzer (de)	instituteur 80
onderwijzeres (de)	institutrice 58
oneindig	infini/e 99
ongeldig	non valable 79
ongelooflijk	incroyable 33
ongeluk (het)	accident 68 ; malheur 68
ongemakkelijk	gênant/e 68 ; incommode 68 ; pénible 68
ongeveer	à peu près 46
onmiddellijk	immédiatement 20
ons *(pr.)*	nous 13, 26, 49

ons *(adj. possessif)*	notre/nos 35
ons (het)	cent grammes 34
onszelf	nous(-mêmes) 59
ontbijt (het)	petit déjeuner 23
ontbijten	prendre le petit déjeuner 23
ontbijtkoek (de)	pain d'épices 69
ontbreken	manquer (faire défaut) 38, 75
ontmoeten	rencontrer 94
ontmoeting (de)	rencontre 94
ontvangen	recevoir 43
ontwikkeling (de)	développement 85
onvoldoende	insuffisant/e 69
onvoldoende (de)	note insuffisante 69
onze	notre/nos 32, 35
oog (het)	œil 74
ooit	jamais 39, 68 ; autrefois 68 ; un jour 68
ook	aussi 1 ; également 12 ; ah oui 64
ook al	même si 90
ook al weer	déjà 86
oom (de)	oncle 49
oor (het)	oreille 82
oosten (het)	est 88
oosten (ten ~ van)	à l'est de 88
Oosterscheldekering	barrage de l'Escaut oriental 90
op	à/au 3 ; sur 13, 27 ; en 24
op zijn	être fini/e 10
op'bellen	appeler 17 ; téléphoner (à) 17
opa (de)	papi 43
op'bouwen	constituer 100 ; construire 100
opeens	d'un coup 52 ; soudainement 52
open	ouvert/e 17
openbaar	public/-ique 16, 85
openbare school (de)	école publique 69
open'doen	ouvrir 36, 76
openen	ouvrir 85
openingstijd (de)	heure d'ouverture 85
open'staan	être ouvert/e 17, 58
op'gaan	se lever (soleil) 100

op'geven	abandonner 95
op'halen	aller chercher/venir chercher 26
op'helderen	élucider 61
op'hangen	accrocher 80, 84 ; suspendre 84
opleiding (de)	formation 78
op'letten	faire attention (être attentif) 92
oplossing (de)	solution 90
op'nemen	décrocher 53 ; répondre (au tél.) 53 ; retirer (de l'argent) 94
op'passen	faire attention 87
op'richten	constituer 88
oprijlaan (de)	allée 67
opruiming (de)	soldes 32
op'scheppen	se vanter 67, 75
opschepper (de)	vantard 67
opschepperij (de)	fanfaronnade/vantardise 67
op'schieten	se dépêcher 13
op'stappen	monter (sur) 85
op'steken	se lever (tempête) 47
op'stellen	rédiger 83
op'sturen	envoyer 38, 86
op'winden (zich ~)	s'énerver 13
oranje	orange (couleur) 33
organisatietalent (het)	sens de l'organisation 97
origineel	original/e 67
ossenworst (de)	saucisson de bœuf 64
oud	vieux/vieille 27 ; affiné (fromage) 60 ; ancien/ne 61
oudejaarsavond (de)	soir de la Saint-Sylvestre 27
ouder worden	vieillir 55
ouder (de)	parent (père ou mère) 40, 49
oudste (de)	aîné/e 78
ov-chipkaart (de)	passe (carte de transport) 16
over	à propos de 40 ; au sujet de 46 ; par-dessus 47
over *(+ heure)*	et 23
over *(+ temps)*	dans 12
over … gesproken	à propos de…/en parlant de... 40

overal	partout 62
overdrijven	exagérer 39
over'gaan	passer (douleur) 62 ; passer dans la classe supérieure 62 ; passer 82
overheerlijk	succulent/e 52
overhemd (het)	chemise(tte) 75
overkomen	arriver (survenir) 76
overlast (de)	dérangement/gêne/nuisance 87
overmorgen	après-demain 74
over'stappen	changer (prendre une correspondance) 85

P

paal (de)	poteau 65
paar (het)	paire 44, 82
paar (een ~ + *nom*)	quelques 44
paard (het)	cheval 55
paars	violet 74
pad (het)	sentier 59
paddenstoel (de)	champignon 81
pak (het)	costume 30 ; paquet 39
pakje (het)	tailleur (vêtement) 32 ; colis 79
pakken	prendre 64
paniek (de)	panique 17
pannenkoek (de)	crêpe 81
pap	papa 22
papa (de)	papa 22
papier (het)	papier 79
paraplu (de)	parapluie 40
pardon	excuse/z-moi 46
park (het)	parc 22
parkeren	se garer 65
partner (de)	compagne/compagnon 83
parttime	à mi-temps 15 ; partiel/le 15
pas	seulement 39, 53 ; ne… que 53
pas (de)	carte 79
pas (van ~ komen)	faire l'affaire 97 ; rendre service 97 ; être utile 97
passen	aller (correspondre) 65

passen bij	aller avec 32 ; s'accorder avec 80
passen op	garder qqch./qqn 25, 32
patat (de)	frite/s 52
peer (de)	poire 71
pen (de)	stylo 79
peper (de)	poivre 64
per	par 85
perfect	parfait/e 80
perron (het)	quai 13
persoon (de)	personne 85
perzik (de)	pêche 71
piep (de)	bip 66
Piet (zwarte ~) (de)	Pierrot noir 55
Pieterpad (het)	*circuit pédestre reliant la province de Groningue au Limbourg* 59
pijn (de)	douleur 62
pijn hebben	avoir mal 62
pijnstiller (de)	antidouleur 62
pils (het)	bière blonde 53
PIN (persoonlijk identificatie nummer)	numéro personnel d'identification 79
pinautomaat (de)	distributeur de billets 79
pincode (de)	code confidentiel 79
pinda (de)	cacahuète 64
pindakaas (de)	beurre de cacahuète 31 ; pâte d'arachide 31
pinnen	payer par carte bancaire 79 ; retirer de l'argent au distributeur 79
plaats (de)	endroit 88 ; ville 88
plaatsbewijs (het)	titre de transport 16
plaats'vinden	avoir lieu 43
plak (de)	tranche 34
plan (het)	projet 41
plan (van ~ zijn)	envisager 86
plannen	prévoir (envisager) 76
plastic	en plastique 64
plat	plat/e 61
plein (het)	place 88
plek (de)	endroit 48, 88

plezier (het)	plaisir 100
plezier krijgen in	prendre plaisir à 100
plotseling	soudainement 58 ; soudain 76
plus	plus 79
poes (de)	chat/te 57
poetsen	frotter 25
poffen	cuire en gonflant 60
poffertje (het)	merveille (beignet) 60
polder (de)	polder 90
politiebureau (het)	commissariat de police 61
politiek (de)	politique 90
politiek	politique 90
pond (het)	livre (poids) 34
Portugal (het)	Portugal 41
positief	positif/-ive 90
post (de)	courrier 30
post (op de ~ doen)	mettre à la poste 86
postadres (het)	adresse postale 79
postcode (de)	code postal 79
posten	poster 79
postkantoor (het)	bureau de poste 79
postorder (de)	commande par la poste 79
postpapier (het)	papier à lettres 79
postzegel (de)	timbre-poste 18
pot (de)	marmite 81
prachtig	splendide 11
praktijk (de)	cabinet 24 ; étude 24
praktisch	pratique 59
praten	parler 22, 24
praten over	parler de 40, 60
praten (over koetjes en kalfjes ~)	parler de la pluie et du beau temps 40
praten tegen	parler à 22, 27
precies *(adj.)*	précis/e 94
precies *(adv.)*	exactement 8
prei (de)	poireau 81
prijs (de)	prix 80
prima *(adj.)*	parfait/e 5 ; très bon/ne 5

prima *(adv.)*	parfaitement 1 ; très bien 5
prins (de)	prince 80
printen	imprimer 86
printer (de)	imprimante 86
privéschool (de)	école privée 69
proberen	essayer 38
probleem (het)	problème 34
proeven	goûter 89
professor (de)	professeur (de faculté) 92
provincie (de)	province 59
provinciehoofdstad (de)	chef-lieu de province 68
pruim (de)	prune (fruit) 10
punt (het)	point 68
punt (op het ~ staan van)	être sur le point de 86
pyjama (de)	pyjama 75

R

raad (de)	conseil 100
raadsel (het)	devinette/énigme 55 ; mystère 55
raadselachtig	mystérieux/-euse 52
raar	bizarre 75
raden	deviner 8
radio (de)	radio 80
recept (het)	ordonnance 24 ; recette 24
receptie (de)	réception 54, 76
rechtdoor	tout droit 29
rechts	droite 29
rechts (naar ~)	à droite 29
rechtsaf	à droite 29
reden (de)	raison (cause) 78
regel (de)	ligne 99
regelmatig	régulièrement 83
regen (de)	pluie 27
regenen	pleuvoir 74
regenjas (de)	imperméable 74
reis (de)	voyage 16, 76
reisbureau (het)	agence de voyages 48
reizen	voyager 44

rekenen	compter (calculer) 68
remedie (de)	remède 62
rennen	courir 13
reserveren	réserver 76
restaurant (het)	restaurant 74
restaureren	restaurer (rénover) 84
retourtje (het)	billet aller-retour 16
reünie (de)	réunion 43
richting (de)	direction 92
riem (de)	ceinture (de sécurité) 37
rij (de)	rang 65 ; file 88
rij (in de ~ staan)	faire la queue 71
rijbewijs (het)	permis 38
rijden	conduire 37, 73 ; rouler 37
rijinstructeur	moniteur d'auto-école 37
rijk	riche 95
rijpen	affiner 89
rijsttafel (de)	*plat à base de riz d'origine indonésienne* (litt. "table de riz") 52
rijtjeshuis (het)	maison mitoyenne 46
rinkelen	sonner 66 ; tinter 66
rivier (de)	fleuve 99 ; rivière 99
roddel (de)	commérage 33
roepen	appeler 36, 86 ; crier 47
roepnaam (de)	prénom usuel 44
roeren	remuer 27
rogge (de)	seigle 64
roggebrood (het)	pain de seigle 64
rok (de)	jupe 33
roken	fumer (tabac) 54
rol (de)	rôle 99
roltrap (de)	escalator 29
roman (de)	roman 100
rommel (de)	bric-à-brac 80
rond *(+ heure)*	autour de 87
ronden (een kaap ~)	doubler un cap 47
rondleiding (de)	visite guidée 43
rond'reizen	parcourir 44
rood	rouge 33, 37 ; saignant (cuisson) 81

rood staan	être à découvert/dans le rouge 37
rookworst (de)	saucisse fumée 26
room (de)	crème 2
roos (de)	rose (fleur) 74, 75
route (de)	circuit (itinéraire) 59
roze	rose (couleur) 33
rug (de)	dos 62
ruilen	échanger 36
ruim	bon/ne 89
ruimte (de)	espace 48
rum (de)	rhum 94
rundergehakt (het)	bifteck haché pur bœuf 34
rust (de)	calme 48 ; repos 48 ; tranquillité 48
rustig *(adj.)*	calme 48 ; tranquille 48
rustig *(adv.)*	tranquillement 48

S

(')s	de *(possession)* 73, 73, 77
's avonds	le soir 22, 28 ; du soir 26
's middags	de l'après-midi 26 ; l'après-midi 28
's morgens	du matin 26 ; le matin 28
's nachts	de la nuit 26 ; la nuit 28
's ochtends	du matin 23 ; le matin 23
sale	soldes 32
salon (de)	salon 80
sambal (de)	pâte de piment 81
samen	ensemble 23
sap (het)	jus 94
schaats (de)	patin 82
schaatsen	faire du patin 18
schatje (het)	chéri/e 23
schattig	mignon/ne 36 ; joli/e 51
schenken aan	faire don de 95 ; offrir 95
scherm (het)	écran 61
schijf (de)	disque 86
schijnen	briller 40
schijnen (te)	paraître (sembler) 80
schilderij (het)	tableau 67

schoen (de)	chaussure 33
school (de)	école 58
schooltas (de)	cartable 64
schoon *(adj.)*	propre 97
schoon *(adv.)*	complètement 67 ; tout à fait 67 ; vraiment 67
schoonbroer (de)	beau-frère 83
schoon'maken	nettoyer 72
schoonmoeder (de)	belle-mère 83
schoonvader (de)	beau-père 83
schoonzus (de)	belle-sœur 83
schrijven	écrire 45
schrijver (de)	écrivain 45
sector (de)	secteur 83
september (de)	septembre 27, 28
serveerster (de)	serveuse 81
service (de)	service 76
short (de)	short 75
simpel	simple 68
sinaasappel (de)	orange (fruit) 39
sinaasappelsap (het)	jus d'orange 94
sinds *(conj.)*	depuis que 19
sinds *(prép.)*	depuis 62
sinds wanneer?	depuis quand ? 19
single	célibataire 83
Sint Nicolaas (de)	saint Nicolas 55
Sinterklaas (de)	saint Nicolas 55
sjaal (de)	foulard 75
sla (de)	salade 81
slaan	battre 2 ; taper 88
slaap (de)	sommeil 87
slaap (uit zijn ~ houden)	empêcher de dormir 87
slaapbank (de)	canapé-lit 76
slaapkamer (de)	chambre à coucher 72
slachtoffer (het)	victime 90
slagen	être reçu/e (à un examen) 69
slager (de)	boucher 34
slagroom (de)	crème chantilly 2

slagroomtaart (de)	tarte à la crème chantilly 71
slapen	dormir 23, 31
slecht	mauvais 69
sleutel (de)	clé 65
slim	malin/maligne 83
slip (de)	slip 75
sloot (de)	fossé 50
slot (het)	château (fort) 43
sluiten	fermer 71
smaak (de)	goût 89
smaken	avoir du goût 81
smeren	beurrer 57 ; tartiner 57
smoes (de)	prétexte 58 ; subterfuge 58
smoezen	chuchoter 57 ; faire des messes basses 58
smullen	se régaler 71
smulpaap (de)	gourmand/e 71
snackbar (de)	snack-bar 52
sneeuw (de)	neige 39
sneeuwwit	blanc comme neige 39
snel	vite 17 ; rapidement 78
snijden	couper 71 ; trancher 71
snor (de)	moustache 86
soep (de)	soupe 81
sok (de)	chaussette 82
sollicitatiebrief (de)	lettre de candidature 78
solliciteren	postuler 78
soms	parfois 48
soort (het)	sorte 46
sorry	désolé/e 11 ; excuse/z-moi 46
Spaans (het)	espagnol (langue) 93
spaarkaart (de)	carte d'épargne 64
Spanje (het)	Espagne 41
spannend	captivant/e 45 ; palpitant/e 45 ; prenant/e 45
sparen	épargner 64
speciaal	spécial/e 88
spek (het)	lard 39

spekglad	très glissant/e 39
spel (het)	jeu 68
spelen	jouer 26
spelregel (de)	règle (de jeu) 68
sperzieboon (de)	haricot vert 81
spiegel (de)	miroir 37, 80
spierpijn (de)	courbature 62
spijten	regretter 38
spoor (het)	trace 61
spoor (iets op het ~ zijn)	être sur une piste 61
sportief	sportif/sportive 83
spreken	parler 24, 76
springen	sauter 50
spul (het)	affaire 61, 80 ; objet 61
staan	être (debout) 9, 35, 37 ; rester 9 ; être écrit 29 ; aller (coiffure ou vêtement) 54 ; se tenir debout 57
staan te	être en train de 74
staart (de)	queue 27, 97
staat (de)	état 80
stacaravan (de)	mobile home 41
stad (de)	ville 19, 51
stage (de)	stage 69
stage lopen	faire un stage 69
stallen	garer 65 ; mettre à l'écurie/l'étable 65
stalling (de)	garage à vélos 65 ; remise 65
starten	démarrer 37
station (het)	gare 13
steeds	à chaque fois 68 ; sans cesse 68 ; toujours 68
steen (de)	pierre 39
steiger (de)	appontement 46
stelen	voler (dérober) 61
stellen	régler 37
stem (de)	voix 47
sterk	fort/e 8
stiefmoeder (de)	belle-mère (remariage) 83 ; marâtre 83
stiefvader (de)	beau-père (remariage) 83

Stijl (de)	*mouvement d'art abstrait* 67
stil	silencieux 87
stil'staan	être arrêté (immobile) 37
stil'staan (blijven ~)	rester arrêté (immobile) 37
stilte (de)	silence 87
stipt	ponctuel/le 38
stoel (de)	chaise 67 ; fauteuil 67
stof'zuigen	passer l'aspirateur 72
stofzuiger (de)	aspirateur 72
stokbrood (het)	baguette (de pain) 71
stoplicht (het)	feu de signalisation 37 ; feu de stop (véhicule) 37
stoppen	s'arrêter 3 ; arrêter 3, 67 ; mettre 82
stoppen in	mettre dans 55
stoppen met	arrêter de 54
storm (de)	tempête 27
stout	désobéissant/e 55
straat (de)	rue 3
straatenquête (de)	sondage 46
straf (de)	punition 68
strafpunt (het)	point de pénalisation 68
straks	tout à l'heure 13
strand (het)	plage 6
strooien	de paille 75
stroopwafel (de)	gaufrette à la mélasse 64
stropdas (de)	cravate 75
stropdas (een ~ omdoen)	mettre une cravate 75
student (de)	étudiant 4
studente (de)	étudiante 78
studentenhuis (het)	foyer d'étudiants 4
studie (de)	étude 69
studie (een ~ doen)	faire des études 69
stuk (het)	morceau 11
stuk (een ~ of + *nombre*)	environ 61
stuk	cassé/e 58
stuk (een ~ + *adj. au comparatif*)	beaucoup plus 85
stukje (het)	bout 6
sturen (naar)	envoyer 86

T

tekort (het)	découvert (bancaire) 19
tekst (de)	texte 100
telefoneren	appeler (par téléphone) 92
telefoniste (de)	standardiste 92
telefoon (de)	téléphone 66
telefoonnummer (het)	numéro de téléphone 87
televisie (de)	télévision 61
telkens als	à chaque fois que 68
ten eerste	premièrement 78
ten tweede	deuxièmement 78
tendens (de)	tendance 90
tentoonstelling (de)	exposition 85
term (de)	terme 89
terras (het)	terrasse 46
terug	demi-tour 92
terug zijn	être de retour 25
terug'geven	rendre 40
terugreis (de)	retour (voyage) 16
terug'rijden	parcourir dans l'autre sens 62
terug'zien	revoir 88
terwijl	pendant que 72
tevreden	content/e 69
theater (het)	théâtre 83
thee (de)	thé 59
thriller (de)	polar 45
thuis	à la maison 9
thuis'blijven	rester à la maison 6
thuis'brengen	ramener (chez soi) 73
thuis'komen	rentrer (à la maison) 50
tijd (de)	temps (qui passe) 27, 38, 89
tijd (de laatste ~)	ces derniers temps 61
tijdens	lors de 67
tijdje (het)	pendant un certain temps 69
tja	euh 8
tjonge!	eh bien/bon, ça alors ! 39
toast (de)	toast 64
toch	tout de même 23, pourtant 75
toch?	bien 36 ; n'est-ce pas ? 36

toch ook	quand même 80
tocht (de)	course/marathon 82 ; excursion/ randonnée/tour/voyage 82
toe nou	allez 50
toegangskaart (de)	billet d'entrée 85
toegangsprijs (de)	tarif d'entrée 85
toen *(adv.)*	ensuite 44 ; puis 44 ; alors 76
toen *(conj.)*	alors que 44 ; comme 44 ; lorsque 44 ; quand 44
toen *(adv.)*	à cette époque 90
toe'passen	mettre en pratique 99
toetje (het)	dessert 81
toevallig	par hasard 74
toilet (het)	toilettes 72
tonen	montrer 16
toonbaar	présentable 72
tot aan	jusqu'à 29
tot en met	jusqu'à inclus 83
tot in	jusqu'à 47
totaal (het)	total 79
totaal	complètement 92
traag	lentement 99
traditioneel	traditionnel 88
tram (de)	tram 51
trap (de)	escalier 17
treffen	rencontrer 99 ; trouver 99
trein (de)	train 13
trekken	migrer 59 ; parcourir 59 ; tirer 59 ; traverser 59 ; retirer (de l'argent) 94
trommel (de)	boîte 31
trots (op)	fier/fière (de) 59
trouwdag (de)	anniversaire de mariage 74
trouwen	se marier 30
trouwens	d'ailleurs 40 ; au fait 40
trouwfeest (het)	mariage 30
trui (de)	pullover 57
T-shirt (het)	t-shirt 75
tube (de)	tube 76

U

uitverkoop (de, *sing.*)	soldes 32
uitzendbureau (het)	agence intérim 38
uit'zenden	envoyer 38
uit'zetten	éteindre 87
universiteit (de)	université 92
utopisch	utopique 95
uur (het)	heure 17, 20, 32
uw	votre/vos 16, 35

V

vaak	souvent 50, 55
Vaalserberg (de)	mont de Vaals 99
vaas (de)	vase 61
vacature (de)	poste vacant 78
vader (de)	père 45
vaderland (het)	patrie 99
vak (het)	métier 39
vakantie (de, *sing.*)	vacances 41
vakantiehuis (het)	maison de vacances 41
vakantieplan (het)	projet de vacances 41
vallen	tomber 62, 72
vallen te *(+ infinitif)*	y avoir à 74
van	de 11, 18
van harte	de tout cœur 11
vanaf	de (à partir de) 85
vanavond	ce soir 5, 28
vandaag	aujourd'hui 6, 28
vandaar!	c'est pour ça ! 58
vanmiddag	cette après-midi 24, 28
vanmorgen	ce matin 28
vannacht	cette nuit 28
vanochtend	ce matin 28
vanwege	en raison de 72
vanzelf	tout seul 62 ; automatiquement 82
varen	faire du bateau 50
variatie (de)	variation 57
variëren	varier 59
varkenskarbonade (de)	côtelette de porc 34

vast	sûrement 13 ; en attendant 53 ; déjà 90
vast en zeker	sans aucun doute 88
vast'zitten	être coincé/e 86
veel	beaucoup de 36 ; beaucoup 41, 91
veel (te ~)	trop 68
veld (het)	champ 75
vent (de)	type (gars) 75
ver	loin 48, 85
verbazen	étonner 97
verbieden	interdire 95
verbinden	connecter 66 ; relier 66
verboden	interdit 95
verbruiken	consommer (essence) 73
verdelen	diviser 59
verder	plus loin 45 ; ensuite 45 ; puis 45, 71
verderop	plus loin 67
verdieping (de)	étage 4
verdrag (het)	traité 68
verdwalen	égarer 64 ; s'égarer (se perdre) 64
vergadering (de)	réunion 86
vergelijkbaar	comparable 90
vergelijken met	comparer à 33
vergeten	oublier 37
vergissen (zich ~)	se tromper 53
verhaal (het)	histoire 76
verhandelen	vendre 88
verhuisbericht (het)	avis de changement d'adresse 79
verhuizen	déménager 79
verhuren (aan)	louer (à) 76 ; louer (donner en location) 92
verjaardag (de)	anniversaire 11
verkeer (het)	trafic (circulation) 73
verkeerd *(adj.)*	mauvais/e (erroné) 52, 79
verkeerd *(adv.)*	de travers 52 ; mal 52, 66
verkiezen tot	élire en tant que/comme 99
verkiezing (de)	élection 99
verkoop (de)	vente 32
verkopen	vendre 52
verleden	dernier/-ière (passé) 41

verliefd	amoureux/-euse 8
verlies (het)	perte 68
verlies (niet tegen zijn ~ kunnen)	être mauvais joueur 68
verrassing (de)	surprise 76
verrukkelijk	délicieusement 74
vers	frais/fraîche 89
vers (het)	poème 57, 96
verschil (het)	différence 93
verschrikken	effrayer 75
verslag (het)	compte rendu 43, 86 ; procès-verbal 86
verstaan	comprendre 76 ; entendre 79
versturen	envoyer 79, 86
vertellen	raconter 50
vertrekken	partir 13, 14
vertrouwd (zich ~ maken met)	se familiariser avec 37
vertrouwen	faire confiance 100
vervelen	agacer 87
vervelend	désagréable 86 ; ennuyeux/-euse 58
vervoer (het)	transport 16, 85
vervolgens	ensuite 37
verwachten	attendre 72
verwijsbriefje (het)	lettre d'introduction (médecin) 24
verzenden	expédier 79
verzinnen	inventer (histoires, jeux) 68
verzorgen	soigner 82 ; entretenir 88
vest (het)	gilet 75
via	par 73 ; via 73 ; par le biais de 100
viaduct (het)	viaduc 92
vieren	fêter 27
vierkant *(adj.)*	carré 46
vierling (de)	quadruplé(s) 36
vies	sale 97
vies (niet ~ zijn van)	ne pas être dégoûté/e par (n'avoir rien contre) 97
villa (de)	villa 95
vinden	trouver 25, 30

virtueel	virtuel/le 85
vis (de)	poisson 97
visboer (de)	poissonnier 89
vissen	pêcher 50
visser (de)	pêcheur 50
vla (de)	crème-dessert 71
vlaai (de)	tarte 71 ; tourte 71
Vlaams	flamand/e 94
Vlaams (het)	flamand 93
Vlaamse (de)	Flamande 94
vlag (de)	drapeau 69
vlak	juste 65 ; lisse 99 ; plat 99
vlakbij	tout près de 46
vlees (het)	viande 31
vleeswaren (de, *pl.*)	charcuterie 31
vliegend	volant 47
vliegtuig (het)	avion 41, 44
vloeken bij	jurer avec (détonner) 33
vloer (de)	sol 72
vlucht (de)	vol (d'avion) 86
vlug	rapide 93
voelen (zich lekker ~)	se sentir bien 58
voertaal (de)	langue véhiculaire 93
voet (de)	pied 50
voet (te ~)	à pied 73
voetbal (het)	football 97
vogel (de)	oiseau 27
vogelverschrikker (de)	épouvantail 75
vol	plein/e 81
voldoende	suffisant/e 69
volgen	suivre 43
volgend	suivant/e 37 ; prochain/e 38
volgens mij	selon moi 52 ; à mon avis 83
volgorde (de)	ordre (succession) 93
volk (het)	peuple 78
volkoren (het)	pain complet 71
vondst (de)	trouvaille 44
voor *(prép.)*	pour 18, 22 ; avant 25 ; moins (pour dire l'heure) 25 ; devant 65

voor (= voordat, *conj.*)	avant de/que 27, 88
vooral	surtout 62
voorbij zijn	être passé/e (révolu) 27
voorbij'vliegen	filer (passer vite) 27
voordat	avant que/de 76
voorgerecht (het)	entrée (plat) 81
voorin	à l'avant 65
voorjaar (het)	printemps 74
voor'lezen	faire la lecture 25 ; lire à haute voix 25
voorlopig	pour le moment 62
voorop *(adv.)*	devant 65
voorraad (de)	provision 39
voor'schrijven	prescrire 62
voorspellen	annoncer 40 ; prédire 40
voor'stellen aan (zich ~)	se présenter à 72
voor'stellen (zich ~)	se figurer/s'imaginer/se représenter 95
voorstelling (de)	séance 5
voortgezet onderwijs (het)	enseignement secondaire 69
vooruit dan maar	pour une fois 26
voorzitter (de)	président 97
vorig	dernier/-ière 38
vork (de)	fourchette 81
vos (de)	renard 61
vraag (de)	question 37
vraag (de ~ stellen)	poser la question 37
vragen (aan)	demander (à) 12, 24
vreemd	bizarre 61 ; étranger/-ère 93
vreselijk	terrible 9, 96 ; horrible 41 ; fort 96
vriend (de)	ami 51
vriendin (de)	amie 51
vriezen	geler 39
vrij	libre 6
vrijdag (de)	vendredi 15, 21
vrije dag (de)	jour de congé 6
vrijgezel (de)	célibataire 83
vrijmarkt (de)	braderie 80
vroedvrouw (de)	sage-femme 36
vroeg	tôt 23
vroeger	autrefois 50 ; ancien/ne 97

vrolijk	gai/e 88
vrouw (de)	femme / épouse 20
vrouwelijk	féminin/e 3
vruchtensap (het)	jus de fruits 94
vuil	sale 97
vuur (het)	feu 94
vuurtoren (de)	phare (maritime) 51
vuurwerk (het)	feu d'artifice 27

W

waar	vrai 30
waar *(rel.)*	où 99
waar?	où ? 3, 19
waar(…)heen?	où ? *(+ déplacement)* 41 ; où ? (de quel côté ?) 85
waar(…)naartoe?	où ? *(+ déplacement)* 5 ; où ? (de quel côté) 85
waar(…)vandaan?	d'où ? 4
waar(…)voor?	pour quelle raison ? 62
waard zijn	valoir 67
waarde (de)	valeur 67
waarderen	apprécier 55
waardevol	de valeur 61
waarin *(+ prop. relative)*	dans lequel/laquelle 59 ; où 59
waarmee	avec lequel/laquelle 65
waarom?	pourquoi ? 20
waarop	sur lequel/laquelle 65
waarschijnlijk	probablement 74, 93
waarschuwen	avertir 92
waarvoor	pour lesquelles 69
wachten (op)	attendre (qqch., qqn) 27, 53
wachten (te ~ staan)	s'attendre à 82
wad (het)	gué 48 ; haut fond 48
wad'lopen	passer à gué 48
Waddeneiland (het)	île des Wadden 48
Waddenzee (de)	mer des Wadden 48
wagen (de)	voiture 73
waker (de)	veilleur 19

wakker	réveillé/e 53 ; éveillé/e 87
wakker worden	se réveiller 53
walnoot (de)	noix 64
wandelen	se promener 74
wandeling (de)	promenade 74
wandelroute (de)	circuit pédestre 59
wandeltocht (de)	randonnée à pied 82
wanneer	quand 82 ; si 82
want	car *(conj.)* 12
waren (de)	denrées 31
warm	chaud/e 9, 82
was (de)	linge 75
wassen	laver 75
wat	un peu de 36 ; quelques 36 ; quelque chose 64
wat *(pr. relatif)*	ce que 27
wat…?	que ? 6, 32 ; qu'est-ce que ? 12 ; quoi ? 76
wat…!	que… ! 11
wat een…!	quel/le/s… ! 9, 36
wat voor...?	quelle sorte de... ? 46
water (het)	eau 9
waterkering (de)	barrage 90
waterschap (het)	Administrations des Eaux 90
watersnoodramp (de)	grandes inondations 90
WC (de)	toilettes 72
we	nous *(pr. sujet)* 5, 14
website (de)	site web 85
wedstrijd (de)	match 97
week (de)	semaine 38
weekend (het)	week-end 51
weer	de nouveau 27 ; encore 58
weer (het)	temps (météorologique) 40
weg (de)	route 39 ; chemin 100 ; voie 100
weg	parti 18, 80 ; disparu 75
weg'blijven	tarder 71
weg'brengen	ramener 26
wegen (het)	pesée 88
wegen	peser 88

weg'gaan	s'absenter 71
weg'lopen	s'échapper 18
weiland (het)	pré 50
weinig	peu (de) 55, 91
wekker (de)	réveil 23
wel	bien 12, 23, 33
wel eens	déjà 88 ; parfois 88
welk, welke…?	quel/le...? 5
welkom	bienvenu/e 11
welterusten	bonne nuit 87
wensen	souhaiter 100
wereld (de)	monde (planète) 44
wereldreis (de)	tour du monde 95
werk (het)	travail 12 ; œuvre 67
werken	travailler 15 ; fonctionner 86
werker (de)	travailleur 72
werkneemster (de)	employée 72
werknemer (de)	employé 72
werkster (de)	femme de ménage 72 ; travailleuse 72
werkwoord (het)	verbe 93
westen (het)	ouest 88
westen (ten ~ van)	à l'ouest de 88
weten	savoir 8
weten (nog ~)	se rappeler (se souvenir) 65
wetenschap (de)	science 95
wie	qui 8
wij	nous 13, 14
wijn (de)	vin 64, 84
wijs'maken	faire croire 51
wijze (de)	manière 88
willen	vouloir 5, 18
wind (de)	vent 62
wind (met ~ mee)	avec le vent dans le dos 62
wind (met ~ tegen)	avec le vent de face 62
windstreek (de)	point cardinal 88
winkel (de)	magasin 19
winkelen	faire des achats 19
winkelier (de)	commerçant 88

winnen	gagner 95
winter (de)	hiver 27, 39
wiskunde (de)	maths 69
wisselgeld (het)	monnaie 34
wit (het)	pain de mie 71
wit	blanc/blanche 74
woedend	furieux/-euse 47
woensdag (de)	mercredi 15, 21
wolk (de)	nuage 40
wollen	en laine 82
wonder (het)	miracle 52
wonder (geen ~ dat…)	pas étonnant que… 52
wonen	habiter 3, 61, 95
woning (de)	logement 46
woonboot (de)	péniche 46
woonkamer (de)	séjour (pièce) 72
woonsituatie (de)	conditions de logement 46
woord (het)	mot 89
woordenschat (de)	vocabulaire 100
worden	devenir 41, 47, 50, 82 ; *aux. du passif* 43, 55
worst (de)	saucisse 26
wortel (de)	carotte 55

Z

zaak (de)	affaire (cas) 61
zaakje (het)	bazar 80
zacht	doux/douce 74 ; bas (son) 87
zachter zetten	baisser (son) 87
zadel (het)	selle 62
zadelpijn (de)	courbatures aux fesses 62
zak (de)	sac 55 ; poche 64
zakken voor	échouer à 38
zalm (de)	saumon 81
zanger (de)	chanteur 80
zangeres (de)	chanteuse 80
zaterdag (de)	samedi 19, 21
zaterdagmorgen (de)	samedi matin 23

ze *(pr. sujet)*	elles 10, 14 ; elle 12, 14 ; ils 13, 14
ze *(pr. complément)*	les 33, 49 ; eux 36, 49 ; leur 49
zee (de)	mer 48
zeehond (de)	phoque 48
zeer	très 67
zeg!	dis (donc) ! 9
zegel (de)	bon 64
zeggen (tegen)	dire (à) 2, 27, 59
zeilen	naviguer 47 ; faire de la voile 47
zeker	sûrement 9
zeker weten	être sûr/e 29
-zelf	-même 37, 42
zelfs	même 48
zetten	mettre 23, 79 ; poser (debout) 55, 84
zeuren	rabâcher 74
zich	se (soi) 13, 42
ziek	malade 52
ziekte (de)	maladie 95
zien	voir 16, 51, 57
zij	elles 13, 14 ; ils 13, 14 ; elle 14
zijden	en soie 75
zijn	être 3, 51 ; faire (être égal à) 79
zijn aan het *(+ verbe)*	être en train de 12
zijn (z'n)	son/sa/ses (à lui) 25, 35
zin (de)	envie 5
zin hebben in	avoir envie de qqch. 59
zin hebben om… te *(+ infinitif)*	avoir envie de (faire qqch.) 5
zitten	être assis/e 37 ; se trouver 37 ; être 46
zitten aan	être en train de prendre (+ boisson, aliment) 53
zitten bij	faire partie de 46
zo	ainsi 13, 39, 47 ; si/tellement 20, 30 ; bientôt 27
zo'n	un/e tel/le 15, 63 ; quelque 88
zo… als	aussi… que 39 ; comme 61
zo… mogelijk	aussi… que possible 59
zoals	comme *(+ subordonnée)* 43

zodat *(conj.)*	de sorte que 72 ; comme ça 80
zodra	dès que 69
zoek (op ~ zijn naar)	être à la recherche de 83
zoeken	chercher 16
zoet	sucré/e 60
zomer (de)	été 27
zomertijd (de)	heure d'été 53
zon (de)	soleil 20, 40
zondag (de)	dimanche 20, 21
zondags	dominical/e 67
zonder	sans 2
zonnebloem (de)	tournesol 92
zoon (de)	fils 34, 44
zorg (de)	soin(s) 83
zorgen voor	s'occuper de/prendre soin de 83
zorgsector (de)	secteur de l'assistance sociale 83 ; secteur de la santé 83
zout	salé/e 60
zout (het)	sel 64
zoveel	autant 62 ; tellement de 65
Zuid	sud 24
Zuid-	du sud 59
zuiden (het)	sud 88
zuiden (ten ~ van)	au sud de 88
Zuiderzee (de)	*ancien golfe de la mer du Nord* 50
zulk(e)	de si 51 ; un/e tel/le 63
zullen	*aux. du futur* 34, 36, 47 ; *permet de formuler une proposition* 32 ; *aux. du conditionnel* 50, 54, 64, 74, 77
zullen + wel	devoir *(probabilité)* 33
zus (de)	sœur 19
zwaar	lourd/e 20 ; pénible (difficile) 82
zwager (de)	beau-frère 83
zwart	noir 32
Zweden (het)	Suède 58
zwembad (het)	piscine 95
zwembroek (de)	maillot de bain 95
zwemmen	nager 23

Lexique français – néerlandais

A

à *(+ heure)*	om 23
à *(+ infinitif)*	te 15
à/au	op 3 ; in 4 ; aan 10, 12 ; bij 29 ; te 78
à/au *(+ mouvement)*	naar 5
abandonner	op'geven 95
abeille	bij (de) 57
abord (d'~)	eerst 38
abricot	abrikoos (de) 71
absenter (s'~)	weg'gaan 71
absolument (certainement)	beslist 48
accélérateur (pédale)	gaspedaal (het) 37
accent	accent (het) 94
accepter	aan'nemen 97
accident	ongeluk (het) 68
accompagner	mee'gaan 19
accord (d'~)	mij best 83 ; oké 5
accord (être d'~)	het eens zijn met 74
accorder (s'~)	het eens zijn over 88
accorder (s'~ avec)	passen bij 80
accouchement	bevalling (de) 36
accrocher	hangen 84 ; op'hangen 84, 80
achat	koop (de) 19, 88
achats (faire des ~)	winkelen 19
acheter	kopen 19, 69
action	actie (de) 90
actualités	nieuws (het, *sing.)* 90
actuellement	momenteel 66
adieu	adieu (het) 99
administrateur-système	systeembeheerder (de) 86
admirer	bewonderen 48
adorer	gek zijn op 80
adresse	adres (het) 61
adresse postale	postadres (het) 79
adresser (s'~ à)	aan'spreken 78
advenir (survenir)	geschieden 47

affaire	spul (het) 61, 80
affaire (bonne ~)	koopje (het) 32
affaire (cas)	zaak (de) 61
affaire (faire l'~)	van pas komen 97
affiné (fromage)	oud 60
affiner	rijpen 89
afin de	om… te 48
afrikaans	Afrikaans (het) 93
Afrique	Afrika (het) 44
agacer	vervelen 87
âge	leeftijd (de) 40
âge (quel ~ ?)	hoe oud? 46
agence de voyages	reisbureau (het) 48
agence intérim	uitzendbureau (het) 38
agent	agent (de) 61
agent (femme)	agente (de) 78
agent immobilier	makelaar (de) 72
agir (s'~ de)	gaan om 97
agité/e	druk *(adj.)* 36
agréable	lekker 40 ; aangenaam 76
agréablement	lekker 23
agriculteur	boer (de) 89
aide (personne)	hulpje (het) 55
aider	helpen 12, 79
ailleurs	ergens anders 94
ailleurs (d'~)	trouwens 40
aimer	houden van 34
aimer (trouver bon)	lusten 81
aimer *(au conditionnel : souhait)*	graag willen 22
aîné/e	oudste (de) 78
ainsi	zo 13, 39, 47
air (avoir l'~)	eruit zien 15, 52
alcool de malt	moutwijn (de) 64
allée	oprijlaan (de) 67
Allemagne	Duitsland (het) 86
aller	gaan 1, 5, 19, 23, 47, 50, 51
aller (coiffure ou vêtement)	staan 54

aller (correspondre)	passen 65
aller avec	passen bij 32
aller chercher	op'halen 26
aller et retour	heen en weer 73
allez !	toe nou! 50
allons !	hoor! 18
allumer	aan'doen 87 ; aan'zetten 87 ; aan'steken 94
allumette	lucifer (de) 94
alors	nou 9 ; dan 10, 19, 24 ; toen 76
alors que	toen *(conj.)* 44
amaryllis	amaryllis (de) 74
aménager	aan'leggen 67
Amérique	Amerika (het) 44
ami	vriend (de) 51
amicalement *(correspondance)*	met vriendelijke groeten 43
amie	vriendin (de) 51
amoureux/-euse	verliefd 8
amusant	leuk 5
an	jaar (het) 11, 28
ancien/ne	oud 61 ; antiek 67 ; vroeger 97
anglais (langue)	Engels (het) 69
anglais/e	Engels 69
Angleterre	Engeland (het) 69
animé/e	bewegend 18 ; druk 36
année	jaar (het) 11, 28, 80
anniversaire	verjaardag (de) 11
anniversaire de mariage	trouwdag (de) 74
anniversaire (avoir son ~)	jarig zijn 11
annonce	advertentie (de) 78, 83
annoncer	voorspellen 40
antidouleur	pijnstiller (de) 62
Antilles	Antillen (de) 93
antique	antiek 67
août	augustus (de) 27, 28
apercevoir	bekennen 40
apéritif	borrel (de) 60, 64
appartement	flat (de) 46 ; appartement (het) 76

appeler	roepen 36, 86 ; erbij halen 86
appeler (nommer)	noemen 89
appeler (par téléphone)	op'bellen 17 ; telefoneren 92
appeler (s'~, se nommer)	heten 8
appontement	steiger (de) 46
apporter	mee'nemen 36
apprécier	waarderen 55
apprendre	leren 41, 76 ; horen 69
apprendre (enseigner)	leren 50
approcher	dichterbij komen 55
approprié/e	geschikt 54
appuyer	in'duwen 37
après	daarna *(adv.)* 23 ; na *(prép.)* 53
après que	nadat 54
après-demain	overmorgen 74
après-midi	middag (de) 19, 28
après-midi (l'~)	's middags 28
après-midi (cette ~)	vanmiddag 24, 28
après-midi (de l'~)	's middags 26
arabe (langue)	Arabisch (het) 93
arbre	boom (de) 39
architecte (femme)	architecte (de) 78
argent	geld (het) 61
Argentine	Argentinië (het) 4
armoire	kast (de) 31
arobase	apenstaartje (het) 85
Aruba	Aruba (het) 93
arracher (par le vent)	om'waaien 39
arrêt (station)	halte (de) 85
arrêté (être ~, immobile)	stil'staan 37
arrêté (rester ~, immobile)	blijven stil'staan 37
arrêter	stoppen 3, 67
arrêter (s'~)	stoppen 3
arrêter de	stoppen met 54
arrière (à l' ~)	achterin 65
arrière (vers l'~)	achteruit 70
arrière-pays	binnenland (het) 18
arrivée	eindstreep (de) 82

arriver	aan'komen 69, 76
arriver (réussir)	lukken 79
arriver (survenir)	aan de hand zijn 52 ; overkomen 76
article	artikel (het) 90
aspirateur	stofzuiger (de) 72
aspirateur (passer l'~)	stof'zuigen 72
asseoir (s'~)	gaan zitten 58
assez	genoeg 67, 89
assiette	bord (het) 81
assis/e (être ~)	zitten 37
assistance sociale (secteur de l'~)	zorgsector (de) 83
assistant/e	assistent/e (de) 78
assistant/e dentaire	tandartsassistent/e 78
assistante accoucheuse	kraamhulp (de) 36
attacher	om'doen 37
atteindre	halen 82
attendant (en ~)	vast 53
attendre	wachten 53 ; verwachten 72
attendre qqch., qqn	wachten op 27
attendre (s'~ à)	te wachten staan 82
attendre (la fin)	af'wachten 47
attentat	aanslag (de) 45
attente (dans l'~ de)	in afwachting van 78
attention (faire ~)	op'passen 87
attention (faire ~, être attentif)	op'letten 92
attention (faire ~ à)	letten op 38
attraction	attractie 88
attraper	halen 13
auberge	herberg (de) 53
aujourd'hui	vandaag 6, 28
auprès de	bij 15
aussi	ook 1
aussi … que	zo… als 39 ; net zo … als 74
aussi… que possible	zo… mogelijk 59
aussitôt	meteen 40

autant	zoveel 62
auteur	auteur (de) 45
authentique (véritable)	authentiek 100 ; echt 67
automatiquement	vanzelf 82
automne	herfst (de) 27
autour de	tegen *(+ heure)* 73 ; rond *(+ heure)* 87 ; om 96
autre *(adj.)*	ander 41
autrefois	vroeger 50 ; ooit 68
autrement	anders 41
autres (d'~)	nog meer 58
autres (entre ~)	onder andere 83
avancer (s' ~ vers)	af'komen op 76
avant	voor 25
avant (à l'~)	voorin 65
avant de/que	voor 27, 88 ; voordat 76
avant tout	allereerst 37
avant-dernier	één na laatste 85
avant-hier	eergisteren 62
avec	met 1, 2, 24 ; bij 32 ; erbij 64
avérer (s'~)	blijken te *(+ infinitif)* 76
averse	bui (de) 40
avertir	waarschuwen 92
avion	vliegtuig (het) 41, 44
avis (à mon ~)	volgens mij 83
avis de changement d'adresse	verhuisbericht (het) 79
avoir	hebben 4, 50, 51 ; krijgen 69
avoir (un examen)	halen 69
avoir (y ~ à)	vallen te *(+ infinitif)* 74
avoir besoin de qqch.	nodig hebben 32
avoir besoin de faire qqch.	hoeven te + *infinitif* 15
avoir peur	bang zijn 18
avoir sur soi	bij zich hebben 32
avouer	bekennen 69
avril	april (de) 27, 28

B

beurre de cacahuète	pindakaas (de) 31
beurrer	smeren 57
biais (par le ~ de)	via 100
bien	goed 1, 10 ; wel 12, 23, 33 ; lekker 31 ; mooi 80 ; flink 82
bien (n'est-ce pas ?)	toch? 36
bien entendu !	natuurlijk! 79
bien que	hoewel 78
bien sûr	natuurlijk 41 ; jazeker 89
bientôt	zo 27 ; binnenkort 99
bienvenu/e	welkom 11
bière	bier (het) 53 ; biertje (het) 52
bière blonde	pils (het) 53
bifteck	biefstuk (de) 81
bifteck haché	gehakt (het) 34
bifteck haché pur bœuf	rundergehakt (het) 34
billet	kaartje (het) 16
billet aller-retour	retourtje (het) 16
billet d'entrée	toegangskaart (de) 85
billet de banque	briefje (het) 34
bip	piep (de) 66
biscuit	koekje (het) 64
bitter frison	berenburg (de) 82
bizarre	vreemd 61 ; raar 75
blanc/blanche	blank 17 ; wit 74
blanc comme neige	sneeuwwit 39
bleu	blauw 30
blond/e	blond 8
bocal à poissons rouges	goudviskom (de) 80
boire	drinken 52
bois	bos (het) 99
boisson	drank (de) 94
boîte	bus (de) 22 ; trommel (de) 31
boîte à pain	broodtrommel (de) 31
boîte à tartines	broodtrommeltje (het) 23
boîte aux lettres	brievenbus (de) 22 ; bus (de) 22
bon *(nom)*	zegel (de) 64
bon *(adv.)*	nou 26

bon/ne	goed 19, 91 ; ruim 89
bon/ne (agréable)	fijn 51
bon/ne (au goût)	lekker 10
bon/ne (solide)	flink 62
bon marché	goedkoop 76
bonbon à la réglisse	dropje (het) 52
bonheur	geluk (het) 44
bonnet	muts (de) 82
bord	boord (het/de) 47
botte	laars (de) 75
bouche	mond (de) 60
boucher	slager (de) 34
bouger	bewegen 18
bougie	kaars (de) 94
boulanger	bakker (de) 71
bouquet	bos (de) 74
bout	stukje (het) 6 ; eind (het) 62
bouteille	fles (de) 64
bouton	knop (de) 37
box	box (de) 9
braderie	vrijmarkt (de) 80
brancard	draagbaar (de) 88
bras	arm (de) 62
bravo	bravo 100
bref *(adv.)*	kortom 76
bref/brève	kort 43
bric-à-brac	rommel (de) 80
briller	schijnen 40
briquet	aansteker (de) 94
bruit	lawaai (het) 87
brun/e	bruin 86
bruyère	hei (de) 99
bulletin d'informations	nieuwsbericht (het) 90
bureau (meuble)	bureau (het) 86
bureau (pièce)	kantoor (het) 86
bureau de poste	postkantoor (het) 79
bus	bus (de) 85

C

c'est que (en effet)	namelijk 72
ça	het 17 ; dat 23
cabinet	praktijk (de) 24
cabinet médical	huisartsenpraktijk (de) 24
cacahuète	pinda (de) 64
cacahuète enrobée	borrelnootje (het) 64
cadeau	cadeau (het) 30
café (boisson)	koffie (de) 2
café (établissement)	café (het) 2, 59
café brun	bruin café (het) 53
café d'intérieur	huiskamercafé (het) 53
café-restaurant	eetcafé (het) 53
cage à lapins	konijnenhok (het) 80
caisse	kassa (de) 29
caisse (cageot)	krat (de) 64
calme	rust (de) 48 ; rustig 48
camping	camping (de) 41
canal	kanaal (het) 50
canapé-lit	slaapbank (de) 76
cap	kaap (de) 47
capitaine	kapitein (de) 47
captivant/e	spannend 45
car *(conj.)*	want 12 ; doordat 82 ; aangezien 92
caravane	caravan (de) 41
carotte	wortel (de) 55
carré	vierkant *(adj.)* 46
carreau	tegel (de) 72
carrelage	tegel (de) 72
cartable	schooltas (de) 64
carte	kaart (de) 16, 81 ; pas (de) 79
carte (menu)	menukaart (de) 81
carte bancaire	bankpas (de) 32
carte d'épargne	spaarkaart (de) 64
carton d'invitation	kaartje (het) 30
cas	geval (het) 52, 92
cas (dans ce ~)	dan 48
cassé/e	stuk 58 ; kapot 73

casser	breken 75
cathédrale	domkerk (de) 85
cause (à ~ de)	door 90
cave	kelder (de) 17
CD	cd (de) 80
ce que	wat *(pr. relatif)* 27
ce/cet/cette…-là	dat 19, 21 ; die 19, 21
ce/cet/cette…-ci	dit 16, 21 ; deze 18, 21
ceci	dit 49
céder (se rompre)	door'breken 90
ceinture (de sécurité)	riem (de) 37
cela	dat 5, 8, 49
célèbre	beroemd 67
célibataire	single 83 ; vrijgezel (de) 83
celui/ceux	degene(n) 43
celui-là/ceux-là/celle(s)-là	die 9, 14, 24, 33, 38
centime	cent (de) 18
centimètre	centimeter (de) 82
central/e	centraal 85
centre (au ~ de)	hartje *(+ nom)* 39
centre-ville	binnenstad (de) 71 ; centrum (het) 73
cependant	echter 93
cerise	kers (de) 71
certificat	bewijs (het) 16, 38 ; getuigschrift (het) 38
chacun	iedereen 82
chair de poule	kippenvel (het) 45
chaise	stoel (de) 67
chaleur	hitte (de) 9
chaleureux/-euse	hartelijk 40
chambre	kamer (de) 4
chambre à coucher	slaapkamer (de) 72
champ	veld (het) 75 ; land (het) 75
champ de bulbes	bollenveld (het) 74
champignon	champignon (de) 81 ; paddenstoel (de) 81
champion	kampioen (de) 18
championne	kampioene (de) 78
chance	geluk (het) 80
chandelier	kandelaar (de) 80

changer (prendre une correspondance)	over'stappen 85
chanson	lied(je) (het) 80
chanteur	zanger (de) 80
chanteuse	zangeres (de) 80
chapeau	hoed (de) 75
chaque	elk 22 ; ieder 85
charcuterie	vleeswaren (de, *pl.*) 31
charge	last (de) 83
chariot (de courses)	boodschappenkar (de) 64
chat/te	kat (de) 51, 57 ; poes (de) 57
château	kasteel (het) 43
château (fort)	slot (het) 43
chaud/e	warm 9, 82
chauffeur	chauffeur (de) 38
chaussette	sok (de) 82
chaussure	schoen (de) 33
chef-lieu de province	provinciehoofdstad (de) 68
chemin	weg (de) 100
chemise(tte)	overhemd (het) 75
chemisier	bloes (de) 32
cher/chère	lief, lieve 8, 43
cher/chère (correspondance)	best(e) 43
cher/chère (coûteux)	duur 10
chercher	zoeken 16
chercheur d'or	goudzoeker (de) 44
chéri/e	schatje (het) 23
cheval	paard (het) 55
chevelure	haar (het) 33
cheveux	haar (het) 33
chez	bij 10
chien	hond (de) 22
chiffre	cijfer (het) 69
Chine	China (het) 39
chinois (langue)	Chinees (het) 93
chips	chips (de) 64
choisir	kiezen (voor) 59
chose	ding (het) 61

chose (la même ~)	hetzelfde 41
chou	kool (de) 26
chou frisé	boerenkool (de) 26
chouette	leuk 5
chuchoter	smoezen 57
cinéma	film (de) 5
circuit (itinéraire)	route (de) 59
circuit pédestre	wandelroute (de) 59
clair	licht- (+ couleur) 30
clair/e	licht 96
clé	sleutel (de) 65
cliquer	klikken 43
clou de girofle	kruidnagel (de) 64
club	club (de) 67, 97
cocktail	cocktail (de) 94
code	code (de) 79
code confidentiel	pincode (de) 79
code postal	postcode (de) 79
cœur	hart (het) 11
cœur (au ~ de)	hartje *(+ nom)* 39
cœur (de tout ~)	van harte 11
coiffer	kappen 33
coiffeur	kapper (de) 75
coincé/e (être ~)	vast'zitten 86
colis	pakje (het) 79
collègue	collega (de) 71
collerette	kraagje (het) 96
combien ?	hoeveel? 79, 85, 89 ; hoe veel? 89
combien de... ?	hoeveel...? 46
combien de temps ?	hoe lang ? 92 ; hoelang? 46
combinaison	combinatie (de) 75
comestible	eetbaar 90
commandant	stuurman (de) 47
commande par la poste	postorder (de) 79
commander	bestellen 2, 52, 59
comme (en tant que)	als 19, 30
comme (comparaison)	zo… als 61
comme *(+ subordonnée)*	zoals 43 ; toen 44

conseiller	aan'raden 45
conséquence	gevolg (het) 90
consister en	bestaan uit 88
consommation	consumptie (de) 89
consommer (essence)	verbruiken 73
constituer	op'richten 88 ; op'bouwen 100
construire	bouwen 43 ; op'bouwen 100
content/e	tevreden 69 ; blij 80
continuer	door'gaan 100
continuer à	blijven 89
contre	tegen 22
contrôle	controle (de) 16
contrôle de billets	kaartjescontrole (de) 16
convenir (ne pas ~)	het niet zien zitten 50
convivial/e (ambiance)	gezellig 23
convivialité	gezelligheid (de) 97
convoquer pour	uit'nodigen voor 78
copie (faire une ~)	kopiëren 86
corde à linge	lijn (de) 75
correct	juist 93
correspondre à	aan'sluiten bij 78
costume (d'homme)	kostuum (het) 30 ; pak (het) 30
côte (littoral)	kust (de) 48
côté (à ~)	hiernaast 87
côté (à ~ de)	naast 44, 31
côtelette de porc	varkenskarbonade (de) 34
cou	hals (de) 96
couché/e (être ~)	liggen 31, 35, 39, 52
coucher (se ~, aller au lit)	naar bed gaan 25
couler (liquides)	lopen 17
couleur	kleur (de) 74
couloir	gang (de) 29
coup (d'un ~)	opeens 52
coupe de cheveux	kapsel (het) 33
couper	snijden 71
courant (être au ~)	op de hoogte zijn 86
courbature	spierpijn (de) 62
courbature aux fesses	zadelpijn (de) 62

courir	rennen 13
couronne (dentaire)	kroon (de) 78
courrier	post (de) 30
cours de conduite	autorijles (de) 37
course (marathon)	tocht (de) 82
course (achat)	boodschap (de) 6
courses (faire des ~)	boodschappen doen 6
cousin	neef (de) 44
cousine	nicht (de) 44
couteau	mes (het) 81
coûter	kosten 73
couvert *(nom)*	bestek (het) 81
couverture	deken (de) 76
craquer	kraken 39
cravate	stropdas (de) 75
cravate (mettre une ~)	een stropdas omdoen 75
crème	room (de) 2
crème chantilly	slagroom (de) 2
crème-dessert	vla (de) 71
crêpe	pannenkoek (de) 81
crever (pneu)	een lekke band krijgen 58
crier	roepen 47
croire	geloven 36, 51
croire (penser)	menen 74
croquette	kroket (de) 52
cuillère	lepel (de) 81
cuire	bakken 71
cuire (faire ~)	bakken 71
cuisine (pièce)	keuken (de) 17
cuit	doorbakken 81
culture	cultuur (de) 83
curieux/-euse	nieuwsgierig 33
curieux/-euse de	benieuwd naar 44
cybercafé	internetcafé (het) 85
cycliste	fietser (de) 75

D

dame	dame (de) 76
dangereux/-euse	gevaarlijk 90
dans	in 2 ; over *(+ temps)* 12 ; bij 19 ; naar *(+ mouvement)* 41
danse	dans (de) 83
date	datum (de) 78
date de naissance	geboortedatum (de) 78
dater	dateren 89
de	van 11, 18
de (à partir de)	vanaf 85
de *(+ infinitif)*	om… te 5 ; te 15
de (origine, provenance)	uit 4, 17
de (possession)	(')s 73, 77
début	begin (het) 92
décembre	december (de) 27, 28
décevoir	tegen'vallen 79
décider	besluiten 71
décision	besluit (het) 90
déclaration (déposition)	aangifte (de) 61
découvert (bancaire)	tekort (het) 19
découvert (être à ~ bancaire)	rood staan 37
découvrir	leren kennen 41
décrocher	op'nemen 53
dedans	daarin 55
dedans (en ~)	binnenin 70
dégoûté/e (ne pas être ~ par, n'avoir rien contre)	niet vies zijn van 97
degré	graad (de) 9
dehors	buiten 18, 39
déjà	alweer 30 ; al 36 ; ook al weer 86 ; wel eens 88 ; vast 90
déjeuner *(nom)*	lunch (de) 23 ; middageten (het) 23
déjeuner *(verbe)*	lunchen 23
délicieusement	verrukkelijk 74
délicieux/-euse	heerlijk 10
demain	morgen *(adv.)* 19, 28

demain après-midi	morgenmiddag 19, 28
demain matin	morgenochtend 23, 28
demain soir	morgenavond 19, 28
demander (à)	vragen (aan) 12, 24
demander (se ~ si)	zich af'vragen of 69
démarrer	starten 37
déménager	verhuizen 79
demi-	half 34
demi/e (et ~)	half 23, 30
demi-tour	terug 92
denrées	waren (de) 31
dent	tand (de) 83, 25
dentifrice	tandpasta (de) 76
dentiste	tandarts (de) 78, 83
dents (se brosser les ~)	zijn tanden poetsen 25
dépêcher (se ~)	op'schieten 13
déposer	af'zetten 73
depuis	sinds *(prép.)* 62
depuis quand ?	sinds wanneer? 19
depuis que	sinds 19
dérangement	overlast (de) 87
dernier/-ère (passé)	vorig 38 ; laatst 46 ; afgelopen 73 ; verleden 41
dernièrement (récemment)	laatst 80
derrière	achter 80
dès que	zodra 69
désagréable	onaangenaam 76 ; vervelend 86
descendre	uit'stappen 85
déshabiller (se ~)	zich uit'kleden 75
désobéissant/e	stout 55
désolé/e	sorry 11
dessert	dessert (het) 81 ; nagerecht (het) 81 ; toetje (het) 81
dessiner	tekenen 79
dessus	erop 92
dessus (au-~ de)	boven 57
dessus (par-~)	over 47 ; daaroverheen 75
dessus (sur le ~ de)	bovenop 70

détective	detective (de) 45
deux (les ~)	beide 93
deuxièmement	ten tweede 78
deux-pièces (appartement)	tweekamerwoning (de) 46
devant	voor *(prép.)* 65 ; voorop *(adv.)* 65
développement	ontwikkeling (de) 85
devenir	worden 41, 47, 50, 82
deviner	raden 8
devinette	raadsel (het) 55
devoir	moeten 3, 39, 58, 65
devoir (probabilité)	zullen + wel 33
devoirs (d'école)	huiswerk (het) 58
dialecte	dialect (het) 93
différence	verschil (het) 93
difficile	moeilijk 68
digue	dam (de) 51 ; dijk (de) 90
dimanche	zondag (de) 20, 21
dîner *(nom)*	avondeten (het) 23 ; diner (het) 23
dîner *(verbe)*	dineren 23
diplôme	diploma (het) 38
dire (à)	zeggen (tegen) 27, 2, 59
direction	richting (de) 92
diriger (prendre les choses en main)	leiding geven 97
dis (donc) !	zeg! 9
discothèque	discotheek (de) 73
disparu	weg 75
disque	schijf (de) 86
distributeur de billets	pinautomaat (de) 79 ; geldautomaat (de) 94
divers/e	divers 59
diviser	verdelen 59
document	document (het) 86
dominical/e	zondags 67
dommage	jammer 11
don (faire ~ de)	schenken aan 95
donc	maar 2, 26 ; nou 8, 9 ; eens 13 ; dus 29
donner	geven 10 ; doen 34

doré	gouden 44
dormir	slapen 31, 23
dormir (empêcher qqn de ~)	iemand uit zijn slaap houden 87
dos	rug (de) 62
d'où ?	waar(…)vandaan? 4
doubler un cap	een kaap ronden 47
douche	douche (de) 72
douche (prendre une ~)	douchen 76
douleur	pijn (de) 62
doute (sans aucun ~)	vast en zeker 88
doux/douce	zacht 74
drapeau	vlag (de) 69
droit (tout ~)	rechtdoor 29
droite	rechts 29
droite (à ~)	naar rechts 29 ; rechtsaf 29
dune	duin (de) 48
dur	hard 78
durer	duren 40
DVD	dvd (de) 80

E

eau	water (het) 9
écarter (s'~, diverger)	af'wijken 93
échanger	ruilen 36
échapper (s'~)	weg'lopen 18
échouer à	zakken voor 38
éclater	knallen 27
écœuré/e (nauséeux)	misselijk 52
école	school (de) 58
école privée	privéschool (de) 69
école publique	openbare school (de) 69
écologiste	milieuactivist (de) 90
écoute !	hoor! 1
écouter	luisteren (naar) 59
écran	scherm (het) 61
écrier (s'~)	uit'roepen 36
écrire	schrijven 45
écrit (être ~)	staan 29

écrivain	schrijver (de) 45
effet (en ~)	inderdaad 16
effrayer	verschrikken 75
égal/e (constant)	gelijk 89
également	ook 12
égarer	verdwalen 64
égarer (s' ~, se perdre)	verdwalen 64
élection	verkiezing (de) 99
électrique	elektrisch 85
élève	leerling (de) 37
élire en tant que/comme	kiezen tot 99 ; verkiezen tot 99
elle	ze 12, 14 ; zij 14
elles	ze 10, 14 ; zij 13, 14
élucider	op'helderen 61
e-mail	e-mail (de) 43
embouteillage	file (de) 95
embouteillages (être dans les ~)	in de file staan 95
emmagasiner	in'slaan 39
emploi (profession)	baan (de) 15, 38
employé	werknemer (de) 72
employée	werkneemster (de) 72
emprunter (à)	lenen (van) 73
en	binnen ; 18 ; op 24 ; in 27, 34, 78 ; met *(+ moyen de transport)* 44 ; er 58, 63
enchanté/e	aangenaam 72
encore	nog 9, 13, 25, 30, 71 ; weer 58
encore une fois	nogmaals 100
endroit	plek (de) 48, 88 ; plaats (de) 88
énerver (s'~)	zich op'winden 13
enfant	kind (het) 15
enfant des voisins	buurkind (het) 20
enfin	eindelijk 23
enfoncer	in'duwen 37
énigme	raadsel (het) 55
enlever	halen (van) 75
enlever (vêtement)	uit'doen 75
ennuyeux	vervelend 58

enregistrer	in'spreken 66
enseignement primaire	basisonderwijs (het) 69
enseignement secondaire	voortgezet onderwijs (het) 69
ensemble	samen 23
ensuite	vervolgens 37 ; toen 44 ; verder 45
entendre	horen 13 ; verstaan 79
entendre (avoir des nouvelles)	horen 44
entendre parler de	horen van 51
entier/entière	heel 62
entre	tussen 54
entrée	ingang (de) 29
entrée (plat)	voorgerecht (het) 81
entreprise	bedrijf (het) 69
entrer	binnen'komen 25 ; binnen'gaan 89 ; binnen'lopen 88
entre-temps	in de tussentijd 94 ; inmiddels 100
entretenir	verzorgen 88
entretien	gesprek (het) 78
envie	zin (de) 5
envie (avoir ~ de qqch.)	zin hebben in 59
envie (avoir ~ de faire qqch.)	zin hebben om… te + *infinitif* 5
environ	een stuk of + *nombre* 61
environnement	milieu (het) 90
environs	buurt (de) 83
envisager	van plan zijn 86
envoyer	op'sturen 38, 86 ; uit'zenden 38 ; versturen 79, 86 ; sturen (naar) 86
épais/se	dik 39, 82
épaisseur	dikte (de) 92
épargner	sparen 64
époque (à cette ~)	toen 90
épouser	huwen 30
épouvantail	vogelverschrikker (de) 75
équipe	team (het) 97
équipe de onze personnes	elftal (het) 97
escalator	roltrap (de) 29

escalier	trap (de) 17
espace	ruimte (de) 48
Espagne	Spanje (het) 41
espagnol (langue)	Spaans (het) 93
espérer	hopen 78
essayer	proberen 38
essence	benzine (de) 73
essence (prendre de l'~)	tanken 73
est	oosten (het) 88
est (à l'~ de)	ten oosten van 88
estomac	maag (de) 83
et	en 1, 8 ; over *(+ heure)* 23
et cetera (etc.)	enzovoort (enz.) 83
étage	verdieping (de) 4
étage (à l'~)	boven 76
étal	kraam (de) 97
étant donné que	aangezien 92
étape	etappe (de) 59
état	staat (de) 80
été	zomer (de) 27
éteindre	uit'doen 87 ; uit'zetten 87
éternité	eeuwigheid (de) 47
étonnant (pas ~ que…)	geen wonder dat… 52
étonner	verbazen 97
étranger (pays)	buitenland (het) 18
étranger/-ère	vreemd 93
être	zijn 3, 51 ; blijven 53
être (debout)	staan 9, 35, 37
être (assis/e)	zitten 37, 46
être (couché/e)	liggen 31, 35, 39, 52
être en train de	zijn aan het + *infinitif* 12 ; lopen te 74 ; staan te 74
être en train de prendre (+ boisson, aliment)	zitten aan 53
étude	praktijk (de) 24 ; studie (de) 69
études (faire des ~)	een studie doen 69
étudiant	student (de) 4
étudiante	studente (de) 78

F

fait (du ~ que)	doordat 82
fait (en ~)	eigenlijk 12
fait (le ~ est là)	nu eenmaal 96
fait (fromage)	belegen 60
familiariser (se ~ avec)	zich vertrouwd maken met 37
famille (ménage)	gezin (het) 44, 78
famille (sens large)	familie (de) 43
fanfaronnade	opschepperij (de) 67
fantastique	fantastisch 95
fardeau	last (de) 83
fatigué/e	moe 62
fauteuil	stoel (de) 67
faux	fout 68
fax	fax (de) 86
féliciter pour	feliciteren met 28
féminin/e	vrouwelijk 3
femme	vrouw (de) 20 ; dame (de) 78
femme (épouse)	vrouw (de) 20
femme de ménage	werkster (de) 72
ferme	boerderij (de) 89
fermé/e	dicht 71 ; gesloten 85
fermer	dicht'gaan 71 ; sluiten 71
fermier	boer (de) 26, 89
fête	feest (het) 11
fêter	vieren 27
feu	vuur (het) 94
feu arrière	achterlicht (het) 37
feu d'artifice	vuurwerk (het) 27
feu de signalisation	stoplicht (het) 37
feu de stop (véhicule)	stoplicht (het) 37
février	februari (de) 27, 28
fier/fière (de)	trots (op) 59
fièvre	koorts (de) 20
figurer (se ~)	zich voor'stellen 95
fil	lijn (de) 75
file	rij (de) 88
filer	voorbij'vliegen 27
filiale	dochtermaatschappij (de) 86

fille	dochter (de) 32
film	film (de) 5
fils	zoon (de) 34, 44
fin	eind (het) 69 ; afloop (de) 97 ; einde (het) 99
fin/e (aliment)	fijn 51
fini (avoir ~)	klaar zijn 72
fini/e (être ~)	op zijn 10
flamand (langue)	Vlaams (het) 93
flamand/e	Vlaams 94
Flamande	Vlaamse (de) 94
fleur	bloem (de) 74
fleurs (être en ~)	in bloei staan 74
fleuve	rivier (de) 99
floraison	bloei (de) 74
foin	hooi (het) 55
fois	keer (de) 8 ; maal (de) 58
fois (à chaque ~)	steeds 68
fois (à chaque ~ que)	telkens als 68
fois (pour une ~)	vooruit dan maar 26
fois (une ~)	eens 13 ; eenmaal 71
foncé (couleur)	donker- 74
fonction	functie (de) 78
fonctionner	doen 80 ; werken 86
fond (au ~)	achterin 65
fond (au ~ de)	onderin 100
football	voetbal (het) 97
forêt	bos (het) 99
formation	opleiding (de) 78
formidable	geweldig 96
formulaire	formulier (het) 79
fort	hard 82 ; vreselijk 96
fort/e	sterk 8
fossé	sloot (de) 50
fou/folle	gek 80
fou/folle (être ~ de, raffoler)	dol zijn op 68
foulard	sjaal (de) 75
fourchette	vork (de) 81

G

garer (se ~)	parkeren 65
gâteau au chocolat	chocoladegebakje (het) 71
gauche	links 29
gauche (à ~)	linksaf 29 ; naar links 29
gaufrette à la mélasse	stroopwafel (de) 64
geler	vriezen 39 ; bevriezen 82
gênant/e	ongemakkelijk 68
gêne	last (de) 83 ; overlast (de) 87
général (en ~)	in het algemeen 93
génial	geweldig 96
genièvre	jenever (de) 60
gens	mensen (de, *pl.*) 82
gentil/le	lief 8
gentleman	heer (de) 73
gilet	vest (het) 75
glace	ijs (het) 52, 82
glacière	koelbox (de) 9
glissant/e	glad 39
gourmand/e	smulpaap (de) 71
goût	smaak (de) 89
goût (avoir du ~)	smaken 81
goûter	proeven 89
gramme	gram (de) 18
grand/e	groot 8
grand-mère	grootmoeder (de) 43
grand-parent	grootouder (de) 49
grand-père	grootvader (de) 43
gratuit	gratis 97
grave	erg 74, 95
grave (trouver ~)	het erg vinden 69
grêle	hagel (de) 31, 39
grêlon	hagelsteen (de) 39
grippe	griep (de) 20
gris	grijs 32
gros/se	groot 39 ; dik 54
grossir	aan'komen 54
grossiste	groothandelaar (de) 88
groupe	groep (de) 88

gué	wad (het) 48
guichetier/-tière	loketbediende (de) 19
guide	gids (de) 48, 59
guilde	gilde (het/de) 88

H

habillé/e (soigné)	net 54
habiller	kleden 30
habiller (s'~)	zich aan'kleden 75 ; zich kleden 82
habiter	wonen 3, 61, 95
habitué/e (être ~)	gewend zijn 78
Hanse	Hanze (de) 68
hareng	haring (de) 97
hareng franc	maatjesharing (de) 97
hareng nouveau	Hollandse Nieuwe (de) 97
harengs (encaquer des ~)	haring kaken 97
haricot vert	sperzieboon (de) 81
hasard (par ~)	toevallig 74
hâte	haast (de) 13
haut	hoog 55
haut (en ~)	boven 17
haut fond	wad (het) 48
hein !	hoor! 1
hein ?	hè? 9
hélicoptère	helicopter (de) 95
herbe	gras (het) 89
hésiter	aarzelen 90
hésiter (entre)	twijfelen (tussen) 54, 65
heure	uur (het) 17, 20, 32
heure (à quelle ~ ?)	hoe laat? 20, 25
heure d'été	zomertijd (de) 53
heure de l'apéritif	borreltijd (de) 60
heure d'ouverture	openingstijd (de) 85
heureux/-euse	gelukkig 8
hier	gisteren 16, 28
hier soir	gisterenavond 28
hisser	uit'hangen 69
histoire	geschiedenis (de) 69 ; verhaal (het) 76

I

indicatif	netnummer (het) 66
Indonésie	Indonesië (het) 93
indonésien (langue)	Indonesisch (het) 93
infini/e	oneindig 99
information	informatie (de) 59
informatique (secteur de l'~)	automatiseringssector (de) 83
infos	nieuws (het, *sing.)* 90
inondations (grandes ~)	watersnoodramp (de) 90
inondé/e (être ~)	blank staan 17
inscrire	in'schrijven 82
insignifiant/e	onbelangrijk 68
insipide	flauw 68
instant *(nom)*	moment (het) 12
instant (un ~, *adv.*)	even 12 ; eventjes 91
institut	instituut (het) 40
instituteur	onderwijzer (de) 80
institutrice	onderwijzeres (de) 58
instructeur	instructeur (de) 37
instruction	instructie (de) 37
insuffisant/e	onvoldoende 69
intelligent/e	intelligent 78 ; knap 78
interdire	verbieden 95
interdit	verboden 95
intérieur (d'un pays)	binnenland (het) 18
international	internationaal 90
Internet	internet 86
Internet (surfer sur ~)	internetten 85
intriguer	benieuwen 44
introduire	in'voeren 79
inventer	bedenken 68
inventer (histoires, jeux)	verzinnen 68
invitation	uitnodiging (de) 30
inviter	uit'nodigen 95
issue (à l' ~ de)	na afloop van 97
Italie	Italië (het) 76
italien (langue)	Italiaans (het) 76

J

jamais	ooit 39, 68
jambe	been (het) 62
jambon	ham (de) 34
janvier	januari (de) 27, 28
jardin	tuin (de) 67
jaune	geel 30, 33
je	ik 2, 14
jeter	gooien 47
jeu	spel (het) 68
jeudi	donderdag (de) 15, 21
jeune	jong 50 ; jongere (de) 97
jeunes (jeunes gens)	jongeren (de) 97
jeunesse	jeugd (de) 97
jogging (faire du ~)	joggen 22
joli/e	leuk 32 ; schattig 51 ; knap 78 ; mooi 80
jouer	spelen 26
joueur (être mauvais ~)	niet tegen zijn verlies kunnen 68
jour *(nom)*	dag (de) 1
jour (un ~, *adv.*)	ooit 68
jour de congé	vrije dag (de) 6
journal	krant (de) 22
journal (d'informations)	nieuws (het, *sing.)* 90
journal (parlé)	journaal (het) 90
journée	dag (de) 1
juillet	juli (de) 27, 28
juin	juni (de) 27, 28
jumeau/jumelle	tweeling (de) 36
jumeaux	tweeling (de) 36
jupe	rok (de) 33
jurer avec (détonner)	vloeken bij 33
jus	sap (het) 94
jus de fruits	fruitsap (het) 94 ; vruchtensap (het) 94
jus d'orange	appelsiensap (het) 94 ; sinaasappelsap (het) 94
jusqu'à	tot aan 29 ; tot in 47
jusqu'à inclus	tot en met 83

juste	alleen (maar) 62 ; vlak 65 ; eerlijk 68
juste (au ~)	eigenlijk 12
justement	juist 29

K

kilo	kilo (de) 10
kilomètre	kilometer (de) 62

L

la *(pr. complément)*	haar 26
là	er 53
là (par ~)	daarheen 85 ; daarnaartoe 85
là-bas	daar 13, 25
lac	meer (het) 50
laid/e	lelijk 75
laine (en ~)	wollen 82
laisser	laten 40, 53, 58, 30
lait	melk (de) 31
lait fermenté	karnemelk (de) 31
laitier	melkboer (de) 89
lampe	lamp (de) 80
langue (langage)	taal (de) 79, 93
langue véhiculaire	voertaal (de) 93
lard	spek (het) 39
large	breed 99
laver	wassen 75
le/la *(article)*	de 3, 7 ; het 4
le/la/lui *(pr. complément)*	het 2, 49, hem 22, 24
leçon	les (de) 37
lecture (faire la ~)	voor'lezen 25
léger/-ère	licht 96
légume	groente (de) 10
lentement	langzaam 76 ; traag 99
les *(article)*	de 10
les *(pr. complément)*	ze 33, 49 ; hen 49
lettre	brief (de) 18
lettre d'introduction (médecin)	verwijsbriefje (het) 24

lettre de candidature	sollicitatiebrief (de) 78
leur *(pr. complément)*	hen 30 ; hun 40, 49 ; ze 49
leur/s *(adj. possessif)*	hun 13, 35
lever (se ~, soleil)	op'gaan 100
lever (se ~, tempête)	op'steken 47
librairie	boekwinkel (de) 45
libre	vrij 6
lien	link (de) 43
lieu (au ~ de)	in plaats van 74
lieu (avoir ~)	plaats'vinden 43
lièvre	haas (de) 61
ligne	regel (de) 99
linge	was (de) 75
lire	lezen 25, 45, 59
lire à haute voix	voor'lezen 25
lis	lelie (de) 74
lisible	leesbaar 90
lisse	glad 39 ; vlak 99
liste des courses	boodschappenlijst (de) 64
lit	bed (het) 25
lit (faire le ~)	bed op'maken 72
littérature	literatuur (de) 99
livre	boek (het) 45
livre (poids)	pond (het) 34
logement	woning (de) 46
loger	logeren 69
loin	ver 85, 48
long/longue	lang 30
long (le ~ de)	langs 17
longtemps	lang 30 ; allang 94
lors de	tijdens 67
lorsque	toen *(conj.)* 44
loto	lotto (de) 95
louer (donner en location)	verhuren 76, 92
louer (prendre en location)	huren 92
louer (à ~)	te huur 92
lourd/e	zwaar 20
lumière	licht (het) 37, 85

lundi	maandag (de) 15, 21
lune	maan (de) 20
lunettes	bril (de, *sing.)* 33

M

mâchoire	kaak (de) 78
macis	foelie (de) 64
madame	mevrouw (de) 3, 78
mademoiselle	juffrouw (de) 78 ; mejuffrouw (de) 78
magasin	winkel (de) 19
mai	mei (de) 27, 28
maigrir	af'vallen 54
maillot de bain	zwembroek (de) 95
maillot de corps	hemd (het) 75
main	hand (de) 52
maintenant	nu 15
mais	echter 93 ; maar 8
mais !	hoor! 1
maison	huis (het) 4, 24, 64
maison (à la ~)	thuis 9
maison de vacances	vakantiehuis (het) 41
maison mitoyenne	rijtjeshuis (het) 46
maîtriser	beheersen 93
mal	kwaad (het) 40 ; verkeerd 52, 66
mal (avoir ~)	pijn hebben 62
mal de dents	kiespijn (de) 83
mal du pays	heimwee (de) 50
malade	ziek 52
maladie	ziekte (de) 95
malgré	ondanks 55
malheur	ongeluk (het) 68
malheureusement	jammer genoeg 83
malin/maligne	knap 78 ; slim 83
maman	mama (de) 26
mamie	oma (de) 39, 43
mangeable	eetbaar 90
manger	eten 23, 52
manière	wijze (de) 88

manquer	missen 88
manquer (faire défaut)	ontbreken (aan) 38, 75
manteau	jas (de) 33
marathon	tocht (de) 82
marâtre	stiefmoeder (de) 83
marchand	handelaar (de) 61, 88
marchand d'art	kunsthandelaar (de) 61
marchand de légumes	groenteman (de) 10 ; groenteboer (de) 89
marché	markt (de) 39
marché (conclure un ~)	een koop sluiten 88
marché au fromage	kaasmarkt (de) 88
marcher	lopen 13, 50, 59, 74
marcher (fonctionner)	doen 58
mardi	dinsdag (de) 15, 21
mari	man (de) 15
mariage	huwelijk (het) 30 ; trouwfeest (het) 30
marier (se ~)	huwen 30 ; trouwen 30
marmite	pot (de) 81
marre (en avoir ~ de)	genoeg hebben van 67
mars	maart (de) 27, 28
masculin/e	mannelijk 3
match	wedstrijd (de) 97
maths	wiskunde (de) 69
matin	morgen (de) 23, 28 ; ochtend (de) 28
matin (le ~)	's ochtends 23 ; 's morgens 28
matin (ce ~)	vanochtend 28 ; vanmorgen 28
matin (du ~)	's ochtends 23 ; 's morgens 26
matinée (faire la grasse ~)	uit'slapen 23
mauvais	slecht 69
mauvais/e (erroné)	verkeerd 52, 79
mayonnaise	mayonaise (de) 52
me	me 12, 49 ; mij 13, 49
médecin	dokter (de) 20, arts (de) 24
médical/e	medisch 95
médicament	medicijn (het) 95
meilleur/e	beter 15
même	-zelf 37, 42 ; zelfs 48
même si	al 47 ; ook al 90

N

n'est-ce pas ?	hè? 25 ; toch? 36
nager	zwemmen 23
napperon	kleedje (het) 80
nature	natuur (de) 90
naturel/le	natuurlijk 99
naturellement	natuurlijk 41
nausée	misselijkheid (de) 52
naviguer	zeilen 47
ne... jamais	nooit 48
ne… pas	niet 10
ne… pas de	geen *(+ nom indéfini)* 9, 14
ne… plus	niet meer 17
ne… que	alleen (maar) 53 ; pas 53
ne… rien	niets 32, 33, 41
né/e	geboren 78
Néerlandais	Nederlander (de) 93
néerlandais/e	Nederlands 45
néerlandais (en ~)	Nederlandstalig 100
négociant	handelaar (de) 88
négocier	onderhandelen 88
neige	sneeuw (de) 39
nettoyer	schoon'maken 72 ; af'nemen 72
neuf/neuve	nieuw 32
neveu	neef (de) 44
nez	neus (de) 82
nièce	nicht (de) 44
noces	huwelijk (het) 30
nocturne	koopavond (de) 19
noir	zwart 32
noisette	hazelnoot (de) 64
noix	noot (de) 64 ; walnoot (de) 64
noix de muscade	nootmuskaat (de) 64
nom	naam (de) 61
nom de baptême	doopnaam (de) 44
nom de famille	achternaam (de) 92
nombre	aantal (het) 59

non	nee 3
non valable	ongeldig 79
nord	noorden (het) 88
nord (au ~ de)	ten noorden van 88
nord (du ~)	Noord- 59
normal/e	gewoon 18
nostalgie	heimwee (de) 50
nostalgie (avoir la ~ de)	heimwee hebben naar 50
notamment	met name 83
note	cijfer (het) 69
note insuffisante	onvoldoende (de) 69
noter	noteren 92
notre/nos	ons 32, 35 ; onze 35
nous *(pr. sujet)*	we 5, 14 ; wij 13, 14
nous *(pr. complément)*	ons 13, 26, 49
nous deux	met zijn tweeën 97
nous tous	met ons allen 97
nous-mêmes	onszelf 59
nouveau/nouvelle	nieuw 37
nouveau (de ~)	weer 27
nouvel an	nieuwjaar (het) 27
nouvelles	nieuws (het, *sing.)* 90
novembre	november (de) 27, 28
nuage	wolk (de) 40
nuisance	overlast (de) 87
nuisance sonore	geluidsoverlast (de) 87
nuit	nacht (de) 19, 28
nuit (cette ~)	vannacht 28
nuit (de la ~)	’s nachts 26
nuit (la ~)	’s nachts 28
nulle part ailleurs	nergens anders 80
numéro	nummer (het) 3
numéro d’abonné/e	abonneenummer (het) 66
numéro de téléphone	telefoonnummer (het) 87
numéro personnel d’identification	PIN (persoonlijk identificatie nummer) 79

O

objet	spul (het) 61
obscurité	donker (het) 82
obtenir	halen 38 ; krijgen 43
occasion	aanleiding (de) 78
occupé/e	bezig 12
occuper (s' ~ de)	zorgen voor 83
octobre	oktober (de) 27, 28
œil	oog (het) 74
œuf	ei (het) 27
œuf (pondre un ~)	een ei leggen 27
œuvre	werk (het) 67
officiel/le	officieel 93
offre	aanbod (het) 97
offrir	aan'bieden 94 ; schenken aan 95
oiseau	vogel (de) 27
on	men 27, 78 ; je 27
oncle	oom (de) 49
or	goud (het) 44
or (d'~, en ~)	gouden 44
orange (couleur)	oranje 33
orange (fruit)	sinaasappel (de) 39
ordinateur	computer (de) 80
ordinateur portable	laptop (de) 80
ordonnance (médicale)	doktersrecept (het) 24 ; recept (het) 24
ordre (succession)	volgorde (de) 93
oreille	oor (het) 82
original/e	origineel 67
orteil	teen (de) 82
oser	durven 37
ou	of 2
ou quelque chose dans ce genre	of zo 60, 69
ou sinon	of anders 41
où	waarin *(+ prop. relative)* 59 ; waar 99
où ?	waar? 3, 19
où ? (de quel côté ?, + déplacement)	waar… naartoe? 5 ; waar… heen? 41 ; waarheen? 85 ; waarnaartoe? 85

oublier	vergeten 37
ouest	westen (het) 88
ouest (à l'~ de)	ten westen van 88
oui	ja 1
ouille !	oei! 72
ours	beer (de) 57
ouvert/e	open 17 ; geopend 85
ouvert/e (être ~)	open'staan 17, 58
ouvrir	open'doen 36, 76 ; openen 85

P

paille (de ~)	strooien 75
pain	brood (het) 31
pain au froment	tarwebrood (het) 71
pain aux céréales	meergranenbrood (het) 71
pain complet	volkoren (het) 71
pain de mie	wit (het) 71
pain de seigle	roggebrood (het) 64
pain d'épice	ontbijtkoek (de) 69 ; kruidkoek (de) 82
paire	paar (het) 44, 82
palpitant/e	spannend 45
panier	mand (de) 65
panique	paniek (de) 17
panne (en ~)	kapot 73
panneau	bord (het) 29
papa	pap 22 ; papa (de) 22
papi	opa (de) 43
papier	papier (het) 79
papier à lettres	postpapier (het) 79
paquet	pak (het) 39
par	door *(dans les tournures passives)* 55 ; via 73 ; per 85
par ici	hier(...)naartoe 85
paraître (sembler)	schijnen (te) 80
parapluie	paraplu (de) 40
parc	park (het) 22
parce que	omdat 62, 69
parcourir	rond'reizen 44 ; af'leggen 59 ; trekken 59

parcourir dans l'autre sens	terug'rijden 62
pardon ?	excuseer? 94
pardonner (se faire ~)	goed'maken 74
parent (père ou mère)	ouder (de) 40, 49
parfait/e	perfect 80 ; prima 5
parfaitement	prima 1 ; uitstekend 15
parfois	soms 48, wel eens 88
parler	praten 22, 24 ; spreken 76, 24
parler (dans un appareil)	in'spreken 66
parler à	praten tegen 22, 27
parler de	praten over 40, 60
parler de la pluie et du beau temps	over koetjes en kalfjes praten 40
parler sérieusement	menen 74
part	deel (het) 94
part (nulle ~)	nergens 65
parti/e	weg 18, 80
partie (faire ~ de)	zitten bij 46
participer	mee'doen 68
particulièrement	bijzonder 89
partiel/le	parttime 15
partir	vertrekken 13, 14
partout	overal 62
pas aussi… que	niet zo… als 74
pas de	geen 17
pas du tout	helemaal niet 23
pas encore	nog niet 33
pas tellement bien	niet zo best 20
pas tout à fait	niet helemaal 61
passe (de transport)	ov-chipkaart (de) 16
passé	geleden 15, 30
passé/e (être ~, révolu)	voorbij zijn 27
passer	door'halen 79 ; over'gaan 82
passer (+ temps)	door'brengen 48, 76
passer (chez qqn)	langs'komen 58
passer (douleur)	over'gaan 62
passer (se ~, advenir)	gebeuren 47, 61 ; aan de hand zijn 87
passer à gué	wad'lopen 48

passer dans la classe supérieure	over'gaan 62
passer vite	voorbij'vliegen 27
pâte d'arachide	pindakaas (de) 31
pâte de piment	sambal (de) 81
patience	geduld (het) 97
patin	schaats (de) 82
patin (faire du ~)	schaatsen 18
pâtisserie (gâteaux)	gebak (het) 71 ; gebakje (het) 71
patrie	vaderland (het) 99
patron	baas (de) 67
pauvre	arm 95
payer	betalen 71
payer par carte bancaire	pinnen 79
pays	land (het) 18
paysagiste	tuinarchitect (de) 67
paysan	boer (de) 89
Pays-Bas	Nederland (het) 18
pêche	perzik (de) 71
pêcher	vissen 50
pêcheur	visser (de) 50
peigne	kam (de) 76
peine	moeite (de) 45
peine (ne pas être la ~)	hoeven + niet 71
pendant que	terwijl 72
pendre	hangen 32, 35
pendule	klok (de) 58
pénible	ongemakkelijk 68
pénible (difficile)	zwaar 82
péniche	woonboot (de) 46
penser (envisager)	denken 41
penser à	denken aan 60
penser de	denken van 60
percé/e	lek 58
percer	door'steken 90
perdre	kwijt'raken 92
perdre (se ~)	de weg kwijt'raken 92
perdu (avoir ~)	kwijt zijn 61

père	vader (de) 45
permis	rijbewijs (het) 38
personne	persoon (de) 85
personne d'autre	niemand anders 97
perte	verlies (het) 68
pesée	wegen (het) 88
peser	wegen 88
petit *(adj.)*	klein 50
petit (enfant, *nom*)	kleintje (het) 55
petit déjeuner	ontbijt (het) 23
petit déjeuner (prendre le ~)	ontbijten 23
petit-enfant	kleinkind (het) 49
petite-fille	kleindochter (de) 49, 80
petit-fils	kleinzoon (de) 49, 80
peu	beetje (het) 55
peu (de)	weinig 55, 91
peu (un ~)	een beetje 55 ; iets 67
peu (un ~, *adv.*)	eens 30, 32
peu (un ~ de)	wat 36
peuple	volk (het) 78
peur (avoir ~ de qqch.)	bang zijn voor iets 55
peureux/-euse	bang 18
peut-être	misschien 41
phare (maritime)	vuurtoren (de) 51
pharmacie	apotheek (de) 71
phoque	zeehond (de) 48
photo	foto (de) 43
photo de famille	familiefoto (de) 44
photocopie	fotokopie (de) 86
photocopier	fotokopiëren 86
photographier	fotograferen 43
pièce	kamer (de) 46
pied	voet (de) 50
pied (à ~)	lopend 73 ; te voet 73
pierre	steen (de) 39
Pierrot noir	zwarte Piet 55
pire (être ~ que prévu)	tegen'vallen 79
piscine	zwembad (het) 95

piste (être sur une ~)	iets op het spoor zijn 61
piste cyclable	fietspad (het) 92
placard	kast (de) 64
place	plein (het) 88
plage	strand (het) 6
plaindre (se ~)	klagen 87
plaire	aan'spreken 78
plaisant/e	fijn 51
plaisir	lust (de) 74 ; plezier (het) 100
plaisir (avec ~)	graag gedaan 29
plaisir (prendre ~ à)	plezier krijgen in 100
planter (ordinateur)	crashen 86
plastique (en ~)	plastic 64
plat cuisiné surgelé	diepvriesmaaltijd (de) 82
plat du jour	dagmenu (het) 81
plat principal	hoofdgerecht (het) 81
plat/e	plat 61 ; vlak 99
plein (en ~)	hartje *(+ nom)* 39
plein/e	vol 81
pleurer	huilen 82
pleuvoir	regenen 74
plombier	loodgieter (de) 17
pluie	regen (de) 27
plus	plus 79 ; meer 89 ; meest 90
plus (en ~)	bovendien 54
plus (le ~)	het meest 55
plus … (et) plus…	hoe… hoe… 90
plutôt	maar 10 ; liever 74 ; eerder 97
pneu	band (de) 58
pneu crevé	lekke band 58
poche	zak (de) 64
poème	vers (het) 57, 96 ; gedicht (het) 99
poète	dichter (de) 99
poids (perdre du ~)	af'vallen 54
poids (prendre du ~)	aan'komen 54
point	punt (het) 68
point (à ~, cuisson)	medium 81
point (être sur le ~ de)	op het punt staan van 86

point cardinal	windstreek (de) 88
poire	peer (de) 71
poireau	prei (de) 81
pois	erwt (de) 82
poisson	vis (de) 97
poissonnier	visboer (de) 89
poivre	peper (de) 64
polar	detective (de) 45 ; thriller (de) 45
polder	polder (de) 90
politique *(nom)*	politiek (de) 90
politique *(adj.)*	politiek 90
pomme	appel (de) 2, 39
pomme de terre	aardappel (de) 39, 81
ponctuel/le	stipt 38
pont	brug (de) 58
port	haven (de) 97
portable (ordinateur)	laptop (de) 80
portable (téléphone)	mobiel (de) 53
porte	deur (de) 36
porter	brengen 73
porter (être vêtu/e de)	aan'hebben 30 ; dragen 33
portuaire (ensemble ~)	havengebied (het) 51
Portugal	Portugal (het) 41
poser (couché)	leggen 27, 80, 84 ; neer'leggen 80, 84
poser (debout)	zetten 55, 84 ; neer'zetten 65, 84
positif/-ive	positief 90
poste	functie (de) 78
poste (mettre à la ~)	op de post doen 86
poste vacant	vacature (de) 78
poster	posten 79
postuler	solliciteren 78
poteau	paal (de) 65
poulet	kip (de) 81
pour	voor 18, 22 ; om… te *(+ infinitif)* 48 ; om 78
pour quelle raison ?	waar(…)voor? 62
pourquoi ?	waarom? 20
pourtant	toch 75 ; echter 93

problème	probleem (het) 34
procès-verbal	notulen (de, *pl.*) 86 ; verslag (het) 86
prochain/e	volgend 38
procurer	bezorgen 45
professeur (de faculté)	professor (de) 92
profession	beroep (het) 61
programme anti-virus	anti-virusprogramma (het) 86
projet	plan (het) 41
projet de vacances	vakantieplan (het) 41
promenade	wandeling (de) 74
promener (se ~)	wandelen 74
promettre	beloven 92
promotion (offre promotionnelle)	aanbieding (de) 34
prononciation	uitspraak (de) 93
propos (à ~ de)	over 40
propos (à ~ de…, en parlant de)	over … gesproken 40
propre	eigen 87 ; schoon 97
province	provincie (de) 59
provision	voorraad (de) 39
provision (faire ~ de)	in'slaan 39
prune (fruit)	pruim (de) 10
public/-ique	openbaar 16, 85
puce (électronique)	chip (de) 16
puis	dan 25 ; toen 44 ; verder 45, 71
pullover	trui (de) 57
punition	straf (de) 68
pyjama	pyjama (de) 75

Q

qu'est-ce que ?	wat? 12
quadruplé(s)	vierling (de) 36
quai	perron (het) 13
qualité	kwaliteit (de) 89
quand (lorsque)	toen 44 ; als 50, 55, 59 ; wanneer 82
quand même	toch ook 80
quantité (quelle ~ ?)	hoe zwaar? 89

quart	kwart (het) 23, 25
quart d'heure	kwartier (het) 23, 25
quartier	buurt (de) 83
que *(conj.)*	dat 18
que *(pr. relatif)*	die 43
que *(comparatif)*	dan 15
que… ?	wat… ? 6, 32
que… !	wat…! 11
quel/le...?	welk, welke…? 5
quel/le/s… !	wat een…! 9, 36
quelle sorte de... ?	wat voor...? 46
quelqu'un	iemand 73
quelqu'un d'autre	iemand anders 76
quelque	zo'n 88
quelque chose	iets 29 ; wat 64
quelque part	ergens 59
quelques	wat 36 ; een paar 44 ; enkele 93
question	vraag (de) 37
question (poser la ~)	de vraag stellen 37
queue	staart (de) 27, 97
queue (faire la ~)	in de rij staan 71
qui	wie 8
qui *(pr. relatif)*	die 18, 44, 47 ; dat 43
quoi ?	wat? 76

R

rabâcher	zeuren 74
rabot à fromage	kaasschaaf (de) 89
raconter	vertellen 50
radio	radio (de) 80
raison (cause)	reden (de) 78
raison (avoir ~)	gelijk hebben 90
raison (en ~ de)	vanwege 72
raison (pour cette ~)	daardoor 89
raison (pour quelle ~ ?)	waar(…)voor? 62
ramener	weg'brengen 26
ramener (chez soi)	thuis'brengen 73
randonnée	tocht (de) 82

randonnée à pied	wandeltocht (de) 82
randonnée à vélo	fietstocht (de) 82
rang	rij (de) 65
rapide	vlug 93
rapidement	gauw 60 ; snel 78
rappeler (se ~, se souvenir)	zich herinneren 30 ; nog weten 65
râtelier à vélos	fietsenrek (het) 65
rater (échouer)	mis'gaan 50
rater (manquer)	missen 88
rayé/e (à rayures)	gestreept 75
réception	receptie (de) 76, 54
recette	recept (het) 24
recevoir	krijgen 43 ; ontvangen 43
recherche (être à la ~ de)	op zoek zijn naar 83
recherche médicale	medische wetenschap (de) 95
recommandé (en ~)	aangetekend 79
recommander	aan'bevelen 81
récompenser	belonen 55
reconnaître	erkennen 93
reconstruire	herbouwen 100
reçu/e (être ~, pour un examen)	slagen 69
rédiger	op'stellen 83
réfléchir	na'denken 79
réfrigérateur	ijskast (de) 31 ; koelkast (de) 31
régaler (se ~)	smullen 71
regarder	kijken 30 ; bekijken 100
regarder vers	kijken naar 44, 57
régime	dieet (het) 71
règle (de jeu)	spelregel (de) 68
régler	stellen 37 ; af'rekenen 94
réglisse	drop (de) 52
regretter	spijten 38
régulièrement	regelmatig 83
reine	koningin (de) 80
relevé/e	hartig 60
relier	verbinden 66
relire	herlezen 100

remarquer	merken 55, 58
remède	remedie (de) 62
remise	stalling (de) 65
remplir	in'vullen 79
remuer	roeren 27
renard	vos (de) 61
rencontre	ontmoeting (de) 94
rencontrer	leren kennen 41 ; ontmoeten 94 ; treffen 99
rendez-vous	afspraak (de) 38, 53
rendez-vous (donner ~)	af'spreken 53
rendez-vous (prendre ~)	af'spreken 53 ; een afspraak maken 83
rendre	maken 33 ; terug'geven 40
renseignement	inlichting (de) 85
rentrer (à la maison)	naar huis gaan 26 ; thuis'komen 50
repas	eten (het) 81
repas de midi	middageten (het) 23
repas du soir	avondeten (het) 23
répéter	herhalen 100
répondeur	antwoordapparaat (het) 66
répondre	antwoorden 68
répondre (au téléphone)	op'nemen 53
réponse	antwoord (het) 68
repos	rust (de) 48
représenter (se ~)	zich voor'stellen 95
réputation (être fidèle à sa ~)	zijn naam eer aan'doen 92
réseau (Internet)	net (het) 66
réserver	boeken 86 ; reserveren 76
ressembler (à)	lijken op 65
restaurant	restaurant (het) 74
restaurer (rénover)	restaureren 84
rester	blijven 7, 15, 52 ; staan 9 ; in huis hebben 64
rester à la maison	thuis'blijven 6
retard (en ~)	te laat 20
retirer de l'argent	op'nemen 94 ; trekken 94
retirer de l'argent au distributeur	pinnen 79

retour (être de ~)	terug zijn 25
retour (voyage)	terugreis (de) 16
rétroviseur	achteruitkijkspiegel (de) 37
réunion	reünie (de) 43 ; vergadering (de) 86
réunion de famille	familiereünie (de) 43
réveil	wekker (de) 23
réveillé/e	wakker 53
réveiller (se ~)	wakker worden 53
rêver	dromen 95
revoir	terug'zien 88
rhum	rum (de) 94
riche	rijk 95
ridicule	belachelijk 75
rien	niks 64
rire	lachen 95
rivière	rivier (de) 99
riz	rijst (de) 52
robe	jurk (de) 11
robinet	kraan (de) 17
roi	koning (de) 3
rôle	rol (de) 99
roman	roman (de) 100
roman policier	detectiveroman (de) 45 ; misdaadroman (de) 45
ronflement	gesnurk (het) 87
rose (couleur)	roze 33
rose (fleur)	roos (de) 74, 75
rouge	rood 33, 37
rouge (être dans le ~)	rood staan 37
rouler	rijden 37
route	weg (de) 39
route (en ~)	onderweg 58
royal	koninklijk 40
rudement	hartstikke 52
rue	straat (de) 3

S

s'il te plaît	alsjeblieft 36

s'il vous plaît	alstublieft 2 ; graag 2, 34
s.v.p.	a.u.b. 83
sabot	klomp (de) 75
sac	zak (de) 55 ; tas (de) 64
sac à main	handtas (de) 64
sage-femme	vroedvrouw (de) 36
saignant (cuisson)	rood 81
saint Nicolas	Sint Nicolaas (de) 55 ; Sinterklaas (de) 55
saisir	begrijpen 76
salade	sla (de) 81
sale	vies 97 ; vuil 97
salé/e	hartig 60 ; zout 60
salle de bains	badkamer (de) 17
salon	salon (de) 80
salutation	groet (de) 40
samedi	zaterdag (de) 19, 21
samedi matin	zaterdagmorgen (de) 23
sans	zonder 2
sans cesse	steeds 68
santé	gezondheid (de) 83, 95
santé (secteur de la ~)	zorgsector (de) 83
santé publique (secteur de la ~)	gezondheidszorg (de) 83
saucisse	worst (de) 26
saucisse fumée	rookworst (de) 26
saucisson de bœuf	ossenworst (de) 64
saucisson de pâté de foie	leverworst (de) 34
sauf	behalve 93
saumon	zalm (de) 81
sauter	springen 50
savoir	weten 8 ; kunnen 57
savourer	genieten 74
science	wetenschap (de) 95
scier	om'zagen 87
se (l'un l'autre/ les uns les autres)	elkaar 27
se (soi)	zich 13, 42
séance	voorstelling (de) 5

sinon	anders 82
site web	website (de) 85
slip	slip (de) 75
snack-bar	snackbar (de) 52
sœur	zus (de) 19
soie (en ~)	zijden 75
soif	dorst (de) 9
soigner	verzorgen 82
soin(s)	zorg (de) 83
soin (prendre ~ de)	zorgen voor 83
soir	avond (de) 19, 23, 28
soir (le ~)	’s avonds 22, 28
soir (ce ~)	vanavond 5, 28
soir (du ~)	’s avonds 26
soirée	avond (de) 19, 28
sol	vloer (de) 72
soldes	opruiming (de) 32 ; sale 32 ; uitverkoop (de, *sing.*) 32
soleil	zon (de) 20, 40
solution	oplossing (de) 90
sommeil	slaap (de) 87
son/sa/ses (à elle)	d’r 33, 35 ; haar 32, 35
son/sa/ses (à lui)	zijn (z’n) 25, 35
sondage	straatenquête (de) 46
sonner	bellen 17, 20, 72 ; rinkelen 66
sonner (téléphone, sonnette)	gaan (telefoon, bel) 66
sonnette	bel (de) 36
sorte	soort (het) 46
sorte (de ~ que)	zodat 72
sortes (toutes ~ de)	allerlei 51
sortie	uitgang (de) 29
sortie (promenade)	uitstapje (het) 67
sortir	uit’gaan 5
sortir de	halen uit 22
soudain	plotseling 76
soudainement	opeens 52 ; plotseling 58
souffrir de	last hebben van 83
souhaiter	wensen 100

soupe	soep (de) 81
sourd/e	doof 87
souris	muis (de) 36
sous	onder 80, 76
sous-vêtements	ondergoed (het) 75
souvenir	herinnering (de) 99
souvenir (se ~)	zich herinneren 82
souvent	vaak 50, 55
spécial/e	bijzonder 48, speciaal 88
splendide	prachtig 11
sportif/sportive	sportief 83
stage	stage (de) 69
stage (faire un ~)	stage lopen 69
standardiste	telefoniste (de) 92
stylo	pen (de) 79
subterfuge	smoes (de) 58
succulent/e	overheerlijk 52
succursale	filiaal (het) 86
sucre	suiker (de) 81
sucré/e	zoet 60
sud	Zuid 24 ; zuiden (het) 88
sud (au ~ de)	ten zuiden van 88
sud (du ~)	Zuid- 59
Suède	Zweden (het) 58
suffisamment	genoeg 67, 82
suffisant/e	voldoende 69
suite à	naar aanleiding van 78
suivant/e	volgend 37
suivre	volgen 43
sujet (thème)	onderwerp (het) 90
sujet (au ~ de)	over 46
super	supergoed 69
supermarché	supermarkt (de) 39
supposer	aan'nemen 94
sur	op 13, 27
sûr/e (être ~)	zeker weten 29
surcroît (de ~)	bovendien 73
sûrement	vast 13 ; zeker 9
surgeler	in'vriezen 82

Suriname	Suriname (het) 93
surprise	verrassing (de) 76
surtout	vooral 62
suspendre	hangen 84 ; op'hangen 84
sympathique	aardig 86

T

table	tafel (de) 31
tableau	schilderij (het) 67
tailleur (vêtement)	pakje (het) 32 ; mantelpakje (het) 54
tante	tante (de) 44
taper	slaan 88
taper (saisir)	in'toetsen 66 ; in'tikken 79 ; uit'typen 86
tard	laat 20
tard (au plus ~)	uiterlijk 25
tarif d'entrée	toegangsprijs (de) 85
tarder	weg'blijven 71
tarte	vlaai (de) 71
tarte(lette)	taart (de) 2
tarte(lette) aux pommes	appeltaart (de) 2
tartiner	smeren 57
tas	hoop (de) 80
tas (un ~ de, plein de)	een heleboel 71
tasse	kop (de) 53, 59
taxi	taxi (de) 3
tchin-tchin !	gezondheid! 94 ; proost! 94
te *(pr. complément)*	je 49 ; jou 49
te *(pr. réfléchi)*	je 13
tel/le (un/e ~)	zo'n 15
télé	TV (de) 87
téléphone	telefoon (de) 66
téléphone portable	mobiel (de) 53
téléphoner (à)	op'bellen 17
télévision	televisie (de) 61
tellement	zo 20
tellement de	zoveel 65
tempête	storm (de) 27
temps (qui passe)	tijd (de) 27, 38, 89

…ps (météorologique)	weer (het) 40
temps (ces derniers ~)	de laatste tijd 61
temps (de ~ à autre)	af en toe 40
temps (la plupart du ~)	meestal 82
temps (pendant un certain ~)	een tijdje 69
tendance	tendens (de) 90
tenez	alstublieft 16
tenir	houden 22, 87
tenir (se ~ debout)	staan 57
terme	term (de) 89
terminer	af'leggen 59
terminer (se ~)	af'lopen 76
terminus	eindpunt (het) 85
terrasse	terras (het) 46
terre	aarde (de) 39 ; land (het) 90
terrible	vreselijk 9, 96
terriblement	geweldig 94
tête	hoofd (het) 62
texte	tekst (de) 100
thé	thee (de) 59
théâtre	theater (het) 83
ticket de caisse	kassabon (de) 64
tien/ne/s (le/la/les ~)	de/het jouwe 65
tiens	nou 9 ; hé 13
timbre-poste	postzegel (de) 18
tinter	rinkelen 66
tirer	trekken 59
tiroir	la (de) 100
titre de transport	plaatsbewijs (het) 16
toast	toast (de) 64
toast brioché	beschuit (het) 36
toi	jou 1, 49 ; jij 4 ; je 15, 49
toi-même	jezelf 37
toilettes	toilet (het) 72 ; WC (de) 72
toit	dak (het) 55
tomber	vallen 72, 62
ton/ta/tes	je 4, 35 ; jouw 31, 35

tôt	vroeg 23
total	totaal (het) 79
toujours	altijd 41 ; steeds 68
tour (excursion)	tocht (de) 82
tour *(m.)* (rang)	beurt (de) 10
tour du monde	wereldreis (de) 95
tourmente	noodweer (het) 90
tourner	draaien 66
tournesol	zonnebloem (de) 92
tourte	vlaai (de) 71
tous/toutes	al 38
tous ensemble	met ons allen 97 ; met zijn allen 97
tous les deux	met zijn tweeën 97
tous/toutes les	alle 27 ; om (+ indication de temps) 85
tout	alles 1
tout (en ~)	bij elkaar 79
tout à coup	ineens 60
tout à fait	door 29 ; helemaal 74, 80 ; schoon 67
tout à l'heure	straks 13
tout d'abord	allereerst 37
tout de même	toch 23
tout de suite	meteen 26
tout/tous/toute/toutes	allemaal 22, 45, heel 43
toutefois	echter 93
trace	spoor (het) 61
traditionnel	traditioneel 88
trafic (circulation)	verkeer (het) 73
trafiquant	handelaar (de) 61
train	trein (de) 13
traité	verdrag (het) 68
tram	tram (de) 51
tranche	plak (de) 34
trancher	snijden 71
tranquille	rustig 48
tranquillement	rustig 48
tranquillité	rust (de) 48
transmettre (faire passer)	door'geven 24
transport	vervoer (het) 16, 85

travail	werk (het) 12
travailler	werken 15
travailleur	werker (de) 72
travailleuse	werkster (de) 72
travers (à ~)	door 24
travers (de ~)	verkeerd 52
traverser	trekken 59
très	erg 8 ; heel 40 ; zeer 67
très bien	prima 5 ; uitstekend 15
très bon/ne	prima 5
tricoter	breien 57
tromper (se ~)	zich vergissen 53
trop	te 20 ; te veel 68
trouvaille	vondst (de) 44
trouver	vinden 25, 30 ; treffen 99
trouver (se ~)	zitten 37 ; zich bevinden 92
truc	ding (het) 80
t-shirt	T-shirt (het) 75
tu	je 4, 14 ; jij 14
tube	tube (de) 76
tulipe	tulp (de) 74
type (gars)	vent (de) 75
typiquement	typisch 94

U

un/e	een 2, 7
un et demi	anderhalf 34
un/e tel/le	zulk(e) 63 ; zo'n 63
union	huwelijk (het) 30
université	universiteit (de) 92
usine	fabriek (de) 67
utile (être ~)	van pas komen 97
utopique	utopisch 95

V

vacances	vakantie (de, *sing.*) 41
vache	koe (de) 40, 89
valeur	waarde (de) 67

valeur (de ~)	waardevol 61
valise	koffer (de) 76
valoir	waard zijn 67
vantard	opschepper (de) 67
vantardise	opschepperij (de) 67
vanter (se ~)	op'scheppen 67, 75
variation	variatie (de) 57
varier	variëren 59
vase	vaas (de) 61
veau	kalf (het) 40
vedette de cinéma	filmster (de) 95
veilleur	waker (de) 19
veilleur de nuit	nachtwaker (de) 19
vélo	fiets (de) 62
vélo (faire du ~)	fietsen 6
vendre	verkopen 52 ; verhandelen 88
vendre (à ~)	te koop 88
vendredi	vrijdag (de) 15, 21
venir	komen 4, 17, 25, 65 ; mee'rijden 73
venir chercher	halen 24 ; op'halen 26
vent	wind (de) 62
vent (avec le ~ dans le dos)	met wind mee 62
vent (avec le ~ de face)	met wind tegen 62
vente	verkoop (de) 32
verbe	werkwoord (het) 93
verglacer	ijzelen 82
vermicelles de chocolat	hagelslag (de) 31
verre	glas (het) 60, 82
verre (d'alcool)	drankje (het) 94
vers (+ mouvement)	naar 5, 17, 25
vert	groen 29
vêtements	kleding (de, *sing.*), 54 ; kleren (de, *pl.*) 32
via	via 73
viaduc	viaduct (het) 92
viande	vlees (het) 31
victime	slachtoffer (het) 90
vide	leeg 81
vieillir	ouder worden 55

vieux/vieille	oud 27
villa	villa (de) 95
village	dorp (het) 46
ville	stad (de) 19, 51 ; plaats (de) 88
vin	wijn (de) 64, 84
violent/e	hevig 47
violet	paars 74
virtuel/le	virtueel 85
visage	gezicht (het) 75
visite	bezoek (het) 36
visite à domicile	huisbezoek (het) 24
visite guidée	rondleiding (de) 43
visiter	bezichtigen 72 ; bezoeken 85
visiteur	bezoeker (de) 88
vite	snel 17
vitrine	etalage (de) 32
vivre	leven 95
vocabulaire	woordenschat (de) 100
voici	alstublieft 34 ; dit 49 ; alsjeblieft 71 ; hier 79
voie	weg (de) 100
voilà	dat 49
voile (faire de la ~)	zeilen 47
voir	zien 16, 51, 57
voisin	buur (de) 20 ; buurman (de) 20
voisinage	buurt (de) 83
voisine	buurvrouw (de) 20
voiture	auto (de) 37 ; wagen (de) 73
voix	stem (de) 47
vol (larcin)	diefstal (de) 61
vol (d'avion)	vlucht (de) 86
volant	vliegend 47
voler (dérober)	stelen 61
volontiers	graag 84, 91, 2, 18, 19, 26
vôtre/s (le/s ~)	die/dat van jullie 65
votre/vos	uw 16, 35 ; jullie 35
vouloir	willen 5, 18

W

Y